解读王朝

帝王卷

【全新角度思考历史
解密王朝宫廷风云】

韶华 亚方 邓荫柯 主编
阎德荣 著

中国青年出版社

目　录

代序　关于《解读王朝》

我不是一个历史知识很丰富的人,从来也没有想过要当历史学家。但是我常常读些史书,想从历史的发展中寻找一些带有规律性的东西。这几年我从上古到清末,系统地读了些史料。使我吃惊的是,自西周以来近3000年的历史中,死于非命的帝王竟然那么多!占在位帝王的比例那么大!我便按朝代做了若干张统计表。其中一张是"死于非命的历代帝王比例表"。此表分为四栏:

一、纪元:自公元(前、后)××年至××年。

二、在位帝王:该朝从××帝至××帝,在位帝王共××代,亡于×朝。

三、该朝在位帝王平均享年(生卒年月不详者未计)。

四、死于非命的帝王数目、死亡原因及其在该朝在位帝王中所占的比例。

这几项统计,头两项前人作过,属于普及知识范畴,但后两项,就我所接触的史书,尚未见过。我列了二十几张各朝各代表和一张"总表"(因为夏商史料不全、不准,我是从西周开始统计的)。统计数字所表明的结果很令人吃惊:

一、从公元前1046年到公元1911年,共2957年。

二、从西周武王到清朝溥仪,共84个王朝,882个在位帝王。

三、在位帝王平均享年41.7岁。

四、在882个在位帝王中,有288个不得善终(被杀死、缢死、饿死、毒死),占在位帝王的32.6%。也就是说,100个在位帝王中,有近1/3不得善终。其中有4个王朝100%的帝王被杀,有25个王朝50%以上的帝王被杀。帝王的平均寿命40来岁,可以说是短命鬼。

五、在被杀帝王中,有18个未成年帝王,占被杀帝王的7.4%。

帝王是权力的最高象征，掌握着举国的生杀大权，这么多在位帝王被杀，就不能不令人想一想有关“什么是历史”和“权力”的一些问题了。

令人深思的还有：这些被杀帝王中，按我们习惯认识的常理，应该是被农民起义军所杀。可是统计表明，他们基本上都是在宫廷政变的夺权斗争中互相残杀而死的。找来找去，找到了一个崇祯皇帝，是在李自成攻进北京时，上吊自杀的（只能算半个）。所以，我在“总表”的“附记”中说了一句：“被农民起义军杀死的极少，其比例小到可以忽略不计的程度。”这又为我们认识历史提供了一个新的思路。

“总表”有一个“附表”，即把在位30年、活到50岁以上的皇帝列了一个“长寿皇帝表”。按我掌握的资料，在历史上可以说寥若晨星，一共不到30个。我列了20个，并在一条“小注”中作了说明。

从此表可以看出：

凡是开国的、治国的、对人民实行“仁政”或“勤政”、重视文化的朝代，延续的时间都比较长，帝王平均享年高，被杀的少；凡是继位的帝王反复争权夺位的、荒淫无道的、压迫人民特别残酷的王朝，统治时间都比较短，被杀的帝王比例大，帝王大多是短命鬼。这也是一种规律。

统治和被统治是残酷的，统治集团内部之间的这种斗争也是非常激烈和残酷的。

其中还有值得思索的一个问题是：历史是怎么发展的？每次农民起义建立的只是一个新的封建王朝，战争之后无不哀鸿遍地，尸横荒野。倒是某个王朝统治比较稳定的时期，科学文化发展了，则会有一个被称之为“盛世”的时期。

在“非正常死亡表”中，还有三张“王子”、“后妃”和“重臣”的“非正常死亡表”。

在某一个皇帝在位时，如果不立太子，内部矛盾暂时潜伏下来，一旦要立太子了，即这种统治权力更迭时，皇帝与太子、皇子与皇子（因为皇帝的儿子很多）、拥立此皇子与拥立彼皇子继位的大臣派系之间，甚至王妃之间的斗争，便激化起来，使用的手段也特别毒辣、残酷。父子之间、母子之间、兄弟之间便互相杀将起来。但本表只统计在位皇帝的“非正常死亡”;如果把被杀的王子、王妃、大臣也统计在内(还有其他原因被杀的),那就太多了!纵观古今各朝各代,概莫能外。因此,后三张表统计都比较简单。因对方施展阴谋而“暴崩”的皇帝,史学家未证明是被杀的,也未计算在内。

制订了这些个“表格”后,我没想到发表,只是作为自己认识历史、思索权力的规律性的一个资料,有时也作为和二三好友谈话的题目。后来和一位文学界的朋友谈及此表,他建议我编一种套书。我本来有许多小说要写,可是,我觉得此事很有意义,自己也有兴趣,即组织几位又是史学家又是作家的朋友(即阎德荣、吴梦起、郎享伯、孙宝镛同志)着手编写,又过了一年多,编成了四卷书。

编写之前,我和这几位同志曾经商量了几个问题:

第一是读者对象问题。此书是作为史料写,还是作为文学作品写?我们认为,对象应该是最广大的普通读者,让他们通过此书了解历史和思索历史;不是为史学家提供资料——他们掌握有比我们还多的资料。要特别注重可读性、知识性和趣味性,力争达到雅俗共赏。

第二是文学性和历史真实的关系问题。第一要符合历史真实,但必须有文学性,有可读性。我们遵循的原则是:大事不虚,小事不拘。大事,即主要人物和主要事件,要符合历史真实;小事,即情节和细节,可以运用文学描写手段。或者叫作“以史为骨,以文为肉”。这是用文学手段写作历史题材作品的共同规律。

第三是选材问题,即多和少的关系问题。历朝历代的宫廷斗争,留下多少惊心动魄的故事!我们只能选择具有典型性和有特色的故事来写。如果悉数收录,那是百八十卷也写不尽的。

第四是篇幅问题,即大和小的关系问题。每个帝王,每段历史上的这类故事,都可以写成一部中篇、长篇小说,或者多集电视连续剧,如果尽情地这么写开了去,这不是本书所能做到的。所以,我们规定每个入选的故事写5000至1万字。每卷三四十个故事,约25万到30万字。

第五是求全和不全的关系问题。在近3000年历史84代王朝中，280多个帝王被杀，还有数不清的王子、后妃、重臣被害，而我们只选择几十个故事，显然不足以囊括历史。为补缺遗，我们在每卷后面列了一个"附表"，或可从中约略窥见全貌。

《解读王朝》的四卷分别为：

第一卷《帝王卷》，主要写历代帝王为夺取江山、巩固自己的权力，互相杀戮的故事，特别是内部宫廷政变中的自相残杀，是极其残酷的，本书第一卷的附表中，有18个未成年皇帝被杀，有的只当了一天皇帝就送了小命，可见内部的夺权斗争的激烈！

第二卷《王子卷》。权力这个东西是极其敏感的，历代王朝都是如此。平常矛盾还隐蔽着，每当要立太子时，即权力的转移时刻，矛盾便激化起来。要保这个太子登基和要推那个太子继位的各个派系，互相间便争得不可开交，大多以阴谋或血刃相见。因为他们权力的"运行机制"是世袭，是皇帝指定"接班人"，立长立庶有老规矩，但由于各种因素又不能尽行老规矩，或是由于实际威胁，或是由于猜忌多疑，于是便父杀子，子弑父，兄杀弟，弟杀兄，宫廷便笼罩在刀光血影之中，要说明的是：皇帝们的王子太多，不可胜记，其中被杀者数目不准，也无法像对在位帝王一样列出比例，后面的附表只能由斑见豹。

第三卷《后妃卷》。我国古代女人本来是不参政的。但后妃们一旦置身于权力的漩涡中，和立太子、当太后联系起来，也就卷入了权力斗争，有的成了牺牲品，有的则"比男人更凶残"，如吕后。也是因为皇帝们的后妃太多，被杀者难以列表，更算不出比例。如果算出来一定是个可怕的数字！但我们还是列了个"历代后妃非正常死亡情况表"。

第四卷《重臣卷》。俗话说"伴君如伴虎"，稍不小心，皇帝老儿就会要你的脑袋。况且不少重臣为了自己的利益，也参与了夺权斗争，被杀头、赐死的难以胜记。冤假错案不少，作恶多端该死者也不少。这一卷主要写他们的故事。

编就这四卷书，掩卷深思：权力这个东西像张魔椅，都想坐上去；坐上去为了保住它，什么道德、良心、父子之情、夫妻之义，全化烟化灰了，其残忍程度有时比对异族他国的敌人都凶。还觉得可悲的是：这些帝王们自己也读史书，殷鉴不远，但那魔椅总是驱使他们去重复这段历史，这里有什么不可抗拒的规律吗？

电视连续剧《唐明皇》的主人公——这个曾经开创“开元盛世”的李隆基也曾杀了自己的三个儿子，废了几个皇后，杀人者、被杀者都没有好结果，悲哉！

这套书分别由四位作家写作。文章的风格基本上是统一的，但也不免有些差别。我想，在一套书中，不求统一风格也好，若总是一个调子，会引起读者的“审美疲劳”。换换口味，可能更有兴味。

我是怀着浓厚兴趣提议编这套书的，和几位作家一起做了“总设计”，由我主编，荫柯和亚方同志任副主编。

在我制作第一卷那一部分“附表”的时候，曾经请教作家、清史研究家凌力同志和本书的另几位作者，为我作了校订，在这里表示感谢。

韶华

2008 年 8 月 28 日于北京

父皇啊,是你害了我

——秦二世　胡亥

公元前221年,秦都咸阳。

一条大道,直通秦始皇居住的宫殿。

是日,秦宫内旌旗林立,香烟袅袅,钟鼓和鸣。

大殿里,初登九五之尊的始皇帝嬴政,头戴垂旒冠冕,身穿日月星辰绛纱衮服,神采奕奕,踌躇满志地坐在金殿上。他拈着胸前长髯,频频举杯向殿下群臣致意。

秦始皇开国称帝,千古初创,非同一般,遂下令大宴群臣。

大殿里,王子、公卿、百官依序排列,席地而坐。美酒、佳肴、珍果,应有尽有,酒到酣处,觥筹交错,热闹非常。

坐在酒席前列的是秦始皇的十八位皇子。个个冠袍生辉,器宇不凡。由东而西,坐在第十八条杌(wù)案前的是被秦始皇视为掌上明珠的最娇惯、最溺爱的幼儿胡亥,年仅九岁。

胡亥头戴一顶远游冠,上缀有青带、白穗、翠珠犀簪。身穿朱色衬里绣有七座山峰彩色花纹的白衮服,下系红罗裳,扎着宽约二寸的彩花绅带,腰前悬着绛纱蔽膝,身后垂着拖地的佩绶,脚穿一双绵丝绣纹白袜。

行酒时,气氛热烈,频无休止,诸皇子个个以袖掩杯,徐徐而饮,彬彬有礼,举措有度。唯有胡亥想吃则吃,想饮则饮,用筷不及便动手撕扯抓挠。酒足饭饱,年少好动自然耐不住性子坐在那里陪着诸皇兄假装斯文,趁着始皇不注意,一躬身溜进侧殿帷幕后去。

胡亥来到大殿门口,只见台阶上井然有序地排列着各式各样的朝鞋。按秦制,凡臣下朝见皇上,入殿前必须脱鞋,整整齐齐、规规矩矩地放在殿外的台阶上。这天宴会盛大,公卿文武百官俱至,自然鞋子不可胜数。

胡亥站在台阶上，歪着脑袋看着自己的皂舄(xì)(黑色木底鞋)排在诸皇兄之后，眨巴几下黑眸，嘴角一撇，撩起罗裳前襟，跑下台阶，双脚胡乱踢起来。坐在殿门口的一位朝官吓得目瞪口呆，急欲起身上前制止，身旁一位朝官，赶紧拉住他的衣袖。

这时，中车府令、太监赵高急忙跑到殿门口，见朝鞋已被踢得乱七八糟，先是一怔，转而又满脸堆笑地低声说："殿下，踢得好，踢得好！"说着，赶紧跑到最上一层台阶的尽头拎起胡亥的皂舄，来到胡亥跟前，单腿跪地，抱起胡亥替他穿好。然后跪伏在地，让胡亥爬上后背，便背起他疾步而去。

坐在殿门口的朝臣望着他们的背影，愤愤地低语道："幸亏是十八皇子，如是太子，日后嗣君执政，社稷岂能不乱？"

身边的朝臣急忙佯装敬酒，以袖掩住其口。

公元前211年，胡亥年已"弱冠"(二十岁)。

一个深秋的傍晚，胡亥正捧着一卷《韩非子》简书斜靠在香料锦墩上慢慢地阅看着。

这时"吱"的一声响，殿门被人急速推开，胡亥一怔，见是赵高气喘吁吁地跑进来。

赵高本是赵国人，其父通晓法律，善刀笔诉讼，沾着是赵王五服外宗亲的光，任过地方典狱吏，后因敲诈勒索遭人告发，被处宫刑，其母罚作官奴，兄弟三人也被净身入宫当了太监。公元前222年，秦国灭赵，赵高被掳往咸阳送入内宫。一个偶然的机遇，秦始皇发现他长得身高体壮，谈吐流畅，且善解人意，经盘问，又得知赵高师承其父，谙通法律，一时高兴，便任命他为中车府令，负责掌管皇帝的车马。

赵高少年时就表现出工于心计、好猜度、善筹谋、不甘人后的性格。家世坎坷、自身遭戕并未使他自甘沉沦。

"天将降大任于斯人也，必先苦其心志，劳其筋骨，饿其体肤"的教诲，令他的心底涌动着强烈的改变命运的愿望。命运者何？机遇也。机遇之善者可使人平步青云，富甲天下；机遇之恶者可使人身陷苦海，命归黄泉；而机遇平平者则令人终身碌碌无为，不过芸芸众生。机遇可从天而降，不期而遇，亦可匠心独运，事在人为；机遇可旷日持久，亦会瞬间即逝。

赵高要努力创造、不失时机地把握、利用能改变命运的一切机遇。

工于心计、好猜度、善筹谋的性格增强了他实现愿望的自信。

初入秦宫，赵高被分配清扫宫廷茅厕等苦役。他却时时事事小心谨慎，一丝不苟。一天，他正在宫内清扫御道，忽然始皇出巡的车队驶过来，他急忙跪伏路旁回避。当御驾前一辆副车从他身前驶过时，一匹边马突然翘起尾巴要拉屎，赵高发现后不假思索地一个箭步冲上去，撩起袍襟，紧跟马后，将粪便全部接住，然后跪伏原处。这个举动被坐在车里的秦始皇看在眼里，便赏了他个中车府令(掌管皇帝的车马)。

赵高在转变命运的路程上，成功地迈出了第一步。当了中车府令后，有了接近皇帝的机会，在长期观察中，他发现秦始皇十分宠爱幼子胡亥。他决心投其所好，把改变命运的赌注压在胡亥身上。从此，赵高千方百计接近胡亥，讨好胡亥。功夫不负有心人，赵高终于博得了胡亥的欢喜。

一天，赵高从胡亥书房前路过，胡亥正在学写篆字，见赵高路过，忙喊他进屋。原来，胡亥正用毛笔在绢上学写《韩非子·说林》上的一句：“巧诈不如拙诚。”“拙诚”二字他总也写不好，问赵高是否会写。赵高接过笔，潇洒自如地在绢上工工整整地写好，引得胡亥高兴地拍手称赞。这件事被秦始皇知道后，又是吃惊又是高兴，便决定让赵高做胡亥的教师。

从此，赵高与胡亥朝夕相伴，形影不离。十年寒暑，赵高绞尽脑汁在胡亥面前成功地扮演着仆人、教师、谋臣的角色。

胡亥见赵高急匆匆地走进殿来，便直起身问道：“有事吗？”

赵高趋步凑近胡亥身边，弯下腰，颇有几分神秘地低声说：“陛下刚才决定近日出巡东游。”

“噢。”胡亥不以为然地应了一声。

赵高接着说：“陛下决定留下右丞相冯去疾和殿下主持咸阳事务，令左丞相李斯和我等人随侍出巡。”

“噢。”胡亥仍是不以为然地应着。

赵高似乎有些心急，忙问道："殿下不想随同陛下出巡吗？"

胡亥将手中的竹简放在机案上，站起身伸了一个懒腰说："既然父皇有令，儿臣遵命就是了。"

赵高见胡亥对出巡的事不动心，赶紧走到殿门口，伸头向外张望一阵，转身回到胡亥身边，神秘地说："殿下，您知道陛下何以突然决定出巡东游吗？"

胡亥先是晃晃头，然后问："为何？"

赵高忙趋前一步，躬下身，压低声音说："最近朝廷一位使者从关东返回咸阳，途经华阴，于舒道（今华阴县附近）遇一位白发老者立在路中说，'今年祖龙死'，言毕，遁身而去。使者惶恐不已，百思不解。进京后，将此事如实禀报陛下。陛下听后先是一震，继而情绪恍惚，思索一阵，忙请方士卜卦。方士答曰，'陛下今年是白虎克泰斗，犯了灾星，唯有出游方可化灾避难'。"

"噢？"胡亥惊奇地望着赵高。

赵高接着说："殿下，您知道'祖龙'二字作何解吗？"

"何解？"胡亥忙问。

"祖者始也，龙者帝也。祖龙，始皇也。"

"啊？"胡亥一惊，自语道，"今年祖龙死，则是今年始皇……"胡亥正要说出那个犯忌的"死"字，赵高忙用手制止，接过话茬说："方士之言，可信其有，亦可信其无。"少顷，赵高弦外有音地说："陛下已进天命之年，这些年十分避讳那个字。已有几个朝臣为此死于非命，同时，近几年又四处派人访求长生不老之术，这次突然决定出巡东游，可见，陛下已是十分担心……"

赵高欲言又止，喉头一动，咽下了话的后半截。

胡亥望着赵高，眨巴两下眼睛说："你劝我随父皇出巡，是为了不失尽孝道的机会吗？"

赵高感到失望，停顿片刻，意味深长地说："殿下，您就未往更深一层，比如以后的前途、您的命运去想吗？"

赵高望着胡亥怔怔的样子，又气又急，索性点破话题："殿下，如果陛下当真遂了天意，至今可还未立太子啊……"

10月中旬，秦始皇出巡东游的车驾仪仗浩浩荡荡出了咸阳城，直奔南行的驰道。

胡亥也一同随驾出巡。

一路上，虽是鞍马困顿，千里迢迢，然而各地风光旖旎，景色宜人，加之胡亥鞍前马后，形影不离，可谓体贴入微，关怀备至，秦始皇倒也心旷神怡，超然自乐，似乎早已把那句令人沮丧的话忘得一干二净。

天有阴晴。当秦始皇的车驾来到济北郡的平原津（今山东德州市南）时，突然偶感风寒，病势日渐沉重。当车驾来到沙丘（今河北广宗西北大平台）时，已是翌年7月，时值酷暑盛夏，一路之上，千方百计投药问医，不但无效，反成沉疴。

秦始皇已处弥留之际。大队人马只好停止前进。

这天傍晚，秦始皇把李斯、赵高叫到身旁，眼睛微微睁开一条缝隙，喃喃地说："替我草拟遗诏吧……"

"祖龙"死了。

夜暮没有弦月，没有星辰，天空落下淅淅沥沥的雨滴。

胡亥站在窗前，如果不是赵高和李斯的再三劝阻，他真想号啕大哭一场。

父皇驾崩，父子间的血肉亲情使他恸心。可是，父皇的遗诏更使他揪心。

始皇帝爱胡亥如同掌上明珠、心头之肉，然而在遗诏里没有为他留下一句话，没有给他分封一寸土地。而是诏命在北方戍边的长兄扶苏把兵权交给大将蒙恬，火速返回咸阳办理丧事。

显而易见，父皇是立扶苏为太子，让他继承皇位。

胡亥渴望、梦想、为之奋斗的目的，最终要成泡影。他恨父皇假仁假义，残酷无情，恨赵高自作聪明，徒劳心计，更恨自己在诸皇子中名列第十八位。

初看到遗诏时，失望、愤懑、忌妒使他怒火中烧，肝胆欲裂。然而，几个时辰过后，他渐渐感到平静，这一切都是命中注定。此时此刻，他别无所求，只想哭，号啕大哭，让泪水洗掉胸中的不平。

更深夜静，赵高悄悄推开胡亥的房门。

“殿下，您想吞下这只苦果吗？”

“不吞亦吐不出。”

“咽下，其苦难熬；吐掉，则苦尽甜来。”

持续的沉默中，赵高把目光从摇曳的烛光转移到地上晃动着的胡亥的身影，他似乎猜度出什么。

“殿下，面南者为君，面北者为臣。为君者治人，为臣者治于人。治人者生，治于人者死。”

赵高发现胡亥的双手慢慢地握成拳，身体也似乎在颤抖。

“殿下，您的双膝可为始皇帝所屈，难道还可为他人而跪吗？”

胡亥猛地转身吼道：“遗诏已经发出，谈这些还有何用？”

赵高忙从怀中取出一块黄绢，展开，递到胡亥面前。

胡亥看罢，惊异地问：“怎么？遗诏尚未发出？”

“奴才对殿下一向忠贞不贰，此等大事怎敢贸然处置。”

胡亥再看遗诏，又道：“木已成舟，成命难回。”

“殿下，始皇遗命出自奴才手笔，皇帝印玺已托我所管。”

“改诏？”

“改诏。”

“如何改？”

“立胡亥为太子。将扶苏、蒙恬二人赐死！”

“赐死？何罪？”

“扶苏与蒙恬戍边十年无足寸之功。扶苏屡次上书诽谤始皇帝，又因未立太子而常暗发怨言，蒙恬知情不举却加恣纵。”

“丞相李斯肯与我们合谋？”

“李斯的才能、功绩、谋略，人心无怨，但与长子扶苏的情分能与蒙恬相比吗？他是一个布衣出身的趋利小人，若扶苏称帝必任蒙恬为相，殿下如允诺保其相位，再加封赏，恩威并施，岂敢不从？”

胡亥点着头，沉思良久：“只是赐死长兄……”

“殿下，机不可失啊！或为人君，或为人臣，改变命运的机遇掌握在你自己手里。”

翌日清晨，一位使者骑着快马，怀揣矫诏向北驰去。

始皇帝的车驾照样启行，一切一如既往。

始皇帝的尸体被秘密安放在一辆封闭的辒(wēn)辌(liáng)车里。始皇帝的金根车里坐着穿戴着始皇帝服饰冠冕的亲信太监，每日有人端茶送饭，赵高、李斯和胡亥照样佯装请安、呈奏。

车驾从井陉入关先往北行，依然保持着原先拟定的巡游路线和气派，然后经九原(今内蒙包头市西)从直道返回咸阳。

车驾载着腐烂的尸体，煞有其事地走完了秦始皇第五次出巡最后的两千余里的路程。

车驾抵达咸阳时，去北方边郡矫诏赐死的使者业已返回。扶苏已自刎，蒙恬已下狱。

胡亥、赵高、李斯见大功告成，便为秦始皇发丧，接着为胡亥举行了隆重的登基典礼。

9月的咸阳，秦宫里旌旗蔽日，锣鼓喧天，笙弦绕梁，香烟熏腾。按胡亥之命，登基大典要比父皇开国称帝时有过之而无不及。

大殿之上秦二世胡亥穿戴着和父皇一样的装束，正襟危坐在龙墩上，虽然心里潜藏着几分虚弱和怯惧，外表却是威风凛凛一国之君的神态。当诸王、公卿、文武百官黑压压一片跪伏在地，山呼“万岁、万岁、万万岁”时，他看到阶下是一个个隆起的土丘，瞬间这些土丘又变成一片土冢，此时，一股暗自庆幸的心情油然而起，这些土冢似隆起的后背中没有始皇帝的十八皇子——胡亥。

胡亥微微露出笑容，他像在做一场甜蜜的梦，本不属于他的一切，如今全部得到了。

此时此刻他恍惚飘然欲仙。

然而，当群臣山呼已毕抬起头时，胡亥惊疑地发现，许多张面孔上流露着怀疑、愤懑和轻蔑。

更深夜静，秦二世在寝宫里双手反背，低着头踱来踱去。已被提升为郎中令（掌管宫殿门户，当然国中要事也由他执掌）的赵高走进殿门，见秦二世满脸忧郁之情，便蹑着手脚来到他的身边，弓着腰说："陛下，今日初登龙位乃是大喜之日，何以……"

秦二世抢过话头："有喜更有忧，你没看到跪在阶下那些人的脸吗？特别是诸位皇兄。"

赵高一听，正中下怀，忙说："陛下，何止是几张脸？"

"还有什么？"秦二世听赵高话中有话，连忙追问。

"据臣所知，有几位皇子今夜聚会钦文殿，以庆贺陛下登基为名，实则怀疑矫诏一事，有人慷慨陈词，有人摩拳擦掌，有人主张将此事公诸天下。"

"噢？"秦二世一阵痉挛，脸上顿时煞白，忙问，"此事当真？"

"奴才早已派人四处跟踪。这是刚刚有人从钦文殿赶回禀报的。"

"矫诏之事一旦公诸天下，我等不仅前功尽弃，还将青史留骂。"秦二世惶恐不安地搓着双手。

"陛下，决不能让他们先发制人，阴谋得逞。"

"你想怎么办？"

赵高的眼睛里闪动着凶鸷（zhì）的目光，慢慢将伸开的手掌横在自己的喉颈上。

秦二世一震，稍停片刻："初登大宝就杀宗室骨肉，恐有失人伦，激怒天下。"

"陛下，矫诏如公诸天下，诸皇子能让陛下身首不离地赴黄泉吗？陛下饱览群书，古往今来皇权之争岂有不与铁血相伴吗？"

秦二世默不作声，站在殿中央，仰着脸凝视着微微晃动的宫灯，他陷入紧张而激烈的沉思。

赵高趋前一步，站在他的背后："陛下，自古以来王室权力之争一向不讲骨肉之情。铁石心肠者必为人雄，慈悲为怀者必为人鬼。始皇帝乃千古一帝，雄才大略威慑四方。然而，为了皇帝宝座，他还讲人伦道德和慈悲为怀吗？相国吕不韦乃始皇生父，结果被他赐死；嫪毐是始皇帝生母赵太后的情夫，因为他们危及帝业，结果被车裂，还诛灭三族。秦灭赵国时，始皇帝还将外婆家的仇人一律坑杀。至于秦灭六国时多少生灵被杀？称帝后，修长城，筑驰道，建阿房宫，乃至焚书坑儒，又有多少人死于非命？古人云，一将功成万骨枯。此时此刻，你不杀他他杀你！陛下，事不宜迟啊！"

秦二世仍然背着身子："以何罪名？"

"欲加之罪，何患无辞？"

一个阴云密布的天气，咸阳城中心熙熙攘攘，人群中央的空地上，一字排开跪着十二个五花大绑的死囚，每人背后插着"谋逆弑君罪犯"的"招子牌"。囚犯的背后站着袒胸露臂、杀气腾腾的刀斧手。午时刚到，监斩官手中杏黄旗一挥，"砰"的一声号炮，霎时，刀斧手们手起刀落，十二颗人头同时落地，十二股赤红滚烫的血柱凌空喷溅，其状令人触目惊心，惨不忍睹。

与此同时，在咸阳城东杜邮法场上，还有六个男囚和十个女囚被军士们用千斤重的石磙活活辗压成肉饼。法场上一片血肉狼藉，围观者的惊叫声令人毛骨悚然。

一个哭尸的老太监告诉人们，今天被杀的二十八个男女都是秦二世的兄弟姊妹。

杀完秦二世的骨肉同胞，他们又把屠刀挥向朝廷的命官和边疆大吏。

时隔不久，大将蒙恬兄弟二人双双饮下秦二世赐予的毒酒，死在狱中；文武百官动辄被捕下狱，赴刑问斩。咸阳城中的法场上，血迹相陈，竟有"血砖"之称。

每杀一批官吏，赵高便趁机安插一批亲信，女婿阎乐被任为咸阳县令，兄弟赵成被任为中车府令。他在诛除异己中，私用秦二世对他的信任，悄悄地编织着自己的势力网。

异已诛除了，谤言却接连而起。

秦二世病倒了。

秦二世卧床的日子里，赵高终日陪侍左右，温茶喂药，问寒问暖，闲暇之时，专讲一些幽默有趣的故事，不让秦二世看到令人心烦的奏折和听到毁谤之言。

几天过后，秦二世病情日渐好转，赵高趁着喂他服药时说："陛下，近日来龙体已渐康复，不知陛下可否知道病愈的原因？"

秦二世不假思索地说道："是太医们配的药方好吧。"

赵高微笑着摇头。

秦二世问："那是何故？"

赵高放下药碗："俗话说，眼不见，心不乱；耳不听，心不烦。这些天陛下病卧宫中，未曾出朝，不听毁谤之言，不批棘手奏折，所以不烦躁。心不烦则气顺，气顺则肝火不旺，肾气不虚，经络则通。"

"有道理。"秦二世点着头。

"陛下，奴才有一言不知该讲否？"

"讲又何妨？"

"陛下，依奴才之见，天下以君为贵。贵者权高威重也。贵者神秘莫测也。天子要显示尊贵，须深居简出，不可轻易露面。况陛下继位不久，年纪轻轻，如经常出朝批奏，倘有不慎，必遭非议。如此，陛下岂能不烦躁，陛下之尊严岂能不受损害？依奴才之见，陛下应取消朝会，深居宫中，朝廷诸事由我及时禀报，陛下在后宫定夺。如此，凡事必处理得当，天下臣民必称陛下为圣明君主。"

秦二世不知赵高心怀叵测，倒觉得他的话正中下怀，言之成理，便决定取消朝会，深居内宫，群臣奏事皆由赵高代行处理。从此大权旁落，被人架空，成了真正的孤家寡人。

秦二世身居深宫，无所事事，终日沉湎于酒色，荒淫嬉戏，不久又想起尚未竣工的阿房宫、驰道和骊山墓。于是下令在全国征调民夫，大兴土木。本来秦始皇在位时秦朝就国力日衰，民不聊生。现在赋税日趋沉重，徭役名目越来越多，百姓已苦不堪言，遂导致大泽乡（今安徽宿州市东南）爆发陈胜、吴广农民暴动，不久，楚国的项梁、项羽和沛城的刘邦也起兵响应。

赵高凭着心计和手段，得宠于秦二世，大权独揽，为所欲为。然而，尽管权倾朝野，官职不过是个郎中令，与李斯的丞相比差了十万八千里。论才学、论资历，他甘拜下风。论权势、论计谋，却胜李斯一筹。每逢想到自己仅是个郎中令，就憋气窝火，连做梦都想着丞相这顶乌纱帽。实现这个梦想，李斯是个绊脚石。诡计多端、野心勃勃的赵高，早就打过李斯的鬼主意。然而碍着李斯是沙丘的同谋，在清除异己、诛杀朝臣时，未能对他下手。

如今赵高已是权倾中外，位居一人之下，万人之上，怎能甘心于做郎中令，他下定决心要搬掉李斯这块绊脚石。

一天，赵高到丞相府拜访李斯，李斯愁容满面，唉声叹气地谈起义军形势。赵高装出焦躁不安的样子说："如今义军四起，陈胜、吴广、项梁、项羽，还有沛县的刘邦，他们聚众数十万，南北呼应，这些亡命徒以死相拼，官军难以抵挡。近日军报频传，城池接连被攻陷，几路义军直逼都城咸阳，形势已是岌岌可危。可是主上依然深居后宫，沉湎酒色，大兴土木，全然不顾社稷安危。君侯位居相位，一言九鼎，理当面奏皇上，力挽狂澜，拯救社稷……"李斯听罢赵高忧国忧民之话，颇受感动，叹了一口气说："公公所忧，正是吾人所虑。近日来，义军蜂起，令我夜不安枕，食不甘味，早想面奏皇上，陈启利害。然而圣上深居后宫，多日不肯上朝，让我如何面奏？"

赵高装出一副非常兴奋的样子说："这有何难？只要丞相肯面奏皇上，我在后宫随时留心，只要圣上闲暇无事，我即派人禀告丞相亲去后宫面奏。"

第二天，赵高便派人催李斯入宫进谏，李斯急忙赶到宫门外求见。此时，秦二世正在后宫的"兔园"里，指挥一群嫔妃宫女竞相追逐兔子，你拥我挤，嬉笑喊叫，丑态百出。秦二世玩得十分开心，听说丞相李斯求见，连理都未理，让李斯在宫门外白白站了几个时辰。直到傍晚，赵高来到宫门，装着无可奈何的样子对李斯说："皇上的事情瞬息万变……" 第二天赵高又派人请李斯入宫，此时秦二世正拥着一群裸身的美女饮酒取乐，当他在给怀里的妃子灌酒时，赵高前来禀报说李斯有要事，再三请求面见圣上。秦二世一怒之下，把李斯一顿臭骂。赵高来到宫门外，做着敢怒不敢言的样子说："丞相，恕我不便直言。"说罢长叹一声。

隔了两天，赵高亲自来到丞相府，对李斯说："陛下命我亲自来请丞相入宫。"李斯一听，受宠若惊，早把前两次的事忘得一干二净，急忙穿戴整齐，随赵高一同前往。

李斯兴冲冲地站在宫门外恭候。

赵高来到秦二世寝宫，见他正在酣睡，赵高知道秦二世昨天饮酒作乐直到天明，现在正在甜蜜的梦乡。他站在床前，思忖片刻，鼓起勇气，推醒秦二世。秦二世睡眼惺忪地坐起来，听说又是李斯有要事非面见圣上不可时，跳下床，双手插腰，怒不可遏地吼道："李斯居心何在，近日接二连三趁朕有事时入宫求见？"秦二世又指着赵高责问："是不是你们内外勾结，互相串通，专拣这个时候给朕出难题，令朕尴尬？"

赵高忙说："陛下息怒，奴才万万不敢。只是……"赵高故意停顿片刻："其实，丞相早想要面奏圣上，都被奴才挡住，这几次是他非要见圣上不可，甚至要闯宫求见。"

"什么？闯宫？"

"丞相不但要闯宫，还口出不恭之词。"

"什么不恭之词？"

"奴才不敢说。"

"说！"

"丞相……丞相说，如今已是天下大乱，圣上还在后宫恣意取乐……是何居心？"

"胆大包天！他敢嘲讽寡人？活得不耐烦了！"

赵高听罢，见秦二世对李斯的怒火已被点起，便抓住时机，火上加油地说："陛下，丞相的所作所为奴才早有所闻，只是不敢面奏圣上。丞相自恃参与沙丘之谋，如今陛下登基称帝，他本望封爵加禄，独掌朝政，然而……他自然心怀不满。”

“心怀不满？留下他的头就算赏赐了！”

赵高听到这话，心中一喜，忙故作神秘地说：“陛下，有人举报，反贼中不少人是丞相的同乡，近日朝廷派丞相之子三川郡守李由统兵进剿，却久久按兵不动，传闻丞相父子还暗中与反贼往来，近日丞相再三入宫求见，陛下不得不防啊……”

赵高说完，秦二世已气得面红耳赤，他咬牙切齿地指着赵高说：“你亲自去查办此事！”

不久，李斯发现中了赵高的奸计，一气之下，联合右丞相冯去疾和将军冯劫，状告赵高独揽朝廷、欺君罔上、祸国殃民，要求诛赵高、清君侧。秦二世不但不听，反而下令让赵高将李斯等三人逮捕入狱。冯去疾、冯劫看到昏君无道，社稷无望，便在狱中饮恨自尽。李斯自恃功高，又确未通敌，自然不服，天天在狱中叫骂、申辩。赵高的计谋得逞，如何能饶了他？于是派人日夜刑讯逼供，把李斯打得皮开肉绽，死去活来。李斯终于被迫招供。赵高怕他在秦二世面前翻供，便暗中派几名亲信，扮作秦二世派来的官员来狱中轮流拷问，只要李斯翻供，便毒打一番，如此几经周折，李斯再也不敢改口。赵高见李斯已被制伏，便把他承认与反贼串通的供状呈报秦二世。秦二世派人来狱中审核时，李斯误以为还是赵高的心腹，照供不讳，承认通敌谋反。恰在此时，李斯长子李由业已阵亡，派出的人已无法查证。赵高便放心大胆地草拟李斯父子通敌谋反等罪状，呈奏秦二世。秦二世见奏，当即朱批：“处斩李斯，诛三族。”

李斯人头落地不久，太监赵高兴高采烈地登上了丞相的宝座。

赵高拜相不久，秦楚两军在河北平乡爆发了巨鹿大战，结果秦军大败，大将章邯降楚。刘邦、项羽乘胜挥师向西，直逼咸阳。秦都人人自危，一片慌乱，朝廷内外像热锅上的蚂蚁。

深夜，丞相府。赵高身着便服席坐在机案前。长案的左侧胡乱堆放着一摞各路兵马告急的奏文，压在赵高手里久未转奏。长案的正中展放着一卷《韩非子·内储说上·七术》，卷旁摆着一杯新沏的香茶，热气腾腾，馨香袭人。赵高悠然自得地微闭双目,哼着小调,手指在案上轻轻地敲打着节拍。

此时此刻,赵高的心里像开放着簇簇鲜花,美不胜收,十分得意。

一个地位卑贱的太监,平步青云登上了丞相宝座,这个奇迹是他创造的。赵高当上丞相后,整日琢磨哪些是反对他的人,如何除掉这些人。不久前,他偶然翻到《韩非子》中《内储说上·七术》这篇文章,读到一个齐国人想犯上作乱,事前设法探明虚实的故事,颇受启发。于是赵高想出一个"指鹿为马"的计策,从而在朝廷里发现了一批不肯附和他的人。他制造各种借口,陆陆续续将这些人杀掉。到今天为止,他勾掉了最后一个该杀者的名单。

政敌清除了,创造更大奇迹的道路铺平了,赵高怎能不高兴?

正在他暗自庆幸时,忽然家丁悄悄推开房门,神秘地将一封书简递到他跟前,低声说:"丞相,刚才有一位素不相识的人送来一封信,说务必亲自面呈丞相。"

家丁退出后,赵高忙拆开信,原来是刘邦亲笔写来的。赵高一阵惊恐,额上霎时沁出一层细密的冷汗。等他看完信后,却又高兴地拍着杌案说:"真乃天助我也!"

第二天,赵高迫不及待地将任咸阳令的女婿阎乐和被提升为掌管宫廷警卫的弟弟郎中令赵成叫到府中,密谋篡逆之事。时近傍晚,突然一位后宫执事太监传来秦二世口谕,命赵高次日务必进宫,有要事相商,并说,圣上传谕时很恼火。

赵高听罢,吓得出了一身冷汗,三个人瞠目结舌,面面相觑。莫非秦二世听到了什么风声?谋逆弑君不但是死罪,而且是要诛及三族的。

怎么办?三个人慌作一团,七嘴八舌也没有想出好对策。最后,还是赵高老谋深算,决定明日万万不可入宫,否则将成笼中鸟、砧上肉。事到如今,先发制人或许能大功告成,后发制人则必死无疑。成者王侯败者寇,必须当机立断!

翌日清晨,距咸阳城数里远临近泾水岸边的望夷宫。

几天前，秦二世住在咸阳秦宫时，经常听到义军的消息，心情烦躁，寝食不安。为了清静，便在三天前率宫中嫔妃迁到望夷宫，想在这里清静地恣意取乐。没想到在这里听到更多秦军战败和义军进逼咸阳的消息，便大发雷霆，埋怨赵高为何不尽快派兵镇压，于是派人传谕赵高前来望夷宫。

时近中午，秦二世仍不见赵高晋见，正在焦急，忽听殿外一阵阵惊叫声，继而是喊杀声、惨叫声。秦二世急忙跑出殿外，只见一群手执刀剑的士兵追着宫内的太监、宫女又砍又杀。宫内乱成一团，霎时间庭院里血迹斑斑，尸横遍地。秦二世不知何故，慌忙返回殿内，正欲从墙上取下宝剑，一阵呐喊声中殿门被撞开，一群士兵冲进来，他们握着滴血的刀剑，杀气腾腾地向秦二世进逼。惊恐不已的秦二世面色如灰，颤抖着一步步向后退，直退到机案前，才硬着头皮问道："你们是何人？"为首的一人挺身而出："我乃咸阳县令阎乐。"身旁的一位接着说："我乃郎中令赵成！"

"你们……想干什么？"秦二世胆战心惊地问。

"逼宫！"阎乐把手中的剑指向二世，"把印玺交出来！"

"我交……我交……"秦二世六神无主地一边自语，一边去取印玺。当他把印玺交给阎乐时，战战兢兢地问："我……我退位后，可以当个郡王吗？"

"哼！"阎乐冷冷地回道。

"那，那，让我当个万户侯吧！"

"你也配？"赵成喊道。

秦二世突然跪到地上，哀求道："我情愿做个平民百姓，请你们刀下留情，给我留条活命。"

"你也怕死吗？陛下，告诉你，今天我们就是来要你的命！"阎乐握着剑步步进逼。

"不，不……求求你们让我见见丞相赵高。"

"哈哈……陛下，告诉你，今天我们就是奉丞相之命来取你的人头！"

"啊！"秦二世一惊，倏地从地上站起来，"是他？是他?！赵高，你这奸贼！"

“住口！再敢辱骂丞相，我就拦腰斩断你这昏君！暴君！”阎乐喊罢，向身边的士兵一挥手。士兵正想冲上去，秦二世猛地喊道：“且慢！”说罢，转过身从墙上取下宝剑，无限悲恸地环视殿宇一圈，然后背过身子，把剑慢慢横在颈下。此时，秦二世热泪涌流，往事如云，心如刀绞。他恨自己，恨赵高，更恨父皇，为什么让他生在充满血腥的帝王之家？

良久，他满腔悲愤地喊道：“父皇啊，是你害了我！”然后，猛地抽动宝剑，一股殷红的鲜血喷溅出来。

仅做了三年皇帝的胡亥，死时只有二十三岁。他的尸体被人用一张苇席卷起，埋在杜南（今陕西长安西南）的宜春苑中。

没有庙号，没有谥号。

装模作样一辈子，死后头被当球踢

——新帝　王莽

地皇二年(公元21年)，初秋。

长安城上空被一片灰黑色的云层严严实实地笼罩着。狂风、暴雨、雾霭，湮没了未央宫。

未央宫的紫云殿里，一位白发苍苍、双目失明的老夫人坐在床沿上嘤嘤地啜泣，一位中年汉子跪在床前惊恐、焦急、悲恸不已地哭诉着。

双目失明的老夫人是新帝王莽的王皇后，中年汉子是新帝王莽的第四个儿子，新近由太子贬为统义阳王的王临。

“父皇要杀我，母后，现在只有你能救我……”王临泪流满面地紧抱着母亲的双腿，充满绝望和恐怖地仰望着王皇后。

泪水像两股小溪，从王皇后失明的眼里汩汩而下，滴落在王临的脸上，她用颤抖的双手在儿子的头上、脸上慌乱地摸索着：“不，不能，你父皇心再狠也不会忍心杀掉他最后一个儿子的。”

王临唯恐母亲不相信，急切地抓住母亲的手说：

“母后，父皇现在已经变成一个毫无人性的铁石心肠的人。要杀我的念头早已有之。去年，长安城一场飓风毁掉父皇苦心营造的王路堂，他以灾变符异为借口废掉了我的太子位，把我贬为统义阳王，赶出京师长安。这是父皇要除掉我的信号。最近，鉴于义军四起，民怨沸腾，社稷危难，儿臣冒死呈上启奏，结果触怒龙颜，说我心有反意，企图逼父皇退位，还有……母后侍女原碧……父皇已听到风声，他怎么能饶恕我？”

“唉——”王皇后长长地叹了口气，“你跟随你父皇这些年还没摸透他的脾气吗？他听过谁的逆耳之言？进谗者升官加爵，进谏者非贬即杀，忠臣良将有几个得到褒奖？知道父皇不喜欢你，又何必直言进谏？依母亲之见进谏倒也罢了，你千不该，万不该，不该和我的侍女原碧……她已是你父皇的人了。”

“母后，原碧委身父皇是迫于威逼，她真心爱儿臣，儿臣也真心喜欢她。只要母后答应，儿臣愿明媒正娶纳她为妾，她才十八岁，而父皇已是六十六岁……”

王临极力为自己辩解。

“是也罢，非也罢，这些事都动了你父皇的肝火。唉……不过你父皇一生只有四子。你长兄王宇、二兄王获都被他迫令自杀，三兄王安生来神情恍惚，癫愚痴呆，虽然被你父皇封为‘新嘉辟’，因为受不了你父皇呵责，忧郁而死。你长兄的儿子王宗和女儿王盼几个月前也被他赐死。我不相信，王家只剩下你最后一根血脉，他也忍心斩草除根吗？”

王皇后痛哭不已地诉说着。

“母后，长兄、次兄都死于而立之年，儿臣也年届三十，近日梦中常与兄长鬼魂相见，抱头痛哭，他们都说儿臣死期已近……”

王皇后身子猛地一颤，抱住王临的头放声大哭。

王临忙托起母亲的脸，惊恐地说：“母后，你已经为哥哥们哭瞎了双眼，如今身体又多病，日见沉重……别哭了，小心被人听到告知父皇……儿是趁下雨溜进后宫，千万不能让父皇知道。”

王皇后睁大着眼睛，茫无目标地望着紫云殿顶的雕梁画栋，悲悲切切地抚摸着王临的头说：“趁着今天刮风下雨，无人走动，你让母后痛痛快快哭一场吧。”

王皇后泪如泉涌，哭声撕心裂肺。

良久，母子二人止住哭泣。王皇后拄着龙头拐杖，在王临的搀扶下颤巍巍地走到殿门前，王临轻轻推开楠木雕花殿门，一阵裹着潮气的凉风迎面扑来。

王皇后站在殿门口，侧耳听着殿外的风声雨声，感叹地说：“风是凉的，雨是凉的，我的心也是凉的。自从初始元年(公元 8 年)你父皇登基称帝，夺了汉室天下，十三年来，我跟他享尽荣华富贵，可是我的心却被他凉透了。当上皇帝后，整天疑神疑鬼，提心吊胆，好像谁都想篡夺皇位。今天杀这个，明天贬那个，十几年来朝廷里的大臣杀了一批又一批，就连自己的骨肉也杀。他真的变了，变得铁石心肠，残忍无道。你父皇当初可不是这样，我嫁给他的时候，他无官无职，家境贫寒，知书达理，待人谦恭，尊卑有序，安贫乐道，豁达大度……"

王莽，字巨君，生于汉元帝初元四年（公元前45年），祖籍济南郡东平陵（今山东章丘西），后迁至魏郡元城（今河北大名东）。祖父王禁在朝中为官，生有四女——君侠、政君、君力、君弟；八男——凤、曼、谭、崇、商、丘、根、逢时。宣帝在位时，王政君十八岁入宫掖。不久，太子刘奭(shì)爱妃马良娣去世，身为宫女的王政君被选为太子妃。甘露三年（公元前51年），王政君生一子，名骜。三岁时，宣帝去世，太子刘奭继位，是为元帝。立刘骜为太子，王政君为皇后。王政君荣登国母，一人得道，鸡犬升天，她的父母、兄弟、姊妹成了皇亲国戚，被封官授爵。王禁被封为阳平侯。竟宁元年（公元前33年）元帝去世，太子刘骜即位，是为成帝。尊皇后王政君为皇太后，任命帝舅王凤为大司马大将军，领尚书事，总理朝政；封王崇为安成侯；王谭、王商、王丘、王根、王逢时为关内侯。唯独王莽的父亲王曼早殁，未得封赏。

自此以后，以皇太后王政君为首的王氏把持了汉朝权柄。

汉成帝刘骜大封诸舅以后，王氏家族位居权贵，鲜衣怒马，趾高气扬，过着骄奢淫逸的贵族生活。唯有王莽一家孤贫寒酸。王莽父、兄早亡，留下寡母、寡嫂和侄儿都要靠他恭谨侍奉。青年时代的王莽勤奋好学，拜名儒沛郡陈参为师，孜孜不倦地攻读经书，在社会上广交名儒，切磋学问。同时，他还小心翼翼、谦恭有礼、热情周到地侍奉执掌朝廷大权的伯父与叔父们。阳朔三年（公元前22年）伯父王凤重病不愈，久卧病榻。王莽陪侍床前，不离左右，亲尝药汤，沐浴更衣，无微不至，数月不解衣带，比王凤的亲生儿子更为尽孝，使王凤倍加感激和疼爱。当这位权臣处于弥留之际时，特地嘱托汉成帝，一定要给侄儿王莽封官加爵。就在这一年，王莽初入仕途，做了皇门郎，不久晋升为射声校尉。此职系职掌弓弩兵的大官，秩二千石。

时年，王莽二十四岁。

永始之年(公元前 16 年)，王莽的叔父成都侯王商愿分自己的户邑以封王莽。同时，一班朝廷重臣和名流贤达经常上疏成帝，盛誉王莽博学多闻，才干过人，且温良恭俭。不久成帝封王莽为新都侯，食南阳新野之都乡一千五百户，晋官为骑都尉、光禄大夫、侍中。从此，王莽可以直接参与朝政，议论国家大事。更为重要的是侍中一官，可在皇帝左右侍奉。

时年，王莽三十岁。

绥和元年(公元前 8 年)王莽叔父、任大司马大将军的王根年高体衰，身染重病，久治不愈，几次上疏请求离职养病。新任大司马大将军的人选是谁？王根向成帝举荐了王莽和淳于长。

淳于长是皇太后王政君的姐姐王君侠的儿子，与王莽是姑表兄弟。当时淳于长官拜卫尉，负责统率皇宫的南军。不久，因向成帝举荐赵飞燕为皇后一事成功，备受恩宠，被赐为关内侯，不久，再封为定陵侯。

淳于长的官职和权势都远远超过王莽。在一些朝臣的眼里，大司马大将军的人选非淳于长莫属。

王莽的仕途上横亘着一块难以逾越的巨石。形势逼使王莽卷入一场关系终身命运的政治角逐。

王莽凭借自己的学识、才干、心机，巧设妙计，广为周旋，初试锋芒，一举成功。角逐的结果，淳于长以大逆之罪被成帝毙死狱中。绥和元年(公元前 8 年)成帝擢升王莽为大司马，代王根辅政，成为一人之下、万人之上的权臣。

时年，王莽三十八岁。

这次角逐的成功，使王莽深刻地感受到角逐中权力是最终的目标。为了实现这个目标，可以不择手段，可以心狠手辣，所谓无毒不丈夫也。

王莽用一年多的时间刚把大司马的交椅坐热，却发生了一件始料不及的事情。

绥和二年(公元前 7 年)，成帝突然病故。

成帝无子嗣，元帝傅昭仪之孙、恭王刘康的儿子刘欣即位，是为哀帝。不久，哀帝尊封傅昭仪为恭太皇太后，父刘康为恭皇，母丁姬为恭皇太后。哀帝的皇后又是傅昭仪的侄女。这样，随着哀帝登上皇位，傅、丁两家成了皇亲国戚。按汉朝惯例，必须由当朝皇帝的皇亲国戚执掌朝政。哀帝登基后，面临着王氏外戚与傅、丁两家外戚权力重新分配的矛盾。哀帝在位，傅、丁两家外戚自然不肯相让，王莽也不能厚着脸皮占住大司马的位子。无奈，只好向皇帝提出辞呈。哀帝自然恩准。开始，让他闲居京师，两年后，又遣他回南阳新野都乡封地。

突如其来的变故，使王莽从政治的巅峰一下跌入谷底。王氏外戚的营垒土崩瓦解，全线溃退，很多人认为王氏天下已是大江东去。独有王莽从容不迫，泰然处之，他坚信王氏外戚必有东山再起之日，因为在王氏外戚大溃退时，王莽发现哀帝却为王氏外戚在朝廷里留下一位中流砥柱、一言九鼎的人物，这就是王莽的姑姑太皇太后王政君。

蛰居南阳的王莽不卑不亢，一如既往。他礼贤下士，广交名流，扶贫赈灾，慷慨解囊。一时间他的美名誉满乡里，有口皆碑。于是，朝野上下为王莽唱赞歌者有之，为王莽鸣不平者有之，人们纷纷上疏朝廷，请求哀帝为王莽恢复官职。太皇太后自然里应外合，大做文章。不久，哀帝迫于舆论压力，以侍奉太皇太后为由，宣召王莽回京师长安。

一年后，哀帝寿终正寝。太皇太后王政君急忙赶到未央宫，把皇权的象征——玉玺收在自己手里，重掌大权。然后，刻不容缓地重新任命侄儿王莽为大司马，领尚书事。待政事稍安，太皇太后与王莽议立汉元帝之孙、中山孝王刘兴之子、年仅九岁的刘衎(kàn)继承皇位，是为平帝。平帝年幼，太后临朝称制，委政王莽。

王莽重操大权，东山再起，当机立断，铲除傅、丁两氏外戚在朝的势力。先以骄奢淫逸的罪名逼令哀帝的傅皇后自杀，继而把傅、丁两家外戚全部罢免官爵，赶出京师。同时，为避免新的外戚参与朝政，勒令平帝的母亲卫姬、帝舅卫宝、卫玄等卫氏不得进京参政，继续留居中山。

元始元年(公元元年)平帝赐封王莽安汉公称号。

不久，太皇太后降旨，除封爵外，其他诸朝政皆由安汉公王莽秉决。自此，朝政大权又重归王莽。

从绥和元年（公元前 8 年）王莽初任大司马，到元始元年（公元元年）再任大司马，前后经历八年。

事也凑巧，王莽执政后，批复的第一个廷奏，是扶风功曹申屠刚关于王莽不准平帝母亲卫姬进京是有违朝制、有悖人伦、居心叵测的奏章。在对策时，申屠刚和部分朝臣要求王莽准予卫氏进京。王莽坚决不准，并以申屠刚歪曲经义、违背大义等罪名将他罢官，降为庶民。此事在朝臣中引起非议。王莽的长子王宇也感到父亲做得过分，退朝后，极力劝王莽收回成命，应顺乎民意准予卫氏入京。结果遭到王莽严厉斥责。王宇百思不解，心中不服，认为这样做名不正、言不顺，于理难容，于情难忍，不仅会引起众怨，而且日后平帝长大成人会怨恨父亲，危及王氏家族。于是便偷偷派人给平帝的舅舅卫宝送信，暗示卫宝联合卫氏外戚上疏太皇太后王政君，请求入京。结果奏折被王莽截扣，不予转奏。王宇见此法无效，便密邀老师吴章和妻兄吕宽共商对策。吴章认为，王莽刚愎自用，不可劝谏，王莽迷信鬼神，可先伪造鬼怪变异来恫吓他，然后由他亲自出面推演灾异，诱劝王莽。于是，王宇派吕宽在夜晚将一桶猪血洒到王莽府宅的大门上，结果吕宽当场被王莽的门吏捉获，经严刑审讯，王莽得知真相，大怒，当即将王宇及怀有身孕的妻子和吴章逮捕入狱。消息传出后，朝臣纷纷上疏替王宇求情，朝野名流指责王莽心怀不轨，卫氏外戚也趁机紧锣密鼓地上疏太皇太后。王莽见事态扩大，十分恼火，他认为这种时刻，若退让，后果不堪设想，因为事态的背后，显然隐伏着周密的夺权阴谋，若镇压，长子王宇则首当其冲。

怎么办？王莽陷入痛苦的思索和抉择当中。他想到，从绥和元年（公元前 8 年）到元始元年（公元元年）的八年中，大司马的宝座得而复失，失而复得。他从自己的坎坷经历中悟出，政治上的角逐是残酷无情的，必须付出代价，必须消灭一切政敌，哪怕是不择手段。

为了保住一人之下、万人之上的大司马宝座，王莽当即痛下决心，通令狱中的儿子王宇饮鸩自尽，怀孕的儿媳分娩后处死。

王莽确认，王宇是受了吕宽等人的操纵，便将吕宽诛杀。同时从中央到地方，朝野内外，凡王莽认为异己者，一律指为吕宽党羽，逮捕入狱，从严治罪。连元帝的妹妹敬武公主、梁王刘立、红阳侯王玄等人，均被通令自杀。当年与王莽竞争大司马一职的前将军何武、鲍宣，还有不愿归附王莽的官吏，以及王氏外戚的亲信等，无一幸免。死者数百人，震惊海内，历史上将这次事件称为“吕宽之狱”。

“吕宽之狱”平息不久，大司马府里发生了一个不大不小的事情：王莽次子王获，一次酒后舞剑，用剑将一个侍酒的奴隶穿腹刺死。

按照汉朝的律制，奴隶是私属，像一匹饲养的牲畜。特别是大司马府中的奴隶被大司马的儿子所杀，官府不会追究。

王莽却想借题发挥，大做文章。

“吕宽之狱”使数百人锒铛入狱，屈死黄泉。尽管王莽赔上了一个儿子和媳妇，也难钳制人口，平抑民愤。“吕宽之狱”破坏了王莽的形象和声誉，为了弥补“吕宽之狱”的影响，为实现更大的野心铺平道路，王莽决定让次子王获用性命替他演一场收买人心的戏。

一天，王莽下令将参加酒宴、亲眼目睹王获杀死奴隶的宾客全部请到大司马府，然后将王获五花大绑逮到大堂。众人面面相觑，王获跪地痛哭求饶，王莽毫不理睬，命令一个奴隶如法炮制，用剑穿腹，将王获杀死。

王获尸横大堂，血流满地。

王莽声色不变地当众宣布：“杀逆子王获以示天下，大司马一向秉公执法，不徇私情。”

当晚，王莽在书房里悠悠然地品着茶，摆着棋谱，口中喃喃自语着：“好棋，一步绝妙的好棋。”

稍后，一个婢女慌慌张张跑来禀报：“相爷，夫人哭得突然双目失明。”

吕宽之狱终于使王莽达到阻挡卫氏入京的目的。但卫氏家族还在中山。人既在，心难死，日后取而代之的威胁就存在，他们到底是皇亲国戚呀。更令王莽忧心忡忡的是，平帝逐渐长大，将来再娶皇后岂不又多一门皇亲国戚？届时，能否再将他们逐出朝廷？王莽每逢想到此处便胆战心惊，不寒而栗，于是，就萌发了一个把自己的女儿嫁给平帝做皇后的诡计。为此，他在朝廷内外大张旗鼓地演了一场为皇帝选皇后的闹剧。

元始四年（公元4年）未央宫里举行隆重的定婚大礼。新郎是十一岁的平帝，皇后是王莽十三岁的女儿。

王莽做了国丈，被皇帝尊为“阿衡”（古商初年大臣伊尹的尊称），位在三公之上。

王莽成了双重身份的外戚，被取代的隐患消除了，心病治愈了。然而，美梦不长。一年后，王莽得知日渐成人的平帝对自己母亲久居中山、终日不得相见耿耿于怀，常有愤懑之情。一次酒后，平帝愤愤地说：“阿衡不准朕的母亲入宫是何居心？”

不久，平帝患病，王莽入侍，百般殷勤，亲到泰寺（西汉祭天场所）请命，指天誓曰，愿以身代平帝受病。

是年腊月八日，传统的“腊月”节，王莽派人给皇帝送去特制的“淑酒”。皇后见是父亲所送，甚为高兴，亲自斟给皇帝连饮数杯。不料顷刻之后，病中的平帝七窍流血而死。

皇后——王莽十五岁的女儿成了寡妇。

平帝死，何人继位？对此王莽煞费苦心。平帝无嗣，元帝世系绝嗣，宣帝曾孙中有诸侯王五人、列侯四十八人，按兄终弟继古制，可以从中选取帝位继承人。但王莽看到这五十三人年龄都较大，恐立新君后难以驾驭，最后，选中了广戚侯刘显的儿子——刘婴。因为他只有两岁。

居摄元年（公元6年）两岁的刘婴登基称帝。

王莽自称“摄皇帝”。

届此，王莽代汉自立之心已是路人皆知，无人奈何，就连太皇太后王政君也只能望洋兴叹。

居摄三年（公元8年），王莽身穿龙袍，头戴冕冠，腰系玉带，来到未央宫前殿，坐到皇帝的宝座上宣布：承天命，王莽代汉而立。国号“新”。立妻王氏为皇后，立四子王临为皇太子。

王莽登基，先后颁布了“王田令”、“私属令”、“五均”、“赊贷”、专卖盐酒铁、改革币制等措施。可惜，这些改革都是闭门造车，荒诞无稽，异想天开。不但没给人民带来任何好处，反而增加了人民的负担，给贪官污吏大开方便之门，导致混乱，社会矛盾迅速尖锐化。

王莽的帝位是从刘姓汉室手中夺来的，自然担心别人会再从他手中夺走。

登基前，借“吕宽之狱”杀了数百人，清除了异己，登基后，又对自己的心腹和知己产生疑虑，那些为他篡汉自立密谋策划者，王莽唯恐他们恃功自傲，篡夺权力。特别是王舜、甄丰和刘歆三个重臣，他们原是汉朝大臣，王莽出任大司马后，引为心腹，王莽步步高升，获得“安汉公”、“阿衡”称号都是他们参与策划的。王莽代汉自立，他们成了开国元勋。王莽面南为君，称孤道寡，而他们都要面北称臣，唯命是听，心里自然不痛快。特别是甄丰，论学识、资历、才干，均不在王莽之下，且性格刚强，桀骜不驯，唯我独尊，一意孤行。王莽代汉前，他与王莽平起平坐，称兄道弟，现在却要给王莽叩头，三呼万岁，他不愿弯下两条腿，不愿低下高贵的头。思来想去，上疏王莽，建议新朝分陕地为两部，立两伯治理，位同周、召二公。甄丰自荐右伯。王莽阅罢气得火冒三丈，暴跳如雷，但权衡利弊，为免生事端，只好委曲求全，批复成命。甄丰的儿子甄寻官居侍中、京兆大尹。见父亲上疏王莽要官要权，轻而易举，以为王莽惧怕父亲，于是也异想天开地向王莽上疏，要求王莽把汉平帝的皇后、王莽的女儿嫁给他做妻子。王莽忍无可忍，认为是甄丰暗中教唆，有意寻衅，一怒之下，将甄丰父子逮捕入狱。甄寻入狱后，狱卒发现他手臂上刺有“天子”二字。王莽大怒，下令将甄寻刺字的手臂砍断送来验看，经验证后，王莽当即下令将甄寻父子处死狱中，并敕令追查同党。结果，国师刘歆的三个儿子、大司空王邑的弟弟等数百人被王莽推上断头台，一时间，朝廷内外人人自危，惶惶不可终日。王莽也更加疑神疑鬼，动辄杀戮。

甄氏父子案发后，满腹狐疑的王莽虎视眈眈地注视着满朝文武的一举一动时，却做梦也没想到他的嫡孙王宗正觊觎着祖父的皇帝宝座。

王宗自从双亲及舅父吕宽被祖父王莽处死后，杀父之仇耿耿于怀，曾与舅父家的表弟立下盟誓，决心复仇，终未得手。王莽代汉自立称帝，他认为自己是嫡孙，理应立为太子，结果王莽立四叔王临为太子，心中不服，愈加怨恨。但他相信，有朝一日终会继承大统，于是躲在书房里刻了“维祉冠存已夏处南山藏薄冰”、“肃圣宝继”、“德封昌国”字样的三枚图章，意思是王宗当代替祖父王莽做皇帝，同时还画了一张自己穿着天子衣冠的全身像。为了诅咒王莽早死，他们知道王莽迷信，便与吕氏兄弟秘密“厌胜”刻制一个木人，在其前胸写着王莽字样，滴上三滴中指血，扎上几支钢针，藏于密室，同时又刻一块书有王莽字样的石碑，埋在门口进出必经之处，以咒王莽早死。不料，一场大雨过后，急流冲走了门前积土，露出石碑，被人告发，王莽派有司验证属实，立即将王宗及吕宽的儿子全部处死。

从此，王莽倍添忧虑，心想孙子王宗急欲称帝，太子王临岂非不急？于是想索性把太子王临废掉，赶出京城。

地皇元年（公元20年）一场飓风把王莽视为神圣的“王路堂”毁掉，王莽便借题发挥，以“灾变符命”为由，将太子王临贬为统义阳王，赶出京师。

不久，王皇后患病，思念被撵出京师的唯一的儿子王临，王莽发了恻隐之心，让王临回长安侍母。不料，王临住进后宫不久，竟与王皇后的侍婢原碧相互倾心，彼此如胶似膝，海誓山盟，而原碧在此之前已被王莽所占。王莽称帝后，除双目失明的王皇后外未设嫔妃，后来见王皇后的侍婢原碧长得窈窕妩媚、楚楚动人，便老来怀春，将她据为己有。当他听到王临与原碧私通后很是气愤，王临惊恐不已，自从被废掉太子赶出京城后，对父皇又怕又恨，与原碧的事一旦败露，自己必死无疑。王临想，纸里包不住火，与其坐以待毙，不如铤而走险，先把父皇杀掉，不仅可保住性命，或许还可继承皇位。

王临的妻子是国师刘歆（xīn）的女儿刘愔（yīn），她通晓占星术，王临把自己的想法告诉她以后，她立刻占测卜卦，说王临宫中必有“白衣会”，所谋之事，天意相助，必成大业。于是夫妻二人积极筹划，王临与原碧暗中密谋，伺机在王莽酒中投毒。一切布置妥当，只待相机行事。不料，王莽突然派有司将原碧逮捕下狱。

王临知其父皇有所察觉。原碧被捕下狱，一个弱女子，大刑之下岂能守口如瓶？只要原碧招供，王临将人头落地。危急关头，王临束手无策，只好求救母后。

王皇后站在殿门前，迎着凉风，听着雨声，一幕幕想着，自语道："为什么会变成这样？……"

王临站在母亲身后，焦急地催着："母后，儿子的事……"

王皇后转过身，没有回答王临最担心的事，却问道："临儿，听说外面的风声很紧，是吗？"

王临点点头，说："父皇把边陲各夷狄国王一律降为侯，又派使臣去北方匈奴单于处收回汉朝颁发的印玺，授新朝的印章，更改匈奴单于名为'降服单于'，惹得单于大怒，挥师南下，攻占城池，掳掠百姓，弄得边陲烽烟四起。"

"听说北方盗贼成千上万，扰乱地方，搞得人心惶惶，鸡犬不宁……"

"不是什么盗贼，而是为生活所迫揭竿而起的义军，从天凤二年（公元15年）五原、代郡边民起义后，天凤四年又爆发了琅玡海曲（今山东日照）的吕母起义。同年，临淮人瓜田仪起而响应，还有新市人（湖北京山）王匡、王凤率领湖北一带饥民占据绿林山，号称'绿林军'，声势十分浩大。此外，还有琅玡（山东诸城）樊崇在莒县（山东莒县）聚众起义，各地义军少者数千，多者数万……"

王皇后吃惊地说："这么说，你父皇的天下没有一片安宁的土地了。"

"正是这样。如今，边陲上的夷狄横刀立马从四面八方杀奔中原，而中原大地成千上万的农民义军风起云涌，摇旗呐喊，攻城略地，危逼都城长安。母后，父皇的新朝已是四面楚歌了。"

王皇后听罢，急忙摸索着抓住王临的手说："临儿，既然如今天下大乱，你父皇已是四面楚歌，他还敢杀掉你这最后一个儿子吗？"

"母后……"王临仍感到不放心。

"这次他要真的绝情绝义，我就豁上这条老命跟他拼了。"王皇后说着，把手中的龙头拐杖重重地在地上连连捣了两下。

话音刚落，一个宫女冒着雨，惊慌失措地跑进殿门，上气不接下气地说："皇后，不好了，原碧什么都招了，皇帝派有司来……来抓……抓……人了。"宫女说着用手指着王临。

"什么？……"王皇后一惊，摇摇晃晃倒在地上。

当晚，王莽派人给狱中的王临及其妻刘愔送去烧酒，赐令他们自尽。王临接过鸩酒，悲愤地说："父皇，你灭绝人伦，丧尽天良，终会得到报应。"说罢，夫妻二人抱头痛哭一场后，同时将鸩酒饮下，片刻两人双双倒在地上。

倒下去的王皇后和他的儿子一样，再也没有站起来。

处死王临之后，王莽感到家中丑事太多，张扬出去实在丢人，索性把拷审原碧和王临的官员全部秘密处死，将他们的尸体一起埋在狱中。

第二天，王莽诏告天下："统义阳王，天命不佑，骤染暴疫，夭年殒命。"

就在王莽萧墙之祸迭起时，派出镇压各路义军的军队连连失利，节节败退。起义军所向披靡，势如破竹，直奔长安、洛阳。

地皇四年(公元 23 年)，绿林军拥立汉室后裔刘玄在淯水之滨登坛称帝，年号"更始"。王莽大怒，孤注一掷地发郡兵百万，号称"虎牙王威兵"，派大司空王邑、司徒王寻统率。

是年 6 月，王邑、王寻统率的主力军队在昆阳与绿林军决战，结果莽军大败，主力丧失殆尽，王寻被杀，王邑只身逃向洛阳。义军乘胜追击，直逼长安，王莽君臣惊慌失措，一片混乱。

这时，卫将军王涉、大司马董忠、国师公刘歆见王莽大势已去，他们三人对王莽都怀有深仇大恨，便共推刘歆为首，密谋反叛，准备伺机劫持王莽投奔刘玄。一切筹措就绪，刘歆善星占卜卦，办事讲阴阳变异，他说此等大事必须等太白星出现，方可发难。在此期间，大司马董忠认为，孙伋(jí)是宫中主管禁军的将领，又是他的挚友，便想拉他入伙。不料，孙伋胆小怕事，回家后坐卧不安，食水不进。妻子生疑，几经盘问，孙伋把密谋之事全部说出。其妻惊恐不已，便去找胞弟陈邯商量。陈邯是王莽近身侍从，忠实爪牙，便连夜向王莽告发。第二天，董忠正在操练军队，王莽派使者请董忠入宫议事，董忠麻痹大意，不以为然，随使者入宫，见王涉、刘歆业已被捕。

当晚，王莽在宫中将他们三人秘密处死。

不久，绿林军攻破武关，将长安城团团围困。

地皇四年（公元 23 年）十月一日，绿林军攻破长安城的宣平门，拥入城中。王莽指挥残部负隅顽抗；日薄西山时，官邸府第均为义军攻占，只有皇宫尚未攻下。

次日，义军用板斧劈开敬法殿小门，涌入皇宫，四处杀人放火，未央宫陷入一片火海。王莽及其残部疲于奔命，无法抵抗，被迫无奈，在群臣侍卫的簇拥下仓皇逃入未央宫西侧太液湖中的"渐台"。

渐台，四面环水，无船可乘，义军便麇集于太液湖四周放箭，矢如群蝗，飞向渐台。待王莽残部大部分伤亡后，义军便渡水冲上渐台，双方短兵相接，一场厮杀，至傍晚，王莽残部死亡殆尽，义军四处搜索。这时，一个叫杜吴的人冲进一间小屋，见面如土色的王莽正从一个躺在地上受伤的士兵身上剥衣服，杜吴用剑逼住王莽喝问道："独夫民贼，你可认识我吗？"王莽吓得浑身发抖，语不成声："不，不认识……"杜吴用剑尖逼住王莽前胸："告诉你，我就是被你砍掉手臂后杀死的甄寻的表兄杜吴！"王莽听罢，忙跪倒在地连声说："壮士饶命，壮士饶命……"说着，忙从腰带上取下皇帝的印玺和绶带递给杜吴说："我把这些送给你，请壮士饶我一命。"杜吴一声冷笑后猛地挥起长剑将王莽托着玉玺的双臂齐刷刷砍断，王莽一声惨叫伏卧倒地，杜吴上前，在王莽的后背上猛刺一剑。这时，一个叫公孙就的校尉跑进来，见王莽已死，便手起刀落，砍下王莽的头。

两天后，更始皇帝刘玄接到部下献上的装着人头的木盒。

次日，宛城（今河南南阳）城门上悬挂着一颗人头。一个青年人爬上城墙，取下人头扔到地上，一群年轻人嬉笑怒骂着，追逐着将这颗人头像踢皮球似的踢来踢去。

王莽窃位于公元 8 年，死于公元 24 年，因是篡权窃位当上的皇帝，"名不正，言不顺"，所以死后既无庙号，也无谥号。

煮饼要了九岁皇帝的命

——汉质帝　刘缵

永嘉元年(公元145年),正月。

春寒料峭的夜。洛阳宫里一片黑暗,一片寂静。后宫,庆霱殿里却是另外一番景象。

殿内,宫灯齐掌,一片通明。糊着纸的雕花楠木门窗被黑布幔严严实实地遮住。

梁皇太后、大司马大将军梁冀、太尉李固,指挥着庆霱殿司职的太监和宫女,忙得不可开交。

入更不久,汉冲帝刘炳驾崩了。

按后宫礼制,应在次日晨卯时为大行皇帝举行小敛,后日晨举行大敛。

然而,冲帝驾崩不足半个时辰,小敛的仪式已在梁皇太后的指挥下紧张而忙碌地进行着。几个宫女给冲帝的尸体沐浴更衣,里里外外套了十九层。

殿门口,太监们在堂地上铺了一张纤细的竹席,席上铺着素花麻布绫,绫上铺着一床紫红色的云龙衾(qīn)被。一切停当后,太监们小心翼翼地把冲帝从龙寝上抬到殿门口的地上。

太监们刚欲动手裹尸,站在一旁的梁冀见冲帝口中含着一颗闪闪发光、葡萄粒大的宝珠,忙伸手取出,然后从杌案上抓起三枚铜制钱塞进冲帝毫无血色的口中。站在他身旁的梁皇太后和李固对视片刻,谁也未吱声。

梁冀把宝珠揣进兜里后,太监们用衾被将冲帝尸体裹好,再用绫带捆紧,然后把一种叫作“冒”的分成两截的布,从头上到脚下套住,最后,盖上覆尸的“夷衾”。

按礼,小敛时,死者的父母、兄弟、儿女们要卸掉头饰,盘发成髻,男者袒臂，顿足号哭。可是，此时此刻庆霭殿里悄无声响，只有太监、宫女们在忙忙碌碌地走动，时而可以看到梁皇太后的双耳下两颗玉质的“步摇”轻轻晃动着。

盛敛之后，太监们抬起一块厚重的棺盖盖在梓宫上，再用几颗半尺多长的铁钉牢牢地钉死。

一具硕大的梓宫里，静静地躺着一具身长不足三尺、年仅三岁、在位不足五个月的皇帝——汉冲帝刘炳。

这位大行皇帝的“小敛”和“大敛”礼，在夜幕笼罩的皇宫里，仅用一个时辰就神不知鬼不觉地完成了。

参加敛礼的太监和宫女离开庆霭殿前，梁冀厉声告诫道：“谁敢透露风声，处以杖毙之刑。”

太监、宫女们蹑手蹑脚地离开了庆霭殿。

殿内，只剩下梁皇太后、梁冀和李固。

灯光下，三个影子像粘在殿堂地面上，久久不动。谁也不吭声，堂前东阶上停放的梓宫给殿内沉默的气氛添了几分恐怖。

寂静中，三个人都在紧张地思索着共同关心的事情，都在焦急地等着有人先说话。

梁皇太后，名妠，是汉朝已故大将军梁商的女儿。秉性温顺贤惠，敦厚宽容，长得窈窕妩媚、楚楚动人，自幼聪颖好学。八岁背诵《论语》，熟读经史，十三岁被顺帝刘保选入后宫封为贵人，十七岁立为皇后，终身无子。建康元年（公元 144 年），在位十八年、年仅三十岁的顺帝病故，选立虞贵人所生、汉顺帝唯一的儿子、年仅两岁的刘炳继承皇位，是为冲帝。梁皇后以皇太后的身份临朝称制，谁料只有五个月，小皇帝身患重病夭折。汉顺帝血脉单传，嗣立无人。此时朝廷内外矛盾重重，荒歉连年，国库告罄，民不聊生，义军遍地。形势已是岌岌可危，小皇帝骤然驾崩，犹如雪上加霜。小皇帝死了，谁来承继大统？皇位继承人未确立之前，皇帝驾崩是否立刻传诏天下？她五内俱焚，焦急万端，手足无措，希望梁冀和李固两位重臣帮助她出主意，定乾坤。然而，这两位重臣在这件事上各持己见，互不相让。

梁冀是梁皇太后的亲哥哥，任大司马大将军，总理朝政。李固官居太尉，是当朝一代大儒，博学多闻，刚直不阿，为人恭谨，为官忠正，深受梁皇太后的崇敬。

梁皇太后临朝称制时，梁冀和李固成为她维系朝廷、维系社稷的左膀右臂。然而这两位重臣在很多重大问题上常常意见相左，经常是唇枪舌剑，面红耳赤。梁皇太后无所适从，很是为难。哥哥梁冀自幼放浪形骸，嗜酒好色，奸诈凶狠，不学无术，恶行乡里，靠妹妹的椒房之宠得以封侯。初为黄门侍郎，继而升为侍中，虎贲中郎将，越骑步兵校尉。父亲梁商任大将军主掌朝政时，他代执金吾。永和六年（公元141年）梁商病死，顺帝体恤皇亲之谊，令梁冀袭爵和氏侯，拜为大将军。梁冀踞高位之后，原形毕露，无所顾忌，特别是顺帝死后，冲帝继位，他凭着妹妹梁皇太后临朝称制，更加横行无忌，飞扬跋扈。梁皇太后看在眼里，气在心上。可是她三十岁守寡，一个弱女子，手无缚鸡之力，双肩怎能挑起辅佐三岁皇帝治理国家的重担？女人的本能总是希望有人保护，梁冀毕竟是她一母所生的哥哥，在情感上她对他有难以割舍的依赖。

满朝文武只有李固这位学冠天下、正气凛然的大儒，从不慑于梁冀的淫威，朝廷之上，大堂之内，以理抗争，寸步不让，时常驳得梁冀理屈词穷而恼羞成怒。梁皇太后从心里佩服他，崇敬他，经常以他的高见处理朝政。

在理性的世界里，梁皇太后不能没有太尉李固。

冲帝刘炳继位五个月的时间里，染病卧床三个月。他是顺帝唯一的儿子，是梁皇太后唯一的希望。她渴望他能病愈，健康成长，担起治理国家的大任。然而，天意难违，无力与病魔抗争的三岁小皇帝终于夭折了。

三个月的煎熬，梁皇太后纤弱的身体变得更加瘦削，脸上的红晕被忧郁、倦怠、病态调成的灰色所掩盖。

小皇帝已经死了，按理应该立刻发丧，布告天下。可是哥哥梁冀坚决反对，她知道他葫芦里装的什么药。太尉李固又坚决主张，皇帝驾崩，于理于情都应该布告天下，举行丧礼。冲帝未死前，两个人在病榻旁就唇枪舌剑地争论不止。

一直保持缄默的梁皇太后，在今天晚上冲帝病逝后，似乎连她自己都不知为什么，就稀里糊涂、下意识地吩咐太监和宫女们，按哥哥梁冀密不发丧的主张，匆忙草率地为冲帝连夜举行了小敛和大敛礼。

敛礼结束了，下一步该怎么办？梁皇太后突然感到茫然无措。她焦急地等待着眼前这两位重臣开腔。

梁冀双臂抱胸，怡然自得地站在那里，他以胜利者自居。显然，妹妹梁皇太后的一切部署都是按照他的主张进行的。此时此刻，他不慌不忙地在心里盘算着下一步棋。

李固气得脸色铁青，两眼冒火。这位已进天命之年的大儒一向举止文雅，谈吐不凡，超然大度。今天晚上这一切实在令他无法忍耐，特别是看到梁冀那副令人憎恶的神情。

李固的双颊在微微颤抖，脸色涨红，他捻着垂胸的长髯，极力克制着自己的愤怒。

梓宫前的香烛已经燃去小半截了，沉默还在难以忍受的气氛中持续着。

梁皇太后终于忍不住了，小心翼翼地说："李太尉，你倒说话呀，我要憋得喘不过气了。"

李固瞅了梁冀一眼，唯恐自己的话像火山爆发，在皇太后面前有失礼仪。他喉头微微一动，咽下一口唾液，压下心中喷薄欲出的怒火，稍事镇定后说："皇太后，幼帝驾崩，大行入敛，就决定秘不发丧了？"

梁皇太后看了梁冀一眼，见他不理不睬的样子，转过脸，无可奈何地向李固默默点头。

李固双颊一颤，说："皇太后，幼帝虽然只有三岁，也不失为一国之君、天下之尊。天子驾崩，秘不发丧，天意、民心能容吗？"

李固说话时，脸望着梁冀。

梁冀知道李固这话是冲他说的："李太尉，我是粗人……肚……肚里没装你那么多墨水……也不会装……得像你那么斯……斯文……"

梁冀从小说话口吃，三字一停，五字一顿，句头常常重复好几次，憋得脸色通红。

“什么天意？有天意就不该让皇帝咽气蹬腿。什么民心？民如果有心就应该让皇帝再活着从棺材里爬出来。哼！朝廷大事不过是你我之辈一张口、一举手、一投足而已。至于小皇帝发不发丧这种事，和小孩撒尿和泥有什么两样？”

秀才遇到兵，有礼说不清，李固不愿驳斥梁冀这些浑不讲理的谬说。

“皇太后！皇帝驾崩，秘不发丧，是何居心？昔日秦始皇崩于沙丘，胡亥、赵高隐而不发，以致扶苏被害，秦朝由此致乱亡国。近来北侯病逝，阎后兄弟及江京等同谋隐秘以致酿成孙成推刃起事，国丧不发，天下大忌，不可不防！”

梁冀抢过话头：“不发丧难道让小皇帝的尸体臭在庆霨殿里不成？我们必须等选出新皇帝，再把棺材抬出去！”

“何日选出嗣立新君？”李固反问。

梁冀哼了一声：“李太尉，迟早都在你一句话。”

“梁大将军，你执意坚持皇嗣非千乘王刘缵(zuǎn)莫属？”

“吾意已定！”梁冀斩钉截铁。

李固望着梁冀不可一世的神情，气得脸色发青。他知道梁冀唆使梁皇太后坚持秘不发丧，实际上是逼他在选立新君上妥协、就范。

原来，在冲帝弥留之际，梁皇太后就邀他二人密议储君人选。梁冀力主选千乘王刘缵，李固坚持推立清河王刘蒜。两人各持己见，互不相让。

刘蒜与刘缵从血缘上看与冲帝的亲疏无异。他们的曾祖都是汉章帝的儿子。同父异母兄弟。一个封为千乘王，一个封为清河王，刘蒜的父亲刘延平是刘缵的父亲刘鸿的弟弟。刘蒜与刘缵是叔伯兄弟。唯一不同的是刘蒜十七岁，刘缵只有八岁。刘蒜不仅年长刘缵九岁，且为人恭谨，勤奋好学。李固认为当前国家有难，社稷多舛，急需有一位年长有德的新君急流勇进，匡扶社稷。而梁冀则坚持非刘缵莫属，道理很简单，皇帝年幼，易于操纵，有益于巩固梁氏外戚在朝廷的地位。

李固见梁冀毫无退让之意，便对梁皇太后说：“皇太后，朝廷立嗣，自古以来宜选年长有德者治国平民齐天下，愿皇太后从国家大计着想，效周勃立汉文帝、霍光立汉宣帝之法，切勿重蹈邓太后立刚过百日的殇帝、阎太后立懿为帝的覆辙。”

梁皇太后左右为难，无所适从，思忖片刻后问李固道：“依太尉之见，立嗣之事如何酌定？”

李固不假思索地说：“依臣之见，立嗣乃国家社稷头等大事，应立即征召诸王进京，与朝中文武百官共商酌定。”

梁冀听罢，愤愤地“哼”了一声，说：“屁大个事，征召诸王，要我等何用？”说罢，双手反背，朝着后殿，迈着方步，扬长而去。

初春，在从山东高青县城往东伸出的一条黄土道上，一辆王青盖车在几十个前导后卫的侍卫下，摇摇晃晃地向前滚动着。

车里坐着八岁的新帝——刘缵。

车后骑在一匹枣红马上的是太尉李固。

马闭着眼睛尾随着王青盖车缓缓地走着。李固也微闭双目似睡非睡地骑在马上，随着马身摇动着。

梁皇太后迫于梁冀的威逼，终于下诏立刘缵为皇位继承人，并派李固亲赴山东高青千乘王府迎驾。

悠悠黄土道上，马蹄卷起连绵不断的黄色尘雾，李固不愿睁开眼睛。但是，他的心绪一路之上未曾平静，想想在车里坐着的只有八岁的小皇帝，忧心忡忡，心里不时感到阵阵的隐痛。梁氏外戚已经操纵了朝政，三岁的冲帝死了，又上来一个八岁的小皇帝，梁氏专权的局面更会日甚一日。朝纲失纪，灾荒连年，饿殍(piǎo)遍地，义军四起，汉室天下已是倾危难扶，独木难支。如今九江樊容率众起义，声势浩大，所向披靡，连斩汉军几员大将，威震江南；徐凤、马勉等起而响应，号称“无上将军”，后又自称“黄帝”；华孟在历阳(今安徽和县)起义，自称“黑帝”。北方，鲜卑族的骑兵入侵代郡，不断骚扰边境。

内忧外患，日渐加重，八岁的小皇帝怎么能拨乱反正，力挽狂澜？

李固深为江山社稷而担忧，他渺无希望地向前走着。

李固，汉中南郑人，少而好学，强记博闻，而立之年由卫尉贾进保举入朝对策，为顺帝欣赏，拜为议郎，后任荆州刺史，泰山太守，旋任大司农。冲帝时，官至太尉，与大将军梁冀参录尚书事。李固忠正耿直，敢于直谏，对梁氏外戚专权，屡次谏阻。然而皇帝昏暗，孤掌难鸣。

一路之上，他时常梦幻般地想象，车里坐的是十七岁的清河王刘蒜。

仪仗驶进一个破落凄惶的小镇，小皇帝刘缵在王青盖车里喊着“停车”。车刚停，李固忙跳下马疾步跑到车跟前，正欲跪下恭请皇帝下车，小皇帝已钻出车帘，蹲在车辕侧座上纵身一跃，跳下来，双臂向上伸了一个懒腰，对李固说：“咱们撒尿去。”说着，扯住李固的手便走。这时，路边正跪着一个小男孩，骨瘦如柴，蓬头垢面，衣衫褴褛，后背上插着一根长长的蒿草，身旁坐着一位双目失明的妇女。刘缵见状感到奇怪，问李固：“他们在干什么？”李固说：“陛下，这位双目失明的母亲在卖她的儿子。”

“什么？母亲卖儿子？母亲怎么能卖儿子？母亲为什么要卖儿子？”小皇帝刘缵仰着天真幼稚的小脸，狐疑地问道。

“为生活所迫，无钱买粮糊口，不卖孩子，全家都会饿死。”李固心情沉重地回答着。

“如果她有了钱，还会卖孩子吗？”小皇帝指着妇女问李固。

李固摇摇头，说：“有了钱，母亲哪里还舍得卖孩子？她所以双目失明，一定是哭的。”

小皇帝刘缵想了想，随后从衣襟里掏出一个钱袋，在手上掂了掂，说：“李太尉，把这个送给那位可怜的母亲吧。”

李固接过钱袋，一股热泪往眼眶里涌动，他沉思片刻：“陛下，你为什么要送元宝给他们？”

小皇帝刘缵脱口而出：“《晏子春秋》云，意莫高于爱民，行莫高于乐民。”

一股热流瞬间传遍李固的全身。

荒凉的小镇上出现了千恩万谢、感激涕零的场面，几颗热泪滚过李固的脸颊，滴落到衣襟上。

恰在此时，一个家奴模样的壮汉骑着高头大马，马后系着一根长绳，缚着一个光着臂膀、赤着双脚的中年汉子，一路小跑过来。马后的中年汉子踉踉跄跄，惊恐万状。快到刘缵等人跟前时，中年汉子猝然摔倒在地，被马拖着。中年汉子惨叫着，哀号着。

刘缵忙令人喊住骑马人，问明缘由，原来是中年汉子交不起租子，被送往官府。

刘缵走到马跟前，对骑马人说："把人放了！"

骑马人"哼"了一声："放了？租子你交？"

"我替他交！"

骑马人冷笑着："哈哈……没有三泡牛屎高的小兔崽子，竟敢口出狂言！"

小皇帝刘缵闻罢，大怒，猛地上前一步，抱住骑马人的腿，以迅雷不及掩耳之势往下一拽，骑马人"扑通"一声滚落地上。小皇帝飞身上马，转身命令侍卫解下中年汉子，转而缚住骑马的家奴。刘缵把马缰一抖，双腿一夹，马像出弦的箭，身后响起一串撕心裂肺的号叫。马冲出十余丈远，戛然而止，折转马头，又将家奴拖回原处。刘缵跳下马，拍拍在地上惊叫着的家奴说："己所不欲，勿施于人，懂吗？"

仪仗迎着晚霞前进着。李固骑在马背上，不时捋着长髯，微风似乎拂去了他脸上、心上的阴云。望着烧红半边天的晚霞，他的心里像涌动着不可名状的希冀。

洛阳皇宫，寿安殿里，隆重地举行着刘缵的登基典礼。

八岁的小皇帝坐在龙墩上，接受文武百官朝贺时，突然发现站在朝臣最前列、挨着太尉李固的一个家伙长得獐头、狼目、鹰鼻、葭(jiā)嘴、鸢(yuān)肩、猴耳，胸突如鹫，形象丑陋，阴鸷凶狠。刘缵心里一震，在家时他曾随父亲学过相术，略通一二，心想，朝廷里怎么能有这种相恶心狠之人？

散朝后，李固送刘缵回后宫寝殿时，方知此人乃大司马大将军梁冀。刘缵眨眨小眼睛，毫不顾忌地说："此人必有蛇蝎之心、虎狼之胆，不可不防。"

李固心里一惊。

宫女为刘缵浴洗毕，送上一盘鲜嫩的荔枝。刘缵大喜，拍着小手抓起几个，不顾礼仪地吃得十分香甜，边吃边高兴地问李固："书云荔枝产于南海郡，此物极易腐烂，地处江北的洛阳何以能吃到如此鲜美的荔枝？"李固忙回答说："这是先皇顺帝定下的'奉献'制。为使顺帝和后妃能吃到鲜荔枝。每十里设一'置'，五里设一'候'，每个置、候设快马、骑士，像驿站一样，一站一站将荔枝急递洛阳。"

"哎呀，这么麻烦呀！"刘缵感到惊疑。

"陛下，何止麻烦？一路之上疲于奔命、累死的人和马匹，还有遇到意外险阻而死的人、躲避不及被马踏死的路人更是数不胜数。"

刘缵贪婪地吃着荔枝的嘴突然停住，思忖片刻，对李固说："李太尉，以后我不要吃荔枝了。"

"遵旨。"李固躬身施礼时，泪水湿了眼眶。

李固已经对眼前这位年仅八岁的小皇帝刮目相看。他暗自决心要把一切该告诉的该传授的东西，都亲口传授给这位悟性极强的小皇帝。

他相信，这位满腹经纶、疾恶如仇、恭谨自谦的小皇帝，长大成人后会成为一位英明的君主。李固愿意为他的成长呕心沥血，披肝沥胆。

李固自惭，当初误会了这位小皇帝。

一晃几个月过去了。

刘缵对朝廷内外、国家大事知道了很多，懂得了很多，一颗幼小心灵中的天真和幼稚也被掠去很多。

一天，刘缵在寿安殿里朝会文武百官。

他盘腿坐在金銮殿的宝座上，身后坐着梁皇太后。阶下，文武百官跪伏在地，三拜九叩，三呼万岁之后，梁冀第一个站起来，走上金銮殿，腰不弯、头不低地站在宝座旁，望着梁皇太后启奏派兵镇压"黑帝"义军华孟。梁皇太后回复后，梁冀便在金銮殿上像摄政王似的站在宝座一旁，神气十足地望着阶下站立两侧的朝臣。

此时，李固走出朝列，抱着笏板跪伏在地，正欲启奏，刘缵用右手拍着宝座的扶手，冲着李固说道："李太尉，梁大将军跑到金銮殿上启奏，你为何在阶下？快请上来。”

李固忙说：“卑职不敢。”

“为何不敢？”刘缵好像明知故问。

“金銮殿乃紫微禁地，非一国之君不可登临，违则朝纲不允，国法不容。”李固慢条斯理地答着。

刘缵听罢，侧脸望着身旁的梁冀说：“梁大将军何以敢登临金銮殿？”

梁冀做梦也没想到小皇帝敢说出这种话。从冲帝登基后，他一直站在金銮殿上启奏，与临朝称制的梁皇太后处理朝政，犹如南面人君。今天小皇帝突然发难，让他又气又恨又尴尬，正欲发作，忽听梁皇太后在身后说道：“退朝。”

刘缵一伸腿跳下宝座，从屏风后面跑下金銮殿。梁冀望着他的背影，心里骂着：“小兔崽子。”回首，恶狠狠地瞟了一眼站在阶下的李固。

梁冀脸色青紫，心底浮起一片阴霾。

是年6月，刘缵登基已是一年有余。梁氏专权，朝政日趋衰败，义军如雨后春笋，尤其是九江一带，朝廷几次派兵征讨，损兵折将，大败而回。一次早朝，群臣如热锅上的蚂蚁，不知所措。梁皇太后说：“九江一带，连年战乱，民失其业。应抚慰饥民，对遗尸原野者给以安葬，以顺民心。民以食为天，农业发展，义军自灭。”

刘缵听着，甚合己意，连连点着头。不料，梁冀却横眉竖眼、磕磕巴巴地说：“抚慰乃下计也。大军一到，草寇必灭，太后不可姑息养奸。”刘缵正想反驳梁冀，只见梁冀挥着胳膊冲着尚书台喊道：“台省草诏，令广陵（今江苏扬州一带）太守王喜率郡兵马万人去九江讨贼。”

刘缵坐在宝座上，见梁冀越俎代庖，代他命令尚书台草拟诏书，感到吃惊。他听李固说过，广陵郡义军势众，太守王喜身陷困境，自身难保，怎能率万人大军增援九江？他正想反驳梁冀，梁皇太后又在身后喊着：“退朝！”

不久，在一次朝会上，有人启奏，王喜见诏后并未派兵增援九江。梁冀听罢，大怒：“王喜见诏不行，逗留在郡，隔岸观火，纵容盗贼，罪当处死！”

梁皇太后知道王喜的处境,忙替他辩解说:“广陵盗贼十分猖獗,王喜自顾不暇,实难抽出兵力支援九江。”梁冀马上反驳道:“太后所言,纯系王喜谎报军情,欺蒙朝廷,此人不杀不足威慑地方。”

刘缵望着梁冀张牙舞爪、目中无人的样子,又想起上次强令尚书台代行诏书一事,心里又烦又气,见他执意要杀王喜,便不紧不慢地插言道:“当今兵荒马乱,正是朝廷用将之时,太守王喜不可妄杀。”刘缵所言,已属圣旨,梁冀却气哼哼地瞟了刘缵一眼,旁若无人地喊道:“尚书台草诏,王喜讨贼不力,按兵不动,着即收捕下狱,定罪问斩。”尚书台的尚书们多半是梁冀安插的亲信,都把梁冀的话当作圣旨,和梁冀一样根本没把皇帝放在眼里,便按梁冀的意思,以皇帝的名义草拟了诏书。梁冀根本没把诏书送给刘缵看,便吩咐传诏。当传诏使者从梁冀手中接过诏书转身欲走时,刘缵忍无可忍,噌地跳下宝座,疾步上前从传诏使者手中夺下诏书,回到宝座,怒冲冲地指着梁冀说:“诏书乃朕之圣旨。朕无意赐罪王喜,你何以胆敢传此假诏?你真是跋扈将军!”说罢,将手中的诏书揉成一团,摔到地上。

在朝的文武百官吓得目瞪口呆,面面相觑。梁冀像根木桩似的竖在那里,面色铁青,鹰鼻上沁出一层细密的汗珠,凸突的前胸起伏着,厚厚的嘴唇气得直颤抖。

深夜,大将军府的卧室里,梁冀在焦躁不安地踱来踱去。

他后悔,担忧,惊恐。

悔不该当初执意要选刘缵继承皇位。

担忧他长大成人后不会放过自己。

令他惊恐的是小皇帝背后的李固,有朝一日,皇帝与李固联起手来,其后果不堪设想!

刘缵自从在金銮殿上当着文武百官摔了诏书之后,顿时感到自己已经长大成人。一张诏书摔出了皇帝的威风,打击了梁冀的淫威,他感到很兴奋,特别是得到李固的赞赏后,更是手舞足蹈,飘飘欲仙。他感激一年多来李固对他的谆谆教诲,决心要做一个李太尉期望的贤明圣君。

心情兴奋、食欲大振的他忽然想起有几天未吃自己最爱吃的煮饼了，于是，这天午间传膳太监进食煮饼。

他一连吃了两碗，放下筷子后，便倒在便榻上想睡一觉，刚欲合眼，突然感到腹痛难忍、心里燥热、血往上涌，忙令执事太监召李固。

顷刻之后，李固和梁冀接踵而至。李固见刘缵在便榻上痛得翻来覆去、哀号不止，额上满是汗珠，忙问："陛下何故突然发病？"刘缵说："才食两碗煮饼。"李固忙对太监说："快端水来。"片刻之后，太监端着水碗急三火四地跑进殿内，梁冀忙迎上去接过水碗假惺惺地说："此时不可饮水，否则会引起呕吐，令陛下难以忍受。"说罢，将水泼到地上，李固刚欲制止，已经晚矣，只好派人去请御医。请御医的人刚出殿门，刘缵一声惨叫，七窍流血倒地而死。这时，梁冀却突然抽出腰上的宝剑，抓住端水的小太监，说："是你在煮饼里投毒！"说罢便刺，当宝剑穿腹而过时，太监惨叫着说："大将军，是你……是你令我……"未等说完便毙命。

李固伏在刘缵的尸体上失声痛哭。

梁冀拭着剑上的血，望着李固的后背，"哼"了一声，在心里恶狠狠地说："小皇帝会在望乡台等着你。"

李固紧紧抱着刘缵的尸体，为这位壮志未酬、含恨而死的小皇帝痛心疾首。

刘缵在位一年有余，死于公元146年6月，享年九岁。

庙号质帝。

“夫君，我们可以长相厮守了”

——东汉少帝　刘辩

中平六年(公元189年)四月的一天。

三十四岁的汉灵帝刘宏在嘉德殿驾崩，结束了二十一年的皇帝生涯。

汉灵帝还没有咽气的时候，何皇后便匆匆忙忙离开嘉德殿找她的弟弟大将军何进，商量让自己的儿子刘辩登基称帝。

灵帝临终前，身边只有宦官小黄门、上军校尉蹇(jiǎn)硕。趁着何皇后不在的机会，灵帝握着蹇硕的手，断断续续地说：“爱卿，你一定要想办法让次子刘协继承皇位。”

灵帝紧紧握着蹇硕的手咽下了最后一口气。

次日清晨，大将军何进奉宣入宫料理灵帝的丧事。当他骑着马，带着扈从校尉进入皇宫时，宫门禁卫拦住何进说：“奉皇后懿旨，大行皇帝国丧之日，只准大将军一人入宫，扈从校尉均在门外等候。”

何进不以为然，单人单骑进入皇宫。当他来到嘉德殿门外时，见殿内鸦雀无声，既无人哭泣，也无人走动，感到事有蹊跷。他狐疑着翻身下马，走进殿门，看到他的同乡宦官兼司马的潘隐按剑而立在月门旁，何进正想上前问个究竟，只见潘隐神色紧张地向他急递眼色，并挥手示意不要进入殿内，何进情知有变，未敢吭声，急忙转身跃上马背，猛提马缰，冲出嘉德殿。

潘隐见何进逃走，佯作慌张状，向殿内喊道：“何大将军跑了。”

这时，手提宝剑的蹇硕领着一群手握钢刀的太监从殿内冲出来，直追到殿门外，见何进已驰出宫外，气得咬牙切齿，脸色涨红。猛然转身，发现潘隐神色不安地站在他身后，蹇硕怒气冲天地吼道：“一定是你坏了我的大事！”说罢，猛地用剑将他刺死。

这时，灵帝的尸体还躺在嘉德殿里。

灵帝生前只有两个儿子。一个是何皇后生的长子刘辩，一个是王美人生的次子刘协。

何皇后祖籍河南南阳，父亲何真原是专杀牛羊的屠户，惨淡经营，逐渐成为当地富户。

在东汉，洛阳是帝都，而南阳则是帝乡，东汉开国皇帝刘秀和许多将相大臣、达官贵人都是南阳人。何真利用这种关系结识了东郡人中常侍(宦官)郭胜，重金相贿，成为莫逆之交。何真共有二男二女，大女儿十几岁时，长得肌肤如玉、亭亭玉立、美艳出众，成为南阳美女。何真成为巨富后，梦寐以求的就是挤进名门望族，便不惜重金，千方百计通过郭胜的关系，利用皇帝在南阳选美的机会，将大女儿送进皇宫。其女姿色过人，又善妩媚，深受灵帝宠爱。第二年，她为灵帝生下一个儿子，取名刘辩。在此之前，灵帝有几个儿子均不幸夭折，他担心小皇子刘辩再遭不测，便把他送到洛阳青云观里，由一位叫史仁皎的道长代为抚养。母以子贵，刘辩的母亲晋为贵人，光和元年(公元 178 年)灵帝废黜宋皇后，立何贵人为皇后。

一人得道，鸡犬升天。何家终于实现了告别寒门、跻身望族显宦的愿望。通过这种裙带关系，何真的长子何进先拜为郎中，继升为虎贲中郎将，出任颍州(今河南禹州市)太守。何贵人立为皇后，何进又担任侍中，不久升任将作大匠、河南尹。在镇压黄巾军起义时，灵帝把防御京师洛阳的重任交给他，将他由河南尹晋升为大将军，从此，何进得以执掌军事大权，由于他镇压与屠杀“黄巾军”有功，又被封为慎侯。

何进的弟弟何苗先在宫中任侍中，何进升任大将军后，何苗继任河南尹，在荥阳因镇压黄巾军有功，备受灵帝宠信，升为车骑将军，封济阳侯。

何皇后的母亲也被封为舞阳君。

以何皇后为首的何氏家族，成为主宰东汉朝廷的外戚集团。

何皇后为人生性好妒，心狠手毒，她知道自己是因为生了儿子才得以封为贵人，立为皇后，使何氏一家荣登显宦，主宰朝政。因此，她生怕后宫其他嫔妃妊娠生子，夺其宠位。她派出亲信爪牙，四处打探，凡有嫔妃怀孕，都千方百计、不择手段地令其堕胎，否则便秘密将其处死。就在她立为皇后不久，后宫一位王美人怀孕，她怕何皇后对她下毒手，便吃药堕胎，结果未成，第二年生下一个儿子。何皇后得知后，气急败坏，就在分娩当天，派心腹太监将王美人活活勒死，谎报灵帝说王美人是患急症而死。不久，事情败露，灵帝大怒，要废黜何皇后。

这时，以张让、赵忠为首的后宫太监群聚嘉德殿为何皇后哭情。

张让是后宫中总揽全权的老太监，官居中常侍。赵忠也是官居中常侍，专门负责内宫，侍奉皇上。灵帝生活糜烂，荒淫无度，政治昏庸，平日十分宠信张让、赵忠，视其二人为生身父母，曾说："张常侍为我公，赵常侍为我母。"所以，经张让、赵忠等哭情，灵帝才发了恻隐之心，宽恕了何皇后。

王美人生的儿子取名刘协，交由灵帝的母亲董太后亲手抚养。

刘辩长大后，秉性轻浮，放浪无羁，又长得嘴歪眼斜，十分丑陋，灵帝很讨厌他，认为他不堪为一国之君。而王美人生的次子刘协，在董太后的抚养下，不仅聪明机智、知书识礼，长相也标致、潇洒，酷似灵帝。因此，被灵帝视为掌上明珠，宠爱至极，早有废长立少之意。当时，董太后也劝灵帝立刘协为太子，宦官蹇硕站在董太后一边。但是，当时的何皇后还受到灵帝的宠爱，灵帝知道何皇后秉性尖刻刁蛮、心狠手毒，其弟何进、何苗手握重兵，权倾朝野，担心废长立少，势必触怒何氏，危及朝廷，斟酌再三，未敢贸然。直到临死前，才把托孤之事交给蹇硕，要他辅佐刘协登基称帝。

蹇硕原系宦官小黄门，灵帝贴身心腹，灵帝平日沉湎酒色，荒误朝政，常将朝臣奏折交他批办。致使蹇硕渐染朝政，手握实权。中平五年(公元188年)，中原各地黄巾军烽火遍地，威逼京都。灵帝为了保卫洛阳，在四周设置八校尉，扩建八支近卫部队。任命宦官小黄门蹇硕为上军校尉，虎贲中郎将袁绍为中军校尉，屯骑都尉鲍洪为下军校尉，议郎曹操为典军校尉。他们各统一军，上军校尉蹇硕兼任元帅，就连大将军何进也归他统管。

宦官当元帅，大将军何进自然不服。于是以蹇硕为首的宦官与何进为首的外戚之间，展开了激烈的争夺权势的斗争。

蹇硕受灵帝托孤之命，谋杀何进，企图立刘协为帝，正是宦官与外戚斗争白炽化的体现。

蹇硕谋杀何进因潘隐泄密未能得逞。

何进逃出皇宫，策马扬鞭直奔大营，立刻下令三军分头出击，先后占领京都百官府邸，控扼要害，拥兵自卫。并声称身染疾病，不能入宫。何进得知蹇硕谋杀他的目的是为了废黜刘辩，立刘协为帝，便在文武百官之中广造舆论。当时，文武大臣对宦官疾恶如仇，恨他们夺权乱政，迷乱皇上，祸国殃民，十恶不赦，因此都同情和支持何进。

何进见文武百官多数反对蹇硕，便决定趁热打铁，先发制人。当晚派人秘密潜入后宫，与何皇后密议立君之事。

第二天，何进突然派兵包围皇宫。文武百官鱼贯入朝。

旭日东升时，皇宫之内，没有五彩缤纷的旌旗，没有袅袅香烟，更没有缭梁的鼓弦笙乐。

崇德殿外，马步骑兵，密密层层，弓在弦，剑出鞘，虎视眈眈，杀气腾腾。

三通鼓罢，十七岁的刘辩身穿龙袍，头戴旒(liú)冕，在何进的护持下，胆战心惊地走上金銮殿，文武百官齐伏在地，三拜九叩，山呼万岁、万岁、万万岁，是为少帝。

何进当即代刘辩宣诏：少帝君临天下，尊母后为皇太后，临朝听政，封刘协为勃海王，何进以大将军参录尚书事，袁槐为太傅，与何进共辅朝政。袁绍为中军校尉，袁术为虎贲中郎将……

是时，灵帝移柩德阳殿，蹇硕听到崇德殿传来的鼓声时，悲愤难抑，伏棺大哭。

傍晚，乌云压城，皇宫里一片死寂，蹇硕独自一人在德阳殿里围着灵帝的棺椁心急如焚地踱着。

蹇硕在想，谋杀何进未能得逞，拥立刘协为帝亦遭破坏。刘辩已登基称帝，何进胜券在手，对他不会善罢甘休。蹇硕想，事已至此，坐以待毙，不如铤而走险，趁现在还手握禁军大权，应当机立断，刻不容缓，今夜必须动手，否则……想到这里，蹇硕瞪着两只充满血丝的眼睛，向殿外喊道：“来人哪！”

夜幕完全笼罩京都洛阳时，一个人影倏地闪进大将军何进府邸的朱漆大门。

此人是新任太傅袁槐的侄儿、中军校尉、全国军队的副统帅——袁绍。

当袁绍被引进何进密室时，何进急不可耐地迎上前，握住袁绍的手说："贤弟，你可把我急死了。"何进正想往下说，袁绍忙抢过话头："大将军秘密召我进府，莫非为诛除阉宦蹇硕之事？"

"正是，正是。"何进忙不迭地答道。

"正合吾意，阉宦一日不除，朝廷一日不得安宁。大将军准备何时动手？"

"蹇硕杀机已露，虽未得逞，必铤而走险，依我之见，事不宜迟，越快越好。"

"最好今夜就动手。"

"我也是这样想。不过，蹇硕借口为皇帝梓宫守灵不肯出宫，况且他手中尚握有禁军大权，今夜宫内必严加防范，我们难以下手。另外，更重要的是师出无名，没有诛除的罪名。"

"他在嘉德殿埋伏刀斧手，企图谋杀大将军，仅此一条，死有余辜。"

"潘隐被杀，无人作证。"

何进与袁绍思来想去，反复琢磨，直到午夜尚未想出良策。正在为难之际，家丁忽然进来禀报说："宦官中常侍郭胜与赵忠深夜从宫中潜出，求见大将军。"

何进与袁绍大吃一惊。何进思忖片刻，说："请进。"

郭胜、赵忠走进密室，二话没说，急忙递给何进两封书简。一封是蹇硕亲笔给赵忠的密信，一封是何太后的亲笔手谕。

蹇硕写给赵忠的密信说："大将军何进兄弟二人秉国专朝，想与天下党人谋诛先帝左右，诛灭我等，因我仍统领禁军，未便动手，我等危在旦夕，应同心协力，同仇敌忾，速将何进一党诛灭……"

何太后的手谕则寥寥数字："速诛叛贼蹇硕。"

何进与袁绍看完后，惊喜过望，真是喜从天降。

原来，蹇硕决定当晚动手杀何进后，便派人找来宦官郭胜密议诛杀何进之事，然后又亲笔给宦官赵忠写了一封信，拉他一起杀何进。信写完后，让郭胜连夜送给赵忠。蹇硕在崇德殿里等候回音。

郭胜来到赵忠家里，把蹇硕的信交给他以后，两人一合计，觉得事情不妙，弄不好会遭致杀身之祸。郭胜与何进是老乡，当年，何太后入宫，何进等一家贵幸朝廷，他牵线搭桥，立过汗马功劳，因而太后一向把他视为亲信。而赵忠则为人奸诈狡猾，诡计多端，以前他虽是蹇硕的同党，莫逆之交，但现在他看到何进已立刘辩为帝，有功于朝廷，且执掌大权，而蹇硕是日薄西山，大势已去，他想杀何进不过是作困兽斗而已。思来想去，他决定出卖蹇硕，投靠何进，于是二人连夜赶到何太后的朝阳殿，据实禀报。蹇硕主张废长立少，何太后早就怀恨在心，伺机报复，见到蹇硕给赵忠的策反信，当即写下诛除蹇硕的手谕。

黎明前，夜幕更黑更重，落下的雨点打在崇德殿的琉璃瓦上“噼啪”作响。蹇硕在灵帝梓宫前已经换上三炷香，仍不见郭胜回来，焦躁不安地几次跑到殿门口向外张望。突然，他听到脚步声，赶紧跑过去拉开殿门，吓得“啊”的一声，倒退几步，顿时出了一身冷汗。原来，出现在殿门口的是杀气腾腾的何进，身后跟着几个手执钢刀的黄门令。

何进望着脸色煞白的蹇硕，将何太后的懿旨宣读完，冷笑几声说：“蹇大元帅，得到太后赐死你很荣幸，你想饮鸩自尽，悬梁而死，还是身首两地，悉听尊便。”惊恐绝望的蹇硕一步步往后退着，何进与黄门令步步进逼着，蹇硕突然吼叫着抽出腰间的宝剑，何进身旁的黄门令猛地冲上去，手起刀落，蹇硕的人头滚落在地，碗口粗的脖颈喷出一股血柱，血滴像天女散花似的落到崇德殿的地上。

蹇硕被杀，禁军大权统归何进。袁绍认为现在是尽杀宦官极好的机会，便极力说服何进趁热打铁，率兵冲进皇宫，将太监斩尽杀绝。

袁绍出身豪门望族，世代与宦官为仇。灵帝即位后，宦官专权，恣意妄为，祸国殃民，朝野内外怨声载道，士大夫深为痛恨。他们曾联合外戚窦武密谋全部诛杀宦官，因事泄，宦官先下手，外戚窦武和许多朝臣惨遭杀害、监禁和流放。袁绍在这次党锢之祸中虽得以幸免，却与宦官结下深仇大恨，立志有朝一日，将宦官斩尽杀绝。

杀宦官何进是赞同的，但要斩尽杀绝何进又难下决心。何进虽为外戚，但他从市井细民到身居要位，与宦官有着微妙的关系。妹妹是通过宦官郭胜的关系进宫的，何皇太后的妹妹又嫁给了宦官头子张让的养子为妻，何皇后杀死王美人，灵帝欲废黜皇后，幸亏张让从中斡旋，才保住皇后位，何进能当上大将军，与宦官的支持也分不开。所以他难以下决心杀掉全部宦官。

袁绍不赞成何进暧昧的态度，认为事已至此，如不及时杀掉宦官，日后必受其害。在袁绍的再三劝导下，何进勉强同意先削弱宦官的权势，把宦官从禁省撤换下来，由朝廷派出署郎官代替。结果遭到何太后的反对。后来，何进在袁绍的劝说下，又向何太后提出先杀掉一批首恶的宦官，以儆效尤，何太后还是不同意，何进只好作罢。

何进制裁宦官的计划不断受到何太后的阻挠，袁绍感到不安，特别是不断从后宫传来消息说，以张让为首的太监在为灵帝发丧完毕后，便四处活动，密谋策划，伺机反扑。袁绍感到事态严重，必须敦促何进采取果断措施，以防"党锢之祸"的重演。

这天晚上，袁绍来到何进府邸，陈说事态的严峻。何进感到惶恐不安，但对何太后的阻挠与反对又无可奈何。

袁绍说："大将军，时至今日，该断不断，必受其害，我主张索性摒弃何太后，大开杀戒，血洗后宫。"

何进忙说："万万使不得，没有太后之允，切不可轻举妄动。"

袁绍望着何进瞻前顾后、怕狼怕虎的样子，说："如果大将军不便出面诛杀宦官，末将与并州牧（今山西太原）董卓为莫逆之交，董卓勇而有谋，忠心朝廷，征讨黄巾贼时屡建奇功，今在并州拥有重兵，如得大将军密召，末将派人专程前往，请董卓率兵入京，以清君侧之名诛杀宦官。"

何进听罢，觉得此法较妥，既可杀掉宦官，又可在何太后面前推卸责任，坐收渔翁之利。于是，便修下一封密书，交与袁绍，让他立即派人启程去并州。

当袁绍悄悄离开何进将军府时,从将军府后院小门又溜出一个人影,迅即隐没在黑夜中。

原来,后宫宦官头子张让自桓帝以来,历经多次宫廷政变,谙知东汉末年内宫、外戚为患的历史。因此,灵帝驾崩之后,预料到何太后会临朝称制,外戚势必抬头,便花重金收买了何进将军府中的师爷辛丁,为他刺探将军府中的秘密。

今晚,当袁绍偷偷走进何进府时,辛丁便得到信息,乃至袁绍被引进后室,辛丁便窃听到何进与袁绍谈话的全部内容。

当张让听完辛丁一五一十的讲述之后, 立刻派人请来宦官中常侍赵忠等人,密议对策。

张让老谋深算,心狠手辣。他估计,何进既已派人去并州,次日必亲自去太后长乐宫密告袁绍之谋,于是,他详细、周到地向在场的人布置了次日的行动。

次日,早朝之后,何进果然来到长乐宫。校尉被留在宫门外,何进独自一人走进宫内。突然,宫门"咣当"一声被重重地关闭,校尉们大吃一惊,正面面相视时,宦官中常侍宋典率领禁卫军出现,并大呼:"受张公公之命,众校尉放下武器,方可免去一死。"众校尉拔剑而上,双方在长乐宫前一场厮杀。正杀得难分难解时,突然,长乐宫门打开了。张让、赵忠领着一批禁卫军冲出来,赵忠手中提着何进鲜血淋淋的头颅。

何进被杀后,部将吴匡、张璋义愤填膺,遂率军攻打宫门。此时,宫门已被宦官紧闭,双方攻守异常激烈,直到傍晚,宫门仍未攻破。吴匡等遂下令纵火烧南宫的九龙门和东、西宫。一时火光四起,如同白昼。张让见南宫难以坚守,急忙禀报何太后,说何进谋反,火烧皇宫,形势危急,必须逃离。何太后不知真伪,只好听从张让摆布,于是,张让胁迫何太后、少帝和陈留王(刘协)从复道逃往北宫。

袁绍此时已率兵赶抵北宫门,遂下令关闭北宫门,然后纵兵入宫,号令部下斩尽杀绝所有宦官,不论年长年少,凡未长胡须者格杀勿论。霎时,皇宫内火光如昼,宦官们有的逃匿,有的奋起抵抗,黑夜中砍杀声、惨叫声惊心动魄。天亮时，皇宫内尸体遍地，血流成溪，惨不忍睹。两千多名太监无一幸免。

袁绍终于实现了血洗皇宫、杀尽宦官的血腥计划。

张让等见北宫门被关闭，便劫持少帝、陈留王逃进皇宫中的西园。不久，袁绍军攻入西园，危急时刻，张让领着少帝、陈留王钻进直通洛阳城北门——谷门外的地道。

当张让从地道里逃出洛阳城，直奔黄河岸边的小平津时，尚书卢植和河南中部掾闵贡率部从后面追上来。张让等人逃至黄河岸边时，卢植与闵贡也追到，他们骑着马，挥刀砍杀，宦官们奋力拼搏，终因寡不敌众，宦官多被杀死，张让见大势已去，顾不得少帝与陈留王，纵身一跃，跳进滚滚东去的黄河。

黑夜里，混战之中，少帝与陈留王趁着夜色，沿着黄河岸边向北邙山逃去(今河南洛市北)。

这时，并州牧董卓接到何进密召后，火速率军赶往京都洛阳。途中，见洛阳火光冲天，挥兵急进，奔到城西，听说少帝被劫持到北邙山，便率兵追去。

天亮时，董卓赶到北邙山脚下，派兵四处寻找，终于在一个农户人家找到他们兄弟二人。当时，他们正在狼吞虎咽地吃着粥饭，忽然听到外面响起马蹄声，少帝吓得躲避不及，便抱住陈留王号啕大哭。

董卓提着马鞭走进农舍，见地上蹲着抱头痛哭者果然是少帝和陈留王，忙跪下施君臣礼。少帝恍如梦中，越发抱紧陈留王，不敢抬头。及至董卓报出自己的官职、姓名，并说是护驾回宫时，少帝才浑身筛糠似的站起来，蓬头垢面，满脸泪痕，淌出的鼻涕像蠕动着的两条蚯蚓。

董卓站起来向少帝问宫中发生的情况，少帝直愣着眼睛，抖动着双颊，良久说不出一句话。最后还是九岁的陈留王嗫嚅着述说了昨夜发生的情况。陈留王刚说完，少帝却突然情不自禁地放声大哭，董卓再三哄劝，少帝哭声不止，董卓一时怒起，挥着手中的皮鞭大吼道："别哭了！"董卓吼声如雷，吓得少帝戛然无声，目瞪口呆。董卓用马鞭敲着少帝的头，愤愤地说:“看你长个歪鼻斜眼的熊样,十七岁的赶不上九岁的像个人样,你他妈的也配做皇上,看我不废了你!”

董卓率兵护驾回京。趁着京都兵荒马乱,人心惶惶,仗恃自己兵多势众,便不问青红皂白,下令召集文武百宫齐聚皇宫崇德殿。

文武百官都知道并州牧董卓所统辖的西北军, 在东汉各州牧中是最骁勇善战的一支队伍,不仅兵多将广,且有大批善骑射的羌族士兵,在镇压“黄巾军”中所向无敌,屡建奇功。董卓不仅足智多谋,勇力过人,且桀骜不驯,嗜杀成性,谁都怕他三分。听说董卓带兵进京,又护驾有功,下令召百官入朝,哪个敢不去。

第二天,崇德殿里聚集着文武百官,殿外三步一岗,五步一哨,杀气腾腾。金銮殿上皇帝宝座空着,何太后战战兢兢坐在宝座后面。文武百官面面相觑,鸦雀无声,不知董卓的葫芦里装着什么药。

朝议开始时,只见董卓虎步上殿,后面跟着四个佩剑校尉,虎视眈眈,赳赳而立。董卓站在金銮殿上,二话没说,“哼”、“哈”两声,便从怀里掏出一张纸,磕磕巴巴、上句不接下句地念道:“……今皇上孱弱,不可祀奉宗庙,为天下主。我欲仿伊尹放逐太甲、霍光废黜昌邑王,更立陈留王为帝……”

朝臣们一听董卓要废立皇帝,非同小可,都低下头,不敢吱声。

董卓念罢,朝殿下文武百官问道:“你们意下如何?”顷刻之后,他见朝臣默然无声,便不耐烦地喊道:“都哑巴了?有话快说,没话可说就算定了。”

这时,尚书卢植小心翼翼地站出来说:“太甲即位后淫乱无行,昌邑王罪恶可罄南山竹,故有伊尹、霍光废立之举。今皇上富春秋,行为也无过失,不可同日而语。”未等卢植说完,董卓大吼一声:“放屁!”接着十分粗野地说:“歪鼻斜眼,鼻涕眼泪,胆小如鼠,狗屁不是的人,也能当皇帝?!”群臣吓得气都不敢出。董卓又问:“意下如何?快说!”殿下还是无人答应,董卓忽然想起身后坐的何太后,转身问道:“废了你的儿子立陈留王,你赞成吗?”何太后忙不迭地答道:“赞成,赞成。”

董卓忙转回身喊道:“太后已经点头了,请陈留王登基称帝!”话音刚落，两个校尉扶着身穿皇帝冕服的刘协，从屏风后走上金銮殿，一个校尉将他抱到皇帝宝座上。

群臣见新君已立，忙跪伏在地，三拜九叩，山呼万岁、万岁、万万岁！

九岁的小皇帝，就是东汉第十三代皇帝汉献帝。

废黜后的少帝，被封为弘农王。

不久，袁绍等联合起兵讨伐董卓。

京都洛阳又是一片厮杀，一片混乱。

一天，夜幕低垂时，弘农王刘辩站在窗前。远处，火光映照得天际一片通红。

妻子唐姬端着装有菜肴、酒壶的托盘走进来，把酒、菜摆到木机上，然后来到弘农王身后，轻声道："夫君，今天是你的生日，我略备酒肴，以示庆贺。"

陷入沉思的弘农王默默无声。

"夫君，你在想什么？"唐姬略提高点声音。少顷，弘农王慢慢转过身子，望着妻子瘦削、苍白的脸，不无内疚地说："爱姬，我想削发为僧，遁迹空门。"

唐姬一惊，忙问："大喜的日子怎么想起这种事？"

弘农王指着远处的火光："袁绍起兵讨伐董卓，城门失火，殃及池鱼。他们争权夺利，逐鹿中原，我们不知会死于谁手。"

"你削发为僧，我怎么办？"唐姬一阵心酸。

"皇宫深苑，苦海无边，何必厮守？"弘农王冷冷地说道。

沉默良久，唐姬说："要想脱离苦海，依我之见，遁迹空门不如隐居乡野田园，我们夫妻长相厮守，永不分离……"

话音刚落，郎中令李儒走进书房，双手一拱："王爷，今天是你的生日，司空董卓令卑职送酒一瓶，以示庆贺。"说罢，从怀中取出酒瓶，放到木机上。

弘农王夫妇一怔。唐姬说："谢谢司空大人，我们有酒，请带回去。"

"不，司空董卓大人说，弘农王必须收下这酒。"

弘农王惊恐地说："酒我收下，请郎中令回禀司空大人，谢谢他一番美意。"

"不，董大人有令，让卑职等王爷喝下酒后才能回禀。"李儒说着，手按剑柄，目光逼人。

弘农王夫妇顿时脸色煞白，双目对视。良久，突然弘农王端起妻子为他准备的酒壶，"咕嘟咕嘟"一饮而尽，扔掉酒壶，悲愤地引吭高歌：

天道易兮我何艰，
弃万乘兮退守蕃。
逆臣见迫兮命不延，
逝将去汝兮去幽玄。

唱罢，弘农王泪流满面，握着唐姬的手说："爱妻，能为我歌舞诀别吗？"

唐姬悲恸万分，泪流满面，她点点头，便缓缓挥动起款款衣袖，边舞边唱道：

皇天崩兮后土颓，
身为帝兮命夭摧。
死生路异兮从此乖，
奈我茕(qióng)独兮心中哀。

唱罢，唐姬猛地冲到机案前，抓起李儒送的酒瓶大口大口地喝着。

弘农王忙冲上去，夺下酒瓶，一饮而尽。

弘农王紧紧抱着妻子，唐姬用衣袖拭着丈夫脸上的泪说："夫君，我们可以长相厮守了。"

李儒悄悄退出书房时，十八岁的弘农王刘辩抱着妻子唐姬静静地躺在地上。

他们苍白的脸上似乎漾着一丝脱离苦海后的微笑。

在位二十二年的痴呆傻皇帝

——晋安帝　司马德宗

东晋义熙十四年(公元418年)冬。

凛冽的寒风骤起,夜幕像恢恢天网罩住了中原苍穹。俄尔,银絮般的白雪飘飘洒洒落下来,结成一片晶莹的白纱,将寿阳城(今安徽寿县)严严实实地覆盖起来。子时将近,鼓楼里刚刚响起咯咯的更鼓声。宋王府里传来一阵吱吱咯咯的响声,雪地上延伸出一排排脚印,歪歪斜斜,大小参差……两名披着红色斗篷的侍女,提着印有宋府字样的宫灯在前面引路,两名身着白色棉裘的侍女,搀扶着身披狐裘、头戴獭冠的宋王刘裕,步履蹒跚地向寝殿走去。

提灯的侍女轻轻推开寝殿的雕花门扇时,一直守候在内室的张夫人忙迎上来,替宋王解下狐裘斗篷,示意宫女退下。

夫人取来紫貂尾,摘下宋王的獭皮冠,轻轻掸掉上面的雪花,然后端端正正地放在雕花冠杌上。转过身用纤细白嫩的手,小心地拭去宋王胸前银髯上的雪渍,又扯起长袖搌去融在面颊上的水珠,然后搀着他来到燃着红火的炭盆前坐下。她从银盘里端起一只紫砂碗送到宋王跟前,说:“喝过参汤该睡觉了。”刘裕呷过几口参汤,站起身来活动几下双臂,指着墙上的宝剑说:“取过剑来。”夫人望着他那张布满皱纹略带醉意的脸庞,不肯挪步。“取剑!”刘裕面带微笑地抖动一下银白色的卧蚕长寿眉。夫人不敢怠慢,只好走过去取下墙上的宝剑递给刘裕,自己走到古琴前坐下,扬起长长的眉黛,拨动琴弦。她知道,夫君只有最高兴时,才在寝殿里舞剑。

随着悠扬的琴声,刘裕舞起了寒光闪闪的宝剑。他虽然银须鹤发、老态龙钟,但今天晚上却显得异乎寻常地春风得意、踌躇满志。夫人边抚琴边赏心悦目地望着他那刚健的舞步与遒劲的剑路,心中一阵阵快慰。是啊，今天不仅是夫君六十四岁大寿，又是晋帝晋封夫君为宋王的大喜大庆的日子。

刘裕舞完剑，面颊上已是汗水涔涔，气喘吁吁。他把剑插入剑鞘，坐到炭火盆前，轻轻地用右手揉着左手背。夫人忙走过来替他按摩。刘裕的左手背上隆起一块发亮的五铢钱大小的圆疤，那是他在三十多年前一次遇险中留下的。那时，他在家乡京口（今江苏镇江）为布衣百姓时，靠种地、捕鱼、砍柴维持生计。一天，他抱着侥幸的心理铤而走险，闯进了当地世家大户刁逵开设的赌场，结果输得很惨。因为还不起赌债，刁逵便指使爪牙将烧红的铁棍穿透他的掌心，又弯成铁环，用绳子拴在马身上拖着他在地上足足跑了二里多路，才算了结这笔账。刘裕手上留下了疤痕。他把手上的疤痕当作深仇大恨铭记在心里，永志不忘。直到九年前，驻兵京口时，才以谋反罪亲手砍了那个心狠手辣、曾给过他奇耻大辱的刁逵，解了多年郁积在心头的仇恨。

夫人替他揉过一阵之后，刘裕喘息稍定，便又兴致勃勃地走到置放珍玩古董的多宝格前，拉开小屉，取出一个细绢轴，来到长案前席地而坐，徐徐展开绢轴，眯起眼睛细细地端详着。

白绢上的一行行字迹是他一生走过的足迹，是蘸着自己的血渍写下的苦涩、甘甜……

绢首上写着："祖籍彭城（今徐州市）。曾祖刘混晋室愍帝亡时因避战乱流徙京口，官居武原令（侨县，无实地的县官），祖父刘靖任东安太守。父刘翘郡功曹。因父早亡，家业凋敝，裕与继母萧氏度日艰辛。为生计投身北府军将军孙无忌麾下。"（西晋灭亡后，北方士民纷纷避难江西，京口一带原来地广人稀，自从北方流民来后，逐渐成为东晋重镇，号称北府。居民强悍，因无业可就，多从军。东晋在这里招募军士，练成一支劲旅，称"北府军"。）

其后，为前将军刘牢之府参军，随牢之剿平浙东孙恩、卢循叛乱有功，官至建武将军、下邳太守。桓玄篡晋位，在建康（今南京）称楚帝。刘裕与刘毅分别在京口与广陵率北府军进军建康，重立晋室。刘裕因起兵有功以侍中、车骑将军都督中外诸军事，领南徐、南青二州刺史，镇江口。然后又加领兖州刺史。至是，北府重兵均握于裕手。晋帝义熙四年(408 年)，又为扬州刺史录尚书事，得以主掌晋室大权。

白绢上还记载着刘裕统管北府军和晋室大权后，陆续剪除异己刘毅、诸葛长民、谯纵、司马休之的经过，以及刘裕两次率军北伐攻灭南燕(今山东境内，首都广固，即今之益都县附近)、后秦(今陕西、山西、河南南部，首都长安)，使刘裕成为晋室中武功盖世、威震四方、可剑履上殿、入朝不趋、赞拜不名的重臣宿将的情景。

刘裕将白绢浏览完毕之后，喜不自胜地用左手捋着胸前的长髯，右手操起笔在砚池里蘸饱墨汁，颤颤巍巍地在绢上接着写道："晋帝义熙十四年，晋封裕为宋王，并授九锡，戴旒冕，建天子旌旗，出警入跸，乘金根车，驾六马，备副车，乐舞入佾(yì)……"写到这里，他突然兴致勃勃地回过身来，问张夫人："夫人，你可晓得这九锡、旒冕为何物吗？"张夫人不想扫他的兴，便笑着轻轻地摇摇头。刘裕果然放下笔，先是得意忘形地一阵哈哈大笑，然后才说："九锡者，一曰车马，即金根车一辆，骏马六匹，还有出行时随从车数十辆；二曰紫色朝服，穿上此服者，将有紫气东来。哈哈……"刘裕又是一阵大笑，停了片刻，接着问："夫人，你可知何人方可受此九锡之礼吗？""何人？"张夫人嫣然一笑地反问道。

"阖朝文武百官只有一人可受九锡之礼。此人乃一人之下，万人之上。冠旒冕，着紫袍，乘金根车，登纳陛，指日将可一步登……"说到此处，刘裕不甘心地将"天"字咽了回去。夫人站在一边不禁打了个寒战。

这时，三名侍女鱼贯而入，为首的用一个楠木雕花方盘，端着一顶穿珠嵌玉的长冠，走到刘裕跟前："遵宋王钧旨，特将晋帝所赐旒冕送到内殿。"刘裕眉飞色舞地拉着夫人说："快来看，这便是司马德宗皇帝赏给我的旒冕。"刘裕说着捧过旒冕，屏退侍女，边往头上戴，边对张夫人说："快拿铜镜来！"张夫人忙把铜镜捧到刘裕面前。

刘裕瞅着镜中自己的模样，按捺不住内心的喜悦，连声嚷着："我和始皇帝一般无二了！我和始皇帝一般无二了！"原来这旒冕的顶部呈长方形，裹锦嵌玉，两端各悬十条玉串，酷似秦始皇所戴的帝冠。

张夫人看了，自然也是十分高兴，可是当她听到宋王连连喊着“我和始皇帝一般无二”时，不禁一阵心惊肉跳，忙用手掩住刘裕的嘴，低声说：“别忘了桓玄的下场。”

刘裕听罢，脸上骤然浮起一片阴云。

桓玄乃东晋世家大族的后裔，东晋时总掌北府军大权。公元403年，他倚仗拥有兵权，废晋帝司马德宗，自己登上皇位，国号楚。谁知，朝野不服，群起而攻之，刘裕也亲率北府兵反叛桓玄。刘裕清清楚楚地记得桓玄兵败被推上断头台时，只见刀斧手手起刀落，血水溅出丈余，桓玄的脑袋在地上不停地滚动着，双目圆睁，牙齿咯吱咯吱地啃着地上的泥土……那令人毛骨悚然的惨象，至今仍历历在目。对往事的回忆使他冷静了些，但对皇权的欲望却仍如烈火，在他心中熊熊燃烧。

是啊，废晋室自称帝已是他梦寐以求、渴望已久的事了，怎会善甘罢休？他想，桓玄篡位虽然下场可怖，可是我刘裕绝非昔日桓玄。如今，只要我在朝廷上跺跺脚，龙墩上的小皇帝也要抖三抖。当今的晋室天下是我出生入死打下的，晋帝司马德宗小小一把年纪，手无缚鸡之力，凭什么号令诸侯，在我之上？普天之下难道只有他司马氏是皇种吗？我刘裕手握重兵，威震四方，难道就不可称孤道寡？尤其刚才在庆贺诞辰的酒宴上，他得知赫连勃勃居然也在长安自称皇帝，立国号为夏。在他看来，赫连勃勃算个什么东西！靠着一匹马一条皮鞭浪迹草原的狄人，居然也称起皇帝来了，我刘裕为什么不能登基称帝？

刘裕想到这里，终于按捺不住激动不已的心情，“啪”地在长案上一拍，大喊：“传郭俊！”张夫人不敢怠慢，忙差遣侍女去传唤郭俊。

片刻之后，一个干瘦矮小的老头小心翼翼地弓着腰走进来，跪在地上说：“郭俊叩见王爷！”

刘裕说：“郭俊，你知道我传你何事吗？”

郭俊小心地摇摇头。

刘裕说：“代我卜问苍天，晋室国祚(zuò)尚有几载？”

郭俊听了不禁一震。

郭俊是刘裕的随侍，专司卜筮。每逢刘裕有难以决断之事均由郭俊扶乩问卜，乞示苍天。多年随侍刘裕，郭俊早已窥透刘裕内心的隐秘。听到刘裕要问晋室国祚，知其野心将露。如在几年前，郭俊会设法密告刘裕，将刘裕满门抄斩。原来，郭俊有个女儿名唤翠喜，颇有姿色，五年前被刘裕奸宿，含愤自杀。郭俊碍他权大不敢声张，只好忍气吞声，伺机报仇。

今天，是他为女儿报仇雪恨的好机会，可是转念一想，当今连天子也惧怕刘裕三分，即使密告皇上刘裕图谋篡位称帝，弄不好反而会被刘裕暗算。然而，他又不肯让刘裕的阴谋轻易得逞。于是，他在瞬间心生一计。

郭俊从身后的锦袋里取出沙盘，在神龛前焚香叩拜，祷告一番之后，便正襟危坐在沙盘前，双目微闭，双手扶起小巧玲珑的丁字架，口中念念有词地在沙盘上抖动起来。

片刻之后，沙盘上隐隐约约出现难辨的蚯蚓纹。

郭俊睁开眼睛，端详一阵沙盘，又掐了一阵指格，才跪伏在地，极其庄严地说："启禀宋王，苍天已有所示。"

"快快说来！"刘裕迫不及待地伸长了脖子。

"晋室国祚昌明(孝武帝)之后尚有二帝。"

"噢？"刘裕听了，紧锁眉头，急促地在地上踱来踱去。

郭俊真的卜出晋室尚有二帝的国运吗？不是的，这是郭俊信口编出来的。他想，若讲晋室还有二帝在位，须多少年谁也无法知道。而如今的刘裕已六十四岁，等得二世之后他恐怕早已进了地狱。这是郭俊故意在刘裕急欲称帝的心里插上一把刀，使他无法忍受那焦灼、痛苦的折磨，这也算是对刘裕一次难得的报复。

刘裕果然痛苦，焦灼万分。他挥手让郭俊退出内殿之后，像一头被围的野兽在地上走来走去，呼吸越来越急促，脸色也变得越来越铁青，紧锁的眉宇和闪着冷光的双目透出逼人的杀气。猛地，他站住了，冲着张夫人吼道："传王韶之！"

张夫人听丈夫传王韶之，心头一沉。

中书侍郎王韶之是刘裕多年的心腹随侍，执掌机要。此人心计奸诈，手段狠毒，且贪恋女色。几年前，他曾趁刘裕不在府中，企图调戏张夫人，结果被张夫人告发。刘裕一怒之下，要将他斩首。当时王韶之死死抱住刘裕的双脚，边亲边哭喊着，求刘裕效楚王弃缨风范，免他一死。发誓终身报效刘裕，肝脑涂地，在所不辞。

刘裕是个粗人，不知楚王弃缨的风范由来。经王韶之讲述，才知道楚襄王有一次夜宴群将，庆功封赏。他命爱妃为将领们斟酒时，突然一阵风刮来，将帐内的蜡烛吹灭。有一名武将趁机在这位妃子身上乱摸一阵，这位妃子一怒之下，扯下那员武将头盔上的帽缨，偷偷走到襄王身边，要襄王点起灯，杀掉这员武将，并说她有帽缨可为凭证。夜宴的气氛顿时紧张起来。那位将领认为自己必被杀无疑。谁知道楚襄王却出人意料地命令所有武将摘掉各自帽盔上的红缨，然后才点起蜡烛，若无其事地与诸将继续饮酒。武将们极受感动，那位调戏襄王爱妃的武将更是刻骨铭心，发誓以死报效楚襄王。不久，在一次战役中，楚襄王大败，被敌军重重围困，正在千钧一发之际，突然一员武将拼死杀入重围，舍生忘死地救出了襄王。这员武将正是当年受襄王弃绝缨之罪免遭一死者。

刘裕听了这个故事，心中暗想，楚襄王要了个收买人心的花招，眼下正是群雄争斗、征战不止之秋，难得有人为自己鞍前马后出生入死。于是，他宽恕了王韶之。果然，王韶之成为刘裕的心腹，凡有绝密棘手之事差遣他去，均顺利完成。

顷刻之间，王韶之走进内殿，未及施礼，便被刘裕扯到长案前坐下。

刘裕在王韶之的耳边耳语了一阵。王韶之听罢，忙问："何时动身？"

"即刻，三日内赶到都城建康。"

"宋王欲何时得到消息？"

"半月之内。"刘裕脱口而出。

王韶之起身离座，将身子弯成一只大虾似的说："请王爷放心，卑职马到成功。"说罢，躬身退出。

当王韶之的身影隐入夜幕时，刘裕忽然想起什么，急忙追到门外，扯着脖子喊:“记住,今天是腊月十五! ”

更深夜阑,晋都城建康紫云巷的尽头,一家驿馆的二楼,有个房间依然灯火通明。窗纸上有两个身影在晃动。

一晃之间,王韶之来到建康已经十三天了。可是,宋王交给他的任务至今尚未得手,限定的日期只剩下两天了,因此,急得他像热锅上的蚂蚁。

宋王刘裕派王韶之到都城建康是要他设法杀掉皇帝司马德宗。

司马德宗是晋孝武帝司马曜的长子,生于太元七年(公元 382 年)。母亲是倡优陈广的女儿,因为长得姿色过人,能歌善舞,被征入皇宫。征入皇宫后,被孝武帝封为淑媛。孝武帝的两个儿子,长子司马德宗、次子司马德文都是她生的。

司马德宗幼年患难治之症,长大后,又痴又呆,不知寒暑,言语不清,连生活也难以自理。就是这样一个小傻子,六岁被立为皇太子。

太元二十一年(公元 396 年),司马德宗十五岁时登基称帝。

他是一个不受上帝宠爱的天子。在位二十二年,动荡不安,多灾多难,任人摆布,任人宰割。然而,这位如同行尸走肉的皇帝并不知道痛苦、忧虑和烦恼。

八岁时,他失去母亲,虽然身为太子,然而在后宫中遭到嫔妃的厌弃、鄙视和冷遇。

十五岁时,父皇司马曜荒淫无度,酗酒好色。当时,父皇正宠爱张贵人。太元二十一年(公元 396 年)的一天晚上,父皇司马曜与年近三十的张贵人饮酒作乐。酒意正酣时,司马曜对张贵人戏言道:“女人三十不称花,你已是失宠的年龄,我正派人出宫选择年轻美貌的女人。”醋意十足的张贵人信以为真。当晚,把寝宫内的太监们用酒灌得酩酊大醉,与一名亲信的宫女用被子将酒后酣睡的司马曜活活憋死。然后用重金收买后宫左右侍从,谎称皇帝“因魇暴崩”。年仅十五岁的痴呆傻太子司马德宗,当然不会追究大逆不道的弑君之罪。

十五岁登基称帝后,他是一个傀儡。

朝政被身兼扬州刺史、录尚书事、都督中外诸军事数职的叔父司马道子统揽一切大权。司马道子结党营私，贪赃枉法，排斥异己，搞得朝政昏暗，矛盾重重，危机四伏。

司马德宗在位二十二年。隆安元年（公元397年）先后有王恭、殷仲堪举兵反叛朝廷。隆安三年（公元399）三吴（吴郡、吴兴和会稽）爆发孙恩起义。特别是元兴二年（公元403年）桓玄篡位后，称帝，国号楚，贬司马德宗为固安王，移居浔阳（今江西九江）。直到义熙元年（公元405年）桓玄兵败被杀，楚亡，司马德宗重回旧都建康，结束了一年零四个月的被废黜的生涯，重新恢复帝位。但这时的朝廷大权却被刘裕所控制。

痴呆傻的司马德宗在称帝的二十二年间，得到两个亲人的照顾。一是皇后王神爱，一是胞弟琅玡王司马德文。

皇后王神爱，琅玡临沂（今山东临沂）人，是大书法家王羲之的孙女。她的父亲王献之也是著名书法家，官至中书令。王献之娶简文帝的女儿新安公主为妻，只生下王神爱一女。

太元二十一年（公元396年），十六岁的王神爱以名门之女被纳为太子妃，司马德宗继位后被封为皇后。

王神爱聪明贤惠，心地善良，肯于吃苦，精心照料司马德宗的饮食起居。桓玄篡位后，司马德宗到处颠沛流离，她形影不离，爱心不变，同舟共济。司马德宗复位后，年仅二十九岁的王皇后因病去世。

司马德宗的弟弟、琅玡王司马德文比司马德宗小四岁，但聪颖机灵，为人敦厚善良，重情义，尤笃于手足之情。少年时，兄弟二人失去双亲，相依为命，他不离左右照顾痴呆的哥哥。桓玄篡位时，他被降为万阳县公，同哥哥一起安置在浔阳，随桓玄迁徙不定，最后被劫持到江陵。他一直跟随哥哥左右，形影不离，关怀备至。凭他的聪明机智，几次帮皇兄逢凶化吉，转危为安。王皇后去世后，司马德文成为哥哥唯一的亲人和最可靠的保护神。

刘裕问签求卜，获悉晋室尚有二帝之运。他称帝心切，又加上年逾花甲，已是风前残烛，实在坐等不得。立即称帝，又怕天命难违。于是，便想连续扭掉两个没有熟透的瓜。

王韶之为了报恩邀功，一口应下刘裕交给的任务，因为他知道，刘裕早有篡位的野心，为了掌握朝廷和皇帝的举动，用重金收买了一批皇帝近侍，充作耳目，做日后内应。此去建康，只要利用这些宫中内侍，完成任务易如反掌。不曾想，他来到建康却碰了个硬钉子。这就是晋帝司马德宗的胞弟琅玡王司马德文。他亲自入宫护卫皇帝，昼夜不离左右，致使那些内侍难以下手。司马德文武艺过人，性格剽悍，且足智多谋。当他得知皇兄在刘裕的威胁之下，被迫封刘裕为宋王时，就预感到刘裕弑君篡位的日子很快就要降临。为了捍卫晋室皇权和保护皇兄不为刘裕所害，便移居内宫，昼夜不离，每事必问，就连安帝每日膳食，都要事先亲口尝尝。

王韶之突然秘密进京，使司马德文感到事有蹊跷。为防万一，他在内宫加派御林军，严禁外人接近皇帝。同时，还派出坐探，在王韶之居住的驿馆周围严加监视。

这些天，王韶之曾几次指使内侍设法行动，均被司马德文识破而杀掉。如今，只剩下站在眼前的这位内侍了，如再失败，以后连接近皇帝的人也没有了。

"王大人，怎么办？你快拿主意啊！今晚是我当班，马上该回宫了。"这个内侍急切地催促着。

王韶之无计可施，焦躁不安地踱来踱去。

"王大人，依咱家看，您必须想个调虎离山之计，只要琅玡王不在皇帝身边，一切都好下手。"

"有了！"王韶之受内侍提醒，眼睛一亮，握成拳头的右手在左手掌心上一击，转身来到内侍身边说，"你这样……"

内侍听着，掩口而笑，连连点头。

王韶之说罢，便催内侍速速离去。

街上响过一阵木鱼声之后，内侍从狗洞里爬出驿馆，乘监视人员不注意，倏地隐入黑暗里。

第二天，王韶之进宫向琅玡王司马德文辞行。王韶之离京后，司马德文立即派人跟踪百余里，确实看到王韶之骑马直奔寿阳方向驰去，才回宫复命。可他万万没想到，就在当天夜里，王韶之又秘密潜回建康，钻进烟花巷一座青楼里，搂着妓女消磨时光去了。

翌日除夕，有人提着宫廷食盒来到琅玡王府，声称皇帝念及琅玡王护卫有功，又值除夕，不能回家团聚，特备宫点以示犒赏。琅玡王妃自然十分高兴，几个年尚幼小的王子、郡主听说是皇帝送来的宫点，更是争抢着要吃。

除夕之夜，建康城里到处响着噼噼啪啪的爆竹声，五光十色的焰火从四处腾空而起。张灯结彩的皇宫里焰火更是绚丽多彩，热闹非常。皇帝司马德宗拉着司马德文的手，站在紫云殿前看得兴致勃勃。

司马德文无心看焰火，不时地四下巡视着。连日来的辛苦，他消瘦了许多。晋帝看着弟弟满是倦容的脸庞，心中很是不忍，便对琅玡王说："贤弟，王韶之已离去两天，恐不会发生什么不测，今晚是除夕之夜，你该回府与家人团聚。"

"皇上，还是不可大意。"琅玡王不肯离去。

晋帝听了很是感动，心中也有几分悲凉。这时，忽然有个内侍领着琅玡王的老管家跑了进来。

琅玡王见老管家神色慌张，不禁大吃一惊，忙问："老管家，你怎么来了？"

老管家上气不接下气地说："启禀王爷，府里几位王子和郡主突然吐泻不止，病情很重，王妃让我速来禀报。"

"怎么会突然病得这么厉害？"

"这……"老管家不敢当着皇帝的面说出吃宫点的事。

"这可不是小事，贤弟，你就快回去看看吧。"晋帝催促着司马德文。

司马德文只好答应了，临行时，对眼前的内侍说："你要好好侍候皇上，须臾不可离开，不许任何人走进宫内，我速去速回。"说罢，便跟老管家急急忙忙地离去。

内侍见琅玡王已经离去，便对晋帝说："皇上，天气寒冷，不可在外面久待，还是进殿烤烤火吧。"

皇帝点点头，内侍便搀着他走进紫云殿。当皇帝跨进殿门时，内侍故意后退一步，迅速从袖内抽出一条白丝带，迅雷不及掩耳地套住他的脖颈，没等皇帝叫出声，便一转身，猛地背靠背地将他背起来，奔进殿内的黄色帷幕里……

大年初一，当皇宫秘密派人到各王府、侯门报丧时，王韶之早已骑上快马驰出建康城，向主子宋王刘裕报喜去了。

被缢死的司马德宗时年三十七岁，死后被谥为晋安帝。他一生活得很痛苦，死得也很痛苦。

妻弟下了毒手

——东晋恭帝　司马德文

晋元熙二年(公元420年)冬。

清晨，深冬酷寒在宋王刘裕寝宫的庭院里，洒下一层薄如蝉翼的白霜。当晨曦降临时，寝宫里传出一阵阵咳嗽声。

昨夜不慎，宋王刘裕睡觉时伤了风，早晨起来又咳又喘。张夫人让侍女熬好药，端进内室时，见刘裕端坐在长几前，双目微闭，两手搭住双膝，口中念念有词。尽管一会儿咳，一会儿喘，待稍有好转时，又照样继续念将下去。

张夫人望着丈夫那核桃般的脸庞上，一年多工夫，又平添了数不清的粗粗细细的皱纹，越发显得苍老。

张夫人知道，此时此刻丈夫正在做“巫蛊”，就是这把刀，在丈夫的脸上悄悄地、无情地刻下了无数的皱纹。

自去年，刘裕的随侍、专司占卦的郭俊作卜筮，说晋室尚有二帝国运后，刘裕先派王韶之秘密潜入建康，活活勒死晋帝司马德宗(死后谥为安帝)。然后，又老虎挂佛珠冒充善人，立其弟司马德文为帝。司马德文比皇兄司马德宗小四岁，称帝前为琅玡王，由于他聪明善良、体恤民心，国事危难之时忧国忧民，因而被称为贤王。

刘裕杀死司马德宗时，僭越之心已昭然若揭，继而又拥立司马德文为帝，司马德文对此百思不解，群臣也感到意外。其实，这一切都是刘裕按照签文所示，来安排他的篡夺晋室天下的计划。

为了早日实现篡位登基的美梦，他心急如焚，渴望晋帝司马德文早日一命呜呼。于是，他刻了一个木人，在胸前写上司马德文的名字，将钢针扎在木人心窝处，又滴上中指血，然后将木人埋在床下，每日早晨默祷一遍咒语。据说,这样经过三百六十五天,被咒者就会七窍流血而死。

张夫人不敢惊动他,默默地站在一旁。

刘裕默祷完毕,顾不上喝药,匆匆走到神龛前,从小碗里捡起一个红豆,扔到另一个碗里。原来,做“巫蛊”时,先将三百六十五颗红豆粒盛在碗里,每天作完默祷,要捡出一颗红豆粒,直到全部捡净。如是者,才算心诚,“巫蛊”才会灵验。

刘裕捡完豆粒, 端起药碗呷了两口, 喜不自禁地对张夫人说:“瞧见吗?碗里只剩下七颗豆粒了!”刚说罢,又是一阵咳嗽。张夫人忙替他捶背,等他喘定,才笑着说:“王爷的心这么诚,那法儿一定会显灵的。”

这时,响起一阵轻而急促的叩门声。

“进来。”随着宋王的话音,一名内侍走进来。

内侍一大早叩门求见,刘裕认为必有要事,心想,莫非晋帝司马德文提前驾崩了? 所以未等内侍回话,便急着问:“是建康有事要禀报吗?”

“禀宋王,正是建康有事要禀。”

刘裕一阵惊喜,忙温和地催他:“那就快讲!”

“是,禀宋王,今晨驿马传来都城内侍的密信,说晋帝司马德文最近秘密下诏,征募五百名武艺超群者,组成‘虎贲军’,专司护卫内宫。”

“什么?”刘裕的脸色刷地变得铁青。他做梦也没想到这位末代皇帝还敢作最后挣扎,顿时气得浑身发抖,几乎在喊叫:“传我的密令,严密监视皇帝,为那些应召者备下砒霜。”

内侍答应着,刚要躬身退出,刘裕又喊:“等等!”内侍停住后,刘裕命令道:“传孤王钧旨,即日午时三刻,在太清殿宴请文武百官!”

下午,宋王府内飞檐双顶的太清殿一派热闹景象:下殿,笙鼓齐鸣,舞女翩翩,铜香炉里青烟袅袅,香气袭人;上殿,文武百官,分列两侧,端坐在裹锦的蒲团上,身前的短脚杌上摆着铜爵、饕餮(tāotiè)、甗(yǎn)等。甗下炭火通红,甗内蒸煮的鹿肉和鸹鸡肉香味阵阵,令人垂涎欲滴。正中上座是宋王刘裕, 案上除了摆着饕餮、甗等物外, 还有一尊特制的玉质兕觥(sìgōng)。宴会虽然有歌有舞,文武群臣又不时觥筹交错,但气氛沉闷,大家只管吃肉饮酒，却无人言语。因为今天既非年节，又非庆典，宋王无端赐宴，谁也不知其中奥秘。

酒过三巡，宋王让身边的侍女将兕觥斟满，然后捧着从锦团上站起来，说："诸位爱卿，请将酒斟满。"

文武百官不敢怠慢，忙将各自的铜爵斟满。这时，宋王离座走到殿中央，举觥过顶，微微躬身，语气庄重地说："诸位爱卿，吾德舆者，本起自布衣，今得王爵，既非天命相应，亦非列祖有灵，乃尽赖诸卿，此天恩地义，吾将终身永铭，肝胆相报。"说到这儿，他走到离他最近的中书令傅亮桌前，将自己觥内的酒向他的铜爵内轻轻斟上一滴。这一举动非同小可，满座文武都齐刷刷地从锦团上站起来，个个惊慌失措地将铜爵颤巍巍地举在胸前。刘裕依次在每人爵内斟入一滴，然后回到自己案前，将兕觥举起，说："一荣俱荣，愿同众卿共饮！"说罢，先一饮而尽，众人随之也铜爵见底。

宋王亲自为群臣敬酒，这是从未有过的稀罕事。所以，群臣喝过酒后，人人惶惶不安，众人个个面面相觑，心里都在犯嘀咕。

待大家落座后，刘裕用手捋起胸前长髯，缓缓地说道："诸位爱卿，酒过三巡，恐诸卿尚不知本王设宴之意。吾德舆者起兵京口，转战南北，屡建战功，权倾朝野，一心无二。元兴元年(公元 402 年)桓玄篡国，晋祚将亡，是吾首倡大义，殄灭桓玄，恢复晋社稷。物忌盛满，孤王已入知天命之年，殊荣如此，自觉仕途已尽，顿生归田之念。今日设宴，意即奉还爵位，归老京师，不知卿等以为如何？"

刘裕话音刚落，座下个个瞠目结舌，继而交头接耳，都感到丈二和尚摸不着头脑，不知刘裕为何说出这番话来。去年，晋安帝驾崩，文武百官对晋帝之死均心照不宣，认为宋王篡位就在眼前，谁知今日却要"奉还爵位，归老京师"，便不知刘裕居心何在。于是，文武百官中为刘裕歌功颂德者有之，苦苦挽留者有之，痛哭流涕者更不乏其人。如此这般地闹腾一阵，刘裕却始终阴沉着脸坐在那里，一动不动。

原来，当刘裕听到晋帝司马德文下密诏筹建虎贲军时，越发感到篡位称帝之举迫在眉睫。为达此目的，他完全可以像杀死晋安帝一样干掉司马德文。可是,他不想这么鸡鸣狗盗地干下去,他想堂而皇之地称帝,做得名正言顺。今日宴请群臣,又破例地为他们敬酒,并说出那番言不由衷的话,就是为了欲擒故纵,启发文武百官做出"劝进"的举动。

当年,桓玄企图篡晋称帝时,就曾在刘裕面前作过这种表示。刘裕立即猜透桓玄的真意,于是投其所好地说:"晋室微弱,民望久移,大将军应乘运禅代,以解民水火。"

可是,今天他失望了。尽管他设了宴,又说了不少,可没有一个大臣能理解他的心意,说出他想听的话来。一股怒火在他的胸膛越烧越烈,恨不得喷将出来,烧掉眼前这群吵吵嚷嚷的文武百官。

宴会在不愉快的气氛中收场了。

刘裕回到殿内,一脚门里一脚门外便破口大骂:"真是一群酒囊饭袋!"

张夫人闻声从内室迎出,见刘裕气得面色蜡黄、呼呼直喘,忙将他搀到长案前坐下,替他捶背。刚想问他为什么生这么大的气,内侍来禀,中书令傅亮求见。

中书令是执掌朝中机要的命官,实为宰相,非皇帝至亲至信者不居此职。傅亮与刘裕同起北府军,相随多年,患难与共,情同手足。此人博涉经史,犹善文辞,又聪颖过人,所以被刘裕委以重任。方才在宴会上,他已猜到刘裕之心,但因公开"劝进"实为大忌,故不敢当众直言。当年桓玄篡位失败,除刘裕因带头起兵反玄,没受其累,余者皆满门抄斩。这个教训,使他不得不引以为戒。尽管刘裕先给他敬酒,使他受宠若惊,感恩不尽,但他也不敢公开"劝进",授人以柄。好容易等到宴会散后,他便尾随刘裕而来。因为他是宋王的常客,内侍禀过,不等传话,他便走进了内殿。

刘裕见傅亮走进来,未予理睬。傅亮只好躬身施礼,说:"宋王滴酒之恩,亮当涌泉相报。"

"不如放个臭屁!"刘裕将身子一扭,把宽厚的脊梁扔给了傅亮。

"宋王,臣虽愚钝,但千岁赐宴之心,尚能尽悉。席上无言实为万全之计。今愿去建康为宋王完成使命。"

"噢?"刘裕马上回转身子,阴沉的脸上顿时像绽开的花朵。他完全听懂了傅亮这番话的弦外音，马上高兴地说："宰辅真孤之知己也！"

傅亮马上说："臣不敢。甘愿为千岁爷赴汤蹈火，在所不辞！"

"好！"刘裕眉飞色舞地拍着傅亮肩膀说，"只要办成大事，尽可不计一切。"

傅亮来到都城建康，便去皇宫拜谒晋帝司马德文，想凭着自己的德高望重和善辩的天赋，陈说利害，婉言相劝，教他做识时务的俊杰，禅位给刘裕。但是，血气方刚的司马德文虽然知道大权旁落，晋室江山已是日薄西山，自己也成了刘裕的阱中兽、笼中鸟，但他是一条有骨气的汉子，不肯在尚可挣扎的时候便认命退位。他还想作困兽斗，以桓玄的下场为例，坚信刘裕断然不敢冒天下之大不韪，公然篡位。因此，他对傅亮软硬兼施的劝诱愤然拒绝，并且声称，如果傅亮再敢进京游说，定斩不赦。傅亮无奈，只好躲进驿馆。

不久，从寿阳传来的消息说，宋王刘裕因傅亮未完成使命，已将他的家眷全部收监，并扬言等傅亮返回寿阳时，一起问斩。这消息很快也传到晋帝司马德文居住的紫云殿。

转眼间，半个月过去，又是大年初一。建康城里依然是一派热闹的景象。

辰时过后，晋帝司马德文在议政殿受过文武群臣拜贺，回到紫云殿，心情振奋不起来。自傅亮劝他禅让以来，心情一直烦乱不已。刚刚在议政殿折腾了一阵子，越发感到郁闷疲惫，正想躺到龙床上歇歇，忽然内侍来报傅亮求见。他的头"嗡"的一声涨得斗一般大，本想拒见，但想到寿阳传来的消息，又顿生恻隐之心，便传旨召见。

傅亮躬身走进紫云殿，三拜九叩，贺过年禧之后，司马德文坐在炭火盆旁一边烤火一边搓着双手，声音淡淡地问："没回寿阳过年吗？"

"陛下，臣如今是无家可归的丧家犬。刘裕老贼将臣一家老小全部收监在押，只等臣回寿阳一并问斩。枭雄刘裕心狠手毒，杀人不眨眼，我一日不归，全家老小可保全性命一日。只图日后托陛下齐天洪福，臣或可能转危为安。"傅亮说得可怜巴巴，眼眶滚动着泪花。

“傅卿今日进宫，难道还是为劝朕禅让之事？”司马德文冷冷地问道。

“愚臣前日一时糊涂，说出大逆不道的话来，臣真是罪该万死！罪该万死！”傅亮抽泣着，跪伏在地。

“人非圣贤，孰能无过？卿已知悔，朕心亦安。大年初一，卿若无事，就出宫去吧。”司马德文冷漠地下着逐客令。

“陛下……”傅亮故作为难地不肯退下去。

“还有何事？”司马德文捡起铁筷，在炭火盆里轻轻拨着。

“陛下，时至今日，愚臣与陛下已生死与共，风雨同舟，并愿为晋室江山肝脑涂地。今日进宫，有一要闻，关系陛下安危，故不敢不报。”

“什么要闻？”司马德文抬起头，略带惊慌地望着傅亮。

“陛下，臣昨夜获悉，刘裕近日将带兵进京迫帝退位。”傅亮煞有介事地说着。

“啊？”司马德文霍地扔掉手中的铁筷子，慌恐地问，“此话当真？”

“千真万确。”傅亮回答得十分肯定。

突如其来的消息使得司马德文大为惊愕，大祸临头的恐惧使他两腮微微发颤。

“陛下，刘裕老贼篡位心切，他是说到办到的，望陛下早作防范。”傅亮匍匐在司马德文脚下，哀哀提醒着。

“刘裕老贼兵权在握，大兵一到，势如洪水猛兽，让朕如何防范？”司马德文精神恍惚地低着头，边踱步边自语着。

“陛下，依臣之见，如今之计先以保全内宫为上策。望万岁立下密旨，招募一批武艺高强者扼守皇宫，护卫陛下。”

司马德文眼睛一亮。显然，傅亮的话合了他的心意。但他却忧心忡忡地说：“只是眼下可有人应募？即使有应募者，肯拼死效忠朝廷？”

“重赏之下，必有勇夫。”

“远水难解燃眉之急，眼下上哪招募这些人？”司马德文说罢，长吁短叹，愁眉不展。

“陛下不必忧虑，今日有天赐良机。”

“什么良机？”司马德文如溺水得舟，迫不及待地追问着。

“陛下，今日正值大年初一，东掖门外，天下诸路英雄豪杰正设擂台比武，陛下何不微服私出，秘密……”

东掖门外里许之遥的一片开阔地上，车毂(gǔ)击，人肩摩，熙来攘往，吵吵嚷嚷，有踩高跷跑旱船的，有耍狮子舞大龙的，有拉场卖艺的，有设摊贾货、占卦问卜的，真是热闹非常。广场中央矗立着一座高大的擂台，台上正有两位英雄拳来脚往，打得难分难解。台下人头攒动，喊声不绝。

司马德文与傅亮挤在人群中正看得出神，忽然传来一阵滚雷般的锣声，只见人群潮水般向两侧拥去，哭爹叫娘，呼儿唤女，乱成一片。傅亮紧紧护住司马德文，伸长脖子向前看，只见九九八十一面铜锣组成的方阵鸣锣开道，继而是八十一面龙凤旌旗飘飘而来。旌旗之后是十八名身着朝服的文官，骑着革辔铜铃的骏马。再后是十八名披盔甲、佩重剑的武将。接踵而来的是八十一辆配四马、由太仆驾驭的彩车，每车之内皆有浓抹艳妆的宫妃……

司马德文看到这些，感到十分惊奇。他忙扯住傅亮的衣袖说：“这是天子法驾，光天化日之下，何人竟敢僭越至此？”

傅亮狐疑地摇摇头，连连说：“是啊，这是何人吃了豹子胆了？”

就在这时，彩车已经过去，眼前出现锦玉簇拥的一辆金碧辉煌的金根车，车后是黑压压一片足有千人的骑兵，威风凛凛，浩浩荡荡。

司马德文越发惊奇，他瞪大眼睛想看看金根车里坐着的那位胆大妄为的假天子是什么人。恰在此时，金根车前的锦帘突然被掀开，只见车里坐着一位银须鹤发的老者，身着黄色龙衮服，头戴通天冠，向人群微微招手致意。傅亮慌忙指着金根车惊讶地对司马德文喊道：“刘裕！是刘裕进都城了！”

听到这喊声，司马德文顿时一阵眩晕，便摇摇晃晃地倒在傅亮怀里。

紫云殿亮起宫灯时，司马德文才苏醒过来。他一睁眼，看到御床前站着褚皇后、傅亮，还有尚书刘宣范、光禄大夫谢澹及御医等人，便惊恐万状地喊叫：“刘裕在哪？刘裕进宫了吗？”

床前的人谁也没吱声，只有褚皇后在床边啜泣。司马德文急不可耐地喊着："快对朕讲，刘裕进宫了吗？"

傅亮嗫嚅地说："陛下，刘裕已经派兵把皇宫包围了。"司马德文一惊，望着谢澹和刘宣范问道："真是这样吗？"二位老臣不敢正视，只轻轻点了点头。

"他想干什么？"司马德文冲着傅亮问。

"刘裕声称，只要陛下禅位，他便保全陛下和皇后的生命安全。如果不从，便要血洗深宫。"

褚皇后不等傅亮说完，"哇"地放声哭起来，扑到皇帝身上，抖成一团。

司马德文顾不得安慰皇后，怔怔地用征询的目光，望着谢澹和刘宣范。二人不约而同地低下了头……

司马德文长叹一声，用拳猛击一下前额，沉默片刻，问道："群臣意下如何？"

刘宣范忙说："陛下，十几位朝臣在殿外专候传召。"

"快召进殿！"

片刻之后，十几位大臣鱼贯而入，齐刷刷跪在地上。

司马德文沉痛地说："兵围皇宫，社稷危在旦夕，诸卿有何良策救朕？"

几位大臣一齐将额触地，齐呼："陛下，重兵围宫，纵有田单之智、乐毅之勇，也无济于事了。"

司马德文见此情景心中一阵悲凉，想到晋室江山将断送在自己手里，一阵酸楚之情使他热泪涌流。

俄顷，他牙一咬，对尚书刘宣范说："天既亡晋，朕不忍血溅深宫。有劳爱卿代朕草拟禅位诏吧。"

谢澹闻言，立刻从怀中掏出一束白绢递给司马德文说："陛下，刘裕已代陛下写好禅位诏，刚才派人送到，只要陛下在上面签字，刘裕便即刻退兵。"

司马德文用颤抖的手接过禅位诏，从头到尾看了一遍之后，从床上下来，跪在地上，泪流满面地泣道："苍天在上，既不佑我，何敢违逆？只是一代江山葬送我手，愧对列祖列宗。”说罢，头磕在地上，咚咚作响。褚皇后忙过来搀扶，群臣也连连劝道：“万岁，珍惜龙体！”

司马德文凄然地说道：“取笔来！”

傅亮忙从龙案上操起笔，蘸饱墨，递过去。

司马德文接过笔，又哭数声，才在禅位诏的尾处写下“司马德文”四个字。写罢，当即昏了过去……

傅亮顾不得昏过去的司马德文，抓起禅位诏奔出殿外，大臣们也尾随着蜂拥而去。

紫云殿里只剩下昏过去的司马德文和哭哑嗓子的褚皇后。

可怜的司马德文，他哪里知道这一切都是傅亮一手导演的骗局。

傅亮来到建康后，便派人四外活动。晋室大势已去，谁还肯继续为皇帝卖命！所以，他用高官、重金很容易就收买了文武百官和宫中近侍，就连官居卤薄伎的皇帝的小舅子也背叛了皇帝，假传圣旨动用了皇帝法驾，演出了东掖门外的一幕。金根车上的刘裕也是派人扮演的。所谓刘裕逼宫，更是虚张声势。只是司马德文在那时被吓昏了头脑，只好听从摆布罢了。

旬日之后，皇宫太极殿里麇集着晋室文武百官，个个朝衣翅冠，肃穆而立，悄然无声。他们在恭候新主入朝。

景阳钟刚刚敲过，宋王刘裕由中书令傅亮导引着，尚书仆射徐羡之、后卫将军谢晦、领军将军檀道济簇拥着走进太极殿。当刘裕走到丹墀前，见黄锦绣花墩上空空如也时，故作惊讶地环顾左右，问傅亮：“景阳钟响，为何不见陛下升殿？”这时，群臣不约而同地跪倒在地上，山呼：“宋王万岁、万岁、万万岁！”刘裕又装出惊慌失措的样子问：“这如何了得！这如何了得！众大臣快快请起。”

他见大臣都不肯起来，便动手去拉，众大臣仍不肯起。刘裕便佯怒地责问傅亮：“不是皇帝传诏，命我进宫内辅吗？是何人胆敢设计害我？”

傅亮忙从怀中取出恭帝禅位诏，躬身用双手举过头顶，递给刘裕说：“请宋王接旨！”

刘裕忙跪倒在地，傅亮便高声将禅位诏宣读了一遍。

读罢，刘裕边喊着谢恩，边又假惺惺地揪住傅亮衣襟，厉声喝问："这是你干的好事吧？让我刘某做出此等大逆不道的事！"

"卑职不敢。这诏书是皇帝心甘情愿颁布的。您该承天运才是啊！"傅亮不慌不忙地解释着。

"断然不可！断然不可！"刘裕说着双手抱起拳，"诸位公卿，我刘某斗胆，不敢造次，告退！"说罢便要走，傅亮、谢晦、徐羡之、檀道济等忙将他拦住。跪在地上的文武百官纷纷站起，拥上前，将刘裕围得水泄不通，七嘴八舌地喊："宋王殿下，晋帝禅位，此乃天意民心！""宋王登基，天意不可违，民心不可背！当今天下非宋王不足救民于水火，解民于倒悬！"众大臣你喊我嚷，此起彼伏，争着邀功。

刘裕站在人群中，虽然乐得心花怒放，却努力装作一副惊慌不安的样子，说："众卿，吾德舆者，身世寒微，无功无德，蒙圣上洪恩，受爵宋王，自知不量，死亦足矣。司马氏帝运天赐，晋祚乃受天佑，非龙种者妄夺天命的受天惩。吾刘某绝不敢受命，恕我刘某告退！告退！"说罢，又要往外走。

这时，太史令(专司天象历法文官)路达挤出人群，虔诚而又神秘地说："禀宋王殿下，盘古开天，三皇五帝，禹夏汤商，秦皇汉武，直至司马氏得天下，龙种虽是天定，但并非一姓，一切概由天定。臣夜观天象，祥兆有四。一是太白昼见，经天凡起。占卜曰，太白经天，人更主，异姓兴。二是五虹见于东方。占卜曰，五虹见，天子黜，圣人出。三是镇星、岁星、太白荧惑聚于东井，又镇星入太微。占卜曰，镇星守太微，有立王，有徙王。四是黑龙四登于天。《易经》曰，冬，龙见，天子亡社稷，大人受命。此外，各地符瑞纷呈，河南千年古树旧根复萌；浙东九穗同茎；徐州枯井溢水；贵阳铁树开花……综观天象，晋室天数已尽，宋王登基乃为天意！"

路达说罢，众臣齐呼："宋王当立，宋王当立！"傅亮便趁机喊："披龙衮，加皇冠！"两位内侍从翠屏后用鎏金盘端出龙衮和通天冠，傅亮与几位朝臣便动手给刘裕穿戴起来。

刘裕边喊"使不得，使不得"，边半推半就任人摆布。不一会儿，刘裕便头戴通天冠，身披龙衮服，一副天子模样站在群臣面前。

“吉时已到,请陛下登基!”傅亮又一声喝叫。

几位大臣几乎不费力气便把刘裕拥上宝座。

当刘裕的屁股触到黄锦龙座时,真想开怀大笑,但是那张布满皱纹的脸却越发显得严峻、冷漠。

“大礼参拜!”傅亮又一声喊。群臣立刻跪倒在地,山呼:“吾皇万岁、万岁、万万岁!”

这时,太极殿外笙弦齐鸣,锣鼓震天。百余名宫女翩翩起舞,几尊香炉青烟袅袅,似天宫云绕雾遮。

这时的刘裕,再也按捺不住内心的喜悦,不禁嘴唇一咧,“哈哈哈”地开怀大笑起来。

至此,传帝十一位、历时一百零四年的晋室宣告灭亡,史称南北朝的宋朝便在这笑声中开国定基了。

与此同时,在去往秣陵城(今江苏南京报恩寺附近)的黄土路上,一辆破旧的木轮马车拉着一对布冠素衣、满颊泪痕的中年男女,慢慢地向北驶去。男的便是废帝陵零王司马德文,女的是废皇后褚妃。

数月后,陵零王夫妇已在秣陵城报恩寺附近定居。

一天,陵零王的妻子褚妃的两个孪生兄弟褚秀之、褚淡之从京都金陵赶来看望姐姐和姐夫。

姊弟久别重逢,免不了一番亲热,夫妻二人忙命令家人杀鸡宰羊。

褚妃也乐颠颠地把刚刚生下不久的儿子从内室抱出来,送到弟弟跟前,逗着说:“乖乖儿子,舅舅从京城看你来了,快让舅舅亲亲。”

褚秀之从姐姐怀里接过小外甥,见孩子长得又白又胖,十分可爱,心里一阵酸楚。

深夜,酒宴已毕,几分醉意的司马德文正兴高采烈、喋喋不休地谈论着皇帝刘裕的恩赐,褚氏兄弟见时辰不早,互相递了一下眼色,然后两人双双跪下,声俱泪下地说:“姐姐,姐夫,我们兄弟二人今日来此,恐怕你们不知道是身负重命吧?”

司马德文夫妇怔怔地望着他俩,感到莫名其妙。

褚秀之哭着说:“我们是奉刘裕老贼之命,要你们的性命的。这,就是毒酒。”说着从怀里取出鸩酒。

司马德文夫妇顿时目瞪口呆。

“姐姐,姐夫,我们是迫不得已呀！如果我们不来,刘裕老贼就要杀我们。”兄弟二人哭诉着。

原来,这褚氏兄弟自幼不务正业,鸡鸣狗盗。自从司马德文被刘裕立为晋帝后,兄弟二人死皮赖脸软缠硬磨,通过姐姐的关系,让司马德文封他们为内宫太常卿和侍中。司马德文被废后,兄弟二人仍留宫中。一天,因在宫中奸污司马德文遗下的妃子被傅亮捉获。当时,刘裕一气之下要将褚氏兄弟二人刑为阉人,罚其终生为奴,后来,是傅亮为刘裕设计,派遣他们兄弟亲赴秣陵鸩杀陵零王。

褚氏兄弟是一对无赖少年,无情无义,为了保全性命,自然受命。

司马德文夫妇不知其中的微妙。

“天哪!”褚妃一声撕心裂肺的惨叫,抱着孩子扑进丈夫的怀里,喊着,“你不能死,你不能死啊!”

司马德文这时似乎已经明白了一切,冷冷地苦笑了一下,说:“这是天理报应。当年,我祖上逼曹氏交权,今日便报应在我身上了。”说罢,异常冷静地一手搂着褚妃,一手伸向褚秀之,说:“把酒给我。”

“不,要死让我替你去死!”褚妃去夺弟弟手中的毒酒。

褚秀之忙将酒瓶藏在身后说:“姐姐,你就让姐夫喝了吧。刘裕说了,姐夫如不自裁,就以谋反的罪名凌迟处之,暴尸天井。”

褚妃哭喊着抱住丈夫,孩子哇哇地大哭起来。司马德文含泪对妻子说:“这一天,我料到迟早会来的。”

说罢,从褚秀之手中接过鸩酒。

褚妃泪如雨下地说:“皇上,我跟你一起死!”

这时,司马德文轻轻地抚着褚妃的长发,两行热泪滚过双颊,说:“为了孩子,你应该活下去。二位贤弟,念我是将死之人,设法救你姐姐和孩子一命吧!”说着,跪倒地上。

“不，皇上西去，我也不再苟活于世！”褚妃转身，将孩子递给褚秀之，哭着说，“好弟弟，求求你，司马氏只剩下这根独苗，看在姐姐的分上，你们留下他吧。我和你姐夫纵然在九泉之下，也不会忘了兄弟的大恩大德。”说着也跪了下去。

这哥俩此时也泪流满面，褚秀之只好从姐姐怀里接过哇哇啼哭的外甥。

褚妃亲了一口孩子，便猝不及防地从丈夫手里夺过酒瓶连喝几口，然后将酒瓶递给丈夫。司马德文接过酒瓶，不假思索地将毒酒一饮而尽。夫妻二人紧紧抱在一起，不哭不喊，更无言语，双双深情地望着孩子，泪水汩汩地流淌着……

孩子在褚秀之怀里哭叫着。褚妃心如刀绞，正想解开衣扣最后哺乳一次儿子，突然夫妻二人几乎同时发出一声惨叫，相继挣扎片刻，双双扑倒在地。

这时，褚秀之忙喊：“快点火！”褚淡之抓起案上的蜡烛，在屋内四处点起火来。褚淡之放完火，对褚秀之说：“哥哥，孩子怎么办？”

褚秀之二话没说，将孩子往火里一扔，转身拉住褚淡之说：“快跑！”

顷刻之后，陵零王府变成一片火海。

他杀死妻子和四个儿子，又自刎

——刘宋太子　刘劭

入夏，太阳升起不久，一股令人难耐的闷热便笼罩了建康城。皇宫里显得异常寂静、冷落，人们像冬日的青蛙，蛰居在殿阁内室，很少出来走动。

东宫，庆云殿的庭院里，太子刘劭光着臂膀，汗流浃背地将手搭着雕翎箭的柘木麻背弓拉成满月，叉着双腿，定定地站在红墙下瞄着百步外的一棵梧桐树。

始兴王刘浚咧着嘴，跑进月门，见太子在练箭，急忙凑到跟前，献媚地说："皇兄殿下，今天我可得到了一个宝贝！"

"什么宝贝？"太子仍然瞄着前方。

"你命我每天想出一个好玩的办法，这事真把我害苦了。昨天我就想，今天该换个什么花样让你玩得痛快呢？我想啊，想啊，实在感到山穷水尽，没法子了，就去书阁里翻书。嗬！没想到竟然得到了临川王义庆(刘裕侄)所著的《世说新语》。"

"扯淡，一本书有什么好玩的，算什么宝贝？"太子劭毫不理睬，依然瞄着前方。

"你不知道，临川王在这本书里记下了汉末到东晋年间，达官贵人名流学士的风流韵事，可有意思了！"

他翻开书指着折叠的一页说："你看，这上面说，魏晋年间'竹林七贤'之一的刘伶，每天乘着鹿车，带着酒壶和屈原的《离骚》，还让随从扛着锹跟着，他坐在车上边饮边背诵《离骚》。他对随从说，'我就这样漫游天下，死在哪里，就把我埋在哪里'。"

"我现在身为太子，南面称尊指日可待，我可不想抛尸荒野。"太子劭一松手，箭飞了出去，然后用手抹一把脸上的汗水。

“好玩的还在后头哪，”刘濬又翻开一页说，“瞧，这个刘伶在家中脱得光溜溜的，一丝不挂。有人来访问，他毫不在乎，说天地是他的房屋，房屋是他的衣服，到他家里来的人是自愿钻到他的裤裆里。殿下，你说这开心不？”太子劭眉开眼笑地说：“嗯，这倒很开心。”他黑眸一转：“你马上跑出去，随便叫个什么人来都行，就说我找他有事吩咐。”说完，拎着衣服走进庆云殿。

刘濬出去一会儿，很快又回到庆云殿。

片刻之后一位侍中胆战心惊、拱手躬身地走进殿内，见太子劭与始兴王刘濬赤身裸体、一丝不挂，并排坐在楠木椅上，顿时吓得目瞪口呆，进退不得。太子见这位侍中惊慌失措、狼狈不堪的样子，又拍巴掌又擂腿地指着侍中哈哈大笑说：“你是钻进我裤裆里的一只跳蚤！”接着又是一阵歇斯底里的狂笑。然后，脸子一沉，说：“去！去告诉今天在班的几个侍中，都来闻闻我裤裆里的味道。”

侍中唯唯诺诺地退去。

这时，太子的姐姐东阳公主的女婢王鹦鹉慌慌张张跑进来，见到这种情景羞得脸颊像蒙上一层红布，忙停在门口，扭过身，低着头，说：“请太子和始兴王快穿上衣服，奴婢有要事禀报。”太子见她刚才进殿时慌慌张张的样子，问道：“发生什么事了？”鹦鹉说道：“东阳公主说，你和始兴王前天在庆云殿让二十个宫女光着身子跳舞取乐，陛下已经知道了。陛下大怒，要贬你们为庶民。”太子一慌，忙问：“真的？”鹦鹉说：“是东阳公主亲自听到的，他让我来请你们俩快去公主那里走一趟。”

太子刘劭与始兴王刘濬本非一母所生，刘劭的母亲是袁皇后，刘濬的母亲是潘妃。袁皇后因潘妃得宠，忌愤而死。潘妃得以专掌后宫，刘濬也因母而得宠于皇帝。性格粗野凶狠的太子劭长大后，常常在始兴王身上宣泄对潘妃的仇恨。刘濬害怕太子日后对他下毒手，在潘妃的教唆下，便曲意奉迎，百般讨好。天长日久，渐渐取得了太子的喜欢，以致沆瀣(hàngxiè)一气，无所顾忌。在后宫，太子劭天不怕地不怕，只怕父皇废除他当太子，那样，将永远失去登上皇帝宝座的机会。所以，听鹦鹉一讲，吓得他赶紧穿好衣服，大步流星地赶到东阳公主的飞霞殿。

太子劭和刘濬来到飞霞殿，东阳公主向他们讲述了父皇义隆盛怒的情况，劝他们赶快去父皇那里请罪，否则将要大祸临头。

掌灯以后，东阳公主领着鹦鹉和女巫严道育悄悄来到庆云殿，见太子劭躺在床上痛得连声哼叫。原来，太子劭与刘濬前去向父皇请罪时，在父皇面前连连叩头，表示坚决痛改前非，请父皇恕罪。文帝义隆将他们每人重重责打了二十大板，并说："今后如果再有此事，一定废除太子，贬为庶民！"

东阳公主心痛地一边与鹦鹉照料弟弟，一边令女巫严道育焚香设案，念咒施法保佑弟弟平安无事。太子劭见姐姐来到身边，便开始发泄内心的愤怒。他一边哼叫，一边咬牙切齿地骂道："这个老东西，等到有一天落到我手里，非剥他的皮、抽他的筋不可。"他恶狠狠地把两只手攥成拳头，在床上使劲地擂着。东阳公主心痛地流着泪，抚着弟弟被打成紫青色的伤处，俯在他耳边说："弟弟，不要胡言乱语，只要保住太子……"太子劭忽地从床上坐起来，喊："拿剑来，我今晚不杀掉这老贼咽不下这口气！"东阳公主忙捂住太子的嘴，让他重新躺在床上，苦苦劝他不要再闯大祸。太子劭拉住姐姐的手，说："姐姐，父皇对我这样狠毒，我不杀他，他迟早要废掉我的。"东阳公主听罢，越发哭得伤心。她与太子劭同是袁太后所生，袁太后死后，姐弟俩同受父皇和潘妃的冷落，姐弟二人相依为命、同甘共苦，东阳公主盼望弟弟有一天能登上皇位，自己也能扬眉吐气。所以，她担心弟弟的太子位一旦被废掉，一切都将化为泡影。想到母亲的死，看到父亲对弟弟的残忍，心中对父皇也是无比的愤恨。她越是好言相劝，太子劭越是暴怒不已。东阳公主知道父皇早有废掉弟弟太子的念头，心想，弟弟的坏脾气如果改不了，日后还会做出荒唐事，即便这次被饶恕，迟早难逃被废的厄运，到了那时，她和弟弟将永远被压在阴山背后。想到这儿，她思忖片刻，说："弟弟，千万不能亲手杀死父皇，那样会犯下弑君之罪，你也会失去皇位。姐姐有一个办法，既可让父皇早死，又能保住你的皇位。"太子劭乐得忙坐起来问:“什么办法?快说!”东阳公主俯在太子劭的耳边,指着跪在蒲团上的严道育说:“姐姐让她替你做巫蛊术,可以咒父皇早日归天。”太子听罢,忙叫东阳公主催严道育立即就去施法术。

东阳公主将严道育喊过来,把做巫蛊的事讲了一遍。严道育听罢,吓得瑟瑟发抖,连连摆着手说:“小人不敢!小人不敢!”太子劭跳下床,揪住她的衣襟,威胁地说:“你不做,我就杀了你!”严道育这才勉强应允。当即,太子劭便用宝剑将木机砍下一角,草草刻成一个小木人,滴上自己的三滴中指血,交给严道育。

严道育手捧木人,跪在香案前,念念有词,然后起身问太子:“不知太子希望陛下快死,还是慢死?”“当然越快越好。”太子劭迫不及待地嚷着。严道育说:“施过法术的木人,埋得离皇帝的住处越近,皇帝便死得越快,最好是埋在皇帝的龙床之下。”这下把太子劭难住了。他不停地搔着头,苦苦地思索着。这时,站在一旁的王鹦鹉却说:“把这事交给我吧。”原来,这天上午,她得知太子劭曾看到她和公主的主奴陈天与通奸的事,一直提心吊胆,唯恐被公主知道。见到太子劭为埋木人而发愁时,便想趁机讨好太子。她知道,陈天与与黄门(服侍皇帝的宦官)陈庆国相识。当年陈庆国偷窃皇宫宝物去宫外典卖时被陈天与发现,没有告发。从此,陈天与每有所求,他都慨然相助。

事不凑巧,半月后,东阳公主突然暴病而死。按宫内规矩,女婢王鹦鹉被嫁出宫外。她虽然远离皇宫,但总是提心吊胆地过日子,唯恐“巫蛊”事情一旦泄露,必死无疑。思来想去终于想出一个妙计。一日,她偷偷给太子劭写了一封信,托人捎进东宫,信上谎称陈天与为了讨好皇帝,图谋告发巫蛊之事。太子劭见信大怒,便不问青红皂白,立刻将陈天与杀掉。王鹦鹉以为木人是陈天与亲手所埋,将他杀掉便可万事大吉。不料,陈天与被杀的消息传到后宫,吓坏了黄门陈庆国,他以为陈天与被杀,太子劭决不会放过他。当天晚上思来想去,决计先发制人,死里逃生,便主动向皇帝请罪,讲了埋蛊之事的经过,并当场从龙床下掘出木人。义隆皇帝接过木人,见木人胸前写着他的名字,后背上蛊者的名字是刘劭和刘浚。原来,东阳公主施巫蛊术时，唯恐日后事泄，弟弟被诛，让刘浚白白捡个皇帝，便悄悄在木人后面又添上刘浚的名字。

义隆皇帝见到木人之后，怒不可遏，当即派人传来太子劭和始兴王刘浚。太子劭供认不讳，刘浚却连喊冤枉。太子劭明白这是姐姐的心计，便一口咬定此事系二人合谋。义隆皇帝痛骂二人一番之后，将他们斥退，连夜召来尚书仆射徐湛之和吏部尚书江湛密议。

直到半夜，义隆皇帝才返回含章殿。刚走进殿内，满脸泪痕的潘妃立刻迎上来，跪到义隆脚下，伤心地哭着说："陛下，臣妾罪该万死，生下不肖之子，愿陛下不念骨肉之情，匡国法，惩恶逆……"说着泣不成声。

义隆见她语意恳切，一片真情，十分感动。便将她扶起来，拥在怀中，边替她拭泪边心痛地说："朕实在不忍让你伤心。"潘妃仰起脸，望着义隆说："臣妾担心有伤龙体。为了陛下，臣妾甘愿舍去不肖之子……"

潘妃不停地深恶痛绝地骂着儿子，同时又殷勤、周到地服侍着皇帝。陪皇帝上床后，更是妩媚动情，使义隆把白天的恼怒尽忘在脑后，一阵情意绵绵之后，潘妃撒娇地滚进义隆怀里说："陛下，把那两个不肖东西杀了吧，不然，我担心总有一天他们会让我孤苦伶仃……"说着，又轻轻呜咽起来。

义隆赶紧爱抚地说："你放心，朕已决定，明日废除太子，赐死始兴王刘浚。"

潘妃听罢，心里猛地一颤，却又娇滴滴地说："臣妾这就放心了。"

良久，义隆皇帝酣然入睡。潘妃悄悄下床，披上衣服，匆匆写好一封信，到外殿唤醒一个亲信宦官，令其连夜将信送给儿子刘浚。

刘浚接到信，吓得魂不附体，又赶紧派人将信送进东宫。

拂晓前，一辆画轮车急速驶出东宫，车后跟着长长一队士兵。画轮车上坐着太子劭和东宫禁军头目张超之。当他们来到皇宫常春门时，正值城门初开，太子劭立即驱车驶入。按宫制，东宫卫队不许进入内宫，所以城门卫队拦住东宫禁军。这时，太子劭在车上掏出一张诏书，对门卫说："奉密诏入宫搜捕叛逆，尔敢阻挡吗？"门卫见是太子，又有诏书，唯恐担待不起，只好赶紧放行。

太子劭领着禁军进入皇宫后，命张超之率十数名士兵直奔含章殿。

义隆皇帝被一阵杂乱的脚步声惊醒，正欲起身，殿门“砰”地被人撞开，张超之率领士兵蜂拥而入。义隆皇帝知道有变，顾不得穿衣服，赤条条地跳下床，见张超之举刀向他冲过来，赶紧抓起一条木杌抵挡，不料，被张超之一刀砍断五指，痛得惨叫一声扑倒在地。张超之赶上前又是一刀，将义隆皇帝的头齐刷刷地从脖子上砍了下来。

太子劭站在含章殿门外，见张超之杀掉父皇，才提着宝剑走进殿门，发现龙床上的锦被里蒙着一个瑟瑟发抖的人，知是潘妃，便走到床边用剑猛地挑开锦被。一丝不挂的潘妃仰卧床上，面色如纸，浑身像筛糠似的抖着。太子劭望着肌肤如玉的潘妃，想起因失宠含愤而死的母亲，怒从心起，用剑拍着潘妃隆起的乳房，恶狠狠地说：“你这臊货，就凭这玩意迷住了父皇，害死我母后，今天你虽然报信，那是为了你的儿子，我岂能容你?！”说罢，猛刺一剑，潘妃“啊”的一声惨叫，腾地从床上坐起，双手握住剑锋，一双恐怖的眼睛死死地盯着太子劭，顷刻，身子一歪，倒在溅满鲜血的衾褥上。

太子劭抽出宝剑，转身来到义隆皇帝的尸体旁，用脚踢了一下，便往外走。刚到殿门口，刘浚气喘吁吁地闯进含章殿，见地上床上躺着两具尸体，一阵惊愕。太子劭用剑指指床上的潘妃，故作无可奈何的样子说：“我来迟了一步，被部下所杀。”刘浚见太子劭的剑上满是血迹，明知母亲被他杀死，事到如今，不敢计较，更不敢得罪他，只好满脸堆笑地说：“死得其所，死得其所。”说着殷勤地拉住太子劭的胳臂，边拖边说：“快去金銮殿做皇帝。”

刘劭走出殿外，见天色已是黎明，便停住脚步，对跟在身后的张超之说：“你守在这里，不许走漏消息。”转身又对刘浚说：“你派人速去宫门传谕，命文武百官辰时上朝！”

辰时刚到，太极殿里稀稀落落地来了十余名朝臣。躲在御殿后，身披黄龙衮、头顶旒冠的刘劭已经等得不耐烦，在那里焦急地踱来踱去。过了一会儿，他来到刘浚面前，说："不等了，登基！"

刘浚忙走出御殿，登上丹墀，大喝一声："皇帝驾到！"众臣急忙跪倒在地，刘劭杀气腾腾地走上丹墀，一屁股坐上龙墩，众臣大惊失色，左顾右盼，不知所以。

刘浚上句不接下句地宣读了刘劭亲笔写的不伦不类的即位诏。

刘劭坐在龙墩上，望着跪在阶下的朝臣，封萧斌为尚书仆射，何尚之为司空，张超之为中领军。

众臣见生米已成熟饭，加之惧怕刘劭，便勉勉强强、有气无力地喊了三声："万岁、万岁、万万岁。"

刘劭自知杀父弑君天地不容，人心不服，当天下午派几名心腹侍中入含章殿殡殓义隆皇帝及潘妃。自己召集萧斌、何尚之、张超之在东宫密议，将不满刘劭称帝者或可能图谋不轨者一一列出名单。曾与义隆皇帝共谋废除太子的徐湛之、江湛自然列在首位。

萧斌等人也趁机将自己的冤家对头都列了进去。

当晚，张超之率东宫禁军按这份名单在都城内四处搜捕，或监禁，或杀戮。一时满城哭声连天，人心惶惶。

第二天，刘劭又派出典签使（朝廷监视各方藩王及要员的亲信）分赴各地，对年幼的诸王赐鸩自尽，对手握重权者则秘密敕令设计诛杀。

刘劭最担心的是任江州刺史的武陵王刘骏。刘骏是义隆皇帝的第三子，在江州设府（自立府署，自立僚属）。刘骏自幼聪颖过人，读书一目数行，过目成诵，谙熟孙子兵法，精通武艺，又胆识过人，素有帅才之誉。他身边有足智多谋的步兵校尉沈庆之辅佐，更是如虎添翼。刘骏都督江左三军，手握兵权，在诸王中实力最雄。

刘劭弑父篡位、诛戮异己的消息疾风般传遍四方，各藩王均惴惴不安。

一日深夜，典签使董元嗣悄悄来到江州沈庆之的家。当时，沈庆之已经入睡，被家人唤醒，知道朝廷必有要事，急忙穿好衣服来到前堂。原来是刘劭派董元嗣密赍（jī）圣旨，令沈庆之秘密杀死刘骏，并答应事成之后封他为江州刺使兼司徒，晋爵为王。

沈庆之当下欣然应允，并详细询问了朝廷情况。董元嗣见沈庆之愿与同谋，便详详细细地向他介绍了刘劭登基的经过。

送走董元嗣，沈庆之独自在前堂踟蹰徘徊，直至东方发白。

第二天一大早，沈庆之便来到武陵王府，紧急求见刘骏。门卫职事却说，武陵王昨夜突然患病，概不见客。

原来，刘骏已得知典签使董元嗣深夜去沈府，料定凶多吉少。他与沈庆之虽属莫逆之交，但在这风云变幻之际，人心叵测，不得不防，所以决定拒不接见。

此时，刘骏正独自一人在室内焦虑不安地踱来踱去，想到刘宋宗室以往同室操戈、骨肉相残，今日竟发展到子弑父、臣弑君的地步。皇兄既然能杀父皇，难道能容下他吗？想到这里，不觉潸然泪下。

怎么办？坐以待毙，还是铤而走险？刘骏的心里像一团乱麻，似一团烈火。

突然，"噔噔"一阵急促的脚步声，沈庆之一股风似的闯了进来。刘骏一怔，一只手下意识地握住剑柄，闪着警惕的目光，冷冷地问道："沈公匆匆来府，莫非取我的头吗？"

沈庆之二话没说，从怀里取出刘劭的密诏递给他。刘骏接过密旨，匆匆读罢。沈庆之忙说："千岁，事关重大，望速定夺。"刘骏不慌不忙地把密旨还给沈庆之，背过身子说："沈公，我成全你就是了。只是，母后随我就藩，养育之恩尚未见报，望公容我去后堂跪拜诀别。"说着，便往后堂走去。沈庆之急忙抢前几步，拦住刘骏，跪倒在地，眼里闪着泪花，说："千岁，难道卑职是见利忘义、猪狗不如的小人吗？"

刘骏惊疑地望着沈庆之。

沈庆之接着说："千岁，国难当头，难道你真的不思诛除大逆、匡扶正义，却引颈受戮、坐以待毙吗？"

刘骏感到一股热血往上涌，连忙弯下身扶起沈庆之，激动地说道："沈公……"

沈庆之又抢着说："千岁，讨逆辅顺，天理人心，事已迫在眉睫，望当机立断。”

刘骏一把扶住沈庆之双肩，热泪盈眶地说：“国家安危全赖沈公了。”

驿马从江陵城急驰而去。讨逆檄文雪片般飞向各州郡。

刘骏兴师伐逆，立即得到荆州刺史南谯王刘义宣、雍州刺史臧质、司州刺史鲁爽等的响应。不出半日，义师四起。刘骏一面传檄入都，一面命沈庆之统率讨逆大军，浩浩荡荡，杀奔建康。

刘骏大军水陆并进，沿江东下。所到州郡，城门洞开，各地义军亦从四面八方直指建康。

一日，刘劭升朝，获悉刘骏率兵东下。文武群臣惶恐不安。刘劭却自恃勇武过人，又知兵法，不以为然地对群臣说：“刘骏算什么？一个乳臭未干的兔崽子！何足为惧？朕杀骏易如反掌，卿等只管安心。不出半月，朕当在新亭斩刘骏，以惩群逆！”当下，命萧斌统领步军，褚湛之统领水军，自己与辅国将军鲁秀共领精兵万余人，至新亭（今南京南附近）迎战义军。

刘劭率军抵达新亭时，沈庆之已在新亭依山为垒，安营扎寨。刘劭率军摆开阵势，擂鼓挑战。沈庆之却按兵不动。从晨到午，刘劭军鼓声阵阵，呐喊声不绝。沈庆之军营内鸦雀无声。原来，刘骏深知刘劭急躁轻狂，求胜心切。兵书云：鼓繁气易衰，声喧士易竭。因此，只管让他擂鼓、呐喊。果然，过了中午，那鼓声、呐喊声便渐渐无力了。这时沈庆之登上将台，操起鼓槌猛击战鼓，顿时，军内鼓声如雷，喊杀声惊天动地，士兵如出弦之箭，直冲敌军。

两军厮杀正酣时，刘劭军内忽然响起一阵收军的锣声。将士不知所措，乱成一团，被沈庆之趁机掩杀，刘劭一败涂地。原来，辅国将军鲁秀早有弃劭投骏之心，便趁两军混战之机，鸣金助骏。

刘劭仓皇逃回建康，得知江夏王刘义恭已投奔刘骏，一怒之下，将刘义恭十二个儿子全部杀掉。继而，有人告诉他鲁秀、诸湛之、萧斌均趁战乱之机，先后投降刘骏。他自知大势已去，长叹一声，急忙逃回内宫。当他气急败坏地跑进含章殿时，发现刘浚正在殿内收罗珠宝玉器，捆成包裹，准备外逃。刘浚见刘劭突然闯入，吓得脸色煞白，魂不附体，忙说：“我怕陛下不及准备,故先行来殿替陛下收拾,待陛下归来一同逃走。"刘劭听了,冷笑一声,猛地抽出腰中宝剑,向刘浚挥去。霎时,人头落地,一股血柱喷到空中。

这时,后宫内人声鼎沸,杀声四起。刘劭知是义军冲入后宫,忙跑出含章殿,迎头见江夏王刘义恭率领一群士兵杀奔而来。他自知无路可逃,不及思索,忙返身跑进含章殿,从后殿门逃出。跑到东宫,见皇后殷氏正抱住四个儿子泪流满面,缩成一团。刘劭此时心想,我杀江夏王十二子,他岂肯饶我妻小?与其死于刘义恭之手,不如自戕。想到这儿,心一横,挥起宝剑,将皇后及四个儿子全部杀死,然后转身冲出去。刚跑到门口,见刘义恭手持钢刀,怒目圆睁,直奔他而来。刘劭提着带血的宝剑,站在门前,大声说:"义恭叔父,欠你的债,我已替你偿还了。侄儿虽只称帝三月,死亦无憾!"说罢,将宝剑横向脖颈一抹……

第二天清晨,台城(建康有三城,中为台城,皇帝所居;西为石头城,禁军屯驻;东为东府城,宰相兼扬州刺史府及军士所居)正门外的城墙上,悬挂着刘劭还在滴血的头颅。

台城内,太极殿里的锦龙墩上,又换了一个刘宋朝的新皇帝——刘骏。

时值甲午,公元454年夏。

刘劭卒年二十八岁。死后无谥、无庙号,史籍称之为元凶。

选姐姐为妃，立姑姑为后

——刘宋前废帝　刘子业

一辆绣锦饰罗的辇车，在竖砖铺砌的灰色御道上吱吱呀呀地滚动着。

宋王刘骏在位十年驾崩，谥为孝武皇帝。遗诏命太子刘子业嗣位。

十六岁的刘子业，头戴旒冠，身披衮服，坐在辇车里，转过身悄悄地将后帷掀开一条小缝，见文武群臣分左右两列、鱼贯而行地跟在辇车后，护送他这新登基的皇帝回驾后宫。

铜香炉里升起袅袅青烟，缭绕着单顶飞檐、宏伟壮观的太极殿。

钟磬鼓钹、笙弦瑟箫组成的昭乐队，依然在奏鸣着。

登基大典的盛况，使他实实在在地感受到位登九尊、君临天下、至高无上的权威。

"从此以后，谁也管不着我了！"他感到挣脱了一条无形的绳索。

辇车直奔后宫乾阳门。

"从此以后，我就是后宫的主人了。"想起父皇刘骏在后宫里花天酒地、荒淫奢侈的生活，他的心早已飞进了后宫。那里有成群的嫔妃、淑仪、美女，有饮不尽的美酒……

辇车在乾阳门前停住。年逾八十的沈庆之来到辇车前，躬身而立，小心翼翼地问道："陛下，先皇孝武皇帝灵梓何日举行大葬？"这时尚书蔡兴宗、太傅领大司马刘义恭等也围过来。

刘子业掀开辇车帷帘，探出头满面春风地用手指着面前几个大臣说："朕不是给你们封官晋爵了吗？干吗还用我管这些事？"然后指着沈庆之说："朕已封你为始兴公，军政大事悉委你一身，一切由你替朕处理吧。"说罢，一挥手："起驾进宫！"

沈庆之看着驶进乾阳门的皇辇，站在御道的草坪上，沉思良久，摇摇头，叹息一声，转过身对刘义恭和蔡兴宗低声说："先帝尸骨未寒，新君面无戚容。昔鲁昭不戚，叔孙料他不终，今复如此，恐难免祸及国祚了。"

几位大臣听罢，都忧心忡忡地摇头叹息。

刘子业来到含章殿，让宫女卸去旒冠和龙衮，换上便服，觉得一身轻松。先在殿内查看一番，便跳上铺着厚厚锦褥的龙榻，四仰八叉地仰卧在床上。他想起父皇在此做尽的风流事，忽地跳下床，命宫女立刻让掌班的宦官把后宫的黄册送来。有顷，一个驼背的老宦官手持一本黄绢皮的黄册，跪着送到刘子业面前。刘子业接过黄册，忙从头翻阅。只见上面密密麻麻地写着嫔妃、淑仪、美人等人的名字、年龄、容貌特征、侍寝御幸的时间、次数……正看得入神，一位宫女来禀报："陛下，山阴公主进殿见驾。"刘子业正想藏起黄册，山阴公主已经走进殿内。山阴公主是刘子业的亲姐姐，年方十七岁，长得妖冶妩媚，姿色过人。见刘子业手握黄册，便飞着媚眼，用纤细洁白的手指轻轻在刘子业的脸上掐了一下说："看急的，不用看黄册。后宫里的嫔妃美人数百，没有比姐姐漂亮的！"

刘子业嬉皮笑脸地说："我若有姐姐这样的妃子，死也瞑目了！"山阴公主用手指在刘子业额上轻轻一点："看你的丑样，蜂眼雀嘴，长脖尖颏，我要是嫁给你这样的丈夫，三天两夜不上床。"说完，把刘子业拉到一旁说："做了皇帝，有了生杀大权，还不赶快想点正事。""有啥正事？"刘子业疑惑不解地问。山阴公主低声说："傻瓜，你怎么忘了父皇死前宠爱殷妃，几次想废掉你这个太子，立他的儿子新安王子鸾为太子。如今，殷妃已死，子鸾正在府中为母丁忧，还不趁此机会除掉这个隐患！"刘子业将眉毛一扬，说："这有何难？下道圣旨派人送去鸩酒即可。"说完，便唤来内侍，草草写成一道圣旨，命内侍连同一瓶鸩酒一起送到新安王府去。可怜年仅十岁的刘子鸾就此一命呜呼！

刘子业见内侍走出殿门，便迫不及待地扯住山阴公主的衣袖说："姐姐，告诉我后宫里哪位嫔妃最漂亮？"山阴公主趁机抓住刘子业的手，抚摸着说："弟弟，母后早亡，父皇也驾崩，如今你已登基称帝，往后再没人管我们了。现在，只有姐姐心疼你，只有姐姐知道你最喜欢什么，所以才特地来告诉你一件事。""什么事？"刘子业急切地问道。山阴公主俯在刘子业的耳朵上，悄悄说："姐姐最近得到一个宫女，长得像姐姐一样美貌动人。今晚掌灯后，你到姐姐的鸾凤宫，我让这宫女在西厢北屋等你。千万别声张，她才进宫，胆子小……"

刘子业好容易熬到掌灯时分，换上简服，独自一个人从含章殿后门出去。含章殿与鸾凤宫中间只隔着一座芳馨宫。刘子业来到鸾凤宫时，宫门虚掩，他轻轻一推，便进了宫门。见正殿和两厢的灯已熄灭。他想姐姐早已入睡，是为了他做事方便。这宫女一定是羞于就寝，才故意吹灭灯火，在暗中等候。刘子业按照山阴公主的嘱咐，直奔西厢，房门仍是虚掩。他蹑着手脚，走进屋内。这时，屋内传来一声娇滴滴的声音："陛下，婢妾在这里等候多时了。"宫女翻身下床，点上灯。刘子业"啊"的一声惊叫，脱口而出："姐姐，是你？"山阴公主裸着身子，走到床边，说："弟弟不必害羞了。""姐姐，你怎么……"刘子业惊愕得说不出话。山阴公主说："弟弟，姐姐在深宫密闺中见不到一个男子。从前，后宫只有宦官，唯独父皇一个人是真正的男子，姐姐实在……"说着她扑到刘子业的怀中，呜呜哭起来。

自此之后，刘子业每夜必到鸾凤宫御幸山阴公主，姐弟俩忘记了人间还有"人伦"二字。

这天晚上，刘子业又来到了鸾凤宫。当他脱去衣服正欲上床时，坐在床上的山阴公主却将他推下床，一本正经地说："陛下，我已是你的宠妾，今晚必须答应我两个条件方可上床。"刘子业笑着回答："莫说两个条件，十个条件也可以。"山阴公主说："君无戏言？"刘子业答："当然。"山阴公主沉着脸子，说："我为陛下献出一切，陛下当赐我秩禄，以保日后无虑。"刘子业想了想说："朕封你为会稽长公主，位同郡守如何？"山阴公主点点头，表示满意，停了会儿说："第二条嘛……"她沉思片刻才说："妾与陛下都是一母所生，你在后宫有嫔妃美女数百，我只有一个男人，这事太不公……"刘子业听罢，不知何意，忙问："姐姐的话是什么意思？"山阴公主不高兴地"哼"了一声说："这有什么不明白的，就是说，你应该在宫外选些面首供我受用嘛。"为公主选面首，这是先祖未曾有过的事，刘子业感到十分为难。山阴公主见他沉吟良久也未吱声，便威胁地说："你若不答应，咱俩的事，我张扬出去，你这皇帝……"刘子业忙说："好！好！答应你就是了。"

数日过后，刘子业派人秘密从宫外选来三十名面首，佯称宦官，引入内室，轮流侍寝山阴公主。不曾想，有了这三十个面首，山阴公主渐渐移情别恋，不肯再与刘子业往来。刘子业后悔莫及，又无可奈何，终日失魂落魄，六神无主。因为宫中虽有美女成群，却均不如山阴公主姿色媚人。

一日，刘子业在殿内发闷，忽然忆起前些日子祭祖庙时，曾碰到宁朔将军何迈携带妻子、文帝第十女新蔡公主到宗庙供奉香火。新蔡公主虽年近三十，却长得杏脸桃腮，鬓发腻理，举止妩媚，十分怡人，足可在六宫艳压群芳。心想，何不设计将她骗入后宫，供一时欢乐？想来想去，想起他有个妃子路氏，系太皇太后的侄女，与新蔡公主沾亲带故。于是草成一道圣旨，佯称路妃偶患重病，思念新蔡公主，敕宁朔将军遣新蔡公主进宫探视。然后命宦官立刻将圣旨送往何府。

新蔡公主接到圣旨，不敢怠慢，急忙梳妆打扮，乘车进入后宫。新蔡公主来到含章殿，刘子业屏退身边宫女，独身将新蔡公主引入后室。新蔡公主见床上无人，便问刘子业："陛下，路妃安在？"刘子业不由分说，抱起新蔡公主放到床上，便不顾一切撕扯裙带。新蔡公主挣扎着喊："陛下，我是你的姑姑，不可乱伦！"刘子业边撕扯边说："姐姐尚可侍寝，姑姑何妨？"

新蔡公主依然挣扎着，刘子业从墙上抽出宝剑，回到床边，将剑尖指着新蔡公主的乳房说："如不识抬举，此剑可是无情！"说着将剑尖按在她的乳峰上。新蔡公主无奈，被迫饮恨受辱。

一连数日，刘子业不准新蔡公主回府。每日不分昼夜，强令她裸身独居后宫，供他随时奸淫。半月过后，新蔡公主的儿子忽然得病，何迈派人去催促妻子回府。刘子业接到信后，托词路妃病危，不肯放人。何迈疼子心切，三番五次去信催促。刘子业无奈，想出一个久远之计。他暗中指使亲信做成一口棺材，然后强令一名宫女引颈自杀，将这宫女装进棺材，用钉子钉死棺盖。派人将棺材送到何迈府中，声称新蔡公主暴病而死，接着便将棺材葬入墓地。

给何迈送去棺材之后，刘子业心想：将新蔡公主关在后宫，终非久远之计。于是，又下一道圣旨，赐封新蔡公主为贵嫔，并改姓为谢氏。于是一位备受皇帝宠爱的谢贵嫔堂而皇之地出现在后宫。

久而久之，新蔡公主的事渐渐地传入何迈的耳中。他既惭且愤，遂密召十余名刺客，赐给金银布帛，苦练武艺。又四出派人探听刘子业与谢贵妃的行踪，一俟移驾出宫，便将他们一并诛除。不料，他豢养的刺客有一次饮酒过量，酒后失言，讲出了何迈的密谋，当场被府衙的差役得知，马上报知朝廷。刘子业得知消息后，恼羞成怒。当天晚上亲自身着戎装，带着一队禁军，冲进何迈府中。禁军士兵在府中高呼："陛下驾到！"府中人吓得急忙伏地跪拜。刘子业直奔何迈后室。当时，何迈正在读书，听到有人喊："陛下驾到！"料定事已败露，心想，与其就擒，不如拼个鱼死网破。于是，扔掉手中的书，从墙上拔出宝剑。刘子业率领禁军一窝蜂地冲进来，何迈虽武艺高强，勇略过人，终是众寡悬殊，格斗一阵，先被砍伤扑倒在地，继而被一阵刀剑剁成肉泥。

杀掉何迈后，刘子业自认隐患已除，便想一不做二不休，索性将谢贵嫔立为皇后。

消息一经传出，朝野内外一片哗然。

一天深夜，尚书蔡兴宗秘密潜入始兴公沈庆之府第。沈庆之系宋室几世重臣，历任建威将军、侍中、太尉等要职。刘子业称帝时，悉委朝廷军政大权。只因年已八旬，加之新君荒淫暴虐，不愿多问朝政，常常躲在府中颐养天年。蔡兴宗入座后，便直言不讳，慷慨陈词道："沈公，当今主上乱伦败俗，失德已甚。举朝惶惶。阖朝文武，唯沈公功勋盖世，德高望重，救社稷于水火非公莫属。今夜来访，望公以社稷为重，共图良策，废去淫君，易立新主。"沈庆之听罢忙问："蔡公欲立何人为君？"蔡兴宗按捺不住，小心地问道："沈公，当断不断，反受其乱。淫君不除，我等必有覆巢之祸。"沈庆之依然不作声地踱着，时而有几声长吁短叹。良久，方踱到蔡兴宗面前，无可奈何地说："蔡公，沈某已是朽木，此等大事确难决断。今夜蔡公之言，老朽指天为誓，绝不外泄，望公勿再多言。”蔡兴宗还想多劝，沈庆之用左手的食指竖在嘴上，示意他不要再讲下去，然后伸出右手指向房门。蔡兴宗见沈庆之已下逐客令，怔怔地站在那里，良久之后，才悻悻地向房门走去。刚欲开门，密室的侧门“砰”地被推开。沈庆之任青州刺史的儿子沈文秀突然闯入，双手抱拳，单腿跪地，恳切地说：“父亲、蔡公之言，儿亦听悉。见恶不除，是谓不义。请父亲三思。”沈庆之一惊，冷冷地说：“此事与你无关。”沈文秀从地上站起来，说：“父亲若不肯扬善除恶，儿将举青州兵直捣朝廷！”“大胆放肆！”沈庆之气得浑身发抖。

刘子业在宫中正担心沈庆之一班老臣会出来反对立谢贵嫔为皇后时，突然得知沈文秀欲举青州之兵反叛朝廷，另立刘义恭为帝，不禁大怒。他猜测沈文秀举兵，必有沈庆之一班老臣为内应。于是，连夜派亲信率领禁军将沈庆之、刘义恭、蔡兴宗等重臣一并诛杀，眷属也一无幸免。

刘子业诛杀朝廷重臣之后，又恐怕出镇外地的诸王思谋反叛，于是下一道圣旨，将在各州郡开府治军的诸王召回建康。宋朝开国时，为防止地方军权旁落，多派诸王出镇地方，其中尤以扬州、荆州、江州为重，多以皇帝宠信干练之臣任新三州刺史。刘子业登基后，任湘东王刘彧(yù)(文帝十一子)为江州刺史，建安王刘休仁(文帝十二子)为扬州刺史，山阴王刘休祐(文帝十三子)为荆州刺史。刘子业最担心这三王，他们不仅手握兵权，且是叔辈，极有威望。所以，诸王到京后，其他均在宫外软禁，唯刘彧、刘休仁、刘休祐三王囚禁在宫内，并派亲信禁军肆意殴打凌辱，想将他们渐渐地折磨致死。

刘彧年长刘子业十岁，足智多谋，且长得虎背熊腰。出镇州郡时，经常轻蔑、嘲讽刘子业，被典签官密告朝廷。因此，刘子业十分恨他。因刘彧身高体胖，刘子业称他为猪王。

一日，刘子业命禁军士兵在后宫御花园内掘地成坑，挑来尿粪、污水倒入坑中。然后，命士兵将刘彧剥光衣服推进坑里。刘彧挣扎着往外爬，士兵们手持棍棒站在坑边殴打。刘彧左右躲闪，常常被打倒在污水里，喝进满肚子脏水。刘子业则坐在坑边拍手大笑。玩得开心时，刘子业忽然想起，刘彧既为猪王，当以猪豢养。于是，令士兵做一个喂猪用的木槽，将残汤剩饭拌上野菜杂草，把刘彧从坑中拖出，迫令他手脚着地，学做猪样，从坑边爬到槽边舔槽中食物。稍有怠慢，士兵便鞭笞棒打。刘子业看得兴起，又连声叫喊："今日杀猪吃肉！"于是，令士兵用绳子捆住刘彧手脚，取来一根粗木棍，让士兵将刘彧抬到御厨宰杀。这时站在一旁，佯装疯疯癫癫的刘休仁伸着舌头，张着嘴，淌着涎水颤颤巍巍地说："陛下，此猪既大且肥，留作日后封谢贵嫔为后时宰杀相庆，岂不是更有趣？"刘子业一听，高兴得连连拍手喊："好主意！好主意！"

含章殿里，呈八卦形悬挂的八盏宫灯全亮着，地上投下八个圆圆的灯影。刘子业在灯影间不停地踱着，想着心事。朝廷里敢于毁谤的重臣杀了，镇守地方的藩王被拘禁了，刘彧等最有权威的三王已是笼中兽。册封谢贵嫔为皇后，谁也不敢再反对了。但是，怎样使册封大典更别致，让谢贵嫔更高兴呢？为此事，真让他费了一番苦心。

身着艳装的谢贵嫔悄无声响地从寝殿来到中堂，见刘子业低着头在那里踱步，便悄悄地站在月门前不敢惊扰。

自从得知刘子业要封自己为皇后以来，谢贵嫔这些天心里一直是又喜又忧，又急又怕。由贵嫔晋升为皇后虽是一步之差，却是一步登天，自然高兴万分。但是，想到姑姑嫁给侄儿为妻，是有失人伦之事，况且自己的年龄又大刘子业一旬有余，不啻于母子，又演过一场杀夫夺妻的丑剧，她的心里像悬着一块铅砣往下沉。此时此刻，她既盼册封大典，又怕册封大典。她想，举行册封大典时，文武群臣望着姑侄并排坐在一起，会怎样想？朝臣们都会是何种模样？退朝之后他们在宫外会怎样议论纷纷？都城内外的百姓知道了这些事又会如何？今天晚上她想把这些心事讲给刘子业听，希望他想出两全其美的办法，既得封皇后，又可不遭非议。想到这些，她的心怦怦地跳，脸也阵阵发烧。

刘子业转过身，发现谢贵嫔满面戚容地站在月门旁，忙走过去，扶住她的双肩，爱抚地说："你现在心里感到害怕，是吗？"谢贵嫔闪着泪花，轻轻地点点头，便扑进刘子业怀里。刘子业捧起她的脸："我知道，你是怕见到那些混账王八蛋的朝臣。朕已想好了一个新主意，等朕下一道圣旨，明日的册封大典不在太极殿，不准朝臣参……加……”“那在哪里举行？请何人参加？”谢贵嫔疑惑不解地问。“这些你不用管，明天一定让你高兴就是了。”说罢，他一阵狂笑。

第二天，太极殿里寂然无声。后宫华林园的竹堂里，却是一片喧闹，宽敞的堂宇里右侧聚集着百余名应召而来的王妃公主、朝臣妻妾及宫女等，左侧站着他们的子侄、外甥、兄弟及子女等，刘休仁、刘休祐在禁军士兵的看押下，站在大堂的旮旯里。

俄尔，刘子业同谢贵嫔坐到堂前的龙凤椅上，命众人平身后，刘子业咳了一声，说道：“今日册封谢皇后的大典改在竹林堂，是破了祖宗的先例。可朕这是被逼出来的。听说你们的丈夫、父亲、兄弟等……”刘子业用手指着站在右侧的王妃、公主和朝臣的妻妾，接着说：“听说朕要册封谢皇后，他们在背地里说了不少闲话。告诉你们，谁让朕恼怒一时，朕就让他痛苦一世。今天，朕召你们来，就是要让你们陪朕玩个痛快，然后再杀一口猪，设宴款待你们一番。”在场的人都听得莫名其妙，面面相觑。就连皇后也不知他葫芦里装着什么药。

“太皇太妃杨氏在吗？”刘子业故意闭着眼睛喊了一声。

“臣妾在。”年近四十的杨氏在人群中应了一声，忙走到堂前跪下。

“把建安王拉上来！”两个禁军士兵将刘休仁推到前面，按倒在地。

“你们母子很久没见面了吧？”刘子业闪着阴鸷的目光问道。杨氏与刘休仁同声应道：“是。”

刘子业突然把脸一沉：“把他们母子俩的衣服给我剥光！”众人惊愕之间，上来几个禁军士兵，不管杨氏与刘休仁如何喊叫、挣扎，七手八脚将母子二人扒个精光，赤条条地站在众人面前。

众人不忍目睹，都转过身去。过了一会儿，刘子业见母子拼死不肯，便说：“既然儿子不肯奸母，那就请外甥代劳吧！”说着用手指着左侧人群，喊：“中护军刘道隆！”刘道隆忙应声而出。刘子业威胁着说：“如果你不肯，朕就当众砍了你的头！”

刘道隆被迫在杨氏的哭叫声中，遂了刘子业的心愿。

事情方罢，刘子业又把手在空中一挥，叫道："两厢男女都把衣服脱掉！"众人不约而同地惊叫一声，谁也不肯动手。刘子业又连喊两遍，众人依然不肯，他忽然从椅子上站起来，刚想发作，人群中忽然有人高声骂道："昏君！畜生！"

刘子业立即将骂者拉出人群。原来，这个叫骂者是南平王刘烁的妃子江氏。刘子业见江氏三十出头，姿色出众，淫心大发，便命江氏在众人面前自行脱去衣服。江氏破口大骂。刘子业吼道："如不从命，朕即派人杀掉你的三个儿子！"江氏依然不屈。刘子业当即命令几名禁军去杀她三个儿子。禁军走后，刘子业又问："如再不肯，立即杀你！"江氏挣脱禁军，冲到刘子业跟前，"呸"地将一口唾沫吐到了刘子业的脸上，接着骂道："你杀吧，杀吧！天地鬼神都不会饶你！"恼羞成怒的刘子业从身旁禁军士兵的腰间抽出宝剑，猛地刺入江氏腹中。江氏一声惨叫，鲜血喷涌而出，手却指着刘子业，怒目而视，良久才倒在地上。

刘子业手提宝剑喊道："快脱，不脱者就是这个下场！"说罢，提着剑来到人群中。

两厢男女惊恐不已，只好慢慢地将衣服脱得精光。

刘子业回到前边，站在椅子旁，用剑迫使一群裸身女人并排仰卧在地上，然后便命令光着身子的男人各自去奸淫自己的亲眷。

谢贵嫔在一旁看不下去了，扯着刘子业的衣袖，悄悄对他说："不可过甚，饶过他们吧。"刘子业气哼哼地说："他们骂朕乱伦，今天朕要堵住他们的嘴！"说罢，又提着剑亲自到堂宇中督巡，有几个不肯从命者不是被杀死，便是被砍断手脚，余者皆不敢不从。

刘子业回到龙椅上，看着这令人不堪入目的场面，淫声大笑着，喊："哈哈！天下乱伦者非朕一人也！"继而又是一阵淫荡的狂笑。

笑声未止，突然"嗖"的一声，飞来一支点铜箭，牢牢钉在刘子业胸前。刘子业一声惨叫，倒在地上。这时湘东王刘彧手提宝剑，率领一班勇士冲进竹林堂。

原来，刘子业将刘休祐等三王囚禁宫中后，他们料定身陷魔掌，难以活命。刘彧心想，反正一死，莫如伺机诛杀刘子业，或许可以死里逃生。于是，暗中指使刘休仁装疯卖傻，故作痴呆，命刘休祐终日一言不发，自己则咬紧牙关忍受各种凌辱。刘子业以为三位叔王已被驯服，便渐渐放松监管。

册封谢贵嫔为后时，御厨已得知大典后要将刘彧当猪杀掉，祭祀天地。

这天早晨，刘彧正在帮厨劈柴、担水。心地善良的厨工悄悄将这个消息告诉刘彧，让他设法逃走。刘彧听罢，正不知如何是好时，刘休祐气得青筋暴跳，跑来告知刘子业在竹林堂的灭尽人伦的丑事。刘彧大怒，决心铤而走险，诛杀狂主。于是，二人急忙找来几个平时被他们收买的厨工和禁军士兵，一起冲向竹林堂。

刘子业被刘休祐在窗外用箭射死后，刘彧手提宝剑率领一班人冲进竹林堂，大声喝道："我等奉皇太后之命，诛杀昏君狂主！"

堂内禁军士兵不知真假，见刘子业已死，都乖乖地放下武器。

竹林堂里顿时响起一片欢呼声、哭喊声、怒骂声。

愤怒的人群拥上来，围住刘子业的尸体拳脚交加，又撕又扯。

刘彧、刘休仁、刘休祐分开人群，一阵乱刀，将刘子业剁成肉酱……

是年，公元465年。

在位未及一年的刘子业死后谥为前废帝。

不是不报，时辰不到

——南齐东昏侯　萧宝卷

初夏的一个深夜，丑时将尽。

南齐皇宫里骤然响起一阵急促的鼓声。顿时，宫内外一片吵嚷声和杂沓的脚步声。

“皇帝出游了！”

宫内当值的人员都从梦中惊醒，连滚带爬地从被窝里跳起来，急三火四地穿上衣服，提着鞋便往外跑。

顷刻之间，建康城内一片鸡鸣狗叫、哭爹喊娘之声。睡梦中的百姓听到这鼓声惊恐万状，争先恐后、扶老携幼地逃出家门。

皇帝经过的地方，士兵们忙乱地在道路两旁扯起高过人头的悬幔与高障，挡住人们的视线。

鼓声刚停，皇帝萧宝卷便骑着一匹枣红色的高头大马，风驰电掣般地冲出万春门。后面，数百名骑兵手举着火把，紧紧跟随。

萧宝卷率着大队人马驰到沈公城附近时，发现路旁高障后，几个士兵围在一栋瓦房门前吵吵嚷嚷，便急忙勒住马缰，转身将手一挥，身后的骑兵急忙停住。

萧宝卷骑在马背上，喝问路旁的士兵：“何人胆敢惊驾？”

一个士兵忙跑到马前，匍匐在地，胆战心惊地奏道：“启禀陛下，此户有位民妇正赶上临产，其夫不肯让她离家。”

萧宝卷听罢，冷笑一声，便翻身下马，径直走进门户，见炕上果然躺着一位赤身露体、鼓着圆圆的肚子等待分娩的产妇。此刻，产妇正痛得满头大汗，叫声不止。她的丈夫听说皇帝驾到，吓得忙跪倒在地上，捣蒜般地磕着头喊道：“陛下饶命！陛下饶命！贱民罪该万死！”

原来，他的妻子一连三胎都是女儿，他盼子心切。这次妻子身怀有孕，有经验的人均说此胎必是男孩，他十分高兴。没想到今夜临盆忽听皇帝出游，请来的产婆吓得慌忙逃了，这位丈夫急得不知如何是好。清户的士兵闯进来，硬要将他的妻子拖走，他正苦苦地哀求士兵手下留情。

皇帝听罢，二话没说，便命令士兵跳上炕，按住产妇的手脚，然后从腰间抽出宝剑，说："朕要亲眼看看你老婆肚子里到底是男还是女！"

说着用剑锋在产妇隆起的肚皮上一划，随着一声惨叫，圆鼓鼓的肚皮从上到下裂开一条一尺多长鲜血淋淋的口子。

萧宝卷命士兵动手从产妇肚子里拖出婴儿，当场验示，结果是一个女孩。

萧宝卷怒冲冲地用剑指着面色如土的丈夫，说："你敢欺君罔上！"说罢，宝剑一挥，人头落地，碗口粗的脖颈里一股血柱直喷到屋顶。

天放亮时，萧宝卷率队来到离城百余里的乌鸡岭下。山上古树参天，野草丛生，是萧宝卷最喜欢的"射雉场"。

山腰丛林深处，有座古刹"定林寺"。皇帝每次围猎均在这里休憩、用膳或下榻。

萧宝卷骑着马来到山的附近，正欲翻身下马，突然听见路旁草丛深处传来一阵声响，以为草丛中隐伏着野雉，忙挽起弓，瞄准响动处。不料，草丛中站起一位身披袈裟、眉须皆白的老僧。只见他一瘸一拐地走出草丛，跪倒路旁，连呼："贫僧罪该万死。"

原来，这位老僧是定林寺的住持法空禅师。天亮前，骤闻皇帝要来此山围猎，众僧吓得争先恐后逃出山门。法空禅师走在最后，下台阶时，一不小心扭伤了脚踝，不能走动。此时已听到人喊马嘶，知道皇帝已到，只好忍痛滚到路旁草丛里躲起来。

萧宝卷见草丛里钻出一个秃头和尚，顿时火冒三丈，不由分说，命士兵将法空禅师像拖死狗似的架到山门附近，七手八脚地捆绑到树上。然后命士兵退出数十步外，备好弓箭，遂又下令道："只准射身，不准射头，射空者斩！"说罢，数十支箭密密麻麻地钉在禅师的身上。

法空禅师不喊不叫，强忍钻心的疼痛，双目圆睁，怒目而视着马上的皇帝。

萧宝卷见状，呵呵一声冷笑，搭好手中的箭，将弓拉成满月，瞄准法空禅师。

“嗖”的一声响，箭不偏不倚，正中法空禅师的脑门。

萧宝卷射罢，指着血流满面的法空禅师，恶狠狠地吼着：“秃驴！你还敢对朕瞪眼睛吗？”说罢，又命令士兵：“放火烧掉定林寺！”

顷刻之间，定林寺变成一片火海。

萧宝卷骑在马上，望着噼啪作响的熊熊大火，脸上泛起一丝兽性的惬意。

这位年仅十八岁的萧宝卷，是南齐高帝萧道成、武帝萧赜、废帝萧昭业、萧昭文、明帝萧鸾之后的第六位皇帝。

南朝齐，开明君主萧道成为政清廉，在位四年病死。传位给儿子武帝萧赜，在位十一年，国事尚且平和。萧赜死后，堂弟明帝萧鸾耍尽阴谋，先后废去萧昭业、萧昭文的帝位，自己登上宝座。他自知皇帝当得不光彩，唯恐众心不服，便大开杀戒，将高帝和武帝的儿孙几乎斩尽杀绝，重演了南朝宋“骨肉相残”的丑剧。

萧宝卷是明帝萧鸾的次子，因其兄萧宝义自幼残疾，所以萧鸾称帝后立他为太子。

萧宝卷为太子时，贪玩厌学，嬉戏无度，性情乖僻，少言寡语，喜怒无常。

萧鸾从小就一味娇惯宠爱萧宝卷，从不严加管教，任其恣性。但是萧鸾十分注意培养萧宝卷工于心计和权术，训练他如何驾驭群臣、玩群臣于股掌之上，经常向他口授密传为政的经验。萧鸾临终前，留给萧宝卷的遗嘱是“做事不可在人后”，就是说，在复杂激烈、你死我活的争斗中，始终要掌握主动，先发制人，切不可受制于人。这是嗜杀成性的暴君治世的格言。萧宝卷登基后，把父皇的谆谆教导当成座右铭，因而，也从父皇身上继承了嗜杀的天性。

永泰元年(公元498年),十七岁的萧宝卷登基称帝,按照其父萧鸾的遗训,由顾命大臣辅佐朝政。扬州刺史始安王萧遥光、尚书令徐孝嗣、右仆射江佑、右将军萧坦之、侍中江祀、卫尉刘暄轮流值日于内省,分日帖敕,时称“六贵”。

萧宝卷自幼养成无所顾忌的恶习。

当年,父皇萧鸾停灵于太极殿时,萧宝卷在文武百官的陪同下来殿内哭灵,众大臣入殿后扶梓痛哭,捶胸顿足。可是他哭不出来,只在灵柩前草草行过礼,用手指着嗓子说:“今日喉痛。”他把哭灵当作看戏。太中大夫羊阐哭得悲恸欲绝,前俯后仰,不慎将裹在头上的帻巾掉在地上,露出明晃晃的光头。萧宝卷立刻放声大笑起来,对左右嬉皮笑脸地说:“瞧,秃鹫也来哭灵啦!”群臣见状,无不暗自叹息,如此无德不孝之人,如何治天下。

像萧宝卷这样的人,自然不愿受几位顾命大臣的约束,登基后不久,便以各种借口先后将“六贵”全部杀掉。从此,更加肆无忌惮,纵情放浪。

“远君子,近小人”是萧宝卷的特点。他宠信佞臣茹法珍和梅虫儿,残害忠良。主宰朝政期间,他躲在后宫里沉湎酒色,荒淫无度,不务正业。一朝天子,常常在后宫里玩白虎幢,此物仅杆子就长达七丈五尺,上面布满五颜六色的旗子,萧宝卷身着饰金嵌玉的伎衣,熟练地举起白虎幢,一会儿挺在右臂,一会儿移到左臂,又一下顶到牙齿上,技艺之娴熟,不亚于市井上的杂技艺人。

萧宝卷又善骑马,经常身穿丝织袴褶,头戴金薄帽,手执七宝剑,一身戎装,不管寒暑晨暮,驰骋于郊外山路各处雉场。

贪杯好玩,自然无心理政,朝臣和郡县送来的公文奏折在龙案上堆积如山,蜘蛛在上面织成一张一张网,灰尘落得铜钱厚。久而久之,这些公文和奏折被宫内的宦官和当值的仆从用来包裹食物,甚至上茅厕用,无人问津。

萧宝卷终日花天酒地,贪杯喜色,每逢烦闷,便亲率大队人马出游郊外,射雉围猎。登基一年,便在建康四周置“射雉场”百余处。

每逢出游围猎,不分昼夜,说走就走,所有随从必须火速行动,稍有怠慢，轻则一阵棍棒，重则脑袋搬家。

每逢出游，所经之处实行清街清户。士兵们把百姓强令驱赶到官府指定的地方。如有违抗和惊驾者，格杀勿论。与此同时，命令士兵在道路两旁扯起悬幔做成高障，号曰“屏除”和“长围”，以示皇帝的尊严和威风。所以，每逢萧宝卷出游，宫廷内外均搅得人心惶惶，鸡犬不宁。

这些天，萧宝卷出游的次数愈加频繁，少则两日一次，多则每日一趟。

原来，自登基后，宫内的嫔妃美女轮流侍寝竟没有一个使他倾心动情的。一个多月前，他命佞臣茹法珍、梅虫儿派人四处选美女，虽然陆续选入宫中几批，仍然没有称心如意的。为此，他动辄发脾气，无端地殴打宫女、处死随从。由于心绪不佳，才经常出游围猎，以排遣内心的焦躁与烦闷。

数日后，萧宝卷刚吃罢午饭，脱衣上床，准备小憩。茹法珍和梅虫儿双双走进寝殿，来到御床前，放低声音，谄媚地说：“陛下，又有一批美女送进宫。”

萧宝卷忽地从床上爬起来，问道：“多少？”

梅虫儿抢着说：“奴才为皇帝讨个吉利，这一批是九九八十一个。”

“在哪？”萧宝卷说着便要下床。

“在邃房。”茹法珍一边抢着回答，一边忙蹲下身替萧宝卷穿鞋。

“邃房”是萧宝卷登基后，用了半年多时间，耗费上万两黄金，在后宫畅春园附近建造的一座地下宫殿，是专供他过荒淫无度生活的场所。“邃房”建成后，他动辄将宫中上百名的嫔妃姬妾美人宫女赶进去，令其全部裸着身子，按照他的命令，或者陪他猜拳饮酒，或者且歌且舞，相互追逐狎戏。有时召来宫中的文武群僚或侍从，迫令他们与这些嫔妃美女席地交媾。不从者常常被他当众斩首。

萧宝卷披上衣服，顾不得系好鞋带，便同茹法珍、梅虫儿大步流星地来到邃房。

当茹法珍和梅虫儿轻轻推开邃房汉白玉的殿门时，只见一群裸着身子的美女像一群惊恐不安的绵羊，又羞又怕地挤到一起，每人都极力用别人的身体遮掩着自己。站在边上的只好转过身子将头搭在同伴的肩上，还有的将双臂交叉在胸前，闪着惊惧的目光，注视着突然闯进来的年轻皇帝。

萧宝卷像一只饿狼，双眸闪着淫欲的目光，贪婪地盯着眼前的一群美女。

他将手轻轻一挥，茹法珍和梅虫儿忙弓着身、不声不响地退了出去。

邃房内，只留下萧宝卷和八十一名新选进宫的美女。

茹法珍和梅虫儿在汉白玉殿门外，分立两旁，像忠于职守的侍卫。

殿内，不时传出阵阵女人惊惧的叫声和萧宝卷淫荡的笑声。

直到夕阳西下，汉白玉殿门才轻轻地响起一阵“吱呀”声，茹法珍和梅虫儿忙跑去将殿门洞开。

疲惫不堪的萧宝卷，脸上像落了一层灰，蔫头耷脑地从殿内走出。

茹法珍和梅虫儿忙跟在身后，几乎是不约而同地小心翼翼地问道：“陛下，这些……”

萧宝卷停住脚步，轻轻晃了晃脑袋，有气无力地说：“尝尝鲜倒还可以。”

茹法珍和梅虫儿心领神会，相互做了个鬼脸。茹法珍抢前一步，前胸几乎贴在萧宝卷的背后，故意用卖弄的口吻说：“陛下，还有一位美女被奴才单独关在畅春园的适仙阁里，陛下现在是否想过目？”

萧宝卷像将要燃尽的炉灶里添进一把草，顿时眼睛又亮了起来，忙转身说：“现在就去。”

茹法珍和梅虫儿推开适仙阁的雕花木隔门时，一位身材窈窕、盛装艳抹的女人正在阁堂里焦躁不安地踱来踱去。

听到开门声，这女人忙回头来看，见萧宝卷的神态和穿戴，料定必是当今皇帝，便不慌不忙，轻轻地扭动腰肢，像一枝拂动的柳丝飘到萧宝卷跟前，一双黑眸似两湾晶莹的秋水，闪动着魅人的秋波。她含情脉脉地瞟了萧宝卷一眼，便拾裙跪倒在地，像一朵花落在萧宝卷脚下，娇滴滴地喊了一声：“陛下万福。”

此女姓潘，年方二十，出身市井。因姿色过人，十七岁被南齐武帝萧鸾时的大司马王敬则花重金买去，作为随军营妓。后因王敬则反叛朝廷被杀，她便流入青楼。茹法珍、梅虫儿派人四处选美，在青楼中将她选中。

潘氏既做过王敬则的营妓，又曾隐身青楼，自然练就一身对男人勾魂摄魄的本领。

萧宝卷一进门，见到如花似玉的潘氏，便感到一阵心花怒放。继而，被她含情脉脉地一瞟，娇滴滴地一声唤，浑身像穿过一股电流，霎时骨也酥，肉也软，飘然欲仙，忙弯下身拉住潘氏的手，连连喊着："快快起来，快快起来。"

潘氏顺势站起身来，萧宝卷像鉴赏天下无双、价值连城的珍宝，贪婪淫欲的目光直勾勾地在她身上移动着，口中梦呓般地喊着："天姿国色，天姿国色！"满面春风地拍着茹法珍和梅虫儿的肩膀说："卿为朕寻得天姿国色，朕赏二卿千两黄金。"

茹、梅二人高兴地连声喊道："陛下万岁、万岁、万万岁！"

少顷，萧宝卷接着说："传旨，朕封潘氏为妃。"说罢，返身走进泰华殿。

门外，茹法珍、梅虫儿吃惊地对视着，两条舌头好像嘴里装不下似的伸在外边。

从此以后，萧宝卷和潘妃每天每夜、每时每刻都双双对对、形影不离。

不到半月，萧宝卷又晋封潘妃为贵妃。

从此，潘贵妃成为宫廷里至高无上的主子。

出身烟花柳巷的潘贵妃既幸持宠，便任意挥霍，毫无顾忌。她要披珠衫，盖金丝被，宫内器皿全换金银，宫殿庭院统铺锦毡，每日食山珍海味，萧宝卷均慨然答应。

过生日时，为一副琥珀钏(手镯)，竟耗银一百七十万两。

每逢出游，潘贵妃喜欢路旁绿树成荫，青草盖地。萧宝卷便命令百姓于出游前，千方百计地在路旁植树栽草。尽管过后必死，亦不厌其烦，在所不惜。

一天晚上，潘贵妃躺在金丝被下，唉声叹气地说："臣妾忽然想起一件事。"

“何事？快说，朕为你做主。”

“十月二十八是臣妾的生日。”潘妃说着从萧宝卷怀里抽出一只玉臂，指着泰华殿的屋顶说，“你瞧这殿里殿外，到处都是青砖青瓦青漆，在这里过生日多不吉利。”

萧宝卷听罢，眨巴眨巴眼想了一会儿，说：“三个月后，我让你住进琉璃瓦顶，金碧辉煌的楠木殿，如何？”

潘贵妃嫣然一笑。

第二天清晨，萧宝卷下令陪潘贵妃去郊外出游。

临行前，唤来茹法珍和梅虫儿。萧宝卷骑在马上对他俩说：“泰华殿昨夜有哭泣声，待朕走后派人放火烧掉它。然后，限三个月内在旧地上建成芳乐殿。听着，这座要建成琉璃瓦顶，金碧辉煌的楠木殿！”

茹法珍和梅虫儿不禁打了一个寒战。

停了片刻，茹法珍嗫嚅地说：“陛下，眼下国库告罄，建造此殿，恐无法筹措款项……”

萧宝卷哼了一声说：“国库无钱，文武大臣手里没钱吗？富商大贾手里没钱吗？百姓手里没钱吗？传下圣旨，就说我跟他们要，用多少就要多少，谁敢不给，就让他们把脑袋送来。”说罢，便挥鞭策马而去。

秋末冬初，芳乐殿告竣。琉璃瓦顶熠熠生辉，楠木大殿清幽古朴。殿内，麝香涂壁，芳香扑鼻，藻井镶金嵌玉，金碧辉煌。

一天，茹法珍、梅虫儿邀萧宝卷观看芳乐殿。

萧宝卷在殿里巡视一番之后，甚感满意。低头时，忽看到脚下磨面青石铺地，便连连摇头，因为潘贵妃最忌青色。他一心要让她过个快乐无比的生日。

萧宝卷焦躁不安地在地上踱来踱去。忽然眉梢一动，顿时手舞足蹈地来到茹、梅二人面前说：“快去传朕的旨意，命工匠用黄金凿造成莲花，遍铺地面。待贵妃生日之时，我要让阖朝文武，在此殿看到一番绝无仅有的奇迹。”

潘贵妃生日这天，宫内一片笙弦鼓乐声。

庆祝毕，萧宝卷命文武百官来到芳乐殿。大臣们见殿内如此奢华，正在摇头嗟叹时，只听内侍官一声呼喊："陛下驾到！"

霎时，只见萧宝卷搀扶着盛装艳服、婀娜多姿的潘贵妃，从羽屏后面走出来。潘贵妃手提纱裙，露出一双穿着绣花鞋的小脚，似杨柳摇曳在金莲花上。她徐徐地迈着轻如花絮的脚步，一步一朵莲花，花随步移，步逐花娇。萧宝卷看得直了眼。

站在大殿四周的文武群臣也趋炎附势地跟着拍起巴掌。

这时，茹法珍慌慌张张地跑进芳乐殿，凑到萧宝卷耳边，悄声说："皇上，不好了，萧衍在襄阳起兵造反了！"

萧宝卷只顾观赏潘妃，无心顾及此事，便随口说："何必大惊小怪，像对待萧懿一样，把他杀掉就是了。"

"陛下……"茹法珍还想说什么。

萧宝卷皱着眉头，不耐烦地说："没看见这是什么时候？让朕扫兴，小心你的狗头！这件事你去处理就是了。"

"遵命。"茹法珍赶紧退出芳乐殿。

他站在殿外，急得抓耳挠腮，不知如何是好。

他知道萧衍可不是迂腐的萧懿。

萧衍年纪三十八岁，是南齐开国之君萧道成的族弟，官居雍州刺史，出镇襄阳。当时的雍州粮草丰富，兵多将广，军旅中的甲杖器械、舟船战舰均居全国各州郡之首。

萧衍不仅膂力过人、骁勇善战，且足智多谋、胸怀韬略。对江河日下的齐朝，特别是萧宝卷登基后的昏庸无能、荒淫残暴恨之入骨，早有颠覆之心。

不久前，平西将军崔慧景反叛朝廷，攻入建康。萧宝卷命萧衍的长兄豫州刺史萧懿出师勤王，杀死崔慧景。为此萧宝卷超拜萧懿为尚书令，留守都城。萧懿受宠若惊，十分欢喜。萧衍却认为昏君萧宝卷性忌多疑，嗜杀成性，明帝萧鸾的遗臣被他杀得一干二净。如今其兄萧懿威声大震，功高盖主，日后也必为萧宝卷所忌，难免会有杀身之祸。于是密遣心腹，由襄阳连夜赶入都城建康，劝兄长切勿妄图虚名，如今之计，或一举废萧宝卷自立为帝，或托名拒虏，表请还镇豫州。只有手握兵权，内畏外怀，方可自全。萧懿不肯接纳萧衍的规劝，既不肯废君自立，又不肯还镇豫州，醉心于做个一人之下万人之上的尚书令。

不料，此事被茹法珍、梅虫儿侦悉，连夜密报萧宝卷。萧宝卷便命茹法珍鸩死萧懿，并派人去襄阳行刺萧衍。

萧衍得知消息后，便会同齐王萧道成族弟、冠军将军、行荆州府州事的萧颖胄，拥立都督荆州的南康王萧宝融（明帝萧鸾第八子）为帝，然后率军东下，直逼建康。

茹法珍、梅虫儿见萧宝卷醉心于潘贵妃，无心国事，而萧衍人多势众，杀气腾腾，便假传圣旨，命各州郡兴师勤王。结果矫诏传出月余，无人响应，转眼间萧衍已兵临城下。

萧宝卷这才命冠军将军、荆州刺史王珍国，兖州刺史张稷入卫建康。

萧衍军与城内守军相持月余，茹法珍屡次督军出战，一再败还。守城军士气大落。茹法珍无奈跑回后宫，恭请萧宝卷开府库犒劳军队，以振士气。萧宝卷却说："萧衍贼军攻城，难道就是取的我头吗？为什么跟我要钱？"

茹法珍见要钱不给，便要求萧宝卷将建芳乐殿余下的大批巨木用来防城。萧宝卷却以留作日后另建宫殿为由，不准使用。

又过数十日，茹法珍等见军无斗志，城陷已在所难免，恐届时被萧宝卷埋怨而丢失性命，便与梅虫儿密议，想出了一个嫁祸于人的毒计。

一天夜晚，茹法珍、梅虫儿来到芳乐殿，密陈萧宝卷说："守城军久战不胜，全系王珍国和张稷不肯效忠皇上，致使贼军气焰嚣张。当今之计，只有杀掉王珍国、张稷方可威震军心。"

萧宝卷听后，犹豫不决。不料，此事被王珍国和张稷得知，二人十分忧惧，思来想去，决计铤而走险。当晚派人潜出建康，到石头城萧衍帐中密商里应外合之计，萧衍自然欣然应允。

第二天夜晚，萧宝卷在含德殿中与潘贵妃夜饮，依然是笙歌齐奏，环珮成围。至深夜，萧宝卷喝得酩酊大醉，便在殿内留寝。是时，房阁舍人钱强悄悄打开云龙门，放进兖州参军冯翌、张齐，自为前导，直趋含德殿。

醉卧床上的萧宝卷突然被喊声惊醒，知道有变，未及穿好衣服，便光着两脚从后窗跳出，直奔后宫。结果后宫门紧闭，又敲不开。这时宦官黄泰平率众赶来。他冲在最前面，手起一刀，砍在萧宝卷的膝盖上。萧宝卷痛得惨叫一声，倒在地上。张齐赶上来，手起刀落，将这位在位三年、年方十九岁的皇帝劈作两段。

天亮时，王珍国、张稷洞开城门，揖迎萧衍。

萧衍入城后，自率亲信来到皇宫，入屯阅武堂，用宣德太后的命令诛杀潘贵妃、茹法珍、梅虫儿等人。然后，又托太后命令，晋封萧衍为大司马，录尚书事，兼骠骑大将军、扬州刺史，封建安郡公。

过了两天，又假托宣德太后降旨，封萧衍为相国，总百揆，领扬州牧（一州的军事长官为牧），封十郡为梁公，备九锡礼。又过数日，复下诏再增封郡邑，晋爵为王，所有梁要职，悉依天朝制。

于是，萧衍授“竟陵八友”之一的沈约为吏部尚书，范云为侍中。

继而，沈约与范云共同导演了一出禅让的丑剧。

萧衍入都后，便派人去荆州佯请萧宝融入都为帝。及至萧宝融率百官到达姑熟，派使入都与沈约、范云等接洽，方知让萧宝融入都乃是为了迎他让位，萧宝融自然不敢不允。

中兴二年（公元 502 年）四月壬戌日，宣德太后下诏书，命和帝萧宝融禅让萧衍。

萧衍称帝的第二天，秘密派人去姑熟，将年仅十五岁的废帝巴陵王萧宝融活活勒死。

自此，历经七帝、二十三年的南齐宣告灭亡。

萧衍翻开了南朝梁的历史扉页。

妄兄借去了他的头

——汉帝　侯景

江南四月，正是梅雨绵绵、泛绿绽红、轻舟翩翩的季节。

南梁都城建康却是战火纷飞、烟尘滚滚的恐怖岁月。

台城四周，高大浑厚的灰色城墙下，狼藉不堪的尸体层层叠叠、杂乱无章地堆在墙脚下。血水、雨水和泥浆从尸体堆里涌流出来。腐烂的尸体散发出令人作呕的臭味……

台城内，墙脚下堆放着一垛垛战士的尸体。成群的苍蝇发出嗡嗡声，飞起飞落。一窝窝的拖着长长尾巴的蛆虫，在腐臭的尸体里贪婪地吞噬着，翻滚着。

南梁都城建康陷入"侯景之乱"的水深火热中。

台城已被侯景叛军围困了一百三十多天。

侯景，字万景，出生于北魏怀朔镇（今内蒙固阳北），同化于鲜卑的羯族人。曾做过怀朔镇的外兵史，与高欢有莫逆之交。六镇起义失败后，归顺尔朱荣，随尔朱荣入晋阳，进洛阳，在镇压葛荣义军时任前锋，以功擢升定州（今河北定州）刺史。高欢除掉尔朱氏后，侯景因与高欢有旧谊，又归附高欢，任大丞相府长史仍兼定州刺史。在东西魏之间的征战中，屡建战功。渐次，晋封为尚书右仆射、吏部尚书、司空、司徒、河南道大行台（河南道最高行政长官）。统兵十万。专制河南达十四年之久，系东魏实力最雄厚的外藩。

侯景为人阴险狡诈，凶狠刁钻，狂傲不羁。在东魏阖朝文武中除高欢外，均被他视为草芥。高欢在时，他曾扬言："高王尚在，我未敢有异心；若高王已殁，鄙不愿与鲜卑小儿（指高澄）共事。"

中大同二年（公元 547 年），东魏大丞相高欢病重，其子高澄怏怏不乐。高欢问道:“你如此忧虑,是因为担心我死后侯景会反叛吧?”高澄点点头称是。高欢说:“侯景专制河南十四年,军力、财力已非同一般,常有飞扬跋扈之态。为父与他多年莫逆之交,可为我所用。日后,你恐难以驾驭。北魏诸将能敌侯景者,唯有慕容绍宗。至今,我未提拔他,就是留给你提拔使用,以钳制侯景。”

高欢死后,高澄唯恐侯景不服,兴兵作乱,在未发讣表前,便以高欢名义致书侯景,调他入晋阳加官晋爵,企图趁机褫(chǐ)夺兵权,诛除后患。

不料,侯景接到信后,便知其中有诈。原来,高欢生前与侯景曾有过秘约,凡高欢致书侯景,均在信尾处点上墨迹以做暗号。高澄不知此秘密,结果被侯景看出破绽。侯景立刻派人暗访晋阳,得知高欢已死,便决计举兵尽降西魏。宇文泰闻讯后,即刻表示受降,并封侯景为太傅,领河南大行台,封土台公。

高澄得知侯景反叛,料他必取道关陕西去,便命司空韩轨督兵十万,控制关西要隘堵截。侯景见关陕要隘尽被韩轨所据,强行西去必有恶战,转念一想,西去艰险,莫如南投梁朝。遂派人投书梁帝萧衍,愿举河南十三州尽附南朝。

已经做了四十三年皇帝、终日梦想一统天下的梁帝萧衍,接到侯景的归降信后,认为是天赐良机,一统在望,头脑一热,便授侯景为大将军,封河南王,都督河南北诸军。并派兵三万赴悬瓠(hù)城(今河南汝南县)接应。同时,派侄儿萧渊明率兵五万进攻彭城(今江苏徐州市)牵制东魏,支持侯景。结果,被东魏军大将慕容绍宗在寒山堰一战击溃,并生擒统帅萧渊明。

东魏军大败梁军后,回师进击侯景盘踞的颍川城(今河南许昌市)。侯景见东魏军人多势众,为解燃眉之急,又遣使至西魏求救。宇文泰得知侯景二心不定,反复无常,严加戒备。表面上加封侯景为大将军兼尚书令,暗中却按兵不动,窥探真情。

侯景知宇文泰已生疑心,又恐被梁朝得知他通款西魏,只好又遣使去梁朝,声称因梁师未至,不得不乞援西魏,暂救目前之危。

这时东魏军慕容绍宗与韩轨兵攻颍川。侯景大败，仅率步骑八百人投奔南朝。梁帝萧衍命他任南豫州刺史，镇守寿阳。

侯景自公元548年叛变东魏投奔南梁、屯驻寿阳后，东魏大丞相高澄不甘就此罢休，企图用反间计挑起梁朝与侯景之间的争斗，以坐收渔人之利。侯景叛魏后，高澄致书萧衍，声称愿和南梁重修睦谊，并表示愿意释放萧渊明及寒山战役中南梁被俘的士兵。萧衍求和心切，不知有诈，便复信表示接受议和。不料，东魏的来使回国时途经寿阳被侯景截获。侯景得知萧衍要与东魏议和，便连续上书萧衍，坚决反对，并请求出兵伐魏，结果被萧衍搪塞过去。侯景感到忧心忡忡，为了摸清底细，便假造了一封高澄给萧衍的信，提出愿以贞阳侯萧渊明换回侯景。萧衍不辨真伪，便在回信中说："贞阳旦至，侯景夕返。"侯景见信大怒，知道萧衍随时都会将自己出卖。于是，便开始强征南豫州属下的百姓充当士兵，准备发动一场叛乱。

侯景担心孤军作战势单力薄，便想起南梁的临贺王、左卫将军萧正德，他俩曾有过一面之交，而且部下徐思玉与萧正德也有交情。于是，便派徐思玉潜入都城建康，秘密联络萧正德里应外合。

萧正德是梁帝萧衍的弟弟萧宏的儿子。萧衍在儿子萧统出生前曾过继萧正德为子，萧统出生后便把他还给了萧宏，立萧统为太子。萧正德对此非常不满，便暗中豢养武士，阴谋有朝一日，从萧统手中夺回皇位。侯景知道他的隐私，表示如能共同举兵里应外合，事成之后拥他做皇帝。萧正德称帝心切，立刻答应愿做内应。

侯景得到萧正德做内应，愈发坚定叛乱的决心。恰在此时，建康传来消息说，朝廷将秘密派遣使臣前往东魏，商谈和议之事。侯景便于公元548年8月10日在寿阳举行兵变。

侯景叛乱的警报飞抵建康时，萧衍不以为然，笑盈盈地捻着胡须说："景有何本事？朕用一条木棒足可笞杀此贼。"遂命令合州刺史萧范为南道都督，北徐州刺史萧正表为北道都督，司州刺史柳仲礼为西道都督，散骑常侍裴之高为东道都督，特命侍中邵陵王萧纶（萧衍第六子）为统帅，持节督军，会讨侯景。

侯景得知朝廷已派兵讨伐，恐寡不敌众，便决定采取避实就虚的战略，出其不意，掉兵向东，直取建康。以迅雷不及掩耳之势攻陷历阳(今安徽和县)，然后引兵直趋长江北岸的横江(今安徽和县东南横江浦，与采石隔江相望)。这时，临江戍镇的告急信像雪片般飞向建康。尚书羊侃奏请萧纶率军袭取寿阳，使侯景进退无路。萧衍却认为侯景的八千人马必不敢渡江，只是虚张声势而已，不必发兵采石。遂命萧正德为平北将军，都督京都诸军事，负责保卫建康，出屯丹阳郡。

萧衍的这道命令，正中萧正德下怀。他在得令之后，便迫不及待地率军出建康赴丹阳，连夜派大船数十艘至横江，于 10 月 22 日一夜间把侯景的八千人马全部运到对岸的采石。第二天侯景的军队便抵达板桥(今南京市板桥镇)，次日至秦淮河南岸，河上有朱雀桥与建康门户朱雀门遥遥相望。朱雀桥是一座可以起落的活动桥，萧正德的军队正屯兵桥北。10 月 24 日晚，萧正德命部下落下桥板，让侯景军渡过朱雀桥与萧正德会师，两人并辔(pèi)驰入朱雀门，连夜将台城团团包围。

次日拂晓，太子萧纲得知萧正德引狼入室、侯景已兵临城下时，慌慌张张跑到后宫，闯进章德殿。萧衍正在御床上坐禅，他微闭双目，一只手捻动着胸前的佛珠。萧纲慌忙闯进，跪在地上便喊："父皇，大事不好了！"

"放肆！"萧衍愠怒地斥责道。

萧纲跪在地上趋前一步，又喊道："父皇，侯景叛军已将台城包围！"

"信口雌黄，长江天堑，横亘东西，莫非侯景长了翅膀不成？"

"父皇，侯景叛军兵临城下，乃儿臣亲眼所见。贼军人多势众，旌旗林立，即刻攻打皇城。"

"命临贺王(萧正德)将他杀退便是了。"

"临贺王已投降叛军，是他引狼入室。"

"噢？"萧衍微微一震，接着念了声，"阿弥陀佛！"

这时，宫外传来阵阵惊叫声，有人嚷着："叛军攻城了！叛军攻城了！"

萧衍倏地睁开眼睛，闪动着惊惧的目光。

萧纲忙问："父皇，叛军已攻城，当如何是好？"

“汝身为太子,莫非让耄耋(màodié)之年的父皇替你厮杀不成?”

萧衍说着,狠狠地瞪了萧纲一眼。

“父皇……”萧纲惊慌失措地喊着。

“却敌护城这是你的事,何必再问!朕将内外军事一概委你,尽管便宜行事便是了。”

“父皇……”萧纲失声地喊着。

“去吧,不要误了我的禅事。”萧衍说着,又开始捻动佛珠,喃喃地念着经文。

萧纲只好硬着头皮走出章德殿。

这时,城墙上早已矢如飞蝗,喊声震天。叛军的士兵像成群的蚂蚁攀着云梯往城上爬。守城的士兵拼命地往下射箭,抛滚礌木,抛掷火雷。台城周围到处是震耳欲聋的喊杀声、惨叫声。

次日,侯景一面命令士兵攻城,一面命令士兵运来柴草,放火焚烧台城四周的五座城门。守城羊侃急中生智,指挥城内的士兵将城门凿出孔洞由内向外喷水,扑灭烈火,保住城门。继而,侯景又下令推出数十架用毛竹扎制的十余丈高的攻城车,命士兵居高临下,向城内放箭。守城军死伤甚多,幸亏羊侃率领士兵奋不顾身地向登城车抛掷火炬,陆续将登城车焚毁。

侯景连续攻城,七日不克。

这天傍晚,侯景在帐中自斟自饮地喝着闷酒,萧正德溜进帐内,献计道:“梁军死命固守,是畏梁帝萧衍,今欲立我为帝,彼军心必乱,城将不攻自破……”

侯景听罢,眨巴着眼睛,暗中合计一阵,说道:“此乃良策,只是……称帝需有龙衮皇冠……”

萧正德忙说:“这些我已置备齐全,随带军中。”侯景又说:“法驾、天地坛如何置备?”萧正德又忙说:“只行登基礼,一切均可从简。”侯景望着急欲称帝的萧正德,悻悻地一阵冷笑,说:“好吧,今晚就在你的帐内行登基礼。”

萧正德欣喜若狂，忙说："我称帝后封将军为丞相，如何？"侯景不以为然。萧正德又谄媚地说："我有爱女长得十分美貌，许给将军为妻如何？"侯景立刻淫笑着说："今晚就把她送到帐内。"萧正德见侯景高兴，忙又说道："天无二日，国无二君。攻城之后，望将军允我诛除萧衍老贼……"

第二天，萧正德头戴皇冠，身着龙袍，骑着枣红马来到台城下，喊道："城上守城将士听着！我已登基称帝，改元正平。你们不要再为萧衍老朽卖命。如肯开城受降，一律赦免死罪，每人晋升二级……"城墙上太子萧纲和将军羊侃一边大骂萧正德，一边同时拉弓搭箭。两支飞来的箭，一支射中萧正德的皇冠，一支射中他的坐骑。萧正德被惊厥的战马掀翻在地，险些丧命。自此之后，侯景命萧正德率军日夜攻城。萧正德不敢不从，只得拼命死攻，搬出各种兵器，用尽各种招数，甚至引湖水灌城。没想到，台城的守军足足坚持了一百三十天。

这时，城内已草尽粮绝，九万多士兵幸存者不足四千，十万市民苟活者也只有两三千人。饥饿与疾病继续威胁着每个活着的兵民，城外的叛军仍然攻城不止。就在公元549年3月12日凌晨，守城军降将白昊郎命令士兵打开城门，侯景军终于攻占了台城。

侯景率兵冲入皇宫正华门时，萧正德骑马挥刀跟踪而至，被侯景拦住，问道："你欲何往？""进宫诛杀老贼萧衍！"萧正德坦然地答道。

侯景在马上用剑指着萧正德身上的龙袍，厉声说："你乃假天子，何以穿龙袍入宫？速速脱去！"

"这……"萧正德惊愕地望着侯景。

"念你攻城有功，废去帝号，封你侍中、大司马。"侯景用剑指着萧正德命令道。

萧正德听罢，满腔怒火，却敢怒而不敢言，只好当众脱去龙袍，穿着内衣愤愤而去。

侯景来到后宫章德殿，见萧衍仰卧床上，安然不动。侯景单腿跪地，抱拳施礼，说："丞相侯景叩见皇上。"

"什么丞相，你乃狂徒侯景！"萧衍卧在床上看也不看地怒斥着。

侯景再三叩拜，萧衍始终缄口不语。侯景自讨没趣，愤愤地退出章德殿，下令严加看管，不准外人擅入。萧衍终日闷闷不乐，郁愤成疾，侯景又不准御医诊治。结果，两个月后的一天晚上，在位四十八年、八十六岁的梁帝萧衍孤零零地一个人死在御床上。

萧衍死后，侯景恐人心骚动，秘不发丧，命太子萧纲每日强作笑脸升朝理事。直到半月后，见内外无事，才发讣殡葬，自封宇宙大将军都督中外军事。又自率军卒驻守皇宫，名曰守卫，实为监督。

萧正德见侯景立萧纲为帝，恨侯景自食其言、反复无常，便派人出城，佯称梁帝萧纲下诏，密诏萧范率兵入都诛除侯景。不料，为侯景所知，将他杖死在皇宫太极殿前。

侯景围攻台城时，各路勤王军在邵陵王萧纶、东扬州刺史萧大连（萧纲之子）、南兖州刺史萧会理（萧衍之孙）、司州刺史柳仲礼、西豫州刺史裴之高等的率领下，集结在建康四周的军队多达三十余万，却无人奋力援救。彼此间互相猜疑，互相牵制，只顾四处掳掠，趁机大发横财。及至侯景破城后，便纷纷离去，忙着争权夺势、互相残杀，演出一幕幕宗室间流血的悲剧。

当时的荆州刺史湘东王萧绎是梁武帝的第七子，负责都督荆、雍、湘、司、郢、宁、梁、南北秦九州军事。除四川全境由他八弟萧纪统治外，长江上游重镇，东起湖北接江西省界，西至陕南汉中，北由襄阳，南抵湖南、云南边境，均受他管辖。拥兵数十万。系梁朝诸藩中实力最雄者。侯景围攻台城时，他心中十分高兴，盼望台城早日陷落，借侯景之手，杀死父亲和哥哥萧纲。只是迫于舆论的压力，勉强派大将王僧辩率领万人前往援救。不久台城沦陷，王僧辩便奉命撤回江陵。当时在萧绎兄弟之中，活着的除萧绎本人外，尚有三个。三兄萧纲名曰皇帝，实际已在侯景控制之下，还有六兄萧纶和八弟萧纪。于是他便想方设法要杀死这兄弟二人，为以后自己夺取皇位扫清障碍。萧纶是他的哥哥，将来继帝位按次序排列，应是萧纶在前，所以他决定首先杀死萧纶。

萧纶在侯景叛乱时被武帝命为北伐大都督，统率四路诸军。台城陷落后，他退到郢州（今武昌）重整军旅，准备讨伐侯景。萧绎便趁他在郢州立足未稳，派大将王僧辩率领水师万余，进攻郢州。萧纶溃败，逃往汉东（今湖北钟祥北）。不久，西魏派大将军杨忠征讨汉东，萧绎立刻派人与杨忠密晤，表示愿向西魏称臣，并送儿子去西魏军做人质，换取的条件是要求西魏杀死萧纶。不久，西魏军派杨忠攻取汉中，擒杀萧纶，投尸江中。

侯景攻克台城、坐杀萧衍、立萧纲为帝后，各州刺史或互相残杀，或自顾扩展实力，或坐而观望，无人兴师问罪，威逼建康。

当时，吴郡（今江苏苏州市）、吴兴郡（今浙江吴兴县南下菰城）、会稽（今浙江绍兴）号称三吴。那里人口稠密，物产丰富，又出美女。侯景便自统大军两万，不费吹灰之力相继攻占三城。每攻一城，均令士兵掳掠烧杀、奸淫，所得粮食运往建康，所掠财物尽为将士所有，所得女子均配给将士做妻室，所掳男丁除充军外，运往北方贩为奴隶。剩下的老弱病残或杀或埋，幸存者仅十之二三。致使三吴之地残垣断壁，尸横遍地，惨不忍睹。

侯景返回建康，途经广陵（今江苏扬州市），侯景军的残暴激起广陵军民的同仇敌忾。广陵太守祖皓率众守城，侯景派兵屡攻不下，遂派舟师八千由水路进逼，自率步兵一万从陆路进攻。两军直逼城下，日夜猛攻。祖皓率军民苦守三月，终因寡不敌众，城破被捉。侯景将祖皓缚在城墙上，令上百名士兵同时用箭射他，祖皓满身中箭如刺猬。侯景又下令用两匹马将其车裂。然后大肆屠戮，见房便烧，逢人便杀。侯景军撤出广陵时，满城浓烟烈火，一片废墟，尸横遍地，血流成河。

侯景回到建康，梁帝萧纲为其设宴庆功。席间暴食狂饮、酗酒无度的侯景来到梁帝萧纲面前，摇摇晃晃地说："陛下，我要娶你的溧阳公主为妃，可肯否？"

溧阳公主是萧纲的爱女，年仅十四，长得娇小玲珑，十分惹人怜爱，是萧纲的掌上明珠。侯景早已对她垂涎三尺，只是未得机会下手。今日趁着酒兴，突然提出，萧纲听罢，惊愕得不知如何回答才好。

侯景见萧纲支支吾吾，吞吞吐吐，便斜睨着眼睛威胁说："难道陛下不想做皇帝了？"此时额上沁满汗珠的萧纲含着泪水，连连点了两下头说：

“朕愿将公主许与丞相。”

“现在就唤她来，今夜便与我成亲。”侯景瞪着一双可怕的红眼睛，急不可耐地嚷着。

萧纲的嘴唇翕动了两下未说出话，脑袋却像被人按着似的，连连点了几下。

过了一会儿，两个士兵押着溧阳公主走进大殿。侯景大步流星地迎上去，伸出双臂将溧阳公主抱在怀中。溧阳公主哭着喊着，拼命地挣扎着。萧纲不忍目睹，只好闭上眼睛……

气焰嚣张的侯景越发不可一世。为了扩张实力，便派兵四出攻城略地，威逼诸藩。多行不义必自毙，全国各地终于点燃了讨伐侯景的烽火。

豫州、郢州、江州、宁州的刺史纷纷起兵讨景！

三吴的遗民联兵讨景！

荆州刺史萧绎兴兵讨景！

西江督护陈霸先出师讨景！

侯景四出派兵迎战，结果败报频传。

8月的一天傍晚，侯景正在皇宫西直阁里饮酒，王伟慌张地跑进来说：“丞相，不好了！荆州军大将王僧辩已经攻克郢州，震威将军任约被他生擒。”

郢州是侯景屯兵的重镇，控扼长江的咽喉。任约是侯景最得力的先锋。郢州被占、任约被俘的消息，把他吓得顿时出了一身冷汗。他霍地站了起来，冲着舞女们吼了一声：“滚下去！”

舞女们吓得一溜烟跑出西直阁。

侯景右手虎口托住下颏，涨得紫红色的脸颊上沁出密密的汗珠，嘴里喘着粗气，在地上大步地踱着。

王伟等得不耐烦，跟在侯景背后说道：“丞相，必须设法堵截荆州军，否则，建康危在旦夕。”

侯景停住脚步，思索片刻转过身，说道：“火速增援水师两万，死保江州。”

"是!"王伟转身走到门口时,侯景在背后喊道:"等等。"王伟怔怔地站在门口,侯景却又低下头,放慢脚步在阁内踱了良久,才来到王伟面前,睁着充满血丝的双眸,望着王伟说:"我自太清二年(公元548年)十月起兵寿阳,迄今已三年,事到如今,是该登基称帝了,否则……"

年近五十、身材瘦削颀长、长着一双鼠眼的王伟是侯景的第一心腹。他像侯景肚里的蛔虫,对侯景的心事了如指掌。他知道,近来郁郁寡欢的侯景心里总想着登基称帝这件事。三年前,侯景起兵寿阳时,只是为了发泄一腔怨愤。没想到一帆风顺地攻下建康,从一个寄人篱下的叛臣降将,摇身一变成为梁朝主掌内外的大丞相、大将军,废立皇帝易如反掌。于是,萌生了称帝的野心。

不料,事与愿违。他的野心点燃了仇恨的烈火,派出的军队四处碰壁,连连失利,如今连最得力的先锋任约都被王僧辩所俘。侯景感到十分不妙,心想,如不赶快称帝,日后恐成为一枕黄粱美梦。

王伟听到侯景急欲称帝,心里一震,脸上却不露声色地忙问:"何时?""明日。"急不可耐的侯景不假思索地回答。

"如何称帝?"

"杀了皇帝萧纲!"侯景说着,右手在胸前一劈。王伟眨巴一下鼠眼,沉思良久说:"万万不可。"

王伟心想,侯景自攻陷建康,逼死武帝萧衍,东掠三吴,屠城广陵,四出攻战,已激起众怒。今若突然废立,必然火上浇油。再说年近五十的萧纲,生有九个儿子,均被封爵为王,除四个留在都城建康,尚有五个在外任各州刺史,如今都已长大成人,手握兵权,号称九虎。特别是太子萧大器,满腹经纶,韬略过人。其他八个弟兄也并非庸庸之辈。他们对侯景专制朝廷,飞扬跋扈,特别是强娶溧阳公主,个个咬牙切齿。侯景如突然杀掉萧纲,自立皇帝,兄弟九人必里应外合,联络各州刺史,拼力讨伐侯景。

王伟讲出这番道理后,侯景一边连连点头称是,一边急着问:"如此说来,难道我当不成皇帝了吗?"

王伟摇摇头说:"只是不可操之过急,依我之见……"

次日，王伟假召萧纲驻外藩的五个儿子火速进京，然后，连同在京的四个儿子一起拘押宫中。

继而，以萧纲非嫡长子为由，迫他退位，另立萧栋为帝。

萧栋是武帝萧衍嫡长子萧统的长孙，尚处未发之年。王伟派人接他入宫时，萧栋正卧床咳血。听说侯景欲立他为帝，吓得抱住母亲哭着喊："我不去！我不去！"

10月，萧栋称帝月余，侯景派王伟以祝寿为名宴请萧纲。待其醉后，命人将一个数百斤重的土袋压在萧纲身上，将其窒息而死。

次日，又以图谋造反的罪名，将萧纲的九个儿子全部处死。

侯景入宫后，唯恐诸王与群臣不服，命王伟制作了锉碓的酷刑。这种刑具分上、下两层，上层有大木轮，轮上置刀，下层设舂臼。行刑时让人卧在上层，轮子转动，将人从脚到头切成片状，落入下层的舂臼里，再舂成肉酱。

11月，侯景实在等得不耐烦了，便逼迫萧栋下诏，声称自动禅让皇位。侯景装腔作势，再三推让一番，便登基称帝，改国号为汉。

侯景称帝后，便深居宫中，沉湎酒色，非王伟不见，军国大事均由王伟总揽。

侯景篡国的消息传到各地时，群情激愤，义军蜂起，特别是陈霸先的军队与王僧辩会师湓(pén)城(今江西九江市)后，对侯景造成更大的威胁。

陈霸先，吴兴人。曾随萧映至广州从军。因镇压广州起义有功，官至西江都护，高要(今广东高要县)太守。侯景叛乱时，陈霸先自愿受湘东王萧绎节制，萧绎授他为高州刺史。

萧绎派王僧辩沿江东下讨伐侯景时，陈霸先率先响应。因讨伐侯景，一路上深得百姓的支持。军队到达湓城时，已发展到甲士三万，舟船两千余艘，贮积军粮五十万担。会师湓城时，正值王僧辩军粮不足，陈霸先慷慨捐赠三十万担，荆州军士气大振。两军会师如虎添翼，遂合兵东下，直逼建康。数日后将都城建康团团围住。

一日清晨，守城将士悄悄打开城门，放王僧辩、陈霸先的军队杀入城内。正在宫中酣睡的侯景听到城破的消息，慌乱中披挂上马，率领百余名卫士在乱军中杀出一条血路，冲出建康城，向城关逃去。

天亮时，王僧辩、陈霸先发现侯景已逃，便派兵追赶。

侯景逃出建康，南走钱塘，再经松江（今上海市松江区），两城守军均闭城不纳。侯景发现后面追兵已到，便慌不择路，直奔扈渎（今上海市），这时，身边只剩妾兄羊鹍一人。无可奈何，只好弄来一条小船，二人趁天黑乘船逃到海上。

深夜，海天一片漆黑，一叶轻舟像一片树叶漂泊海上。羊鹍边划着桨，边问侯景道："陛下，我们往哪里去？"

侯景躺在船舱里，望着满天星斗，凄然地答道："听天由命吧。"说罢，便疲惫不堪地酣然入睡了。羊鹍望着落魄的侯景躺在那里，像一条丧家犬，心想，此去必死无疑，何不设法另谋一条生路呢？

第二天，侯景一觉醒来，发现前方已是建康城，惊恐万分地从船舱里跳起来，问羊鹍："何故到此？"

羊鹍斜睨了侯景一眼，不慌不忙地说："陛下，如今你已是丧家犬，阶下囚，我想借你的头博取富贵。"侯景恍然大悟，忙抽腰中剑，发现只剩剑鞘，便急转身欲跳河投水。羊鹍眼疾手快，抽出宝剑，猛地朝侯景的背后刺去。

次日，建康城皇宫前的御街上，愤怒的人群围着一具无头尸践踏着、唾骂着，几乎把尸体踏成肉饼。侯景获得了一个惨不忍睹的下场。

时年，公元 552 年 3 月。

一步之差，落得如此下场

——魏太武帝　拓跋焘　隐王　拓跋余

正平二年(公元 452 年)初春。

夜幕笼罩着北魏都城平城(今山西大同)。

皇宫里一片黯然。只有皇帝拓跋焘居住的永安宫窗上亮着灯光，一个伟岸粗壮的身躯在窗纸上缓缓地晃动着。

二更将近时，身影像剪纸贴在窗上，动也不动。

宫内，浓眉重髯的拓跋焘身穿皂色麻布便服，双手反背，像座塔似的驻足机案前，陷入沉思。他眉宇紧锁，双颊不时抖动，心里躁动不安。

两天前，他刚刚率军班师平城，结束了将近半年之久的对南朝刘宋的征战。

庆功宴已经结束了。美酒佳肴没有给他带来欢乐，征战中的辉煌没有使他感到欣慰。

班师平城后，他一直在想盱眙(xūyí)之战。

拓跋焘是北魏继道武帝拓跋珪、明元帝拓跋嗣之后，第三位战功赫赫、政绩卓著的皇帝。他是明元帝拓跋嗣的嫡长子，少年时代即表现得出色超群、聪明睿智、豁达大度、刚毅果断、威武过人。泰常七年(公元 422 年)十五岁的拓跋焘被封为太平王，立为皇太子，授予相国加大将军官衔，管理政事。不久，父皇拓跋嗣患病，让他统摄朝政，总理国务。第二年(公元 423 年)拓跋嗣病亡，十七岁的拓跋焘继位称帝。

拓跋焘登基后，少年得志，叱咤风云，一展雄才，先后率军北攻柔然，西克大夏，东灭北燕。不到十年，凭着他卓越的军事胆识和政治才能，终于完成了北中国的统一，结束了北方长期分裂割据的局面。

北方统一后，拓跋焘向慕南风，倾心汉化，大胆起用汉人，使北魏的社会经济和政治发生了令人瞠目的变化。

北魏在他称帝的二十八年间，成为据地江北、与南朝刘宋分庭抗礼的强国。

步入中年的拓跋焘在国力与日俱增的形势下，萌生了挥师南下、征讨刘宋、一统中国的雄心大志。

元嘉二十七年(公元450年)，拓跋焘挥师南下，兵马直达长江北岸的瓜步(今江苏六合县)，威逼刘宋都城建康，使南朝皇帝刘义隆惶恐不安，乱了方寸，被逼求婚议和。

拓跋焘率军南下，成功地显示了北魏的国力和军威，为日后攻灭南朝刘宋作了成功的尝试。

拓跋焘陷入成功的喜悦和充满梦幻的憧憬之中。

不料，在拓跋焘率军北归、班师平城、途经盱眙城下时，发生了一场攻守战。

一天，魏帝率军退到淮河南岸，途经盱眙城。听说城内粮草丰腴，且盛产美酒，便派人送信给盱眙城太守沈璞，命他将所有粮草献给魏军，并送来美酒一桶，否则便踏平小城，杀个鸡犬不留。

当晚，沈璞果真派军士送来一桶酒，并答应次日开城献出粮草。

魏帝得到美酒，便召集众将来到大帐。大家听说皇帝赐酒，个个馋得垂涎欲滴。待众人坐定，魏帝命人开封取酒。当士兵刚刚启开桶盖时，一股难闻的怪味骤然扑鼻而来。魏帝感到惊疑，便命令士兵取出先尝。不料，士兵尝过，立即呕吐出来，原来桶里装的是尿。魏帝气得暴跳如雷，第二天便下令攻城。魏军团团围住了盱眙城。魏帝骑马来到城下，用马鞭指着城上的沈璞骂道："胆大包天的沈贼，竟敢以尿代酒，有辱寡人，还不快快下来受死！"沈璞毫无惧色，站在城头上，指着拓跋焘骂道："胆大包天的魏贼，竟敢求我皇帝之女为你狗孙做妻，辱君如辱父也。还不快快吃我一箭！"说罢，拉弓搭箭，对着拓跋焘"嗖"地就是一箭，拓跋焘急忙躲闪，险些射中额头。拓跋焘十分恼怒，心想，小小一座山城太守，竟敢对我堂堂魏帝如此凶狠？于是命令士兵攻城。当魏兵冲到城下时，城上箭如飞蝗，滚木礌石猛似山崩地裂，逼得魏军无法登城，只好退去。

第二天清晨，魏军又将盱眙城团团围困。沈璞正在城上巡视。拓跋焘骑在马上，命士兵用箭向城上射去一封书信。沈璞接到此信急忙拆开，见上面写着："沈贼，今日攻城之兵尽非鲜卑人，城东城北乃丁零与胡人，城南城西皆羌人，尔若能尽力杀戮，于朕甚利……"

沈璞看罢，思忖片刻，哈哈一笑。心想，真是智者千虑，必有一失，这封信是故意气我，实际却帮了我大忙。于是，命几个嗓门大的兵士将魏帝的信念给城下各族魏兵听，魏军听后顿时一片哗然……

沈璞见状，又琢磨一阵，便命人拿来纸笔，伏在城墙上草草写了一封复信，然后命士兵用箭射入魏阵。信上写道："魏帝钧鉴，以尿代酒，非璞不恭也。我城酿酒专为人饮，念汝非人也，故以尿相赠。"

"我城储粮，廪(lǐn)廪相毗，仓仓相连。霉者如山，代肥下田。贵军若用，当以货易货。一卒之头可易一粒，唯你之头，念其为一国之君，可以一廪(lǐn)相易，何如？"

拓跋焘读罢，气得青筋暴起，破口大骂，遂亲临城下督战。不料，各族士兵均愤愤然不肯奋力向前。拓跋焘几次下令都无济于事。于是，命令鲜卑族士兵阵后放箭，射死若干居后的士兵。结果被激怒的士兵弃城不攻，反与魏军自相厮杀。拓跋焘喝令不止，无奈，只好鸣金收兵。

当晚，拓跋焘为了报复沈璞在信中对他的侮辱，命令士兵做一个铁床，上面纵横排列着密密麻麻、寒光闪闪的尖刀。第二天将此床抬到盱眙城下。拓跋焘骑在马上指着床，对沈璞喊道："沈贼听着，朕特为你制成此床。破城之后，让你睡上此床，尝尝滋味。"沈璞在城上不恼不怒，沉思片刻，马上指挥士兵到城下抬上一口黑漆的棺材，放到城上，然后指着棺材对拓跋焘喊道："我家仆人病危将亡，特为他备下棺木。昨夜偶观星象，你将死于家奴之前，念及率军征战，无暇自备棺椁，特借你先用。请魏帝过目，此棺盛殓你及幼孙可否？"

魏帝气得双眼冒光。心想，这老贼从哪这么快搬来棺材？本想辱他，反被他嘲弄。于是便指挥鲜卑族士兵攻城。盱眙城小墙高，魏军兵多，拥挤城下,乱如蚂蚁,不得施展。沈璞一面指挥守城军士砍断魏军搭上城墙的钩梯,一面将一锅锅煮沸的开水和豆油倾到城下,烫得魏军鬼哭狼嚎,抱头鼠窜。魏帝又命令调来冲城车企图撞毁城墙。但盱眙城既厚且坚,虽经轮番冲撞,无大损伤。沈璞命士兵站在城墙上,边饮酒边吃肉,有说有笑,气得拓跋焘只好撤下冲城车,再次命令士兵强攻。沈璞又让士兵接连不断往城下泼沸水和沸油,魏军三番五次攻城不止。折腾了将近半天,拓跋焘见城上沸水沸油用尽,便对沈璞喊:“你城上水油用尽,朕的士兵尚有百万,看你如何守城?”沈璞却笑着答道:“我水油虽已用尽,但智谋无穷,你敢来取我头吗?”拓跋焘这次放着胆子命士兵攻城。

沈璞见城下聚满魏军,便突然下令,命兵士雨点般地往城下投掷霹雳炮。这种炮是用纸装石灰和硫黄制成,爆炸后,硫黄着火烧人,石灰迸射使人双目失明。魏军猝不及防,成群的士兵被烧得遍体鳞伤,捂着灼伤的眼睛号叫着……

魏军虽连连受挫,但拓跋焘不相信数十万大军攻不下这弹丸之城。一连数日,接连不断地厮杀。城下尸体堆积如山,血流成河。城上弹药用完,沈璞便率先垂范,身先士卒,光着膀子同战士一道肉搏拼杀。尽管魏军前仆后继,守城军却越战越勇。直到数十日后,魏兵没有一兵一卒攻上盱眙城。

魏军可以横扫江北大地,为什么对盱眙城却束手无策?原来,魏军南下时,曾一度攻打盱眙,因一时攻不下,怕贻误战机,便弃而南下。沈璞料定魏军北撤时必来再攻,便动员全城百姓日夜加固城墙。他还变卖了全部家产,购置军械。在他的带领下,城中富商大户也纷纷捐赠银两。魏军二次攻城时,沈璞为了表示决战到底的决心,特备下棺椁放在城下,以示与城共存亡。还命令自己的妻子儿女,能参战的参战,不能参战的为士兵煮饭烧水或看护伤兵。这一切,士兵和百姓无不为之感动。由此士气大振,军民齐心协力守城,宁死不屈。

攻城持续了一个月,魏军粮草渐渐断绝。赫赫武功的拓跋焘怎肯就这样败在一个鲜为人知的沈璞手下?尽管士兵每日只能吃上一顿饭,个个饿得面黄饥瘦，但依然攻城不止。

一日，魏军攻到城下，沈璞在城上喊："魏军弟兄们，我宋军大仁大义，不忍看着你们做个饿死鬼。今日我们赠给你们每人一袋黄豆带回营中与弟兄们分吃，然后再来攻城！"说罢，命士兵从城上扔下数千个小袋，饥肠辘辘的魏军自然是争先恐后地抢着，带回营内。不料，袋内炒熟的黄豆均被浸过毒药。魏军食后，捧着肚子，叫苦连天，一夜工夫死者数万。

拓跋焘看着成片倒在地上的士兵，心中既恨又惧。心想，中原如再有几个沈璞，我魏室必定亡矣！感叹之余，心底隐隐升起一股敬佩之情。这时他才认识到，继续攻下去，后果将不堪设想，思来想去，终于以"天气逐渐炎热，怕城下尸体腐烂必生瘟疫"为由，决定回师平城。

第二天，魏军撤退时，拓跋焘来到城下，亲自用箭将一封信射入城内，便策马而去。

沈璞拆开信，见上面写着："沈太守，盱眙之战，朕甚羡公。如蒙不弃，屈驾至魏。朕将封公为魏国司徒大将军。君无戏言，望公三思。"

魏帝班师平城，照例有一番行赏封赐。尽管庆典热热闹闹，但魏帝心中隐隐作痛。盱眙之战，犹如在一顿丰盛的美餐之后，吞下了一只苍蝇……

堂堂的魏国之君，亲率百万大军，终败在区区弹丸之地的盱眙城下，又遭太守沈璞百般戏弄，他感到羞耻，感到忧虑，感到自己辉煌的一生变得黯然无光。

班师平城的两天来，他一直被这种难以忍受的痛苦煎熬着、折磨着。他真想找个机会宣泄这一腔怒火。

这时，宫门"吱呀"一声，被人轻轻推开。

拓跋焘一看，是中常侍宗爱神情诡秘地溜进来。

宗爱见殿内别无他人，便急步走到拓跋焘跟前，低声说："陛下，臣有要事启奏。"

"说吧。"拓跋焘见到宗爱，一张布满阴云的脸绽开了一道缝隙。宗爱是他宠信的近侍大臣。南下出征时，拓跋焘留下太子拓跋晃驻守平城，暂理朝政,嘱咐宗爱暗中监视宫中的一切。

“陛下出师刘宋之际,给事中(宫中备顾问应对,讨论政事,掌驳正政令之官)仲尼道盛趁机极力亲近太子。据臣所察,常常旦入东宫,深夜方出。并唆使太子将府库中帛锦、玉料等物赏赐亲信,收买人心。一月之前,他还曾独自一人伴随太子出城狩猎。朝中有人私议,仲尼道盛有蛊惑太子图谋不轨之嫌,望陛下早除隐患。”

这完全是宗爱无中生有的诬陷。

原来,这宗爱出身于鲜卑族的索头部,由于战乱,少年时便离开父母,流落当时的都城盛乐(今绥远)。后因经常聚众滋事、骚扰京城,被官府定为通缉的钦犯。不久,因案发被捕入狱,处以宫刑,发配到燕国边境充军,当时只有二十一岁。在征讨燕国的战斗中,宗爱以勇猛著称,立下军功。当时道武帝拓跋珪见他长得膀大腰粗、力大过人、骠悍凶猛,又因他已处宫刑,便将他选入内宫为校尉,成为道武帝的贴身侍卫。及至拓跋焘称帝时,宗爱已官至中常侍,在宫中逐渐掌权,直至成为拓跋焘的宠信。

太平真君四年(公元 443 年),拓跋焘让贺皇后所生的太子拓跋晃作为自己的副手,总揽国家大事,当时太子晃年仅十六岁。

太子晃聪颖明慧,广闻博记,对于军事战略更有独到之处,深得拓跋焘的喜爱。

仲尼道盛是太子晃最尊崇的谋臣。

当时,宗爱一直与石昭仪所生的南安王拓跋余关系密切,经常一起出城打猎,强抢民女,勒索百姓,为非作歹,无所不为。

太平真君三年(公元 442 年),拓跋焘改信道教。宗爱奉命大捕沙门僧尼,毁佛寺。

一次,宗爱竟将捉到的三百多名僧尼强行配对,在光天化日之下,逼令宣淫,略有不从,即行杀戮。

不久,此事被仲尼道盛得知,并奏知太子晃。太子晃闻奏后十分恼怒,便在文武百官面前怒斥宗爱,并欲严加法办,后经皇帝拓跋焘出面干预,才得以幸免。从此,宗爱与太子晃和仲尼道盛结下了冤仇。

随着岁月的流逝，太子晃在朝廷中的威信与日俱增。宗爱担心一旦太子晃登基称帝，自己必然失宠，仲尼道盛则会成为朝廷重臣，因此便处心积虑、千方百计在拓跋焘在位时整垮太子晃，以求改立南安王拓跋余为太子。他认为选择仲尼道盛为突破口，可收一箭双雕之目的。

拓跋焘班师平城后，他见皇帝一直为盱眙之战心中烦躁，便想趁机火上加油，清除仲尼道盛。

果然，心绪不佳的拓跋焘听后大怒，当即下诏将仲尼道盛立刻问斩。

第二天早晨，拓跋焘尚未起床，便有人惊慌失措地跑进永安宫，禀报太子昨夜饮鸩自尽并留下遗书一封。拓跋焘大吃一惊，忙接过遗书。读罢，顿时泣不成声。原来，太子在遗书中言辞恳切哀婉，深表对父皇一片忠心，从未有不轨之念，与仲尼亲近无非是为了学习治国之道。今遭诬陷，便无辜受戮，使他寝食不安，无颜生存，愿以一死谏父皇识忠奸……

宗爱因除掉政敌正在得意的时候，忽然得知太子自尽的消息，顿时吓得目瞪口呆。当初，他诬告只是想排除异己，没想到把事情闹到这般地步。特别是听到太子留下遗书，更是急得如热锅上的蚂蚁。一旦魏帝查明是他妄进谗言，害死太子，自己必死无疑。因此，躲在家中坐卧不安，心急如焚。

深夜，人们都在东宫忙于料理太子的后事。宗爱悄悄地来到永安宫，想向拓跋焘请罪，说上次启奏是他误信谣言所致，绝无他心。

当他走进宫内时，见拓跋焘伏在案上睡着了，身旁摆着酒具，知道魏帝可能是喝醉了酒。他走到旁边轻轻地喊了几声，见拓跋焘依然酣睡不醒，正想转身退出，忽见案上放着太子的遗书。他偷偷看了几眼，吓出一身冷汗，怔怔地站在那里，茫然不知所措。过了片刻，渐渐变得冷静，心想，反正一死，不如……他跑出门外，左右看了看，然后回到殿内，先将太子的遗书揣进怀里，而后站在魏帝身后，双目闪着阴鸷的冷光，慢慢伸出双手，一咬牙拼尽全力扣住拓跋焘的喉咙。

次日清晨，后宫乱成一片。

宗爱佯装刚刚闻讯从家中赶来，气喘吁吁地跑进永安宫，一头扑倒在地，呼天号地、捶胸顿足地大哭起来。和疋等大臣好不容易才将他劝住，大家便七嘴八舌地议论起拓跋焘的死因。宗爱边拭泪边说:“陛下恐因失子哀恸,饮酒过量所致……”众人一时找不到其他原因,也只好默认。宗爱接着说:“太子方死,皇帝又驾崩,国丧频连,恐人思动。依我之见,应暂不发葬,待立新君之后,再举行国葬。”众人均表赞同。于是,吩咐宫人盛殓拓跋焘,宗爱便与众臣去密议嗣立新君大事。密室里,为立新君,老臣兰延、和疋、薛提等争得面红耳赤、互不相让,都想趁机为自己树立靠山和傀儡。和疋以皇孙拓跋浚年仅十二,不宜治国为由,主张立魏帝三子东平王拓跋翰为君。薛提则坚决主张立皇孙拓跋浚为帝。宗爱始终一言不发。几个人吵来吵去,无法定议,结果不欢而散。

散会后,宗爱马上秘密跑到与自己关系十分亲密的南安王拓跋余府中,不由分说,七手八脚将拓跋余拖进内宫,便在魏帝灵柩前匆匆嗣位。这时,和疋也悄悄地将东平王拓跋翰引入太和宫,传召众臣议决。

东平王拓跋翰是拓跋焘的三子,南安王拓跋余是拓跋焘的六子。

宗爱知道立拓跋余为帝,属越次继位,有违祖制。平时,东平王拓跋翰是他的死对头。权落谁手,事关重大,他想到胜者王侯败者贼、一失足成千古恨的道理,于是横下一条心,要迅雷不及掩耳地将这些政敌一网打尽。他当即找来平日要好的宦官,先讲了立拓跋余为帝的好处,又答应事成之后必有重赏,然后就让他们手持钢刀埋伏在永安宫内。

接着他派人假传赫连皇后的命令,召兰延、和疋、薛提三人速速来永安宫共议嗣立新君大事。兰延等三人不知是诈,便连忙一同来到永安宫。三人刚进宫门,就被十余名宦官乱刀砍死。接着,宦官们又奉宗爱之命,直奔太和宫。

东平王拓跋翰正在太和宫,突然宫门被人踹开,闯进几个手持钢刀、红着眼睛的宦官,不等他开口,便一刀砍掉了他的脑袋。

第二天,太极殿里冷冷清清地进行着新皇帝登基大典。一群贪生怕死的魏臣不得已跪在阶下山呼“万岁”。趾高气扬的宗爱傲慢地跪在地上勉强磕了三个头。

新帝拓跋余接受朝贺完毕,宣谕天下大赦,改元永平。追谥魏帝拓跋焘为太武皇帝，授宗爱为大司马大将军，都督中外军事，并封冯翊王。跪在地上的宗爱自然心花怒放，但抬头看到由他拥立的新皇帝坐在龙墩上神气十足，而自己却跪在地上时，心里涌出一股说不出的滋味……

拓跋余做梦也没想到自己能当皇帝。称帝后，终日沉湎酒色，出外游猎，嬉戏作乐，将一切朝政全委予宗爱掌管。宗爱本系中山狼，一旦大权在握，盛气凌人，不可一世。不但群臣怕他，连拓跋余也怕他三分。

数月后的一天，宗爱来到后宫，将一个卷轴递给拓跋余说："你先看看。"拓跋余打开卷轴，见上面是新建冯翊王府图，看过之后，半晌才说："按图所示，工程浩繁，恐需耗资巨大，眼下国库不足，恐难……"宗爱不等拓跋余说完，把脸一沉，说："你得天下，我却不可得一王府吗？"拓跋余忙嗫嚅着说："该得该得，只是……只是……王府比后宫尚且豪华，恐怕……"

宗爱抢过话头，说："恐怕文武群臣非议？哼！莫说一座豪华的王府，就是有朝一日我住进……"他把刚刚到嘴边的"后宫"二字咽了回去，只是连着哼了几声，又说："王府到底是建，还是不建？"拓跋余急忙说："请爱卿容朕三思。"

宗爱重重地哼了一声，拂袖而去。

宗爱走后，拓跋余知道宗爱已生僭越之心，想起当初扶他为帝血溅后宫之事，不禁毛骨悚然。他越想越怕，便立即派人密召殿中尚书源贺进宫。

不料宗爱很快得知了这个消息。

次日清晨，羽林郎中（掌握宫廷禁军的官吏）刘尼巡视后宫东庙时，发现拓跋余倒在庙堂的血泊中。他不敢声张，忙跑去禀报宗爱。宗爱刚吃罢早饭，正用牙签剔牙。听到这个消息，他不慌不忙。刘尼忙说："国不可一日无君。帝既崩，当赶快迎立皇孙浚为帝。"宗爱听罢扔掉牙签，瞅了一眼刘尼，说："难道你是痴人不成？若立皇孙，他能忘掉其父的事吗？嗣立新君之事，你不必费心，去吧。"刘尼吓得连连称是，退了出去。

刘尼退出宗爱府，心里感到蹊跷，似乎宗爱早有谋划，便悄悄来到源贺家，告知此事。

源贺听后，料定拓跋余是宗爱所杀，当即秘密派人请来尚书陆丽和长孙谒候。源贺说："宗爱立帝余，又复加弑。如今又不愿迎立皇孙浚。昨日陛下秘密召我进宫，今日便驾崩，足见宗爱已磨刀霍霍，僭越之心显而易见。我等若不及早除之，必生后患。不知诸位意下如何？"

二人听了，都认为宗爱当除。于是，决定立即由陆丽与刘尼去乾和宫迎接皇孙拓跋浚入宫，源贺与长孙谒候率领禁军护卫宫廷。布置完毕，刘尼与陆丽驰马来到乾和宫。皇孙拓跋浚正在读书，刘尼进去，来不及说什么，抱起他就匆匆跑到门外，跳上马，直奔皇宫。刚到宫门，长孙谒候便令禁军开门迎入，送往永安殿，由陆丽负责看护。刘尼则率领禁军直奔东庙。此时宗爱正领着众人在东庙料理拓跋余的丧事。

刘尼率领禁军冲进东庙，指着宗爱大喊一声："拿下！"禁军蜂拥而上，将宗爱按倒在地，紧紧捆绑起来。刘尼见宗爱已被捕住，便大喊："贼臣宗爱，弑君逆贼，吾奉新君旨意，为国除奸。"

宗爱听了，长叹一声，心中后悔莫及，一步之差，落了个如此下场，倒在地上，不禁老泪纵横。

就在宗爱被木笼囚车拉着走向刑场时，十三岁的拓跋浚在陆丽、源贺等的护持下，在鼓乐喧天中端端正正地坐上了黄锦九龙宝座。

是年公元 452 年，兴安元年。

死前尝尽了死的滋味

——北魏孝庄帝　元子攸

永安三年(公元530年)。

9月初的一天,酷暑中的洛阳城中,晌午刚过,天空便被一片乌云笼罩得严严实实。

空气变得越发压抑、闷热,使人感到透不过气来。

皇宫里,明光殿中的气氛更是显得异常。

脸色微黄的魏帝元子攸在屋内来回踱着,不停地搓着双手,额上沁出密密的汗珠,神色显得惶恐不安。

中书舍人温子升匆匆走进殿,未及施礼,魏帝元子攸便赶忙趋前问道:“都埋伏好了吗?”

“都埋伏好了,现在是万事俱备。”说着,从袖内取出一块折叠的白绢,道,“陛下,诛除尔朱荣之后的赦文臣已拟好,请陛下过目。”说着,将赦文递给元子攸。这时,温子升发现魏帝伸过来的手在微微颤抖,又见他额上沁满汗珠,便不安地问道:“陛下,你是否感到惊恐?”元子攸怔怔地望着温子升,没有吱声。

温子升忙说:“陛下,尔朱荣即刻进宫,这老贼见到您的样子会看出破绽的。陛下当马上饮酒壮胆,否则必擒虎不成反被伤。”说罢,忙命内监端来一杯酒。元子攸将酒饮下后,心里一阵发热,觉得胆子壮了不少。温子升这才将赦文呈上。

不料,元子攸刚欲接过赦文,内监在殿外高声喊道:“宰相驾到!”元子攸一惊,险些将赦文失手落地。温子升不慌不忙地接住,叠好后便转身出殿,走到殿门口与尔朱荣相遇。尔朱荣指着他手里的赦文,问道:“是何文书?”温子升将身子一侧,躬下身,神色自若地说了一个“赦”字。尔朱荣听罢,不以为然地昂首挺胸,迈着虎步走进明光殿。

尔朱荣见到元子攸未行君臣礼,便亮着嗓门喊:“哈哈,听说皇后为陛下生个太子,老夫特来贺喜。”说罢,径直坐到御床上,又嚷着:“快引老夫看看皇太子。”

元子攸定了定神,佯装微笑着说:“卿稍坐片刻,待饮过一杯茶,朕将陪国丈去殿内看视尔朱皇后与皇太子。”说罢,坐到御床上。这时,内监送上茶,尔朱荣接过茶碗时,领军护卫李侃晞突然带着一班武士,手持钢刀从内殿门杀气腾腾地冲进来。

尔朱荣见状,情知有变,立刻将手中的茶碗向李侃晞掷去,接着饿虎扑食般向元子攸奔去。刚冲到元子攸跟前,元子攸顺手从袍袖内抽出一把短刀,照着尔朱荣的腿上挥去。尔朱荣没防这一招,一声惨叫,跪倒在地。李侃晞跟上,挥起一刀,将尔朱荣从右肩到左胯劈成两截,接着又连剁几下。顷刻,飞扬跋扈、不可一世的尔朱荣被大卸八块。

元子攸吓得浑身发抖、脸色蜡黄,像一堆烂泥倒在御床上。这时,温子升匆匆跑进殿,奏道:“陛下,尔朱荣随从、长子菩提等三十余人全部被诛,请陛下即刻颁发敕诏。”

元子攸被李侃晞从御床上扶起,颤颤巍巍地接过敕文,草草地看完,命人取来玉玺。

当温子升拿着加盖了玉玺的敕诏去阊阖门颁诏时,元子攸才长长地吐了一口气,如释重负地向内殿走去。

尔朱荣,字天宝,秀容川(今山西忻县西北)契胡人。高车族铁敕部羽健的玄孙。祖父代勤,为人奸诈,很会笼络人心。一次,外出打猎时,被人误射中屁股,他只把箭拔出,不问是谁射的,部下很受感动。大家都很爱戴他。后来,官至魏室肆州(今山忻县)刺史,赐爵郡公。尔朱荣的父亲新兴,善于饲养牲畜。他的牛羊遍布山川野谷,不计其数。每逢魏室有战争,他便主动献马、献粮,受到魏皇高祖的宠幸。年老时,便上书朝廷,要求把爵位传给儿子尔朱荣。

尔朱荣自幼机灵,为人奸诈、阴鸷,对部下十分严厉。破六韩拔陵在沃野镇起义时，当时的铁敕部分东、西两部，很多牧奴归顺了破六韩拔陵。这时，尔朱荣趁机招兵买马，拉起队伍，很快镇压了东、西铁敕部的牧奴起义，并积极参与镇压六镇起义。后来，因作战有功，被魏室元诩加封为安北将军。从此，尔朱荣成为北方一支新兴的实力雄厚的豪强武装。

杜洛周与葛荣起义后，尔朱荣见内地狼烟四起，魏室已是风雨飘摇，便萌生了入主中原的野心。当时的魏室皇帝是元诩(xǔ)，但因年幼，由母胡太后执政。他曾上表朝廷，要求出兵协助镇压杜洛周和葛荣的起义。胡太后想到当年借柔然兵镇压破六韩拔陵起义时，阿那瑰欲占住六镇不走的事，对尔朱荣也存了戒心，所以没有让他出兵中原。

尔朱荣见此阴谋未能得逞，便又生一计。

尔朱荣有个女儿长得姿色娇美，做起媚来更是令人神魂颠倒。在部落里，尔朱荣通过这个女儿勾引了不少人为他卖命。他听说魏帝元诩也是好色之徒，并且得知元诩想得到一个野味十足的胡女为妃时，便不失时机地派人将自己的女儿送到宫中献给皇帝。这个在家放荡惯了的女儿一进宫，便在皇帝面前极尽风流之能事，恣意挑逗，百依百顺，把个皇帝勾引得失魂落魄，夜夜命她侍寝，不出一个月便封她为嫔。为表彰尔朱荣的效忠，皇帝元诩又封他为骠骑将军，都督并(今山西太原市西)、肆(今山西忻县西北)、广(今河南鲁山县)、汾(今山西汾阳县)、云(今山西文水县)、恒六州军事。不久，又进为右光禄大夫，开府仪同三司(指成立府署时以丞相、太尉、御史三公之列设官)。

这时的尔朱荣不仅手握重兵，而且谋臣强将如云。特别是得到高欢后更是如虎添翼。

高欢，原名贺六浑，渤海蓨(tiáo)(今河北景县南)人。祖先因犯罪徙居怀朔镇，属鲜卑化汉人。少年时曾牧过马。后在怀朔镇当队主(小军官)，复任函使(送公文到洛阳的小官)。曾参加过杜洛周的起义，后并归葛荣，旋又叛降了尔朱荣。

高欢投奔尔朱荣后，尔朱荣便命他为亲信都督(卫队长)。

高欢是个颇有政治野心的阴谋家，投靠尔朱荣的当天晚上，便对尔朱荣说："当今天子愔弱，太后淫乱，奸佞当道，魏室气数已尽。葛荣虽火并杜洛周，但只是一个枭雄，鼠目寸光。公雄才大略，人心归顺，不如乘此时，以廓清君侧，声讨郑俨、徐纥等为由，兵进洛阳，霸业唾手可得。"

尔朱荣听罢，一阵哈哈大笑，说："此言正合我意。"

尔朱荣已经野心勃勃地觊觎中原魏室的皇帝宝座。

当时，北魏境内爆发了轰轰烈烈的葛荣与杜洛周两起农民起义。

孝昌二年（公元 526 年），葛荣军在博野（今河北蠡县境）一战大败魏军后，自称天子，建国号齐，改元广安。不久，葛荣又杀害了杜洛周，并收编了他的三十万部下。

武泰元年（公元 528 年）初，葛荣势力威震中原，野心越发膨胀，便准备率领百万大军南下，攻打都城洛阳，到那里做真正的皇帝。

消息传到洛阳，震动了朝廷。魏帝元诩与胡太后面对危境，各怀心腹事。因为此时元诩已经逐渐长大，对母亲胡太后长期把持朝廷、视自己为傀儡非常不满，母子二人明争暗斗异常尖锐。

胡太后是在永平三年（公元 510 年）为宣武帝元恪妃时，生下皇子元诩。按照魏室的陋习，嫔妃生下皇子后当即就要处死，以防外戚入朝掌政。当时，宣武帝元恪先后已有六个皇子，结果都夭折，据传系高皇后出于嫉妒而陆续加以谋害。元诩成为宣武帝唯一的皇子。为表彰和感谢胡妃，元恪顶着舆论的压力，决定废止诛杀皇子母亲的陋习，对于皇子元诩的抚养倍加慎重，特赐诏令御选后宫最可靠的乳母抚养元诩，连皇后和生母胡妃都不准靠近。

元诩是宣武帝元恪唯一保存下来的儿子。

胡妃是魏室第一个生下皇子而未死的妃子。

延昌四年（公元 515 年），宣武帝元恪病死。皇太子元诩登基时年仅六岁，元诩的生母胡氏便以皇太后的身份总揽朝政。

元诩在位十三年，多数的时间是由胡太后掌握朝政，元诩只是傀儡而已。

胡太后出身于显宦之家。幼年随父母礼佛，长大成人后笃信佛教。当时的魏室,朝廷内外举国上下大兴佛风。胡太后临朝执政后更加崇佛,不惜耗费巨资到处修佛塔佛寺,凿造石窟。先后几年,在洛阳建造了永宁寺、太上公寺、太上君寺及伊阙口石窟寺庙等大大小小数百座寺庙。古城洛阳到处可见寺庙,到处可见削发僧尼,到处可闻高塔上的风铃声,变成天竺般的佛国世界。永宁寺是自佛教传入中国后第一座规模最大、最豪华的塔寺,寺内有僧房千余间,大雄宝殿可与皇宫太极殿相媲美。殿中置有一尊高一丈八尺的金身佛像,普通金身佛像十尊,金织佛像五幅,玉雕佛像两尊。寺中九级浮屠(塔)高达九十丈。塔顶宝刹又高十丈,塔上一百余只宝铃铎迎风摇响,声闻遐迩。

胡太后为笼络朝臣效力于她,不惜滥加赏赐,甚至达到荒唐可笑的地步。她经常在斋会和饮宴之余,大开朝廷府库,任凭随她游幸的宫女、嫔妃尽力背取库中的绢帛,贪得无厌者一次可背近百匹,少者也有一二十匹。这些都算是她的赏赐。

胡太后宠信奸佞,排除异己,残害忠良。宣武帝元恪去世后,匡扶朝政的老臣中有德高望重的任城王元澄和经验丰富、学识渊博的清河王元怿等一班重臣。他们为国家社稷着想,经常上疏劝谏胡太后收敛崇佛之风、提倡克勤克俭、杜绝滥施赏赐等,均遭到严辞驳拒,甚至被疏远、被贬官。相反,胡太后却十分宠信不学无术的妹夫元乂(yì)和目不识丁的宦官刘腾。他俩都是权欲熏心又擅阴谋诡计之人,为了专擅朝政,先后设计杀害了元怿等一班朝臣。后来,竟异想天开,妄图篡权夺位,竟然将胡太后也幽禁于北宫,先由他们慑政,然后伺机篡位。

刘腾、元乂专权达四五年之久。在此期间,他们专权内外,任用群小,贪财好色,暴掠民财,荒淫无度,就连皇帝的嫔妃也敢肆意奸淫戏辱。致使魏室朝纲不举,政事荒殆,民怨沸腾。

正光四年(公元 523 年),刘腾病死,皇帝元诩已经十四岁。而重获自由的胡太后不改初衷,与心腹大臣密议,继续由她执政。元诩拿不准主意,犹豫不决。结果在孝昌元年(公元 525 年),胡太后终于与丞相、高相王元雍合谋,解除元乂一切军政大权,自己重新临朝执政。

胡太后复出，不思痛改前非，反而一如既往，变本加厉。

此时的魏室已是国库告罄，朝廷昏暗，灾荒连年，义军烽火遍地。

岁月流逝，元诩逐渐长大成人，身为皇帝却是傀儡的现状使他感到不满。

儿子要做名副其实的皇帝，要求掌握皇权。权欲熏心的母亲失而复得大权，不肯退出政治舞台，不甘做寂寞、无权的女人和母亲。

胡太后与皇帝的矛盾日趋尖锐。

母亲和儿子的关系日渐恶化。

母子之情被权力的欲火烧烤着。

城阳王元徽为了报广阳王元渊生前与他的妻子私通之仇，得知元渊在率兵征讨杜洛周之战中被杀后，当天晚上便派人将元渊之妻强行抓进宫中，并进寝房剥光她的衣服，用绳索缚在床上，供他每日奸淫。

为此事，元诩要杀元徽，胡太后却执意不肯。后来元诩得知元徽与郑俨、徐纥、李神轨等朋比为奸，都在后宫轮流为胡太后侍寝，终日行欢作乐、不理国事，十分震怒。他派人抓来胡太后身边的宫女，经严刑审讯，得知胡太后在后宫里的丑闻俱属事实。更有甚者，母后竟白日里便在宫中行乐，还命宫女在一旁侍候，甚至让郑俨等四人同时与自己轮流交欢。

元诩知道这些丑事后，决心笼络一批亲信大臣，伺机迫使胡太后交出大权，自己亲理国事，重整朝纲。

胡太后对儿子早有戒心，得知此事后，便将与皇帝关系密切的大臣不是赐死，就是罢官。就连一个通晓星相的密多道人，因被皇帝召见两次，也被胡太后暗中派人刺杀。

皇帝元诩看出胡太后暗中与他针锋相对后，更加忌恨，决心寻找一个手握重兵的人做靠山，与母亲较量。

不久，有人向皇帝推荐了尔朱荣。元诩打算召他进京，而后借他的手除掉母后。

葛荣欲进军洛阳的消息使元诩皇帝想起了尔朱荣。

元诩和几位亲信心腹密商之后，悄悄地派人出洛阳去并州（治所晋阳,今山西太原市西南),以抵御葛荣入犯洛阳为名,召尔朱荣率兵进京。

尔朱荣见诏,喜出望外,连夜点齐兵马,命高欢为前锋,浩浩荡荡直奔洛阳。

胡太后得知尔朱荣带兵南下,料定是元诩下了密诏,不禁又气又恨又怕。

气也,这么大的事元诩竟敢不和她商量,自作主张,这是他称帝十三年来的第一次。

恨也,恨儿子元诩竟然忘记母子之情,引狼入室对付自己的母亲。这些年她临朝摄政几多甘苦、几多辛酸,他竟然忘恩负义、以怨报德。

说到怕,胡太后这次真是怕极了,做梦也没想到儿子要请一位胡人出身、野性十足的军阀来对付她。这些办事粗野、动辄杀人的胡人,绝非中原儒雅风流之士。再者,尔朱荣的女儿已嫁给儿子元诩为妃,这次又是女婿请丈人进京,解决母子冲突,尔朱荣怎么能对她客气?

胡太后惶恐不安地请来了情夫元徽、郑俨、徐纥、李神轨共商对策。

四位情夫当然忠心于胡太后这位有权有势又有姿色的情妇。他们清楚地知道,在这场较量中,如果胡太后失败,等待他们四位"面首"的下场是什么。他们争相陈述这场较量的严重性,鼓动胡太后痛下决心,先发制人。郑俨慷慨陈词:"太后,此次较量生死攸关,皇帝显然是借刀杀人!杀谁?杀母亲,生他养他的母亲。此时此刻,皇帝已经不是你的亲生儿子,你也不是皇帝的母亲,你们是政敌,你死我活的政敌。尔朱荣一旦入京,我们的下场就是人头落地,暴尸天井。所以太后必须痛下决心,忘掉母子骨肉情,先发制人,不留后患。"

胡太后免不了落下几滴泪。

次日,太后宫里突然有人来皇帝寝殿,告知太后突患急病,人事不省。元诩不知有诈,急忙赶到太后宫,见宫内只有太后一人,安然无恙地坐在床上。元诩感到蹊跷,正欲请安,郑俨等四人从帷幕后走出,虎视眈眈地围住元诩。

胡太后坐在床上,冷冷地说:"是你下诏请尔朱荣进京的?"

元诩的脸立刻变得煞白，额上沁出细密的汗珠，良久，方胆战心惊地说："儿皇是为了抵御葛荣军入犯洛阳。"

"既然为了保卫洛阳，就应该跟我吱个声。"

"儿皇恐母后不准。"元诩声音发颤地回答道。

"你想引狼入室，借尔朱荣杀掉我，所以才担心我不准，是不是？"

元诩扑地跪倒在地："太后，儿皇不敢！儿皇不敢！"

"哼！现在还嘴硬。"

胡太后说完，向郑俨等人递了个眼色，恶狠狠地说："把那玩意赏给他喝吧。"

郑俨端起杌上的酒杯，走到元诩面前："陛下，这是太后赐给你的酒。"

元诩忙用手拦着，连连说："不，不……"

霎时，元徽等三人一拥而上，将元诩按倒在地。郑俨一边用手扼住元诩的喉咙，一边将鸩酒灌到他嘴里，再用一块白绢紧紧地塞住他的嘴。然后四个人拼全力按住元诩的手脚。

片刻之后，元诩的脸上泛出痛苦不堪的表情。他无声无息地挣扎着，胸中犹如刀剜火烧。

他的眼睛瞪得圆圆的、鼓鼓的，像要暴出似的。他的脸由煞白到青紫，七窍慢慢流出一股股乌黑色的血。

胡太后突然从床上发疯似的跳下来，扑到儿子身上，号啕大哭："儿子，你的魂到了九泉之下要原谅母亲，这也是我不得已啊……"

郑俨等四人站在胡太后周围，怀着庆幸的心情欣赏着。

胡太后执政十四年，最后以杀死自己的亲生儿子完成了她一生最残忍、最惊人的杰作！

次日，发出讣告，宣布元诩皇帝暴病而驾崩。谥曰"孝明皇帝"。

清河王元怿的儿子、年仅三岁的元钊嗣立皇位。

元怿，据史书记载，曾是胡太后的早期情夫。选出元钊，一是酬谢当年侍寝有功，二是便于继续临朝执政，一举两得。

元钊登基次日即下诏，命尔朱荣率军返回驻地。

尔朱荣接到三岁新皇帝的诏书,知道其中必有蹊跷,哪里肯放过这千载难逢的好机会,便针锋相对,拥出献文帝的孙子、长乐王元子攸在河阳登基称帝。元子攸当即封他为尚书令、领军将军、太原王。然后命他继续南下,进军洛阳。

尔朱荣抵达洛阳的时候,守城的将士自动打开城门迎接。郑俨、徐纥等闻讯各自仓皇出逃。胡太后在后宫吓得哭哭啼啼,知道性命难保,后来情急生智,抓起一把剪刀,剪掉了头上的青发,以为做了出家人,便可免一死。谁知头发刚刚剪光,尔朱荣的人马便冲进后宫,将她和幼主元钊一并抓走。

当胡太后与幼主元钊被拖到太极殿门前时,文武百官两千余人跪在地上拜迎新皇帝元子攸。

尔朱荣见胡太后剪光了头发,脱掉了绣花鞋,泪流满面,便用手捏着下颏说:"听说你一刻也离不开男人,我成全你,死后跟河伯寻欢作乐吧!"

说罢,他一挥手,命令士兵将胡太后和幼主元钊一起扔进了护城河。

随后,尔朱荣指着跪在地上吓得瑟瑟发抖的文武百官说:"淫妇当道,皇帝被弑,全是你们这些酒囊饭袋只顾阿谀奉承、贪赃枉法,才把朝廷弄到今天这样。只拿朝廷俸禄,不为朝廷办事,留着你们何用?"说完,向持刀而立的士兵们喊道:"把这些昏官赃官统统杀掉!"

士兵们得到命令,哪管什么清官、赃官、忠臣、奸臣,挥起刀来便是乱砍乱杀。霎时间,血肉横飞,鬼哭狼嚎,太极殿前尸横遍地,血流成河。两千余名文武朝臣全都做了胡太后的殉葬品。

第二天晚上,尔朱荣正在后宫华云殿里搂着一个脱得光光的漂亮妃子饮酒,高欢匆匆忙忙跑进殿里,附在他的耳边说:"葛荣率领百万大军直逼洛阳。"尔朱荣立刻喝退嫔妃,对高欢说:"那就让他尝尝我尔朱荣的厉害。"高欢却放低声音说:"依我之见,明公是否趁葛荣未到达洛阳之前,赶紧登基称帝?"

尔朱荣笑着摇了摇头。

高欢疑惑不解地问:"明公杀尽前朝文武百官,难道还不是为了登上龙位吗？”

尔朱荣笑着点了点头，说：“不瞒你说，我崇尚祖宗的铸像占卜术，以铸像成否来判断事情成功与否。为什么我要立长乐王元子攸为帝？我选择了六位魏室亲王为他们铸像，结果只有长乐王元子攸的像铸成，所以才决定立他为帝。我为自己登基称帝铸像占卜，结果三次均未铸成。看来天意不允，只好暂且……”

元子攸是彭城王元勰之子，孝明帝元诩的族叔，孝昌二年（公元526年）受封为长乐王。尔朱荣出兵洛阳时，派人去洛阳与元子攸联络，元子攸自然愿意应天命而称帝，于是与兄弟潜出洛阳，投奔已抵河内（今河南沁阳）的尔朱荣军营，匆忙登基称帝。

魏帝元子攸是尔朱荣一手扶上皇帝宝座的。但是，从他登上宝座的那一天起，便对尔朱荣由怕到恨，直到下定决心，冒着生命危险杀掉他。

尔朱荣进洛阳残杀朝廷文武百官时，将魏帝元子攸的哥哥彭城王元邵、弟弟始平王元子也一并杀掉。同时将他的妃妾连同皇宫后妃和诸臣的妻妾全部抓来，让他的部下肆意糟蹋后，也全部杀死。

尔朱荣的血腥屠杀在元子攸心中播下了仇恨的种子。

尔朱荣进兵洛阳时，曾将元子攸徙居河桥，锢置幕下，令人看守。尔朱荣本想自立皇帝，但因占卜不吉，未敢贸然行事，被迫将元子攸正式扶上皇位。元子攸虽然勉强称帝，但内心明白自己迟早有一天必做尔朱荣的刀下鬼。恐惧和忧虑像魔鬼的影子，时刻萦绕着他的心头。

元子攸称帝前的妃妾被尔朱荣进洛阳时糟蹋至死，称帝后要重立皇后，尔朱荣硬要把前时曾为孝明帝元诩嫔妃的女儿改配给元子攸，并立为皇后。元诩是元子攸的从侄，让侄媳再醮叔叔令元子攸实在为难，但迫于尔朱荣的淫威，又不敢不从。尔朱荣之女被立为皇后后，依仗尔朱荣的权势，动辄训斥、辱骂、虐待皇帝，稍不从心便嚷着：“你这皇帝是我父王扶立的，当心叫他赶你下去。”皇帝在后宫的一举一动她都派人监视。平日里，只准魏帝元子攸陪着她寻欢作乐，不让其他嫔妃御幸。尔朱皇后虽然是个妖冶艳丽、媚态迷人的女人，但在元子攸心目中却是一条缠在身上的毒蛇。

尔朱荣入洛阳后，不愿在都城久留，仍旧还镇晋阳。为了遥控朝廷，临行前，在皇帝面前举荐元天穆为侍中，录尚书事，领京畿(jī)大都督，兼领军将军，大权在握。又令行台郎中桑乾、朱端为黄门侍郎，兼中书舍人，严密监视皇帝在后宫的行动。他们内外勾结，广置心腹，把皇帝像个蛹似的缚在茧内。一切安排停当，尔朱荣才率军队返回晋阳。魏帝元子攸在尔朱荣亲信的牢牢控制下，凡事不能越雷池一步，成为名副其实的傀儡。

尔朱荣在镇压葛荣义军之后，更加飞扬跋扈、不可一世。魏帝元子攸有心重整朝政，选任贤能。尔朱荣得知消息，唯恐元子攸趁机安排亲信，遂上奏皇帝任他的从弟尔朱世隆为吏部大臣，主管人事，并欲派他的亲信出任河南、河北诸州官员。元子攸未许，尔朱荣竟派人送信来，指斥元子攸说："我身为当朝宰相，欲请变易全国官吏，陛下为何不得允许？"元子攸忍无可忍，回复道："宰相若不为人臣，朕当听从安排，如犹有臣节，怎得黜陟百官？"尔朱荣见信后十分震怒。

此时，尔朱世隆急欲称王，想怂恿尔朱荣废帝自立。见尔朱荣为此事动怒，便生出一计，火上添油。他自己悄悄写了一封匿名信，上有"天子欲杀尔朱荣"一语，半夜贴在自己的府邸门上。天亮时，故作惊讶，揭下后立即派人送往晋阳。

尔朱荣见到匿名信，愈发怒不可遏，思来想去，派人画了一张"降龙伏虎图"，送到洛阳。

元子攸见到此图，知其隐喻，自然如坐针毡，便与亲信密议，决定先发制人，诛除尔朱荣。

恰在这时，尔朱皇后生下太子。元子攸认为此乃天赐良机，便让尔朱皇后亲笔给他的父亲尔朱荣写了一封信。尔朱荣见信后，十分欢喜。心想，女儿生下了太子，将来的天下便属于尔朱氏了。于是，决定亲赴洛阳探视女儿及太子。

尔朱荣这位权倾朝野、戎马一生的赳赳武夫，做梦也未想到会遭到暗算。

尔朱荣被杀的消息传出后，其从子、官居汾州(今山西汾阳县)刺史的尔朱兆立刻点起两万人马开往晋阳城，准备南下为叔叔报仇。这时，正值尔朱世隆从洛阳逃到晋阳。

尔朱世隆得知尔朱兆欲发兵洛阳，便对尔朱兆说："今兴师南下，必负犯上作乱、以臣弑君之罪名。莫如另立新君，以讨逆为由，出师有名。"尔朱兆想了想，觉得有道理，便问："眼下立谁为帝合适？"尔朱世隆笑了笑，把帽子摘下来，边掸上面的灰尘边说："是帽子者皆可称冠，天下姓元者皆可称帝。"他思忖片刻，又说："依我看，现在太原太守、长广王元晔系前中山王元英的长子，虽非皇帝的嫡孙，毕竟姓元，就立他为帝如何？"

尔朱兆马上派人去太原府找来元晔，说明原委。元晔乐得心花怒放，自然是一百个答应。

当晚，尔朱兆找来几个幕僚，便在府上安排元晔草草登基称帝，改元建明。根据尔朱兆的授意，元晔封尔朱兆为大将军，尔朱世隆为尚书令。接着颁出讨逆诏书，命尔朱兆率领兵马攻打洛阳。

消息传到都城洛阳，魏帝元子攸忙命城阳王元徽兼大司马，录尚书事，总统内外。

一日，元子攸召元徽商议抵御尔朱兆、护卫京城事宜，元徽称天气渐渐寒冷，士兵衣不避寒，武器不足。元子攸遂传旨拨大批银两足充军饷。元徽得到银两后，对元子攸说："请陛下放心，我将亲赴黄河两岸，率众御敌。尔朱兆仅两万之众，我只凭黄河天堑就足以御敌。"

魏帝元子攸信以为真，便放下心来。

谁料，数日后的一个清晨，突然皇宫外杀声四起，宫门被顶得"咯咯"响。原来是尔朱兆率大军已经将皇宫团团围住，正在攻城。守城士兵见尔朱兆人多势众，自知难敌，纷纷逃命。顷刻之间，宫门被破，朱尔兆率兵冲进皇宫。魏帝惊惶失措，从御床上爬起来，胡乱披上衣服，冲出殿外，见内监等早已跑得无影无踪，便光着脚向后宫云龙门跑去。刚到门口，见城阳王元徽身穿内衣，骑着马驰出云龙门，元子攸连叫数声，元徽头也没回。

原来，城阳王元徽从魏帝元子攸处领到军饷后，既未给士兵购置棉衣，也未打造兵器，更未到黄河两岸率众御敌，而是将银两中饱私囊，每夜悄悄溜进后宫与嫔妃寻欢作乐。守御黄河两岸的士兵因天气寒冷，躲在营内不敢出巡。这天晚上狂风大作，飞沙走石，加之11月的寒冷天气，河水浅涸。尔朱兆乘魏军不备，连夜渡河，直抵洛阳。

元子攸刚跑出云龙门，几个尔朱兆的骑兵追上来，见他披着龙袍，知是皇帝，便鹞子抓鸡似的将他拖上马背。

尔朱兆见捉到魏帝元子攸，命人将他关进宫内永宁寺的佛塔中，然后将所有的嫔妃一并拘捕，除挑选几个年轻漂亮的嫔妃留作自己受用外，余者全部分给将士纵情恣欲。继而放假三日，令士兵在城内奸淫杀烧，抢掠财物，古都洛阳陷入一片火海之中。

半夜喝得醉醺醺的尔朱兆来到永宁寺的佛塔。两个长满胡髯的彪形大汉押着魏帝元子攸宠爱的姜贵妃和他的母亲李太后。姜贵妃怀中抱着襁褓中的儿子。元子攸被捆绑着蜷缩在墙角里，见尔朱兆进来，吓得连忙坐起，眼里闪着绝望的目光，浑身抖得筛糠似的。

尔朱兆坐在元子攸面前的鼓形石凳上，瞪着一双吓人的眼睛，指着元子攸问："你杀死了我的当朝宰相叔父，你知道死的时候是什么滋味？"

元子攸只是抖着说不出话来。

尔朱兆阴鸷地笑着说："今晚，我让你好好尝尝死的滋味。"

这一晚，尔朱兆令部下将李太后、姜贵妃强行奸污后，用尖刀将她们刺死，又亲手杀死了小皇子。最后，他来到元子攸面前，一阵狂笑。两个侍卫走上前来。

两个侍卫将元子攸捆住双手，架到靠墙的鼓凳上，一条白绫拴在塔壁的铁环上，套住了元子攸的脖颈。尔朱兆猛地一脚踢倒了鼓凳，元子攸顿时悬在空中，脖子被紧紧地勒住。他拼命地挣扎着，两只眼睛凸得像铜铃似的。片刻之后，张开的嘴中伸出一条长长的紫红色的舌头。这时，尔朱兆抽出宝剑，冲着白绫一挥，元子攸扑地跌落在地上。过了一阵工夫，元子攸渐渐苏醒。尔朱兆踢了他一脚说："死的滋味如何？"

元子攸痛苦地呻吟着。

"再让他尝一次！"尔朱兆命令道。

侍卫又将元子攸架到鼓凳上。

尔朱兆让元子攸反反复复地尝了三次死的滋味。最后,尔朱兆让侍卫将元子攸的衣服剥光,靠着塔壁站定。元子攸已被折磨得奄奄一息。尔朱兆将剑尖抵住元子攸的腹部,说:“你现在一定希望像我叔叔那样被一剑刺死,我却偏偏不让你痛痛快快地死去。”说着,剑尖已经刺破肚皮。元子攸一声惨叫,血顺着剑锋泉水般汩汩地向下流淌。尔朱兆手中的宝剑随着元子攸的一声声惨叫,一点点地刺进他的腹部……

这位因铸成铜像而登上宝座的皇帝,在位仅仅两年,在尝尽了死的滋味之后,腹上插着钢刀离开了人间。死后谥为孝庄皇帝。

时年永安三年(公元 530 年)。

今夜，我为陛下侍寝

——北魏孝武帝　元脩

公元513年6月的一个晚上。入更后，夜色如墨，缀满天幕的宝石般的星星，默默地闪烁着银色的光辉。

信都(今河北冀县)城内，空巷无人，死一般的沉寂。

距城东南十里的校兵场却是另外一番景象。两万多名由六镇兵民组成的队伍躁动不安地聚集在这里，每人身披盔甲，腰悬钢刀，手举火把，照得黑夜如同白昼。队伍的四周是拖儿带女的妇女和老人们，你拥我挤、哭哭啼啼地把校兵场围得水泄不通。

过了一会儿，身披银色盔甲、骑着白马的高欢在一群马队的簇拥下，一阵风似的驰到校兵场点将台下，猛地勒住皮缰，坐骑一声长嘶竖起前蹄。高欢趁势跳下马背，虎步走上点将台。人头攒动、哭爹叫娘的校兵场顿时鸦雀无声。黑夜中，数万双眼睛集中到点将台上被一团火把照耀着的高欢身上。

高欢，又名贺六浑。祖籍是渤海蓨(tiáo)(今河北景县车)人，因祖父犯法，遂徙居怀朔镇(今内蒙古固阳西南)。初以养马、贩马为业，后从军，先任边镇队主，函使。六镇爆发起义时，相继从属破六韩拔陵、杜洛周、葛荣等部，而后又投奔尔朱荣部下。借助尔朱荣的势力，收编了六镇余部，同时又镇压了青州流民起义，被尔朱荣晋升为晋州刺史。尔朱荣被魏帝元子攸诛杀后，特别是尔朱荣的从子、汾州刺史尔朱兆扶元晔登基称帝被封为大将军、大丞相，控制朝政后，高欢便与尔朱氏集团决裂，展开争夺控制朝政的斗争。

高欢像一座石雕似的站在台上，双目不停地扫视着台下黑压压一片攒动的人群。

良久,高欢用铜钟一般的声音喊道:“弟兄们,大家都知道了,今天下午突然接到大丞相尔朱兆的命令,让我率领你们昼夜兼程,三天三夜必须赶到并州(今山西太原),去征讨举行暴动的稽胡人!”

这时台下忽然有人喊:“大丞相为什么让我们去征讨稽胡人?”

高欢答道:“大丞相说,稽胡人凶狠剽悍,非我六镇兵民不足以制伏他们。”

点将台下一阵骚动,这时又有人喊道:“这么远的路,三天三夜能赶到吗?”

“大丞相有令,贻误军期,严惩不贷!”高欢说着,从怀中取出虎符在空中晃动着喊,“大家看清楚,这是大丞相送来的兵符,军令如山,所以今夜必须出发!”说罢,他抽出腰里的宝剑,笔直地竖立在台上,用十分威严的口吻喊道,“有违抗军令者斩!有逃跑者斩!行军途中掉队者斩!”说完,将剑在空中一挥,又喊道,“全军即刻出发!”说着,转身欲下点将台。

这时,校场四周响起一阵哭叫声,一群群老幼妇孺拥进队伍中,寻找自己的亲人。

当高欢刚要跳下点将台时, 身边的尉景突然拽住他的战袍, 大声喊道:“高将军,你不能就这样带着弟兄们扔下妻儿老小去远征。”

高欢转过身望着尉景不吱声。尉景饮泣说道:“高将军,你应该把真话告诉弟兄们!”

高欢摇了摇头说:“我不能这样做,我必须执行大丞相的命令!”

台下的士兵们感到惊愕,纷纷嚷道:“什么事?快告诉我们!”

尉景苦苦哀求着。高欢十分为难地站在那里,一声不吱。士兵们在台下急不可耐地催问着。尉景气得一跺脚喊道:“你不说我说!”

尉景跑到点将台中间,亮起嗓子吼道:“弟兄们……”话刚出口,高欢冲过来喝道:“不得泄露军机!”尉景瞪着眼睛喊道:“我尉景宁肯被杀头,也不干欺骗弟兄们的事!”

“尉将军快说!”台下的士兵狂呼乱叫地喊着。

“弟兄们,高将军身负朝廷使命,不敢泄露军情,我尉某不听那个邪!

大家听着，朝廷把我们六镇兵民视为眼中钉，早就想着法子除掉我们。派我们去征讨稽胡人，就是想借稽胡人消灭我们。大家知道稽胡人祖祖辈辈住在并州的深山里，他们不仅凶狠剽悍，而且擅长在山地作战，我们六镇兵民出身荒漠，到深山老林里不是去送死吗？”

“尉将军说得对！我们不能去送死！”士兵们呼喊着。

“还有，据可靠的消息，待我们征讨稽胡人之后，除了死的死、亡的亡之外，尔朱兆将军将把我们剩下的弟兄们化整为零，分给尔朱氏各家族做‘部曲’，给他们当牲畜，当奴隶，让我们从此以后永远不能抱成团，永远不能再与亲人团聚！”

士兵们被这可怕的消息激怒了，骚动的人群像海上涌起的一阵波澜。尉景停了一会儿又喊道：“弟兄们，阴险狠毒的尔朱兆命令我们三天三夜赶到并州，贻误军期定斩不赦。从信都到并州千里之遥，即使每人插上翅膀也难飞到，何况只有两条腿？现在摆在我们面前的不是只有死路一条吗？”

两万士兵终于像火山一样爆发了！

愤怒的士兵们吼道：“尉将军，难道我们等着死吗？”

尉景振臂喊道：“弟兄们，让我看，与其坐以待毙，不如铤而走险！与其引颈受刑，不如举旗造反！”

“对！我们反了吧！”台下响起一阵雷鸣般的吼声。这时，高欢忽然揪住尉景的衣领喊道：“大胆尉景！你敢违抗朝廷命令，泄露军机，煽动兵民造反，我斩了你！”说着抽出腰间的宝剑。霎时，台下一窝蜂地冲上来十余名将军，抽出宝剑齐声吼道：“谁敢杀尉将军，我们就杀了他！”闪着寒光的宝剑将高欢团团围住。

相持良久，高欢松开揪着尉景衣领的手，长叹了一口气，说道：“我何尝愿意去送死？”

“高将军，那就领着我们造反吧！”

将军们用乞求的声调喊着，士兵们用愤怒的吼声呼应着。

高欢沉思良久，拨开身前的宝剑，走到台前，大声喊道：“弟兄们，大家真的愿意起兵造反吗？”

“愿意！”士兵们不约而同地呼喊着。

“好！既然大家愿意，我高欢就率领弟兄们反了！”

“反了！我们造反了！”校兵场上响起一阵又一阵直冲九霄的呐喊声。

当晚，高欢率领尉景及一群将军返回信都城内刺史府时，高欢手舞足蹈地拍着尉景的肩膀，乐得合不拢嘴地喊道：“这场戏真是唱得绝妙！”

原来，诡计多端的高欢自逃出晋阳、渡过漳水、进驻信都后，料到尔朱兆不会给他以喘息和立足的机会，便千方百计，要尽各种手段，很快取得当地世家大族高乾的支持。然后，迫不及待地招兵买马，整顿军务，置备粮草。仅仅三个月，便将带到这里的六镇兵民组建成一支两万人的队伍。

他想先发制人，又恐师出无名，更担心势单力薄，寡不敌众，想起兵书上“愤师必胜”之说，便与尉景等人煞费苦心地导演了这场天衣无缝的骗局。

高欢利用这支被种族仇恨激怒的“愤师”，从公元 531 年 6 月到 532 年 3 月，一次又一次地击败了尔朱兆军队的进攻，特别是公元 532 年 3 月韩陵山（今河南安阳东北）一战，击溃了尔朱氏的联合进攻。尔朱兆回晋阳，尔朱天光逃回洛阳，尔朱仲远退守滑台。

韩陵一战极大地震动了北魏朝廷。不久，尔朱氏的亲信、大都督斛斯椿从前线败回洛阳后，见尔朱氏大势已去，便秘密发动兵变，杀死尔朱世隆，设计捕获了尔朱天光，并用囚车送往高欢军营。不久，尔朱天光的弟弟、镇守长安的尔朱显寿被倒向高欢的尔朱天光的部将贺拔岳所杀。尔朱仲远见大势已去，也仓皇投奔南朝苟求活命。

从公元 531 年 6 月到公元 532 年 3 月，仅仅九个月的时间，高欢便彻底打垮了盘踞河北、垄断朝廷的尔朱氏。

公元 532 年 4 月，高欢率领大军浩浩荡荡开进了都城洛阳，杀死了尔朱氏拥立的皇帝元恭，另立孝文帝的孙子、平阳王元脩为魏帝，自为大丞相、天柱大将军、太师。

三个月后，高欢调动十万大军，不出十月便攻下了尔朱兆的老巢——

晋阳。尔朱兆退往北秀容(今山西神池五寨县),走投无路,刎颈自尽。自此,尔朱氏的势力被高欢彻底消灭。

一日,高欢与尉景在晋阳尔朱兆府的花园里散步,当他俩走到一棵五柏抱槐树下时,尉景问高欢道:“大丞相,如今尔朱兆已兵败自杀,尔朱氏的势力彻底崩溃,不知你为何迟迟不班师洛阳?”

高欢停住脚步,仰起头观赏着奇异的五柏抱槐树说:“姐夫,你认为我应该久居洛阳吗?”

尉景说:“你身为大丞相,手握兵权,总揽朝政,虽然立了新皇帝,但朝廷大事没有你怎么行呢?”

高欢听罢,呵呵一笑,指着五柏抱槐意味深长地说:“你看这树堪称一绝,但中间突兀长出的一棵槐树,你不觉得它太可怜吗?五棵柏树把它包围得严严密密,不得施展。如果人要落到这个地步该多可怜?”

尉景眨巴着眼睛,没琢磨透高欢的潜意,歪着头说:“那你……”

高欢转过身,对他说:“你知道尔朱兆任大丞相时为什么屯兵晋阳,却不久居洛阳吗?”

尉景摇了摇头。

高欢说:“我在晋阳一带屯兵数年,谙知这里的地势。晋阳城东有太行山、常山,西有吕梁山,南有霍太山、高壁岭,北有东陉、西陉关,地形四塞,进可攻,退可守。洛阳城却像个弥勒佛大肚子上的脐眼,四壁空空,易攻难守。”

尉景点点头。高欢停顿片刻,放低声音诡谲地说:“前两年我已找人卜过卦,说洛阳城为天罡(gāng)所逼,阳气衰竭,帝业难兴……”

尉景似乎明白了高欢的心意,用惊愕的目光望着他说:“那……”

高欢接过话头继续说:“我准备在晋阳建大丞相府,然后把山东、河北的六镇兵民悉数迁到晋阳四周,侨置恒州于肆州的秀容城(今山西原平县),侨置燕州于并州的寿阳城,侨置云州于并州的受阳县(今山西文水县东),再将原北方六镇置为朔、显、蔚三州,侨置朔州于并州界内,侨置显州于汾州六壁城(今山西孝义县西南),侨置蔚州于并州邬县界(今山西平遥县）。晋阳城四周有此六州做屏障，再屯兵二十万，那时，晋阳岂不是固若金汤了？”

“那么大丞相想把朝廷交给皇帝元脩喽？”

高欢哼了几声说：“我把元脩扶上帝位，难道是让他匡扶魏室，重振帝业吗？哼哼……”

高吹接着说：“聋子也得长个耳朵嘛。”

高欢说罢，拍着尉景的肩膀说：“姐夫，我准备派你去督办营建晋阳，派高乾去洛阳任司空，其弟高昂任司马，控制住朝廷，然后……”

高欢沉吟片刻，说：“我准备把女儿送往洛阳，让皇帝元脩立她为皇后。”

“皇帝元脩肯纳大丞相的女儿为后吗？”尉景担心地问道。

高欢又哼了几声说：“他这皇帝是我立的，我放个屁他敢嫌臭？外有高乾，内有皇后，我虽身在晋阳，朝廷岂不仍在我手中？”

尉景仍有些担心地说：“大丞相之策固然万无一失，但洛阳毕竟是元氏几代的都城，今魏室帝业虽衰，但元氏宗族多居住洛阳，元脩也不会甘于受制于人，如若图谋不轨，大丞相屯兵晋阳，恐鞭长莫及。”

“哈哈……”高欢一阵大笑，意味深长地说，“我正怕这元脩安分守己！”

尉景心领神会地点了点头，脸上露出一丝狞笑。

一晃两年过去了。

魏帝元脩虽然身居帝位，每日堂而皇之地坐在临政殿的龙墩上升朝问政，但他深深感到自己如同被缚在茧里的一只蚕蛹。朝臣们的奏折虽然送到他这里，朱笔虽然握在他手里，玉玺虽然藏在他的寝殿里，但是，举凡朝廷大事都要经过高乾禀报蛰居晋阳的高欢之后方可定夺。他不敢自作主张，不可越雷池一步。高欢通过高乾把他紧紧地握在手心里。高乾像影子似的无时无刻不跟在他的身边。远隔千里的高欢像长了一对千里眼，对他的一言一行、一举一动都能洞察秋毫，了如指掌。

魏帝元脩自幼博通经史，禀性倔犟，慎于言行，不狂躁，不轻浮，素有抱负。他见到元氏同族同室操戈，争权夺利，致使朝纲紊乱，社稷倾危，便胸怀中兴之志。初登帝位，因羽毛不丰，根基不稳，尤其高欢贪权揽政使他无法施展，只好忍气吞声，权做傀儡。

两年后，他渐渐萌动了摆脱高欢的念头，想躬亲朝政，中兴魏室。恰在此时，高乾的父亲去世，被迫解官回家为父丁忧。元脩便趁机起用亲信斛斯椿为镇军将军，主掌军事大权，并且招募勇士组建羽林军护卫后宫。同时，密遣使者去关西，与反对高欢的关西大都督宇文泰勾结，以图摆脱高欢的控制。

不料，元脩正在暗中紧锣密鼓策划时，回家丁忧仅半年的高乾却突然上表朝廷，要求回朝复职。同时，又接到高欢从晋阳送来的奏折，请魏帝元脩允准高乾提前复职。

元脩接到高欢和高乾的奏折后十分惊愕，知道高欢已发现他的行踪。

这天晚上，元脩忧心忡忡地回到寝殿，锁紧眉头坐在御椅上，高皇后再三盘问，他只是烦躁不安地在殿内踱来踱去，一声不吭。

深夜，高皇后从御床上悄悄支起身子，借着窗外的月光，见皇帝元脩仰卧在床上，双手枕在脑后，两只眼睛怔怔地望着殿顶。她用手轻轻抚摸一阵他的胸脯，又将脸贴在他的胸前嗅了一阵，抬起头来轻声问道："陛下，已过三更，你仍无心入睡，是有事烦恼，还是想令其他嫔妃侍寝？"

皇帝从头下抽出两只手，说道："皇后，自你入宫后，朕可曾让你独卧空床？"

高皇后在元脩的胸脯上轻轻地晃了两下头。

自高后入宫后，元脩因她是高欢的女儿，曾戒备提防过。但是，高皇后花一般的容颜、楚楚动人的苗条身段，加之贤惠温顺的性格，很快使他倾心。一年来，高皇后作为一个女人，除了使他时时处处感到甜蜜、温馨、柔顺外，从不过问政事，渐渐地高皇后成为他形影不离的掌上明珠。

高皇后倏地掀掉身上的棉被，下了床，打开木柜铜锁，从衣包里取出一块折叠的白绢，递给元脩，然后点起床头的油灯。元脩凑近灯光，见是高欢写给高皇后的信，命她待高乾复职后，设法里应外合杀死皇帝。

元脩读罢密信，猛地从床上坐起来，将白绢搓成团摔到皇后身上，双目像喷着火，盯着皇后，两只颤抖的手伸向她的脖颈……高皇后猛地扑到元脩身上哭着喊道："臣妾不能没有陛下！"

次日清晨，高乾刚吃过早饭，忽然接到高皇后的密旨，传他即刻进宫。高乾一阵欢喜，忙穿戴整齐，乘轿进宫。

高乾匆忙走进皇帝寝殿时，见高皇后正焦虑不安地在殿内走来走去。他跪到地上施礼请安后，便说："皇后，臣高乾以死效忠大丞相……"话音刚落，只见通往内室的绣锦门帘猛地被掀开，领军将军斛斯椿手握宝剑冲出来。高乾情知有变，未及从地上爬起来，斛斯椿的宝剑一挥，人头已经落地，血柱喷起数尺高。

当天，斛斯椿率领羽林军，将高乾的家眷及弟弟高昂和同党一网打尽。

高乾被杀的消息传到晋阳后，高欢怒不可遏，当即下令点齐二十万兵马进攻洛阳。

魏帝元脩得知高欢率兵南下，异常惊慌，忙召集心腹到后宫密商对策。

惊慌失措的文武大臣们七嘴八舌，莫衷一是。领军将军斛斯椿主张出兵迎敌，当即遭到群臣反对，认为这是以卵击石。正当大家一筹莫展时，中军将军王思政奏道："高欢之心，昭然若揭。洛阳非用武之地，陛下当驾临关西大都督宇文泰处，日后再图归京，无虑不胜。"洛阳太守裴侠起而反对说："今宇文泰已雄踞秦关，屯兵数十万，勃勃野心恐不在高欢之下。陛下若銮驾往投，恐是避汤入火。"元脩忙问："依尔之见，朕将何往？"裴侠沉思片断，说："今欲率兵抗欢，祸在旦夕，西巡依秦，祸在将来，依臣之见……"裴侠说到此处沉吟不语。魏帝元脩说："卿且直言。"裴侠只好说："依臣之见，避狼奔虎，莫如南投梁朝，暂避一时……"元脩愠怒地："卿欲遣朕做亡国之君？"

恰在这时，宇文泰派人送来密信，劝魏帝率领百官进关西，入长安与高欢抗衡。

当元脩犹豫不决时，内侍入报高欢兵马已抵邺城，声称兵焚洛阳后，欲将朝廷迁往邺城。元脩闻讯，当即决心西进。于是，下诏命宇文泰为关西大行台（东汉后称朝廷为台，地方代表朝廷行尚书省事的机构称行台，一般多因军事需要而临时设置,若任职的官员权位特重,则称大行台),并决定将自己的妹妹冯翊长公主嫁给宇文泰为妻。同时下诏,敕各地兴勤王军共讨高欢。

高欢率领大军浩浩荡荡开进洛阳时,魏帝元脩已西去长安投奔宇文泰。

高欢知道,当今之天下敢与他称雄抗衡者唯有宇文泰。魏帝元脩如投奔那里,宇文泰便可挟天子以令诸侯,无疑是如虎添翼,后患无穷。于是,连夜派人西行追赶。但是魏帝元脩已被宇文泰抢先一步接入长安。

高欢无奈,连续向魏帝发出十余封奏折,请他返回洛阳。魏帝元脩自然不愿返回洛阳,也不敢回到洛阳。于是,对高欢的奏折概不作复。

高欢出兵洛阳时,本是想借此机会杀死魏帝,自篡大统,改朝换代,没想到被宇文泰趁机插足占了便宜。元脩到了西安后,宇文泰声势大震,朝廷落到他的控制之下。高欢鉴于这种情况,自然不敢贸然称帝,便想在洛阳另立新帝,与长安的朝廷相对抗。

主意已定,高欢又亲笔给魏帝写去奏折,称:“陛下若远赐一诏,许还京洛,臣当率领文武,清宫以待。若返洛无日,宗社不能无主,臣宁负陛下,不负社稷。”

奏表发出后,依然杳无音信。数日后,高欢见魏帝元脩执意不肯回洛阳,便召集百僚耆老,决定另立孝文帝之孙、年仅十一岁的元善见为帝。

元善见刚刚登基,宇文泰便派兵攻下潼关,并扬言继续东进。高欢得此消息,便想乘机逼迫新帝迁都。次日升朝时,高欢对幼主奏道:“臣近闻宇文泰已攻下潼关,将兵东进。都城洛阳西临关中,南近梁境,无险可守,势已迫在眉睫,不如迁都邺城以避兵锋,另图帝业。”

十一岁的少皇帝坐在龙墩上只是眨巴着眼睛,不知所云。文武群臣只好唯唯称诺,不敢反对。

三日之后,高欢即命令皇帝起驾登程。文武百官亦仓促上路。四十万户洛阳市民背儿抱女、哭爹喊娘地跟着幼主一同迁至邺城。

这一年是公元 534 年。

魏帝元善见迁都邺城时，高欢留守洛阳处理后事。事毕仍回晋阳。

宇文泰自从迎纳魏帝元脩之后，沾沾自喜，自认从此以后，可总揽朝廷，一展宏图。

宇文泰，字黑獭，代郡武川（今内蒙古川西）人。其父宇文肱，曾参加破六韩拔陵的起义，失败后全家被迁往河北，不久，全家又在左人城参加杜洛周的起义。宇文肱战死后，宇文泰随其兄宇文洛投到葛荣军中，曾被葛荣任为将师，时年只有十八岁。葛荣失败后，宇文泰被收编到尔朱荣部将贺拔岳部下。后来，贺拔岳率兵镇压关陇起义时，高欢收买副将侯莫陈悦，杀死了贺拔岳。贺拔岳军中的将领一致拥戴宇文泰为主帅。不久，宇文泰一举击溃侯莫陈悦，关陇地区遂为宇文泰所据有，成为当时仅能与高欢抗衡的一雄。那年他只有二十七岁。

宇文泰知道魏帝元脩是位胸怀抱负、不甘受人摆布的皇帝，所以，能否控制住魏帝元脩是宇文泰最担心的事情。

这天，魏帝元脩刚刚早朝毕，宇文泰便将元脩引进到便殿的一间密室里，命人取出一盒宫点，然后又命人牵来一只狗。宇文泰当着元脩的面打开宫点盒，取出一块点心扔给狗吃。片刻之后，这条狗嚎叫几声，挣扎一阵死在地上。元脩大吃一惊，不知何故。宇文泰说："这盒宫点是高皇后昨天派人送到大行台府，说是皇帝犒赏宇文泰的。"元脩说他并不知道此事。宇文泰接着说："我得知高欢最近派人给高皇后送来密信。这盒有毒的宫点可能是高皇后根据高欢的指示，背着皇帝秘密干的。"魏帝元脩将信将疑，宇文泰主张到皇帝的寝殿里搜寻这封密信。

当元脩与宇文泰来到寝殿时，高皇后静静地躺在御床上。元脩见皇后脸色发紫，嘴角流血，双目圆睁，早已断了气。元脩正欲呼喊，宇文泰说，高皇后是畏罪自杀。于是命侍从四处搜寻，果然在御床下找到一块白绢。接过看时，果真是高欢给高皇后的密信。信中命高皇后设计毒死宇文泰之后，再以死报效朝廷。

在罪证面前，魏帝元脩默默地站在御床边望着躺在床上的高皇后，一眶热泪慢慢地从眼角里溢出。

宇文泰命人将高皇后的尸体抬出寝殿后，十分关切地对元脩说:“皇帝不必悲伤,为效忠陛下,臣愿将爱妹立为皇后。”

元脩听罢,心里一震,转过身用狐疑的目光望着宇文泰,良久,他轻轻地摇了摇头。

宇文泰走后，元脩忽然想起上次高欢写给高皇后命其与高乾合谋杀害自己的信,忙从柜中找出,与眼前这封高欢的密信相对照,发现不少破绽。他感到皇后之死甚是蹊跷。

当晚,时近半夜,元脩独自一人仍在寝殿里忧心忡忡地苦苦思索着。突然,一位浓妆盛装、妖冶妩媚的年轻漂亮女子带着一身袭人的香气,一阵风似的飘进寝殿。自称是宇文泰的妹妹,奉大行台的命令,今夜入殿为陛下侍寝。说罢,扑到元脩怀里做出种种媚态。元脩一阵厌烦,将她推出怀,趔趔趄趄险些跌倒。元脩愤愤地说:“似你等这般风骚女人,也配做皇后！”说罢,以手相指,连喊几声:“滚！”

那女人恼羞成怒,“哼”了一声说:“不让我做皇后,你也得像高皇后一样死在这寝殿里！”

听罢这话,本已满腹狐疑的元脩顿时恍然大悟。一腔愤怒使他像一头咆哮的狮子猛扑上去,双手紧紧扼住那女人的脖颈。

这时宇文泰从殿门外闯进来,一挥手,身后一位侍从冲过去,用一条白绫紧紧勒住了元脩的脖子。

第二天早朝,宇文泰宣称皇帝元脩暴病而死,决定推立孝文帝孙、南阳王元宝炬为帝,追谥元脩为孝武帝。宇文泰自为大丞相,都督中外诸军,录尚书事,总揽朝政。

自公元 386 年至公元 534 年，统治北方长达一百四十九年的北魏至此分裂成东、西两部。

高欢在邺城所立的魏帝元善见为东魏。

宇文泰在长安所立的魏帝元宝炬为西魏。

是年,公元 535 年。

天子有天子的死法

——隋炀帝　杨广

大业十四年(公元 618 年)

初春的江都(今扬州),茫茫夜空上静卧着一钩弦月。四周的星星闪烁着荧光,相互辉映,好似要齐心协力湮没这弯孤寂的月亮。

洛湖,雕栏玉砌的曲桥上,已是天命之年的杨广拄着一支齐头的竹节杖蹒跚地走着,嘴里吐着酒气。萧皇后小心地搀着他的左臂,身前身后各有四个宫女,手端着红纱的宫灯引路殿后。

他们默默地走着。良久,萧皇后抬头望望夜空,说:"陛下,天色不早了,该回寝宫安歇了。"

杨广停住脚步,思忖片刻:"我们到湖心望月亭坐坐吧。"

杨广和萧皇后隔着石桌坐在望月亭鼓凳上。湖面拂过一阵凉风,萧皇后打了一个寒战,担心皇帝着凉,想催他回宫。待她转过脸时,却发现杨广正仰着头,神情专注地望着夜空。

她没敢惊动他,只是默默地望着,端详着。她好久没有这样端详他了。

萧皇后出身名门望族,父亲是南朝梁昭明太子的嫡孙。十五岁那年,她嫁给了隋文帝的次子杨广,成为晋王妃。当年的杨广年少俊伟,豪气过人,才思敏捷,恭谨孝悌,深受父皇和母后的喜爱。她为有这样的丈夫感到幸福、自豪和骄傲。

她为丈夫生下了两个儿子(杨昭和杨暕)。在她三十五岁那年,丈夫以弑父杀兄的卑鄙手段登上了皇帝的宝座。她感到触目惊心,不可思议。她被册封为皇后,希望丈夫能放下屠刀,广种福田,普度众生。她希望用自己的聪明贤惠,辅佐丈夫治国齐民平天下,做一个像父皇隋文帝那样开明贤达的好皇帝。十三年过去了,她的一切希望、一切努力都像泡影般破灭了。

皇权使丈夫的刚愎自用、暴戾无道、穷奢极侈的本性暴露无遗,使他成为恶贯满盈、众叛亲离的孤家寡人。

如今,他像一个随风飘荡的风筝,随着腥风、淫雨飘游。

她像丈夫身上的一件内衣,随时都会被脱下扔掉。

她端详着眼前这位丈夫、暴君、昏君!

她知道他此时此刻在想什么。

她不敢开口,十几年来她总是敢怒不敢言。

又是一阵凉风,她从心底里打了一个冷战。

突然,一颗流星拖着长长的尾巴,以迅雷不及掩耳的速度在夜空中画出一个大弧之后,陨落在夜幕的深处。

萧皇后感觉到杨广陡地打了一个寒战。

少顷,杨广叹了一口气,沉吟道:"朕观今夜星相乃星蚀月,月色赤。"停顿片刻后,语气更加沉重地说:"还有流星入紫微……"

博学多识的萧皇后也颇通晓占(zhān)星之术。她知道"星蚀月"乃星光欺月,是国君人主将有被其臣下弑杀之象。"月色赤"乃"星变色"的一象。星占云:月青为饥与忧之象;月白为旱与丧之象;月黑为水、人且病死之象;月赤则为天下纷争与兵刃相见之象;而"流星入紫微"则主天下大凶……

此时虽是夜色朦胧,但萧皇后依稀可见丈夫的脸上充满着恐怖和绝望的神情。

身为皇后,她对丈夫的处境和心境了如指掌。

炀帝称帝后,也曾有过一番作为,诸如,在全国实行郡县制;创立进士科,正式确立科举制度;修订律法,兴建学校,整理典籍,修撰图书等。可惜,这些仅仅是昙花一现。继之而来的则是大兴土木,广治宫室,巡游天下,荒淫无度,穷兵黩武,四出经略,刚愎自用,拒谏饰非,鱼肉百姓,残暴天下,最后导致民怨沸腾,义军四起。

公元610年(大业六年),王薄领导的农民军在长白山(今山东章丘)首举义旗,继之孙祖安在漳南(今河北故城西北)聚众响应,张金称在蓨县

(今山东夏津),窦建德、高士达在鄃县(今河北景县)攻城略地,威震朝廷。

公元613年(大业九年),大贵族杨素之子、礼部尚书杨玄感趁杨广第二次御驾亲征高丽之机,在黎阳发动叛乱,围攻东都洛阳,吓得杨广连夜从前线赶回。叛乱虽遭镇压,但隋朝的统治开始从内部瓦解,更给烽烟四起的农民起义火上添油。

隋王朝面临着分崩离析的危境。

公元616年7月,杨广被迫离开西都长安和东都洛阳,以出游为名避居江都。

来到江都后的一年间,形势更加严峻和险恶。杜伏威率领从山东章丘杀出的义军挥师南下,先后打败隋朝大将陈棱,克高邮,占历阴,进逼江淮。翟让、李密领导的数十万瓦岗军将东都洛阳团团围困。河北窦建德聚众十万余人,自称长乐王,河间一战,全歼涿郡留守薛世雄部,威震河北。

在义军四起、狼烟遍地时,许多隋朝封疆大吏、郡县武装见隋王朝大势已去,纷纷拥兵自立,称王称帝。金城府校尉薛举割封兰州,自称秦帝,建都天水(今甘肃天水),拥兵十万,尽占陇西。鹰扬府司马李轨率军攻陷张掖、敦煌西平(今青海乐都)、抱罕(今甘肃临夏),尽有河西五郡,自称凉帝。夏州朔方(今陕西横山)鹰扬郎将梁师都联兵突厥反隋,据弘化(今甘肃庆阳)、延安(今陕西延安)等郡,自称皇帝,国号梁。

今天晚上,萧皇后陪同杨广在芙蓉殿里与众妃嫔饮宴歌舞时,传来令人震惊的消息:太原留守李渊带兵反隋,率众攻入西都长安,立杨广之孙杨侑(yòu)为帝,改元义宁,遥尊杨广为太上皇。

杨广在酒席宴上听到这个消息,顿时火冒三丈,猛地将酒席掀翻在地,吓得众妃嫔纷纷悄然溜走。萧皇后担心他承受不了这沉重的打击,只好陪着他趁着月色到洛湖上散步,以排遣心中的愤懑和忧郁。

江北大地狼烟四起,东都洛阳危在旦夕,西都长安已然沦陷。杨广已成为众叛亲离的孤家寡人,丧家之犬。

萧皇后望着长吁短叹的杨广思绪万千,愁肠百结。她想此时此刻应该劝慰他几句,然而思之再三未敢开口。多年积累的经验告诫她,刚愎自用的杨广从来不愿听别人的好言相劝，稍有不慎将遭至杀身之祸。她只好缄言不语，像个影子和幽灵似的，默默地坐在他身旁。

杨广感到心里发烧，酒往上涌，脸上热得难受，起身来到亭前的临水台阶上，蹲下身双手捧水洗着脸。

这时，一位宫女悄悄地走到萧皇后身旁，弯下腰凑近她的耳边，低声说道："娘娘，奴婢今晚在酒席宴上听人说，宫外已是人心浮动，都在想造反，就连皇帝身边也有人想造反。"萧皇后吓得几乎出了一身冷汗，忙问："谁？""奴婢不知道，传话的人也没说。我怕万一成真，陛下和娘娘……思之再三，心想还是应该禀告娘娘，让皇上也早有防备。"这位宫女是跟随萧皇后多年的贴身侍女，皇后待她一向宽厚、仁慈。这宫女家境贫寒，父亲常年患病卧床不起，皇后经常赏赐银两接济她家。去年她父亲病故，皇后又帮助她将父亲很体面地安葬入土。按宫中规矩，太监和宫女不准互相传递这种消息，违者要遭杀身之祸。宫女对皇后感恩不尽，听到这消息后，决定冒着生命危险告知皇后。

萧皇后听罢，忙从头上取下一支金钗放在宫女手上，低声说："哀家替皇上谢谢你的忠贞之心。这事千万不要外传，让我想想该怎样转奏皇上。"

近来，皇后在后宫已觉察到有些人行动诡谲。听到宫女的话，她想，无风不起浪，否则此等大事不能在下人中传递。她十分惶恐不安，觉得此事必须禀报皇帝，但怎样向皇帝禀报呢？如果她亲自把这消息告诉皇帝，皇帝刨根问底，她无从回答，结果必会斥责她杞人忧天，蛊惑人心。如果让宫女亲自禀报，时至今日，皇帝或许会信以为真，倍加防范。于是她决定让宫女亲自禀报杨广。宫女见皇后吩咐，便壮着胆子走到杨广身后跪下，嗫嚅地禀报了此事。杨广听罢，只说了声："平身。"待宫女刚刚站起时，杨广猛地将宫女推进湖中。皇后惊叫一声，连忙用衣袖掩住嘴。只见杨广站在台边，双手反背，看着宫女在水中挣扎喊叫，直到湖面平静无声才转身回到石桌旁，若无其事地问萧皇后："你害怕了？"眼含热泪的萧皇后尽管心如刀绞，却忙不迭地说："臣妾不敢，只是为陛下……"

萧皇后未敢说出"担忧"二字，杨广抢过话茬，说："你是替我担忧？哈哈……告诉你，现在想谋我这个皇位的人大有人在，这算得了什么？即使有朝一日，我失去了天下，仍可做长城公（指陈后主），你也仍可做沈皇后（指陈后主的皇后沈婺华）。哈哈哈……”他好像刚才根本没有发生任何事情似的一阵狂笑。接着，他围着石桌一边踱步，一边摸着自己的脖颈，说：“将来，或许有一天会有人砍掉我的头，我这头可是价值连城的国宝。得我头者，即得国之宝玺也。哈哈……”他近似发狂的笑声在夜空回荡，使人感到毛骨悚然。

狂笑声刚停，杨广一个急转身来到萧皇后面前，问道：“皇后，如果有人逼我们去死，我们应该选择哪种死法？”

萧皇后像真的有人逼她去死似的倒抽一口冷气，身子往后一闪，未及回答，杨广从怀中取出一个小酒瓶，送到皇后面前说：“你知道这里装着什么？鸩酒！鸩酒！皇帝自有皇帝的死法！哈哈……”

狂笑声转而变成号啕大哭。

杨广捶胸顿足地说：“我料到迟早会有这一天。我杀人如麻，成千上万。别的死鬼不敢奈我何，可是我的父皇和兄长会饶恕我吗？”

萧皇后知道，父皇隋文帝杨坚和长兄太子杨勇之死是杨广心中永远无法治愈的心病。

隋文帝杨坚共有五个儿子，长子杨勇，次子杨广，三子杨俊，四子杨秀，五子杨谅。兄弟五人都是独孤皇后所生。

开皇元年（公元581年），隋文帝称帝后立长子杨勇为太子。封十三岁的杨广为晋王，任并州（今山西太原市）总管。

开皇七年（587年）杨广二十岁时，隋朝大举攻陈，于寿春（今安徽寿县）置淮南行省，以晋王杨广为尚书令、行军大元帅，统率五十余万大军，东起沧海，西到巴蜀，向陈发起进攻。第二年春，一举灭陈，结束了自东晋以来南北对峙的局面。杨广首立战功，进位太尉。

开皇十年（公元590年），江南士族高智慧等人起兵作乱。文帝又调杨广为扬州总管，镇江都（今江苏扬州），很快平息叛乱。

开皇二十年（公元600年），突厥达头可汗进犯北方边境，文帝命杨广与杨素等人分道出击。杨广部下的秦州总管长孙晟(shèng)熟悉突厥的山川地势、风俗人情,他建议杨广于泉水上游投毒。西突厥人畜饮者皆死,于是退走。杨广率军追击西突厥人,凯旋而归。

从公元588年到600年的十二年间,杨广既曾为平陈的统帅,又曾镇守江都、北御突厥,立下赫赫战功,他成为隋文帝杨坚五位皇子中的佼佼者。杨广秉性阴冷狡诈,野心勃勃,善沽名钓誉,矫揉造作,又有为达目的不择手段的险恶用心。当他屡立战功、声望日增后,便开始萌生了夺太子位的野心。

杨广知道,这种争夺是以生命和鲜血做代价的较量,不能眷恋于手足之情,不能心慈手软,不能顾忌手段。

杨广明白,要夺得太子的地位,一是要讨好父皇和母后,二是要笼络自己的亲信和党羽。按照这两个原则,他精心策划了一出既惊险残酷又精彩圆满的丑剧。

太子杨勇于北周大象二年(公元580年),在北周王朝拜为大将军、左司卫。不久,出任洛州(今洛阳)总管、东京小冢宰,后进位上柱国、大司马,统辖京城禁卫军。

开皇元年(公元581年)杨坚即位称帝时,杨勇被立为太子,襄助参决朝廷大事。杨勇博学广闻,擅长辞赋,性格宽厚温和,谦恭坦诚,不尚矫饰,不善逢迎。

杨勇在襄助父皇处理朝廷政事时,表现出他的才学和谋略过人,然而在权力之争的角逐中却显得稚嫩和低能,较杨广远逊一筹。他从未想到弟弟杨广有夺太子位的野心,更未想到父皇和母后能废掉他的太子位。

杨广选择的第一个突破口是争宠父皇和母后。

独孤皇后是北周大贵族独孤信的女儿,雅好读书,精明能干,朝中把她和杨坚并称"二圣"。但独孤皇后生性嫉妒,残忍狠毒。她最恨文帝宠爱姬妾,更讨厌丈夫跟结发夫妻以外的女人生子。她曾经把文帝"见而悦之"的爱姬尉迟氏杀死。隋文帝不敢接近后宫中的其他嫔妃,一生中也只跟独孤皇后生下五个儿子。为了巩固自己的地位,独孤皇后极力提倡以结发、元配夫妻关系为正统。不工心计的杨勇偏偏在这些事上随心所欲，我行我素。独孤皇后亲自择配的高门望族元孝矩之女为他的嫡妻。婚后，杨勇对元氏十分冷淡，却明目张胆地宠爱一个平民出身的私生女云氏昭训，两人形影不离，朝夕相伴。元氏气不过，常到独孤皇后面前哭诉。不久，元氏猝然病死。独孤皇后怀疑是被杨勇和云氏合谋所害。后来，又听说云氏在东宫专权擅内，杨勇饮宴官员宾客时，还让云氏作陪，俨如元配夫人。不仅如此，杨勇还和姬妾们接二连三地生了十几个孩子。独孤氏非常气恼，经常严厉地斥责他，并让他处死云氏。杨勇不以为然，置若罔闻。为此，独孤氏恨得咬牙切齿。

文帝杨坚在政治上是一位开国明君，生活上崇尚节俭，惜财如命。但是，他十分专权，非常关切自己的皇权地位。初立太子时，他对杨勇寄予厚望，让他参与和襄助朝政。随着杨勇逐渐长大，经验逐渐丰富，声望逐渐提高，他在内心里却产生了大权旁落和被人取而代之的忧虑。

杨勇喜好抛头露面，交朋结友，动辄邀集官员去东宫饮宴作乐，赋诗对歌，谈论朝政。东宫经常是宾朋云集，车水马龙。一次冬至时，杨勇大张旗鼓地在东宫宴请文武百官，接受朝贺，热闹非凡。而皇宫里却萧条冷落。杨坚听到消息后，气愤地对独孤皇后说："太子是何居心？"从此，文帝杨坚对太子杨勇猜忌心日重，倍加防范。

这些事杨广看在眼里，记在心上。为了迎合讨好父皇母后，处处与哥哥杨勇反其道而行之。杨广平时在宫中表面上只与王妃萧氏居处。每逢父皇和独孤皇后去东宫时，便把宫中年轻貌美的姬妾藏起来，派一些年老丑陋的女人穿上粗劣布衣出来迎接，并且把一个断了弦、落满灰尘的琴挂在墙上。王妃萧氏生子时，杨广隆重庆宴，大肆张扬，其他姬妾生子时，便偷偷杀掉。久之，杨坚和独孤氏误认为杨广专宠元配，不好声色，又崇尚节俭，因而逐渐宠爱之。

杨广也善于利用舆论，争宠于父母。每次父皇母后派人或朝臣来时，杨广夫妇都亲自到门口迎接，盛宴款待，临行还馈赠礼品。这些人得到礼遇和好处后，都在杨坚和独孤皇后面前夸奖杨广仁孝忠义，知书识礼，宽厚大度。杨广愈发得到父皇和母后的宠爱,在朝臣中的声望也越来越高。

为了试探虚实、投石问路,有一次,杨广跑到独孤皇后面前煞有介事、痛哭流涕地说:“儿臣一向以至诚待我兄长,却不知何故得罪了兄长。近闻,太子有意加害儿臣,望母后做主。”独孤皇后见杨广哭得伤心,说得真切,认为是杨勇嫉妒杨广得宠于父母的缘故,气愤地说:“太子越发肆无忌惮了,害死元妃我还未治罪于他,如今又想加害于你。现在我与你父皇尚健在,日后作古他会如何?元妃已死,他们无嫡子,以后你要在贱女人云昭训所生的儿子面前称臣,母后怎能忍心啊!”说罢,母子二人抱头痛哭。

杨广摸准了母后的心,自然也猜透了父皇的意。于是,便有恃无恐地加快了夺嫡的步伐。

一天,杨广请来心腹亲信寿州刺史宇文述,密谋策划。宇文述说:“废立太子系国之大事,事到如今,必须有朝廷重臣亲自出面,离间文帝、独孤皇后与太子的骨肉情。据我所知,能在皇帝面前议论此事的只有尚书左仆射杨素,而杨素最信任他的弟弟大理少卿杨约。我和杨约是莫逆之交,如蒙晋王厚爱,请派我办理此事。”杨广一听,喜上眉梢,欣然同意,并赏给宇文述大批金银财宝。

宇文述来到杨约府,缄口不谈此事,整日陪他赌博,故意让杨约赢了很多钱。一连数日,杨约感到事有蹊跷,心生疑窦,便问其来意。宇文述趁机将杨广的意思说明,更危言耸听地说:“你们兄弟功名盖世,执掌朝政,必遭嫉妒,积怨甚多。日后皇帝驾崩,必然大祸临头。如今皇太子失宠,陛下有废立之意,欲立晋王。此事就在你哥哥一句话。你兄弟二人如能建此大业,晋王必保杨家千秋永盛。”杨素兄弟都是奸诈狡猾的势利小人,自然是“心有灵犀一点通”,当即允诺成全此事。

在一次宴会上,杨素故意巧妙地试探独孤皇后说:“晋王仁孝恭顺,很像当今圣上。”一句话触到皇后的心痛处,对杨素滔滔不绝地讲了许多杨广的好处和太子杨勇的不是,并直言不讳地流露出废立太子的意思。二人谈得十分投机,皇后亲自授意他办理此事。

隋文帝自然有意废立太子,只是碍于朝中大臣,不便直言。

一天，他请来尚书仆射、齐国公高颎(jiǒng)，试探地对他说："朕闻有神告诉晋王妃，说晋王必得天下。你是当朝宰相，你看此事……"高颎听罢，未加思索，忙跪下奏道："陛下，自古长幼有序，太子有才有德，怎能随便废去？"高颎是隋朝佐命元勋，当朝宰相，在朝中威望极高，又与太子是儿女亲缘。文帝见高颎反对，不便深说，但是却感到要废立太子，必须除掉这块绊脚石。

独孤皇后与高颎素有夙仇。这次见他反对废立太子，愈加仇恨，便千方百计搬弄是非，罗织罪名，在文帝面前进谗，结果高颎很快被削职为民。

杨广见高颎被罢免，杨勇在朝廷中失去靠山，形势对他十分有利，便步步进逼。他用巨资收买了东宫幸臣姬威，在太子身边设下眼线，让他随时搜集太子的言行。继而又收买了太史令袁充，让他到文帝面前宣称："臣观天象，皇太子当废。"

由于杨广与杨素等人互相勾结，四出活动，广造舆论，百般中伤，文帝与独孤皇后也感到太子非废不可。杨广见时机成熟，便唆使姬威诬告太子在东宫"厌胜"，祈祷上天诅咒文帝早日驾崩。文帝闻奏大怒，立即派人将杨勇父子及东宫属官全部捕获入狱，交杨素审讯。欲加之罪，何患无辞？杨勇不服，有口难辩，结果被废为庶人，并拘囚在杨广的管辖之下。

杨勇被囚，自然不服，再三要求面见父皇，被杨广百般阻挠。无奈，便在一天夜间撬开窗户，逃到室外，爬到树上狂呼乱叫，希望文帝能听到他的声音。杨广立刻派人将杨勇捉回，打得他遍体鳞伤，人事不省，重枷铐身。然后杨广跑到文帝那里谎称杨勇癫鬼缠身，见人便狂呼乱叫，抓打踢挠，口吐秽言，咒骂皇上。文帝大怒，宣称永不相见。

不久，杨广被立为太子，阴谋诡计如愿以偿。万事俱备，只等有朝一日文帝寿终正寝。

仁寿四年(公元 604 年)，文帝杨坚卧病仁寿宫。

杨广登太子位，苦苦相盼四年，终于有望。入宫侍疾后，见父皇病情日渐沉重，便急不可待地在仁寿宫里给杨素写信，询问如何处理丧事、筹备登基大典云云……杨素写好回信，秘密派人去仁寿宫，结果到处找不到杨广，焦急之中被文帝发现。文帝当场将信要来拆开，看罢大怒！恰在此时，文帝宠幸的华夫人披头散发、衣衫不整、哭哭啼啼地跑进寝宫。原来文帝患病期间，华夫人被留在宫中，杨广见她姿色过人，心生邪念。这天，他见华夫人回自己的殿内更衣，便尾随而至，趁华夫人更衣时闯进去，将她逼奸。杨广原以为文帝病已沉重，华夫人被奸后不敢声张，不料，性格刚烈的华夫人不畏强暴，当即跑到仁寿宫。文帝躺在病床上听罢华夫人的哭诉，拍案而起，大怒道："何足付大事？"继而连声喊道："速传勇儿进殿！"

风云突变，形势危急！

杨广听到消息时胆肝俱裂，魂不附体。在这千钧一发之际，何去何从？要么前功尽弃，坐以待毙，要么铤而走险，死里求生。杨广稍事镇静，当机立断，马上派人截杀宣召杨勇的内侍。然后，命令心腹亲信宇文述率领东宫卫队，以迅雷不及掩耳之势将皇宫围得水泄不通。杨广亲自率领右庶子张衡、带领十余名禁卫军直奔文帝的寝宫。

杨广包围了文帝的寝宫后，先派几名禁军进宫，将随侍人员全部抓走，然后向身边的张衡递了一个眼色。张衡心领神会，只身一人手持宝剑，闯进寝宫。这时，文帝怒目而视地坐在床上，见张衡杀气腾腾地进殿，喝道："无义狂徒，胆敢造反？"张衡走近床前，双手一拱："陛下，卑职奉太子命，送陛下升天！"说罢，猛地将宝剑刺进文帝的胸膛。

第二天，杨广令杨素颁诏，晓喻天下："文帝驾崩！"

与此同时，又派杨约矫诏赐废太子杨勇自缢，并将杨勇的八个儿子全部头朝下活埋。

公元 604 年 7 月，长安城的皇宫鼓乐喧天，旌旗蔽日。双手滴着鲜血的杨广身穿龙袍，满面春风、踌躇满志地登上了皇帝宝座。

萧皇后坐在石鼓凳上，见杨广神情恍惚，哭笑无常，知他心病发作。十四年来，每逢触及文帝和长兄杨勇时，他总是这样，时而暴怒，时而癫狂，时而哭笑无常，之后会大病一场。

杨广号啕大哭一阵后，跪倒地上，双手抱拳，仰望苍天，哀号着："父皇、兄长，你们饶恕我吧！十四年前我鬼迷心窍，才做出这等伤天害理的事。你们的冤魂整整缠了我十四年！我求求你们……”

萧皇后望着丈夫跪在那里，看着他那伛偻的身体、日渐瘦削的面庞，心里不知是怜悯是同情，还是怨恨。她此刻心乱如麻，思绪万千。她知道丈夫末日的到来将会给她带来什么厄运。她不愿去想，也不敢去想。为了斩断这种令人惊悸的思绪，她忙起身走到丈夫身旁，将他搀起，劝慰道：“陛下，您不必伤心，天无绝人之路，我们还是回去安歇吧。”

杨广推开萧皇后的手，说：“不，今天晚上我要在这里多待会儿，我真想一个人在这里痛痛快快地哭一场。让我一个人在这里对父皇和长兄的灵魂说几句心里话。”

“陛下，往事如流水，似烟云，何必耿耿于怀，念念不忘？陛下身为一国之君，龙体无恙乃一国之幸，万民之福，要保重身体。”

“不必劝慰了，朕的心病不是几句劝慰可以治愈的。自登基至今，十四年来，我一刻未曾停息过。我下令掘长堑，筑西苑，营建东都，开凿运河，修筑长城，广造离宫，伐木造船，凿山通道，四处经营，可以说百役繁兴。我下令三次征讨高丽，可以说是穷兵黩武。我北巡塞外，南游江都，可以说是穷奢极欲。是我把国库的钱财挥霍尽了，是我把百姓激怒了。可是，我为什么要这样？我知道这天下本不该是我的，弑父杀兄是逆天大罪，父兄的冤魂不会饶恕我，迟早有一天，他们会来找我索命还债！没做皇帝时，我拼命想做皇帝，做了皇帝我就后悔莫及。无奈，我只好恣意放纵，拼命挥霍，自暴自弃。如今，我气数已尽，天意难违。这是咎由自取，因果报应。可怜你和儿孙们难免跟我遭殃……”

杨广说罢，又是一阵心酸，热泪涌流。正以袖拭泪，内史侍郎虞世基匆忙赶来向他奏道：“陛下，臣刚刚得到探马急报，此前从西都长安和东都洛阳等北方各地发往江都的粮食，均被李渊、李密派出的兵马悉数抢劫，并将一切运粮的通道封锁。眼下，江都城内粮食所储不足三日，事态严重，臣无奈启奏陛下定夺。”

“噢？”杨广大吃一惊，思忖片刻，问道，“在丹阳（今南京）建造的别宫不知如何？”

“启奏陛下，臣闻尚需一个月左右方可竣工。”

“如此看来，不能等竣工之日再迁居丹阳。”

“那……”

“依朕之意，三日内即行率众迁往丹阳。”

“臣遵旨。”

虞世基刚欲转身，又被炀帝喊住。

“朕闻近日江都城内人心思变，有人甚至想谋反，可有此事？”

“人心思变确有其事。想谋反者臣不敢妄奏，只是……”虞世基不敢往下说。

“讲！”杨广命令道。

“臣闻禁卫骁果军中有人扬言不去丹阳。”

“何故？”

“骁果军士兵均是关中人。李渊攻陷长安，他们不知妻儿家室安危，思乡情重。又恐陛下南迁丹阳，久居不归。”

杨广听罢，思忖片刻，道：“传朕的旨意，骁果军全部随朕南下丹阳，违令者格杀勿论！”

次日深夜，右屯卫将军宇文化及的府邸。

骁果军统领、右屯卫将军宇文化及、武贲郎将司马德戡、直闯将军裴虔通等正在密室里聚议。突然骁卫军郎将元礼闯进密室，慌慌张张地向宇文化及禀报，说：“刚刚有人传来消息，昨夜凌晨骁果军郎将窦贤，竟率所部五百余人逃离江都城。皇帝命内侍郎虞世基派兵追赶。据悉这五百余弟兄全部被捉获，并就地处死。”

宇文化及听罢，愤怒地将桌子一拍，说：“我们必须立即动手！”

凌晨，江都城隋炀帝的离宫里突然火光四起，喊声阵阵。酣睡中的隋炀帝和萧皇后从梦中惊醒。慌乱中得知是宇文化及率领上万名禁卫骁果军发动叛乱包围了离宫，并杀入宫内。萧皇后急忙帮助杨广披上衣服，从后窗逃走。接着，门被“砰”的一声撞开，只见司马德戡、裴虔通等人持刀而入。萧皇后见是两位骁果军将领，便壮着胆子问道："皇帝待你们不薄，为何率众叛乱？"司马德戡等未予理睬，四处搜寻，见后窗被打开，便跳出窗外追去。终于在后殿帷幕里拖出光着双脚的隋炀帝杨广。司马德戡把手中的宝剑逼住杨广肥胖的脖颈问道："昏君暴君，你可知罪吗？"

杨广故作镇静地反问："朕何罪之有？"

"弑父杀兄，大逆不道……"司马德戡正欲数说早已拟好的十大罪状，突然从帷幕后跑出一个小男孩，抱住杨广的衣袍，一面号啕大哭，一面冲着马司德戡大骂："反贼！叛党！"

这是隋炀帝最宠爱的幼子，年仅十二岁，封为赵王。司马德戡被骂得性起，挥起宝剑将赵王砍死。隋炀帝抱住幼子的尸体号啕大哭，然后对司马德戡说："天子自有天子的死法，我岂能死在你的刀锋之下？快去给我取鸩酒来！"

司马德戡摇头。

"那你想让我如何死法？"

"陛下，你还记得太子杨勇是怎样被你赐死的吗？"

杨广一怔。停顿片刻，在司马德戡的剑锋威逼下，杨广无可奈何地慢慢解下自己的腰带……

大业十四年（公元618年）三月，某日凌晨，江都离宫寝殿的大梁上挂着一具光着双脚、伸着长舌、轻轻摆动着的尸体。

两天后，萧皇后用几块床板钉了个小棺材，悄悄地将这具尸体埋在江都宫一座破旧的流珠堂下。

没有举国治哀的丧礼，没有高大宏伟的陵寝。

他，终年五十，谥号炀帝。

凶手背后有凶手

——唐宪宗 李纯

元和十三年(公元818年)十一月。

唐都长安已是深秋季节。

高原上吹来的晨风令人瑟瑟发抖。

唐宫,宣政殿。这里是古城长安最早苏醒的角落。大殿里灯火辉煌,照得顶天立地的蟠龙柱耀眼生辉,金銮殿正中御案前左右两只银质独脚丹顶鹤,头上各顶着一盏铜质鎏金莲花灯。跳动的火苗照得雕龙玉饰的紫檀椅生明起光,雕梁玉柱上悬挂的八盏宫灯照得大殿如同白昼。金殿后壁高悬的乌漆匾上,浮雕的“江山永固”四个金色大字更加熠熠生辉。

金銮殿下,身着蟒袍玉带的文武百官麇集在宽阔的朝堂上,有的窃窃私语,有的引颈翘首,有的抱着笏板闭目养神。

皇帝李纯已经近三个月没有临朝了。这是他自元和元年(公元806年)登基称帝以来,第一次这么久隐居后宫,不问朝政。据传,这位四十一岁的皇帝两年前就担心死神过早地为他打开地狱的大门。他幻想创造亘古未有的长生不老的奇迹。宗卿李道古与宰相皇甫镈推荐深山道人柳泌炼制长生不老仙丹,李纯便派人把柳泌召进宫,封他为代理台州(今浙江临海)刺史,让他在辖地天台山挖灵草,炼仙丹。

柳泌身穿官服,头戴道冠,驱赶着台州上万的百姓踏遍天台山,寻天石,觅仙草,设炉炼丹。九九八十一天,仙丹炼就,献进宫中。皇帝李纯按柳泌所嘱,隐居密室,不见凡人,不见日光,三日一小丸,五日一大丸。两月过后,二十四丸仙丹落肚。李纯感到内火中烧,心绪躁动,动辄打骂左右侍从,甚至杀人宣泄。柳泌说,这正是仙丹神力所致,乃脱胎换骨之始。李纯还想继续在秘室中服用仙丹,以期得到长生不老的神效,怎奈朝中诸事积压甚多，朝臣一再联合奏本，请皇上临朝。迫不得已，李纯才决定驾临早朝，接见百官。

文武百官近三个月未见龙颜，骤闻今日升朝，在升朝前的一个时辰便都衣冠楚楚地到待漏堂等候，每人的笏板上都写着密密麻麻亟待启奏之事。

寅时将尽，忽听宣政殿外三班细乐、笙弦悦耳，飘然而至。文武百官骤然鸦雀无声，依序排列，抱笏而立。少顷，听黄门官高喊："皇上驾到！"这时，大殿上两扇玉后屏开处，四个盛妆的宫娥挑灯，四个皂服太监引路，四个宫女搀扶皇帝李纯登上金銮宝殿。

李纯头戴紫金冲天冠，身穿赫黄衮身袍，腰系蓝田碧玉带，脚登粉底朝靴，脸色发紫，双目血红，一副神情倦怠、四肢无力的样子，缓步登上金銮殿，坐到紫檀雕花龙椅上。

李纯坐定，文武百官齐刷刷跪伏在地，三拜九叩，三呼万岁、万岁、万万岁，而后按文武分列两厢。

李纯扫了一眼殿下两厢的文武朝臣，刚想开口讲话，却打了个哈欠，然后才懒洋洋地说："众卿有事启奏吗？"

话音刚落，文臣中走出一位身着蟒袍、头戴乌纱、手持笏板的大臣，跪倒在丹墀之下，说："陛下，臣有本奏。"

李纯见是宰相李绛，眉头一皱，心里一阵烦躁。因为李绛是位敢于直言进谏的朝臣，凡有时弊陋事，不论事关皇上、重臣，均敢当面直谏，且谈锋犀利，措辞尖刻，有理有据，难以驳回。李纯心里不高兴，却耐着性子说："爱卿有何本奏？"

李绛直起身，捧住笏板，奏道："陛下，进入戊戌之年，天意不悦，风雨失调，旱涝不均。近月来，连日接到南北各地急奏，徐、荆二州暴雨成灾，水淹千里，颗粒无收。兖、豫、泰三州黄河决口，淹没四郡十七县，数万百姓背井离乡，乞讨为生。河东、河北、江州、郢(yǐng)州又久旱无雨，赤地千里，鱼米之乡，竟饿殍盈野。百姓或以膏土充饥，或易子而食，其状惨不忍睹，饥民水火之中，企盼朝廷派员抚慰，开仓赈济，然朝廷竟无人过问，无力赈济。此等大事，欠拖不办，饥民必有反心，望陛下圣裁。还有，嶲(xī)州地震死者盈千……”

李纯听得不耐烦，见李绛滔滔不绝，振振有词，便打断他的话：“算了，算了，旱、涝、风、雪、蝗，年年皆有，何必惊慌？”

李绛还想争辩，李纯把手一扬：“李爱卿，退下吧，还有何本奏？”

李绛言犹未尽，只好退回朝列。这时，兵部侍郎裴度急忙走出朝列，唯恐错过机会，撩起朝袍，跪倒便奏：“陛下，元和初年，陛下初登大宝，立志中兴大业，开创太宗、玄宗以来之盛世，调集兵力，运筹帷幄，几经坎坷，终于削平藩镇，重振朝纲，一统江山。此中尤以河朔三镇和淮西两地战绩卓著，威震四方。然近年来，藩镇势力重又死灰复燃，各据一方，无视朝廷，自行政令，赋税不入中央。尤其是河北王承宗和东都李师道，二人狼狈为奸，聚众造反，劫掠州县，宰杀命官。昭仪节度使卢从史暗中勾结吴元济，企图叛逆朝廷。此种端倪，如坐视蔓延滋生，陛下十年功业将付诸东流……”

李纯听裴度比李绛说得更加危言耸听，甚至贬意十足，不堪入耳，本想发作，怒斥裴度一通。但裴度是一位德高望重的老宰相，也是李纯中兴大唐的功臣。光和元年(公元806年)二十八岁的李纯登基称帝时，面临着十分严重的藩镇割据局面。自唐朝中期以来，地方藩镇各拥强兵，表面上尊奉朝廷，但法令、官爵都自搞一套，赋税不入中央。节度使的职位父死子继，或由部下拥立，朝廷只能顺从，事后追认，不能更改，否则便联兵反叛朝廷。

李纯登基后雄心勃勃，立志削平藩镇割据，重振朝纲，一统大唐江山。他的雄韬大略在宰相裴度等心腹重臣的支持下，从元和元年平定四川节度使刘辟开始，到元和十三年(公元818年)平定淄青镇节度使李清道，最后削平藩镇，重创唐朝一统天下的局面，实现了李纯中兴大唐的夙愿。特别是在平定淮西节度使吴元济的战役中，在最艰难的时刻，裴度自请亲赴前线。李纯任他为淮西宣慰处置使，右庶子韩愈为仪行军司马，负责指挥重军。历经四年多的苦战，终以生擒吴元济而取得淮西战役的最后胜利。

李纯满肚子怒气，碍着面子，把到嘴边的话咽了下去，不耐烦地眯着眼睛说："藩镇已被平定，如今已是天下太平，爱卿不必危言耸听。"

"陛下……"裴度还想争辩。

"此事不必多言。"李纯闭着眼睛道。

"陛下！"裴度停顿了片刻又提高了声音喊道。

"还有本奏吗？无事退下吧。"

"陛下，臣还有本奏。"裴度抢着说。

"讲——吧。"李纯拖腔拉调地说。

"陛下，近闻宫中库存大批积压多年朽败的缯帛，由度支部负责处理。宰相皇甫镈竟用度支部的款项高价买下，做成戎装，供应边军士卒。因缯帛朽败，士卒穿上不久破裂不堪，形同褴褛，边将愤怒，脱而焚之……"

皇甫镈是不久前从御史大夫升任的中书门下平章事，掌度支的宰相，此人不学无术，专事取媚阿谀，巧言令色，百般取宠皇上。自从向李纯推荐方士柳泌后，越发得到宠信，有恃无恐，借李纯深居后宫饮服"仙丹"之机，专权朝政，为非作歹。

皇甫镈见裴度当着皇帝的面奏他的本，恼羞成怒，跪出朝列，拽着裴度的胳臂，撩起朝袍前襟，指着裴度脚上穿的朝靴，冲着金銮殿上的李纯喊道："陛下，他脚上的靴子也是内库所做。"说着，他竟肆无忌惮地用手撕扯着裴度的朝靴，边撕边说："此靴如此坚固，可见裴度所言纯系一派胡言，造谣中伤，欺君罔上。"

裴度怒不可遏，用笏板指着皇甫镈说："我有边将奏本为证，可请皇上圣裁。皇甫宰相，你以职务之便中饱私囊，致使戍边将士对朝廷不满，难道不是欺君罔上吗？"

"啪"的一声响！李纯大怒，在御案上重重地一拍，吼道："朝廷之上，两相争斗撕扯，成何体统？退下！"

文武群臣鸦雀无声，噤若寒蝉。

顷刻，气冲冲的李纯喊道："没有奏本，退……"话音未落，只见五短身材的吐突承璀手持拂尘、摇着纱帽、迈着鸭子步出班，跪到丹陛之下，口呼："吾皇万岁、万岁、万万岁！臣有本奏。"

吐突承璀原是吐蕃国的贵族子弟。德宗年间,吐蕃的尚结赞普派一批学生来唐朝学习经史。吐突承璀不肯埋头读书,经常跑到烟花巷的青楼里寻欢作乐、花天酒地,还常和宫中五坊(指雕坊、鹘坊、鹞坊、鹰坊、狗坊)的小太监鬼混,学些驯马、架鹰、玩狗、斗鸡的本事。别人学成归国时,他却突然自己动手净身,做了太监。入宫后,凭着聪明乖巧、阴险奸诈、善于奉承和花言巧语,深得当时还是广陵王的李纯赏识。贞元二十一年(公元805年),顺宗继位,因患口疮不能说话,加上腰肢瘫痪,行走不便,无法理朝。吐突承璀和宦官俱文珍等人合谋,逼迫在位仅八个月的顺宗退位,扶持太子李纯当了皇帝。李纯称帝后,封吐突承璀为内常侍,总管宫人太监。不久,又提升为左军中尉。

吐突承璀善于投机取巧、取悦皇上。他看到李绛、裴度奏本都惹得皇上李纯动怒,认为是个好机会,于是眉头一皱,计上心来,在李纯要宣布退朝时,立即走出朝班。

李纯坐在金銮殿上,见是吐突承璀奏本,满脸的怒气顿时消失,他知道吐突承璀每次奏本,都是令他高兴的事。

吐突承璀跪在丹墀之下,见李纯准奏,站起来满面春风地说道:

"陛下,臣闻长安城西二百余里有一座法门寺,寺内有大圣真身宝塔,塔下地宫藏有佛骨舍利。据佛经云,舍利生辉,佑及万国。自建塔以来每隔三十年开塔一次,让舍利之光普照大地。故每逢开塔之年,风调雨顺,天下太平,国事祥和。我朝自高宗、武后、中宗、肃宗以来都按时开塔,迎佛骨进京供奉,并曾受到佛祖的庇佑。然而自乾元二年(公元759年)肃宗迎佛至今,已有五十九年未曾启宫迎佛,故导致佛祖不佑,灾荒连年,国事不宁。依臣之见,明年正值上次开塔后的六十年,陛下应以盛大之礼启宫迎佛,祈求庇佑大唐江山永固、陛下万寿无疆。"

李纯为了长生不老,既信道又崇佛,听了吐突承璀的启奏,高兴得脸上像绽开一朵花。心想,启宫迎佛如真能令风调雨顺、天下太平,又能使自己长生不老,何乐而不为?于是,兴高采烈地连声说:"说下去,说下去。"

吐突承璀见李纯转怒为喜,便放开胆子,眉飞色舞地说:

"陛下,臣闻法门寺地宫里还珍藏着无数巧夺天工、价值连城的奇珍异宝,其中有高宗皇帝为佛指骨造的金棺银椁、八重宝盒。据说,这宝盒是个一尺见方的香木银棱黑漆宝盒,第二层是鎏金盈顶银盒,第三层是金棱银盒,第四层是紫檀香木漆盒,第五层是金框宝钿、珍珠宝玉镶嵌的宝盒,第六层是一座高约五寸、玲珑剔透、四面四门的七层纯金宝塔,塔下一根竖着的银柱上,套着一枚白色如玉、白中透青的圆筒形的指骨。这个宝盒每一层都雕镂穷奇,令人瞠目结舌。还有武后赠的绣罗彩裙,堪称瑰丽无比。此外,地宫里的金玉佛像、金玉器皿、宝石念珠、绫罗织绣数不胜数。若能启宫迎佛,不仅可以庇佑天下,亦能大饱眼福……"

吐突承璀摇动他的三寸不烂不舌,把个法门寺地宫讲得天花乱坠,李纯听得如痴如醉,如入仙境,连声说:"好,好,好。"

这时,右丞相李逢吉也忙走出朝列,躬身施礼,接过吐突承璀的话:"陛下,如今人心不古,从恶如流,勇者思斗,智者思谋,因而群起反上,四方不宁。佛教力主教化百姓,训人向善,安分守己,听天由命。普天之下,只有智勇之士从善如流,方可国泰民安。鉴于当今天下之势,应如内常侍所言,以隆重之礼厚迎佛骨,诏令天下大力倡佛,此乃治国安邦之良策。"

几个善于阿谀奉承、看风使舵的朝臣见李纯听得心花怒放,也跟着摇头晃脑,啧啧称赞。

李纯坐在金銮殿上听得忘乎所以,双手合十,念了几句"阿弥陀佛"之后,说:"二臣所言极合朕意,朕决定,明年正月择黄道吉日亲赴法门寺,启宫迎佛,入京礼拜。此事须以隆重之礼,不可等闲视之,朕决定命内常侍吐突承璀全权督办此事。"

话音刚落,一位年近花甲、浓眉重目、长髯飘胸、豪爽不羁的朝臣边喊着"不可",边急步走出朝列。

李纯一看,是吏部侍郎韩愈,脸一下子由晴转阴、由短变长。

韩愈,河南安阳(今河南孟县南)人,因其郡里昌黎,自称"昌黎韩愈",世人谓之"韩昌黎"。韩愈系贞元进士,官至监察御史。宪宗时,因随宰相裴度平定淮西节度使吴元济的叛乱,提任吏部侍郎。

韩愈不仅因其散文脍炙人口而为朝臣所仰慕，更重要的是，他是一位刚正不阿、忠义耿直、唇枪舌剑的谏臣。每次进谏言辞尖刻，气度逼人，被李纯称为“嘴上无德的谏臣”。

韩愈听到吐突承璀和李逢吉的一派胡言已经气得咬牙切齿，待李纯在他们的蛊惑之下决定明年开宫迎佛时便忍无可忍，大步流星走出朝列，不等皇帝准奏，也不管皇帝高兴与否，便口若悬河、滔滔不绝地讲起来。

韩愈说：“陛下，古云，忠孝节义，治国四纲，四纲不张，国乃衰亡。生死寿夭，本诸自然，刑德福威，治国之端。自五帝三皇，未有佛法，君明臣忠，年祚久远。”

韩愈引经据典，批驳了汉明帝引入佛教给中国带来的灾难之后，又痛斥佛教泛滥成灾给唐朝带来的弊端。他慷慨陈词、有理有据地说：“自我朝开国以来，全国已建佛寺近万座，僧尼三十余万，寺庙侵占田地六万多顷，几乎占总耕地的一半。寺庙多一个僧尼，朝廷少一名壮丁。寺庙越多，国力越衰，尤其是一些刁顽之民，杀人犯科，藏匿寺院，逃避罪责，实为天下之大祸。因此，北周武帝断然灭佛，国力振兴，梁武帝倡佛，结果饿死台城。前车之覆，不可不鉴。”

韩愈越说越激动，不管李纯的脸色由红变白又变黄，竟然挥动起笏板说：“释迦牟尼不过一个凡人，一块指骨何足为奇？建塔造寺已属荒唐，开宫迎佛更属无稽。兴师动众，劳民伤财，耗资巨万，必生祸端。况且，目前国库已经空虚，灾荒连年，盗贼蜂起，生民涂炭。若再迎佛，岂非国将不国？”

李纯早已气得血往上涌，一语双关地问道：“你想如何？”

韩愈不假思索，愤然答道：“依臣之见，当开宫掘骨，焚而扬之，永绝后患！”

“啪”，李纯把御案上的龙胆拍得震耳欲聋，怒不可遏地吼道：“大胆放肆，朝廷之上竟敢口出狂言，辱我佛祖，毁谤圣上，来人哪！把韩愈绑了，斩首示众！”

话音刚落，四员镇殿将军一拥而上，将韩愈摘掉乌纱帽、脱去朝袍，连推带搡地拉出宣政殿。

吐突承璀奸诈、幸灾乐祸地冷笑着，看着镇殿将军拉着韩愈从他跟前走过。

韩愈毫无惧色，冲着吐突承璀“呸”地吐了一口，骂道：“吐突老贼，你欺君罔上，祸国殃民，终究不会有好下场！”

阖朝文武看李纯正值盛怒，又惧怕吐突承璀的淫威，皆敢怒不敢言。在千钧一发之际，只见裴度铁青着脸，撩起朝袍，跑到殿门前，大声喊道：“刀下留人！”然后急忙返回，扑通跪到丹墀之下，奏道：“陛下，韩愈虽然冒犯圣上，罪不容赦，但念他赤胆忠心，秉公持正，廉洁奉公，为我大唐中兴立下汗马功劳，老臣恳请陛下息怒开恩，免他一死。”

李纯怒气冲冲地说：“韩愈这老东西，图谋不轨的野心昭然若揭，死有余辜！”

裴度置生死于不顾地说道：“陛下，韩愈随臣征讨，彼此推心置腹，精诚合作，臣以性命担保，他绝无反心，望陛下网开一面，刀下留情。”

众朝臣所见裴度冒死保韩愈，甚为感动。吏部尚书崔群、礼部尚书李节等相继出列，跪倒在地，又拜又叩，为韩愈求情。

裴度的额头磕得鲜血直流，下跪求情的朝臣越来越多。

李纯怕一意孤行引起众怒，思忖片刻，说道：“既然众卿担保，免他死罪，贬为潮州刺史，无旨不得进京。”裴度见李纯虽然赦免韩愈，但潮州地处南隅，生荒僻远，还想奏请皇上留韩愈在京，刚想再奏，李纯却喊道：“退朝！”说罢，转身便走。裴度十分遗憾地怔怔地站在那里。

长安南去的城门外，一辆布篷马车缓缓行驶着，车上坐着韩愈和他的妻子、女儿。

车到十里铺时，裴度领着侍从，骑着马从后面急驰而至。韩愈急忙停下车，迎上前去，冲着裴度跪倒在地，无限感激地说：“多谢大人救命之恩，恐连累恩人，故不便到府上辞行，望恕罪。”裴度忙扶起韩愈说：“你我情同手足，生死与共，何谈救命之恩？韩大夫一生肝胆照人，效忠朝廷，竟落得如此下场，宦海沉浮，令人寒心。闻韩大人悄然离京，不胜悲楚。特略备薄酒，驱马追出京城，为大人送行。”

二人席地而坐，草草置备酒肴，忧心忡忡地回首着宪宗朝的往事。

几杯酒落肚后，裴度唉声叹气地说："皇上登基之初，雄心勃勃，削平藩镇，一统江山，中兴大业，可谓匡扶社稷，力挽狂澜，堪称一代英主。用人纳谏，明察不惑，勤政图治，去奢省费，不矜其功，可谓明君。中兴之时，皇上知人善任，擢拔才俊，人才济济。杜黄裳、李绛及吾等为其运筹帷幄、总举朝纲，李愬、高崇文、李光颜等为其南征北战、平定藩镇，杜佑、白居易、韩大人为其舞文弄墨、草制诏敕。皇上英明贤德，文武百官齐心协力，同舟共济。谁曾想，皇上如今竟变得如此昏聩、荒唐、暴虐，居功自傲，忘乎所以，失人心者岂能有天下？……"

韩愈涨红着脸，义愤填膺地说道："守朱者赤，近墨者黑。如今有吐突承璀一班奸佞小人将陛下囿于后宫，崇道信佛，炼制仙丹，不问朝政。吐突老贼乘虚而入，左右皇上，如此下去，朝廷多舛，皇上亦前途未卜。历朝历代，宦官得宠，必有大祸……"

裴度深有感慨地说："皇上登基之初，就是仰仗宦官俱文珍、吐突承璀等逼迫顺宗让位，又传闻，退位后的顺宗皇帝也是被这些宦官谋害而死。"

韩愈愤愤地说："他们能逼死顺宗皇帝，难道就不能逼死当今皇上？或许今日一别，将与圣上永无相见之日，望恩人在朝中多为皇上劳神。"

酒酣话犹未尽，天下起淅淅沥沥的小雨，裴度与韩愈热泪盈眶，挥手告别。

元和十四年(公元 819 年)正月十六日。

李纯率阖朝文武起驾，前往法门寺开宫迎佛。吐突承璀因筹备有功，赐良田千顷，封护国公，都督八万禁军，全权指挥迎佛盛礼。

迎佛仪仗从开路前锋、中营护卫，到后营压阵，从皇帝李纯、大小官员，到宫娥太监，共十万余众，络绎四十五里。前锋已过咸阳古渡，后营才出长安西门。几十里驿道上旗幡招展，旌麾蔽日，人喊马嘶，黄尘滚滚。沿途百姓跪在路旁，焚香、烧纸、叩头者二十余万，个个衣衫褴褛，面黄肌瘦，饥寒交迫。

浩浩人流像一条黄龙，在西去的驿道上滚动翻腾了五天五夜，才到达法门寺。

十万人聚集在法门寺周围的弹丸之地，折腾了六天六夜，闹得当地官府百姓鸡犬不宁，民怨沸腾。最后捧走了一只藏有释迦一节指骨的八重宝盒。

正月十九日，迎佛大军从金光门、延平门、开远门三路进城，龙车、凤辇和佛骨香车在八百御林军的护卫下，在欢声雷动中缓缓穿过中心大街。城中百姓倾城空巷，夹道两旁，人稠如织，水泄不通。整个长安城鞭炮齐鸣，鼓声如雷，琴瑟齐鸣，香烟袅袅。所到之处，人皆双手合十，口念阿弥陀佛，偌大长安宛如西天佛国。

李纯决定迎佛入京时就向世界各国发出邀请，准备在四月初八佛诞节以朝圣为名，在长安召开"万国大会"，企图以此重振大唐国威。

四月初八举行"万国大会"时，来自世界各地一百多个国家的万余名僧俗官民齐聚唐宫停放佛骨的含元殿，锣鼓喧天，礼炮轰鸣，热闹非凡。各国使臣在参拜佛骨之前，又是向李纯朝贡进献，又是表演绝技。热闹一阵之后，待举行参拜佛骨仪式时，整个含元大殿一片沸腾，人如潮涌，欢声雷动。当李纯亲自揭去供奉佛骨的神龛大门封条，慢慢拉开佛龛的两扇黑漆大门时，却出现了预想不到的意外：佛骨竟不翼而飞，被人盗走。一时间，含元殿乱成一团。

"万国大会"在一片混乱、一片怒骂声中草草收兵。当时为了装点门面、显示国威，把国库里仅有的一点库存悉数花尽，结果换来当场出丑、威信扫地。李纯弄巧成拙，赔了夫人又折兵。

"万国大会"不欢而散后，几经周折，虽然佛骨又物归原处，但李纯却被折腾得大病一场。

李纯久卧病床，百药无效，病情日渐沉重，自然无力理政。此时，边关告急，水旱灾荒，饥民造反。藩镇割据、国库告罄的奏本纷至沓来。朝中人心惶惶，不可终日。

吐突承璀知道这一切是他倡导开宫迎佛造成的。如今群情激愤，民怨沸腾，他仗恃手中握有八万禁军，把持朝政，钳制人口，把皇帝李纯牢牢地控制在自己手里。

李纯久卧病床，心绪烦躁，终日思前想后，终于悟出是道人柳泌的仙丹害得他病入膏肓，是吐突承璀害得他成了威信扫地的孤家寡人，后悔当初没听韩愈的话。

一天，他躺在病榻上越想越气，越气越恨，便把床头剑藏在身边，然后传旨召柳泌进宫，准备亲手杀死这个江湖骗子。结果，柳泌早已逃遁。李纯一气之下，又宣吐突承璀进宫。

少顷，吐突承璀应召入宫，跪在床前，十分谦恭地三呼："吾皇万岁、万岁、万万岁！"

李纯见到吐突承璀那副虚伪的样子，气不打一处来，鼓起勇气喊了一声："来人哪！"

四个禁卫应声而出，拔剑在手，横眉立目地站在吐突承璀背后。

"把老贼给我拿下！"李纯吃力地命令着。

吐突承璀霍地从地上站起来，刷地抽出腰间宝剑，冲着禁卫喊道："你们谁敢动？"

四名禁军立刻被吐突承璀震慑，慌忙跪下，连喊："小的不敢，小的不敢。"

"滚开！"吐突承璀一声吆喝。

四名禁卫吓得慌忙跑出寝宫。

吐突承璀转身用剑指着病榻上的李纯，恶狠狠地说："你想杀我吗？别想了，我手中有八万禁军，谁敢杀我？可我要杀谁……"吐突承璀冷冷地哼了几声，说："我会叫你知道我的厉害。"

李纯吓得浑身发抖，脸色铁青，说不出话。

吐突承璀见李纯对他已有杀机，便下令调遣可靠的心腹监管李纯的寝宫，没有他的命令，任何人不得走进寝宫。

安排妥当，吐突承璀立刻找来宰相李逢吉、镇殿将军刘英等，密议弑旧君立新君的大事。

自李纯病倒后，他们便紧锣密鼓地筹划起这件事。原来，李纯登基后，已经立他的长子李宁为太子,不料太子十九岁时患病死去。吐突承璀积极建议李纯立沣王李恽为太子，而另一个神策中尉宦官王守澄则积极主张立遂王李恒。争执的结果,因李恒的母亲是开平公主,外祖父是唐朝名将郭子仪的儿子郭瑗,而李恽则是后宫所生,出身卑微,所以李恒被立为太子。吐突承璀自幼服侍李恽,与李恽感情笃深。而王守澄则自幼服侍遂王李恒,自然与李恒的关系密切。他们都想给自己的未来找到靠山。李恒被立为太子，吐突承璀总感到心中不安，便千方百计利用得宠于李纯的机会,经常在李纯面前诋毁、中伤太子李恒,以图废掉太子。但终未得逞。现在,李纯重病在身,久治不愈,一旦驾崩,太子李恒继位,他必然失宠。于是,便想利用手握八万禁军的大权发动政变,强行拥李恽为帝。今天,吐突承璀突然发现李纯要杀他,感到形势紧迫,必须当机立断,抢先下手,否则后果将不堪设想。

傍晚,一个叫陈弘志的宦官领着两个小宦官,端着一杯鸩酒,来到李纯的寝宫。陈弘志是吐突承璀一手提拔起来的,是掌管皇帝李纯寝宫诸事务的宦官头目。他一向百依百顺,唯命是从。今天,当他走到李纯床边时,却是杀气腾腾、眼露凶光。李纯躺在床上感到十分吃惊,问道:“你端的是什么药?”

陈弘志冷笑一声,说:“送你上西天的神丹妙药。”说罢,一挥手,两个小宦官扑上床,一人拉住李纯的一只手,陈弘志骑坐在李纯的身上,左手掐着他的喉头,右手将壶中的鸩酒往他嘴里灌下去。

李纯喝下鸩酒而毙,年仅四十三岁,在位十五年,死后谥为宪宗。

次日早朝,文武百官齐聚太和殿,忽见吐突承璀护着身着龙冕的沣王李恽走上金銮殿。众人皆大惊失色,面面相觑。

吐突承璀仗剑而立，怒目而视，向群臣宣布皇帝李纯暴命而死的噩耗。并说,受皇帝遗命,废太子李恒,立沣王李恽为帝。

裴度当时喊道:“万岁驾崩,为何不通禀朝臣?传遗诏为何不召见本部大臣?”

司徒洪兴跳上金銮殿,指着吐突承璀喊道:“我们要见陛下遗体!”

吐突承璀趁司徒洪兴不备，一剑将他刺死，然后向殿下大声喝道：“有不服者，以司徒洪兴为例！”

话音刚落，站在吐突承璀身后的太监王守澄刷地抽出腰刀，猛地一挥，只听“咔嚓”一声，吐突承璀人头落地……

兵部侍郎裴度等重臣匆匆忙忙找来太子李恒，扶他坐上金銮殿上的御座。众臣跪在殿下，三拜九叩，三呼万岁。

是时，沣王李恽已逃回居殿悬梁自尽。宪宗李纯的遗体还寂寞地躺在寝宫里。

时年，元和十五年(公元820年)。

他进去，就再没出来

——唐敬宗　李湛

宝历二年（公元826年），夏夜。

二更将近，鄠（hù）县（今陕西户县北）县令崔发在书房里看罢书，正欲宽衣睡觉，家丁进来传话，说县衙捕头在闹市酒馆里逮住几个酒后行凶打人的歹徒。他们拒不说出身份，还破口大骂，非要县令亲自出来见他们。崔发问是本地人还是外乡人。家丁回答："听捕头说，看打扮是外乡人。"

县令崔发沉思片刻说："几个酒鬼，先投进大牢，明日再说。"

次日，崔发开堂，衙役将几个五花大绑的歹徒推进公堂，喝令他们下跪。几个歹徒不但不跪，反而冲着崔发又唾又骂，十分粗野地吆喝，要崔发亲自给他们松绑。崔发大怒，把惊堂木在公案桌上一拍，喝道："大胆狂徒！"话音刚落，歹徒中一个三十出头的汉子"呵呵"一阵冷笑，走到崔发的公案桌前，肆无忌惮地喊道："狗爷，你真是吃了豹子胆。"说着，"啪"地将一口痰吐在崔发脸上，接着说："你知道爷是谁吗？"

"谁？你们是什么人？"崔发边拭着脸边愤愤地问道。

三十出头的汉子用肩猛地一拱公案桌，用沙哑的嗓子喊道："爷是侍候皇上的公公。"

崔发顿时吓得脸色蜡黄、浑身发抖，忙战战兢兢地喊："快，快给几位公公松绑。"说着，亲自走下公案，慌手慌脚地给这个三十出头的太监松绑。

松绑后，崔发又是赔礼又是道歉，丑态出尽，好话说绝。最后，崔发每人发给五十两银子，让抓捕他们的衙役抬着轿，由崔发亲自陪同，送回京城长安。

回到皇宫，几个太监就把崔发等扣留。那三十出头的太监是专门负责侍候太监总头王守澄的小头目。他把崔发扣下后,便去找王守澄告状。

王守澄在宪宗朝杀了政敌吐突承璀、扶持宪宗的太子李恒登基称帝后,被提为枢密使(主管军事机密)、骠骑大将军,不仅成为当朝宦官的最高首领,而且是挟持皇上、左右朝廷、人皆争附的显要人物。

小头目在后苑里找到了王守澄。他正陪着十七岁的皇帝李湛和一群嫔妃在玩骑驴击球。

李湛是唐穆宗李恒的长子。长庆四年(公元 824 年),穆宗病死在长安宫清思殿,十五岁的李湛在父亲的灵柩前即位。

李湛不仅继承了父亲的皇位,也继承了父亲荒淫、嬉戏、懒于朝政的恶习。登基后,便把父亲的后宫嫔妃据为己有,终日沉湎于酒色,玩得花样翻新,每月在不得已的情况下才临朝三五次。此外,李湛和父亲一样,十分爱好体育活动,穆宗李恒就是玩马时因受惊吓中风而死。李湛在东宫做太子时,就爱好角抵、击毬(毬是用皮革制成,圆形,中间塞上羽毛增强弹性,玩时或用脚踢,或用头顶,叫作"蹴鞠"),尤其喜爱马球。当时,社会上还兴起骑驴击球。李湛听说后,心里琢磨,骑着毛驴击球一定会丑态百出,嫔妃们看了一定会高兴,于是命人出宫买了一批健驴,在宫里玩起驴球,果然是惹得众嫔妃捧腹大笑,他感到十分开心。

小头目趁皇帝李湛和王守澄休息的机会,赶紧凑到跟前,隐瞒了喝酒不给钱的真相,添油加醋、颠倒黑白地告了崔发的黑状,说县令崔发是蓄意制造借口,在"宫市"上殴打宦官。

唐朝后期,朝政日渐昏暗,宦官逐渐得势,大宦官可以主宰军国大事,废立皇上,小宦官亦飞扬跋扈,不可一世。当时,流行一种"宫市"。早先,宦官到宫外采购物品时,百姓出于对皇室的敬畏,均给予特殊优惠。后来,随着宦官的势力日渐猖獗,宫市成为宦官鱼肉百姓、强抢豪夺的场所。他们买东西随意挑选,不付分文,卖者若要钱,轻则动手打骂,重者治罪坐牢。

王守澄听到小头目的禀报,十分气愤,要求李湛从严惩处。李湛问王守澄:"小县令崔发何以胆大包天,殴打宫市的宦官?"王守澄眨了眨眼睛,说:"还不是仗着浙西观察使李德裕是他的老师?他们都是一丘之貉。"

李湛一听崔发是李德裕的学生，顿时火冒三丈。

原来，李德裕是宪宗时的宰相李吉甫之子，宪宗在位时，李德裕曾任兵部尚书，同平章事，是德高望重的权臣，后因遭李宗闵排挤，被贬为浙西节度使。李湛登基后，因朝廷朋党之争十分激烈，李德裕与裴度等重臣都被滞留外地。当李德裕得知李湛登基后，面临藩镇割据、宦官专权、朋党纷争的严重形势，政治上毫无作为，亲信奸佞，荒淫嬉戏无度，便上了一封奏折，题为《丹扆六箴》，内容分六个部分：一曰《宵衣》，批评李湛上朝次数太少又太晚；二曰《正服》，批评他常穿奇装异服，不符皇帝身份；三曰《罢献》，批评他对地方征求奇玩异珍名目繁多；四曰《纳海》，批评他不接受大臣的正确意见和建议；五曰《辨邪》，批评他信任谗谀小人；六曰《防微》，批评他无限制地嬉戏荒淫。

李湛对李德裕的这封奏折耿耿于怀，听到崔发是李德裕的学生，便想把这口气出在他的学生身上。李湛对王守澄说："把他交给你处置吧，狠狠地教训一下这个七品芝麻官。"

王守澄得到圣旨，便把崔发交给小头目。小头目回到后宫，把崔发和众衙役五花大绑推到一所院子里，接着冲进来四五十个手持棍棒的宦官，劈头盖脸地打起来。棍棒雨点般落在崔发等人身上，一阵工夫，崔发被打得血肉横飞，人事不省。直到苏醒过来后，小头目才把崔发投进监狱，想要用尽宫中刑罚把崔发和他的衙役们折磨死。

此事很快被朝廷的大臣们得知，大臣们对宫市和宦官利用宫市敲诈勒索、为非作歹早就十分不满。鄠县县令崔发为维持地方社会秩序，对肆意欺凌百姓的太监给以惩治是完全正当的，太监们无视国法，在皇帝的庇护下对地方命官如此嚣张，大臣们更是义愤填膺。于是大臣们联名上书皇上，替崔发鸣冤。李湛根本不予理睬。大臣们又一致建议宰相李逢吉亲赴后宫面见皇上。

一天，李逢吉到后宫找李湛，结果到处找不到，心想可能在懋文殿读书。赶到那里，只见中书舍人崔郾独自一人抱着一摞书简，坐在鼓凳上长吁短叹。崔郾是皇帝李湛的侍讲学士，皇帝登基称帝时正当读书年龄，朝廷按太后旨意选派崔郾给李湛讲解儒家经典,或为皇帝答疑解惑。结果,李湛年纪虽小,却贪玩好色,登基后从未听过崔郾讲课,更未提过任何疑难问题。一年过去以后,李湛赏给崔郾一批银两和彩帛,把他打发了出去。崔郾回家后感到无功受禄愧对圣恩,便昼夜兼程地编纂了一部《诸经纂要》,希望能给皇帝治国安民提供一些有益的东西。这天,他捧着编完的《诸经纂要》书稿到后宫献给李湛,结果也是到处找不到,只好坐在懋文殿里发呆。

崔郾见宰相李逢吉要见皇上,便跟着他一起到处寻觅,花了九牛二虎的力气,终于在一个密室里找到了李湛。

原来,小小年纪的李湛,从小就知道父皇李恒和太上皇李纯在位时就热衷于请道士炼制金丹,以求长生不老。所以,登基称帝后,经太监的推荐,把道士赵归真和刘从政等人请进宫中,赐官光禄少卿,拨万贯钱修"兴唐观",然后让他们在宫中设密室炼制金丹。

李逢吉和崔郾找到李湛时,他正聚精会神地看着两个道士炼丹。李逢吉和崔郾跪在那里,他连看都不看。过了一会儿,李湛无意中一回头,发现他俩,才令他们起来站在一边等候。李湛蹲在地上很久,感到两腿发麻,见崔郾抱着一摞书稿,便要过来坐在屁股下。

时近傍晌,炼丹完毕,李逢吉才把大臣们委派他奏请皇上赦免崔发的事说了一遍。李湛执意不肯。最后,李逢吉随机应变地编了一个理由说:"陛下,鄠县县令崔发捆绑审讯宦官,确是犯下大不敬之罪,只是崔发家中有老母,年逾八十,自崔发入狱,老母积忧成疾,双目失明,卧床不起,水米不进。陛下要以孝治天下,请看在老人的分上赦免崔发。"

李湛一心只想赶回宫中服食仙丹,见李逢吉紧跟不舍,又说得恳切,便不假思索地说:"去找枢密使王守澄处置发落,他说放就放吧。"说完,匆匆而去。

崔郾抱着一摞呕心沥血编就的书稿,望着李湛的背影,怔怔地站在那里。

李逢吉与王守澄在朝中是朋比为奸的同党,经李逢吉的劝说,王守澄答应给李逢吉一个面子，但是要放崔发，必须按照他的要求办。

第二天，几个衙役用车把崔发白发苍苍、年老体弱的老母亲拉到后宫。王守澄让几个受过鄠县衙役捆绑的太监坐在院子正中，太监们把五花大绑、遍体鳞伤的崔发和衙役们拖进来，然后下令崔发及其老母亲给坐在凳上的太监们磕头求饶。

崔发在狱中被折磨得欲生不能、求死不得，见到老母亲也跟着受罪，也只好甘愿忍受侮辱。老母亲见儿子这般惨状，心如刀绞，只要能救出儿子，上刀山、下火海也在所不惜。老母亲搀着儿子，满脸泪痕地双双跪在地上，连连给太监们磕着头。

母子二人起来后，太监小头目捡起一根竹板递给崔发的母亲，让她当着太监们的面打儿子二十大板。

母亲看着俯身在地的儿子已是遍体伤痕，血迹斑斑，为了儿子能脱离虎口、保住性命，只好举起手中的竹板一下一下地打将起来，每一下都好像打在自己的心上。

母亲的心在流血，眼睛在流泪。

这件令人发指的事风一般传遍宫廷内外，人皆咒骂宦官残忍无道、肆无忌惮，指斥皇帝为虎作伥、姑息养奸。宫内染房里有位工匠张韶是鄠县人，长得五大三粗，会点拳脚功夫，青年时在家乡曾受恩于崔发，总想涌泉相报，但一直未得机会。听到崔发被宫中太监如此凌辱，他忍无可忍。一天，他跑出宫外，找到老乡算卦先生苏玄明，提及要在宫中聚众闹事，替崔发报仇，让他给占上一卦。苏玄明和长安百姓一样，对宫中太监深恶痛绝，特别是崔发的事情发生后，他也希望有人能替崔发出这口气，便借着给张韶卜卦的机会说："你的卦签是上上，你此次举事不但一帆风顺，你还有坐龙床之相，或许此举之后鲤鱼跳龙门，南面为君。"

张韶经苏玄明的鼓动信以为真，回宫后便组织染织坊百余名工匠聚众起事。这些工匠平日经常受太监的凌辱、欺诈，对太监已是无限仇恨，于是纷纷响应。

一天，皇帝李湛领着身边的太监和禁卫去别宫打马球。傍晌，一列十数辆拉着柴草的牛车缓缓驶进宫门，禁卫以为是给宫内送柴草的，无人过问，开门放入。一连进了几道宫门，最后当柴草车驶向后宫时，终于引起禁卫的警觉。禁卫拦住盘问时，张韶从第一辆柴草车里钻出来，一声大吼，十几辆柴草车里钻出百余名手持钢刀的染匠，由张韶率领着，呐喊着冲进后宫，遇到太监便杀。顿时，宫中的太监宫女鬼哭狼嚎，四处奔逃。宫中到处都是太监的尸体。当张韶领着一班兄弟冲进长安宫清思殿时，突然发现这里是皇帝的寝宫，殿内宫灯高悬，龙床上悬挂着绣着龙凤呈祥的锦帐，床上整整齐齐地摆着丝绵被褥。张韶突然想到苏玄明在卜卦中说他有坐龙床之相，于是突生奇想，跳到皇帝的龙床上，又是打滚又是撒欢，狂呼不止，竟把这次举事杀宦官的目的忘到脑后。这时，一位兄弟嚷着："大哥，皇帝就在这龙床上搂着妃子玩，今天咱们冲进后宫，占住龙床，何不抓来几个妃子尝尝当皇帝的滋味。"张韶忘乎所以，当即命弟兄们抓来几个妃子，剥光衣服，在龙床上施以奸淫。弟兄们见张韶在寝宫里奸污妃子，便都扔下后宫太监，忙着到处找宫女、嫔妃，寻欢作乐。

这时，太监们跑出后宫，在别宫里找到李湛。李湛听到消息时，吓得浑身颤抖，从马背上摔下来。左军中尉马存亮将其背回营中安顿，又遣人潜回后宫，救出皇帝的母亲皇太后王氏和祖母太皇太后郭氏。然后，派遣大将康艺全率军讨伐。

当大将康艺全率兵冲进后宫时，张韶正在皇帝的龙床上搂着强行抓来的妃子做着皇帝的美梦。

康艺全不费吹灰之力，便将张韶等一群乌合之众悉数捕获。根据王守澄的命令，天黑后，康艺全将张韶等百余人押赴长安郊外的一座土丘上，先割掉阳具，再砍下头颅，然后抛尸荒野，任凭飞禽野兽撕扯吞噬。

张韶闯宫这天，宦官总头目枢密使王守澄陪同皇帝李湛在别宫玩马球，而后宫当值的太监头目是位居王守澄之下的刘克明。

刘克明净身入宫为宦时，拜王守澄为师。刘克明为人精细、聪明，善于察言观色、阿谀奉承，很快取宠于皇上，并且爬上了仅次于王守澄的宦官副总管的位子。

刘克明羽翼丰满后，逐渐产生了取而代之独掌大权的野心。久而久之，他与王守澄成为明争暗斗、势不两立的政敌。

王守澄不仅把皇帝牢牢地控制在自己手中，还千方百计控制朝廷。宝历初年(公元825年)，翰林学士、大诗人、淮南节度使李绅已经入朝为相，他极力主张宦官退出朝政。王守澄便联合当时的宰相李逢吉排斥陷害李绅，他们利用各种机会在李湛面前诽谤中伤李绅。一次，王守澄对皇帝李湛说，当年穆宗临终前，李绅与裴度等人曾极力唆使穆宗废长立少，反对李湛做皇帝。李湛信以为真，一怒之下大笔一挥，将李绅赶出朝廷，贬为端州司马。从此，王守澄与李逢吉沆瀣一气，狼狈为奸，主宰朝政。

一个偶然的机会，刘克明在后宫存放的一堆陈年奏折中，竟发现一本李绅与裴度联名上疏奏请穆宗立李湛为太子的奏折。刘克明认为这是攻击王守澄的机会，便把这本奏折送给李湛，并在李湛面前说长道短，希望李湛处置王守澄和李逢吉。不料，李湛把这件事告诉给王守澄，而后自己却把这件事忘到脑后，从此，王守澄对刘克明产生了戒备之心，并欲伺机除掉这个隐患。

刘克明虽然也得宠于皇帝，但他没有王守澄年高资深，权倾朝廷，趋炎附势者众多，想取而代之，绝非易事。于是，他一面小心服侍皇上，一面极力取宠后妃。他认为宫闱之中，女色魅力的作用不亚于刀枪剑戟。因此，凡能取宠后妃之事，他都极力效劳，投其所好。后宫嫔妃把取宠于皇上视为终生的希望，而床上之事尤具微妙之功，所以嫔妃们常常求助宫中宦官去宫外购置药物。

张韶闯宫这天，刘克明虽然当值，但是他见皇帝去别宫玩马球，便秘密出宫，为李湛的宠妃辛贵妃按《王房秘诀》的药方购置蜀椒、硫黄、远志等药物。

事发后，王守澄见是刘克明擅离职守，酿成大祸，便在李湛面前极力主张对刘克明严惩不贷，甚至逐出后宫。刘克明自李湛为太子时就在东宫服侍他，甚得李湛喜欢，因此，李湛最后下令罚刘克明杖刑四十。刘克明虽然保住了权位，却被打得皮开肉绽。

事隔不久，刘克明的杖伤尚未痊愈，李湛又要夜间出去“打夜狐”。

当时，李湛除打马球、摔跤、狩猎外，还有一个特殊的嗜好，就是夜间领着一群太监，手持锋利的钢叉到野外打狐狸。这天，李湛在宫内玩得腻味，便派人白天出去侦察好有狐穴的荒丘，入夜便换上紧身衣着，骑着马，领着刘克明和一群太监来到狐狸出没的地方。“打夜狐”开始后，李湛命太监用柴草在洞穴口点火放烟，狐狸被熏得钻出洞口时，他便手持钢叉，一边狂呼乱叫，一边漫山遍野地追赶。每逢叉到狐狸时，他高兴得又蹦又跳。要是太监们叉到狐狸，他便又赏钱又赏布帛。如果狐狸从太监身旁跑过未能叉到，李湛便会大发雷霆，又打又骂，有时会用钢叉叉太监，甚至还会在盛怒之下，拔剑砍下太监的头。

这天晚上打夜狐时，洞穴中的狐狸被烟雾呛得钻出洞口，到处乱窜，李湛挥着钢刀追赶，狐狸从刘克明身边跑过时，刘克明因杖伤尚未痊愈，腿脚不灵，一叉下去不但未叉到狐狸，反而一个趔趄，险些把李湛撞倒。李湛大怒，当时天色漆黑，也未看清面孔，抡起钢叉在刘克明身上重重地打了几下，刘克明敢怒不敢言，只好忍气吞声。

这一晚，李湛猎到好几只狐狸，甚是高兴。深夜返回后宫时，余兴未尽，便命御膳房摆酒庆贺，邀请同去“打夜狐”的刘克明等二十八人共进宵夜。酒过三巡，李湛浑身燥热，大汗淋漓，便命刘克明、苏佐明、石定宽侍候他去更衣室更衣。

刘克明自上次受杖刑以后，就萌动了杀掉李湛和王守澄的念头。他总结唐朝各代历史，认为废立帝王是宦官控制朝政、独掌大权的重要机会。他的师傅和政敌王守澄就是靠这一手起家的。今晚“打夜狐”，他再次受到李湛的凌辱，盛怒之下便坚定了决心。当他陪着李湛走近更衣室时，感到这是天赐良机，便暗中给苏佐明、石定宽递眼色、打手势。李湛走进更衣室后，苏佐明和石定宽突然将室内灯火吹灭，正在侍候李湛更衣的刘克明趁机抽出李湛腰中的宝剑，在李湛身上连刺数下。

在位不到三年的李湛，死时不满十八岁。

李湛被弑后，刘克明连夜派人请来翰林学士路隋，迫令他以李湛的口气草拟遗诏，命李湛的叔叔、唐宪宗的第六子绛王李悟摄政，代行军国大事。遗诏拟成后，当即派人到绛王府接李悟入宫。酣梦中的李悟得知皇帝驾崩、遗诏命他摄政时，蒙头转向，又惊又喜。当他跟着进宫来到紫宸殿时，已近早朝。大臣们都聚集在殿廊上，彼此正在寒暄。突然间，一群神策军手持钢刀杀气腾腾地冲进紫宸殿，把那些以刘克明为首的张罗着为绛王李悟入朝摄政的太监杀得东倒西歪，四处逃窜。绛王李悟吓得蹲在墙旮旯里瑟瑟发抖，面色如土。顷刻之间，王守澄来到紫宸殿，见绛王李悟蹲在那里像条丧家之犬，便轻轻一挥手，左右扈从上前抓起地上的李悟，用剑在他脖子上一抹。顿时鲜血四溅，李悟倒在地上。

刘克明万没有想到王守澄会率神策军冲进紫宸殿，见抵挡不住便跑进后宫。听到后面的追杀声跟踪而至，知道厄运难逃、大势已去，当神策军迫近时，他双目一闭，跳进井中。

王守澄赶到后，命令士兵从井中捞出已经毙命的刘克明。

王守澄狠狠地踢了刘克明的尸体一下，冷笑着说："做你的美梦去吧。"说罢，命令士兵砍下刘克明的头，以正"典刑"。

次日，枢密使王守澄等拥立李湛的二弟江王李昂即位于宣政殿。李昂是年十七岁，谥兄李湛为敬宗。

时年，公元 826 年。

三次逃离京城的皇帝

——唐昭宗　李晔

唐，天复二年（公元902年）。

凤翔（今陕西凤翔）城上空，呼啸的寒风裹着鹅毛大雪，黄土高原被厚重的棉絮般的积雪覆盖着。

凤翔城东、西、南、北四座城门紧闭着。每座城门楼里垛满了沉重的沙袋，将厚重的城门严严实实地封住，好像永远也不再打开。

城墙上，稀稀落落的几乎烧得残缺不全、被箭矢穿得千疮百孔的条状旌旗，疲惫不堪、无可奈何地随风飘扬着、卷动着。旌旗随风发出噼噼啪啪、呼呼啦啦的响声，像在哭泣、呜咽和呻吟。

城墙下，横七竖八地倒卧着数以千计的士兵尸体。从他们身上汩汩流出的殷红的鲜血，融化着地上不断加厚的积雪。几个未死的伤兵挣扎着在雪地上艰难地爬着，身后留下一条条殷红的血带，像蜿蜒流动在冰雪中的血溪。

城内，一片空旷、寂静，只有裹着白雪的寒风肆虐地狂啸着、盘旋着。

覆盖着白雪的通衢大道上，倒卧的饿殍被白雪淹没，隆起一座座长长的雪丘。路上了无人踪，几只红着眼睛的野狗发出瘆人的嚎叫声，残忍地撕扯着僵尸。

坐落在凤翔节度使官衙后院的一栋飞檐庑殿里，一位面色灰黄的中年男子坐在地上，十分吃力地用手转动着一盘小石磨，磨眼上隆起馒头似的小麦堆，磨碎的麦粒从两扇磨之间的缝道口稀稀落落、不情不愿地往下滚落着。

中年汉子不时地停下来，一边疲惫不堪地喘着粗气，一边把双手放在嘴上哈着热气。

一位俊秀文雅、身着华贵服饰的中年妇女捧着一碗热粥，小心翼翼地走到中年汉子身旁，蹲下身，将粥碗送到他跟前，说："快把粥喝下吧。"肌肠辘辘的中年汉子见到粥眼睛一亮，忙接过碗，刚想喝又停住，说："你……"中年女人会意地惨然一笑："喝吧，锅里还有。"

中年汉子狼吞虎咽，一口气将碗里的粥喝下去，最后把舌头伸到碗里，贪婪地舔着。中年女人看到这情景心里一阵酸楚，热泪情不自禁地涌满眼眶。中年男子转过身，将碗递给她时，惊疑地问："你怎么啦？"中年女人忍不住一下扑到他的肩上，泣不成声地说："陛下，真难为你了，身为一国之君，却遭此磨难。"中年男子伤心不已地抚着她的肩头，长叹一口气，说："谁让我是皇帝！"女人抬起头，满脸泪痕地望着他说："天下的百姓，谁能相信至圣至尊的皇帝栖身寒窑般的房子，自己推磨碾麦？……"

"比起城中百姓无米可食、无柴可炊、饿死旷野和易子而食的惨象，我们能喝上一碗麦粥，已和他们是天壤之别了。"

原来，这一对中年男女是唐代第二十位皇帝昭宗李晔(yè)和他的妻子何皇后。

何皇后望着丈夫李晔日渐消瘦的面容，悲楚地说："早知今日，当初何必要做这个皇帝？"

李晔无可奈何地说："事已至此……何况，当初也是身不由己……"

李晔本是懿宗李漼的第七子。咸通十三年(公元 872 年)，五岁的李晔被封为寿王。第二年，懿宗病死，大宦官左神策军中尉刘行深和右神策军中尉韩文约密谋杀死主张抑制宦官专权的皇长子，独断专行地立软弱无能的十二岁的五子李儇(xuān)为帝，是为僖宗。当时，皇帝年幼，朝廷大事全由宦官中尉田令孜把持。不久，黄巢和王仙芝聚众数十万，爆发了轰轰烈烈的农民大起义，年仅七岁的寿王李晔被封为开府仪同三司，幽州大都督，幽州、卢龙等军节度，押奚、契丹、管内观察处置等使。黄巢义军攻入长安，僖宗在宦官田令孜的保护下逃往成都。寿王李晔与僖宗为同母兄弟，十分亲睦，自逃离长安至定居成都，一直服侍左右，与僖宗患难与共。文德元年(公元 888 年)僖宗病重，车驾急速返回京城长安。僖宗病入膏肓，久治不愈，又膝下无子，众臣聚议立嗣时，很多朝臣认为吉王李保为人贤惠，主张为皇太弟。但是，当时挟天子以令朝廷的大宦官杨复恭则担心朝臣拥立吉王李保，日后李保必感激朝臣立他为嗣之功，而力主排除宦官执政。于是，便飞扬跋扈地排除众议，独断专行地立僖宗李儇的七弟、寿王李晔为皇太弟，并持权监国。不久僖宗病死，李晔在杨复恭的护持下登基称帝，时年二十二岁，是为唐朝第二十代天子。

李晔拭去脸颊上的泪水，慢慢站起身，无限伤感地说："我们受点磨难尚可忍受，凤翔城的百姓也跟着遭殃，令朕于心难忍。朱全忠围城数月，城中粮食告罄，路尽饿殍，风雪严寒，柴草烧光，门窗拆净，百姓以牛马干粪做饭。再熬下去，城中百姓能苟活于世者恐寥寥无几。"

李晔从地上站起来，掸掉衣襟上的粉末，搓着发僵的手，徐徐踱着步："朕有罪，身为一国之君，不能为民造福，却为百姓添灾。"

他踱到窗前，仰望窗外飘飘扬扬的雪花，无限感慨地说："战祸频仍，内外纷争，国无宁日。看来，大唐江山到我的手里……"李晔说到这里，不忍启齿，沉思片刻，又说："僖宗皇帝在位十五年，两次逃离京城。朕自龙纪元年(公元889年)登基，迄今在位仅仅十二年，先后三次逃离京都长安。像我这样多灾多难、可悲可怜的皇帝，恐怕是旷古未有，空前绝后……"

何皇后走到李晔身后："上天有眼，列祖列宗有灵，他们为什么不在冥冥之中保佑你？"

李晔转过身，愤愤地说："求他们在冥冥之中保佑我？哼，祸根恰恰是他们！我登基之初，何尝不想重振朝纲，匡扶社稷，干一番力挽狂澜的丰功伟业？可是，列祖列宗们给我留下的却是千疮百孔、病入膏肓、不可救治的烂摊子。宦官当政，藩镇割据，这两条毒蛇缠绕着大唐社稷，即使神仙当政，也无力回天！"

"争斗不已，砍杀不止，都是为了什么？"何皇后百思不解地问道。

"为什么？都是为了权！不管他们打着什么旗号，不管他们讲得如何冠冕堂皇，都无法掩盖争权夺利的肮脏目的。"

李晔讲到这里，感到血往上涌，似乎忘记室内的寒冷，脸色由白而涨红。

"我为什么在短短的十二年里三次逃离京城?就是宦官、权臣、藩镇互相勾结、互相利用、互相倾轧、争权夺利的结果! 这些见不得人的勾当,说穿了都是在打我的主意。"

李晔非常激动,他伸出左手掌,用右手按下左手的食指:"第一次逃离京城,是在乾宁二年(公元895年)。当时,我想起用李磎为户部侍郎,同平章事。可是,老宰相崔昭纬担心李磎日后与他分权,便极力反对。这个老东西表面上不动声色,暗中却唆使他的心腹党徒、知制诰刘崇鲁出面诽谤李磎为人奸诈、行为不轨。更有甚者,说李磎暗中与内宫宦官互相勾结、沆瀣一气。崔昭纬的众党羽也随声附和,大造舆论。结果,李磎授命之事被迫停议。然而,崔昭纬担心日后朕会再授命李磎,仍不肯善罢甘休,便联名上书,极力推荐他的心腹党徒崔胤出任户部尚书、同平章事。我明明知道崔胤才真的是个奸佞小人,工于计谋,他看到宣武节度使朱全忠兵多将广,实力雄厚,威慑朝廷,便暗中与朱全忠互相勾结,成为朱全忠在朝廷的坐探、眼线和代言人。"

"那你当初为什么要任他为宰相?"何太后不解地问道。

"好虎架不住一群狼。如果不按他们的意思办,以崔昭纬为首的一群恶狼岂能善罢甘休?"李晔无可奈何地望着何皇后。

停顿片刻,李晔接着说:"崔胤出任宰相后,朝中勾结藩镇节度使的势力越发强大。李磎是我的人,他主张抑制宦官,削弱藩镇,强化皇权。我不能没有他,只好采取妥协的办法,先命崔胤为相,然后再授李磎为相。当时,崔昭纬一伙人只好暂时偃旗息鼓,可是,他们对任命李磎总是耿耿于怀,如鲠在喉。"

李晔的思绪进入痛苦的回忆,他慢慢踱步到小磨前,撩起袍襟,坐到圆形蒲团垫上,漫不经心地缓缓地转动着小石磨,接着说:"到了乾宁二年,河中节度使、琅玡郡王王重荣病死,他的三军将帅背着朝廷,拥立王重荣的儿子行军司马王珂为知留后事,准备为王重荣办完丧事便继任河中节度使。"

“未经陛下封授恩准,王重荣的部下怎么竟敢拥立他的儿子为河中节度使?他们眼里还有皇上吗?你当时为什么不下令免他的知留后事?”何皇后提出一连串问题。

“你深居后宫,哪里知道朝廷社稷大事?从我登基前几代皇上起,大唐地方藩镇拥兵自重,度支自享,拒不贡赋朝廷。表面上向皇上称臣,实际上都是土皇帝。随着他们势力不断强大,节度使便逐步形成父死子继。朝廷一旦干预,便起兵反叛,并联合其他节度使威逼朝廷。当时王重荣的儿子继任河中节度使,我十分不满,但我不敢吭声。”

“为什么?”

“王重荣的儿子王珂是河东节度使李克用的女婿呀。”

“李克用就这么可怕?”

“你不知道,李克用是沙陀部人,一目失明,人称独眼龙。此人剽悍粗狂,刁钻凶狠,武艺超群。黄巢攻陷京城长安后,他亲率数万沙陀兵击败黄巢军,被僖宗皇帝授为河东节度使。从此,他恃功自宠,居功自傲,割据跋扈,成为当时藩镇割据势力中唯一能与朱全忠相抗衡的节度使。”

“朱全忠是何许人物?”

“唉,真是后宫巾帼,不谙世事,当今天下还有不知朱全忠者?”

“难道是十分了得的英雄好汉?”

“哼,英雄好汉的美誉岂能落到这个枭雄身上?朱全忠地地道道是个无常小人。当初,他是黄巢的部将,后因与黄巢失睦,不受重用,便反目为仇,率部叛降朝廷。为取宠皇上,与李克用联兵剿灭黄巢。因战功赫赫,被僖宗皇帝封为宣武节度使,成为全国势力最强的节度使。这家伙长得五大三粗、臂力过人,且诡计多端、野心勃勃。据说,这家伙脑后像三国时的魏延一样,长着一块反骨。”

“这次他率兵攻打凤翔,可是为了救驾吗?”

“哼,”李晔十分憎恶地说,“不是救驾,是来抢我这皇位的。将来我要是落到他手里,恐怕……”

李晔怕何皇后担惊受怕,未敢往下说,他急转话锋:“你知道吗,就是这家伙，我登基称帝后，第一个加封他为检校太尉、中书令，并晋封东华王。”

皇后疑惑不解地问道：“既然知道他是这种人，为什么还要加官晋爵？”

李晔沉思片刻，说：“防恶狗伤人，就得给他肉吃。”

往日，在京城长安的后宫里，李晔一向不与后妃谈论朝廷和国家大事。今日，何皇后听到这些事，既感到新鲜，又感到蹊跷费解。她一边从簸箕里捧起小麦放到磨眼里，一边自言自语地说：“没想到朝廷里还有这么多奇特事。”

李晔低着头慢慢转动着小磨，也似自言自语地说：“朝廷里的奇特之事三天三夜讲不完。这些奇特之事都是围绕着一个‘权’字。一是保权，一是夺权，于是尔虞我诈，互相倾轧，互相残杀……”

李晔说到这里，停顿片刻，无限伤感地说：“说不定哪一天，就在我们身上会发生更奇特的事。”

皇后惊讶地问：“我们身上能发生什么奇特的事？”

“这……”李晔欲言又止，忙转移话题，说，“噢，我还是接着讲第一次逃离京城长安的事。”他不等何皇后作出反应，便说下去：“后来，王珂自任河中节度使时，他的胞弟陕州节度使王珙(gǒng)、绛州刺使王瑶声称王珂不是其父王重荣的亲生儿子，无权袭承河中节度使，于是兄弟二人联合起兵讨伐王珂。这时，李克用派人进京给朕送来一封密信，让我下诏承认王珂的河中节度使。”

“陛下下诏了？”何皇后忙问道。

“我哪敢不下诏，得罪了李克用还了得！”

“王珙、王瑶兄弟二人岂肯善罢甘休？”

“争权夺利的事，哪个肯善罢甘休！于是这兄弟二人联合凤翔节度使李茂贞、邠州节度使王行瑜、华州节度使韩建，各率精兵数千，昼夜兼程，进驻京城长安，声称要兵谏皇上，免去王珂河中节度使。这些藩镇兵将进入长安城，烧杀掳掠，无恶不作，搅得京城鸡犬不宁。这时，李克用得知消息，亲率精兵三万，连夜赶往京城。眼见长安百姓面临一场灭顶之灾，无奈，我只好命宰相崔昭纬出面调停，劝谕李茂贞等退兵长安城。”

“结果如何？”

“结果……”李晔沉吟片刻，说，“出人意料。”

“怎么出人意料？”

李晔抬起头，望着何皇后：“崔昭纬回来说，皇上如果杀掉宰相李磎，李茂贞等三镇节度使便退兵长安。”

何皇后感到奇怪：“他们进兵长安，是为了王珂的事，怎么却要求杀掉宰相李磎？”

李晔长叹一声，说：“这也是一件奇怪的事。很明显，崔昭纬嫉妒李磎德高望重、博学多识，深受朕的信任，他利用劝谕之机浑水摸鱼，想借李茂贞等人之手除去自己的政敌。李茂贞等人得知李克用进军长安，自知不是敌手。平素他们怀恨宰相李磎力主平抑藩镇，经崔昭纬撺掇，他们想找个退兵的台阶……”

“你答应杀宰相李磎了？”

“为了朝廷安危，为了京城长安的百姓，我只好忍痛割爱。在一个细雨蒙蒙的天气里，宰相李磎横尸街头，血染长安，做了替罪羔羊。”

“什么罪名？”何皇后略显愤愤不平。

“罪名？……”李晔沉吟良久，一边推磨，一边轻轻地摇着头，显得十分痛心、愧疚。

“这事就以宰相李磎被杀而结束了？”

“我原以为该是这样。谁料，李克用不肯罢休，他早有吞并邠(bīn)州和凤翔的野心，于是转道举军渡河，以斥责李茂贞、王行瑜称兵诣阙之罪兴兵讨伐。李、王怕抵不住李克用，便想以我做他们的护身符，于是决定将我劫出长安，控制在手中，号令诸侯。但是，关于将我劫往何处，二人发生分歧。李茂贞坚持将我劫往凤翔，王行瑜极力主张将我劫往邠州，两人各怀鬼胎，互不相让，竟至于兵戈相交，自相厮杀。这时，同州节度使王行实想趁火打劫。他星夜率军入城，纵火东市，京师大乱。三个人以勤王为名，实则三人是狼、虎、豹。我不肯落入他们手中，慌乱之中，趁更深夜静，只带领两名贴身太监，微服出城，逃往终南山(今山西秦岭山脉)。”

说到这里，李晔长叹一声，无限伤感地说：“逃进终南山的日子，说起来真令人痛心。堂堂一国之君，为了活命，为了不落入臣下手中，竟自蓬头垢面，饥肠辘辘，奔波于山间小路，藏匿于荆棘之中……”

说到伤心处，李晔潸然泪下。

何皇后眼里略显湿润，轻轻叹口气，道：“我深居后宫，不谙朝政，还以为你是微服私访……”

这时，只听房门被推开，全副披挂、满身雪花的凤翔节度使李茂贞带着几分慌张闯进来，双手抱拳，略一躬身，以示施礼，说：“陛下，朱全忠又率部攻城，攻势甚猛，厮杀十分激烈，我部伤亡惨重。臣恐发生意外，特请陛下与皇后作好准备，待天黑后，打开城门，杀出重围。”

李晔听后，浑身一颤，额上沁出冷汗，战战兢兢地说：“李爱卿，凤翔城被朱全忠围困已经三月有余。城中粮食告罄，柴草烧光，如今饥寒交加，百姓与众官员已危在旦夕……”

李晔停顿片刻，小心翼翼地说：“朕想……时至今日，能不能派人出城，与朱全忠讲和？”

“哼！”李茂贞双目一瞪，鼻子重重地哼了一声，说，“陛下勿出蛊惑军心之言。臣意已定，三更后突围，望陛下与皇后早作准备。”

说完，转身便走。

李晔望着李茂贞的背影，摇摇头叹道：“哪里还有一点君臣之礼。”

何皇后忙说：“别推这磨了。咱们快去准备一下。”

李晔毫无所动，继续推着小磨说：“我不走。乱军之中，深夜突围，凶多吉少。死于乱军之中，莫如坐以待毙。何况，朱全忠即使攻陷凤翔城，也需要我这块招牌，不然，怎么能挂羊头卖狗肉？”

“也是。”何皇后赞许地点点头。

李晔继续推着磨，何皇后往磨上捧着麦粒。

过了一阵，李晔似乎感到寂寞难耐，大概是为了消磨时光，又接起刚才的话头，像是自言自语地说道：“乾宁二年，朱全忠亲自到长安向朕荐举他的同党张浚为宰相，我本不想应允，又不敢直言相拒，只好托词容朕酌定。谁知，李克用在朝中的耳目立刻将此事通禀给他。李克用得知消息后，暴跳如雷，大发淫威，星夜派人入京，声称皇上如果屈迎朱全忠，早晨下诏任命张浚为相，晚上他就兵攻长安。无可奈何，我只好劝朱全忠暂缓议定张浚为相。朱全忠在朝廷詈言痛骂李克用，并扬言，皇上不下诏任命张浚为相，就不离开长安，还要派兵来长安迎战李克用。为了饮鸩止渴，我硬着头皮答应下来。结果，李克用马上率领沙陀兵攻魏州，大掠六郡，陷成安、洹水、临漳等十余邑，同时凤翔节度使李茂贞也拒绝朝贡朝廷，并扬言率兵入京。当时，情势紧迫，我只好派宗室诸王亲率禁军据守安圣、捧宸、保宁、宣化四郡，以拱卫京畿。不久，李茂贞兵逼京城，覃王率兵抵御，溃不成军。李茂贞乘胜挥师，攻入京城，大肆烧杀抢掠，百姓死伤数万，市井被焚。霎时间，长安城一片大火，百姓四散奔逃。继而李茂贞兵围皇宫，危急之中，我从后宫暗道中逃出皇宫。当时，无人勤王。朕慌不择路，想逃往太原。途经渭北时，华州节度使韩建将我迎往华州，我以为他是对朕一片忠心，当即任为京畿都指挥、安抚制置、催促诸道纲运等使。谁知，我是知人知面不知心，逃出火海，又陷深井。入华州不久，韩建的防城将花重武诬告宗室睦王等八王欲谋杀韩建，拥朕至河中。韩建得知，便强迫朕下令解散全部禁军，并且派重兵包围诸王所居宅第，结果将十一位宗室诸王及其家眷、侍者，不分长幼，悉数杀害。继而，又将朕左右亲信宠臣捕去杀害。之后，韩建以'清君侧'有功，逼我封他为昌黎郡王，改赐'资忠靖国功臣'。"

李晔下意识地点着头，仍似自言自语地说："身在屋檐下，怎敢不低头？到那时我才明白，韩建当初之所以在渭河将朕截往华州，也是想玩挟天子以令诸侯的把戏。"

"没有一个好东西！"何皇后骂了一句。

接着，李晔说："韩建美梦不长，飞扬跋扈的朱全忠怎能容得韩建将朕据为己有？不久，朱全忠派人致书韩建，令其亲自护驾，将朕送回长安，否则将率兵攻华州。韩建自知不是对手，又怕朱全忠以勤王为名攻华州，朕必将落入朱全忠之手。与其让朱全忠挟天子以令诸侯，不如亲自护驾，送朕回长安。这样,光化元年(公元 898 年)初,朕才结束了第二次逃离长安的流浪生涯。”

讲到这里,李晔喘了一口气,停住磨,怔怔地坐在那里。

何皇后接过磨,慢慢地转动着说:“陛下,你大概忘了,遇难华州时,臣妾一直在你身边。”

李晔听罢,望望何皇后,嘴角一动,露出一丝苦笑。

这次,李晔与何皇后被围凤翔,是他们第三次逃离京城。

李晔自华州返回京城长安后,神情恍惚,委靡不振,终日沉湎酒宴,荒于嬉戏。颠沛流离的磨难和坎坷的生涯,使他感到人生无趣,做皇帝更是无趣。苦海无边,愁绪绵绵,只好以酒浇愁,以玩度日,终日醉生梦死。本来文静儒雅的李晔,逐渐变得性情狂躁、暴虐,动辄打人、骂人,甚至乱发淫威,诛杀身边之人,特别是太监。李晔登基时,就主张抑制宦官势力,终未得逞。自华州回长安后,每逢酒后发怒,便以杀宦官宣泄心中的郁闷,搞得宦官人心惶惶。

光化三年(公元 900 年)十一月,秋风飒飒,林深叶落,正是群兽肥硕易猎的好季节。一日,李晔待在宫中无聊,便领着宦官总管刘季述及数十名宦官,骑着马去长安北郊猎苑打猎。忙活一天,猎物甚丰。傍晚,返回皇宫后,摆宴庆贺,歌舞狂欢。酒至酣醉时,一个小宦官给李晔斟酒时,不慎将酒杯碰倒,酒洒到李晔身上。李晔顿时大怒,命刘季述杖罚小宦官。刘季述不敢违拗,派几个宦官在酒宴上杖罚。宦官们以为李晔已醉,杖刑时,高起轻落,假装吆喝,敷衍搪塞。不料,李晔盛怒,当即下令诛杀这批宦官。兔死狐悲,刘季述硬着头皮替太监们求情。结果,李晔更加激怒。他趁着酒兴,指着刘季述鼻子骂道:“你还胆敢求情!朕早就想杀尽你们这些祸国殃民的宦官!”

当晚,十余名宦官被杀,酒宴不欢而散。刘季述回到寝处,惊魂不定,越想越怕。李晔虽然酒醉,但所说之话纯系真言。即使躲过今日,迟早必遭杀身之祸。思来想去,以为坐以待毙不如铤而走险。于是就在当夜,率领禁军千余人冲进后宫,囚住李晔。天亮后,刘季述找来宰相崔胤,命他召集百官矫诏李晔禅位太子李裕。崔胤要求面见皇上，刘季述不准，二人剑拔弩张，相持不下。

崔胤退出后宫，召集文武百官，指斥宦官刘季述囚禁皇上，妄自废立，大逆不道，坚决主张诛除宦官。刘季述骑虎难下，本想杀掉崔胤，但因惧怕他的后台朱全忠而未敢下手。于是，刘季述假传圣旨，给文武百官加官晋爵，收买人心。崔胤星夜派人致书朱全忠，请他派兵进京，兴师问罪，趁机坐镇朝廷，挟天子以令诸侯。刘季述得知消息后，推想朱全忠带兵进京，自己必有灭顶之灾，也想取悦朱全忠，于是秘密派人面见朱全忠，劝谕朱全忠趁机篡夺唐室天下，他愿做内应，以效犬马之劳。

诡计多端、阴险狡诈的朱全忠先后得到崔胤及刘季述的信息后，与同僚们再三斟酌，仔细推敲，最后决定派亲信蒋玄晖入京，与崔胤共谋恢复李晔的皇位。

蒋玄晖入京后，刘季述拒不接受恢复李晔皇位，蒋玄晖说服左、右神策军倒戈，围攻后宫。

天复元年（公元 901 年）春，李晔复位，宦官刘季述被乱棍打死。皇太子李裕降为德王，宰相崔胤进位司空。帮助李晔复位的神策军头领韩全海和张彦弘亦受到奖赏。崔胤想趁机除去宦官势力，主张把左、右神策军交由宰相分管，韩全海、张彦弘坚决反对。惊魂未定的李晔不敢再惹恼握有军权的韩、张二人，只好下诏任命韩全海与张彦弘为左、右神策军中尉。

韩全海与张彦弘知道皇帝与司空崔胤一贯主张平抑宦官，便极力在藩镇势力中寻找靠山。宦官出身的韩全海与张彦弘都曾做过凤翔监军，与凤翔节度使李茂贞过从甚密。李茂贞很愿意利用二人在朝中的势力。他想，有朝一日，内外勾结，将皇帝李晔迎至凤翔，也做几天挟天子以令诸侯的美梦。所以，他们之间往来频繁，终成默契。

崔胤听到风声，便与李晔密谋，欲废去韩全海与张彦弘左、右中尉之职，同时诛杀全部宦官。不料，密谋被韩全海得知，危急之中，韩全海先发制人，率神策军冲进后宫，扣住皇帝李晔，不准他入朝与百官朝见。同时，迫令李晔下诏，免去崔胤司空之职，发配地方。并预谋崔胤出京后，在途中设下埋伏，将他杀掉。千钧一发之际，崔胤星夜派人请朱全忠火速派兵入京，夺取皇位。

朱全忠得书后，连夜率军赶往长安。途中，先行派人入京，奉表劝李晔迁都洛阳，并称大军即日到达长安。韩全海闻信，抢先一步，当夜秘密劫持李晔及何皇后离开长安，逃往凤翔，投奔李茂贞。

李晔被劫持到凤翔后，李茂贞欣喜若狂，当即矫诏命韦贻范为相，网络一套百官，俨如小朝廷，竟然做起挟天子以令诸侯的美梦。

朱全忠率兵入长安后，将崔胤为首的朝中文武百官悉数迁往华州，成为他的部属。

天复二年(公元902年)秋，朱全忠率军西进，直逼凤翔。不久，李茂贞在凤翔附近的辖地尽被朱全忠攻占。入冬时，朱全忠便重重围困孤城凤翔。李茂贞虽作困兽斗，却连战皆败，只好龟缩城中，死守凤翔。朱全忠利用寒冬腊月、风雪交加的天气，团团围困，想逼使李茂贞投降，交出皇帝李晔。

两个月之后，冰雪覆盖凤翔城，米贵如珠，百姓易子而食，柴价如桂，百姓拆门窗房檩以炊，乃至燃牲畜、人粪干做饭。城中百姓冻饿而死者比比皆是，幸存者也是苟活于生死之间。即使堂堂一国之君李晔，也得自己磨麦求生。

入更不久，李晔与何皇后刚欲上床睡觉，屋外传来一阵杂沓的脚步声。顷刻，屋门被推开，身披铠甲、腰佩长剑、满脸杀气的武将出现在门口，身后是一群士兵。李晔定睛一看，大吃一惊，原来站在门口的武将是朱全忠。

朱全忠上前一步，双手抱拳，略一躬身，说："陛下受惊，臣等有罪。凤翔节度使李茂贞已经投降。微臣躬请皇上起驾回京。"

没有车仗，几匹战马驮着李晔、何皇后及宫眷等，夹杂在风尘仆仆的士兵行列中，沐着黄土高原的风尘，在颠簸中困难地向京城长安奔去。

被抢来抢去的李晔骑在马上，微闭双目，不勒马缰，让战马信步走去。坐在马背上，他暗自思忖：此去长安，吉凶如何？生死如何？

天复三年(公元903年),朱全忠将抢到手的皇帝护送到长安后便大开杀戒,先将宫中八百余宦官斩尽杀绝,使唐朝玄宗后兴起的宦官势力彻底被摧毁。之后,又矫诏各节度使,将朝廷派往各州藩镇充任监军的宦官也悉数杀掉。

宫中事无巨细,皆由南司掌管,左、右神策军及所属八镇统归崔胤统率。朝中凡依附李茂贞和宦官的文武百官也一概杀逐,朝中各级官员尽是朱全忠党徒。

朱全忠跋扈朝廷,实现了多年来欲挟天子以令诸侯的夙愿。

事隔不久,朱全忠发现崔胤暗中与皇帝李晔相勾结,以护卫后宫为名,招募六千多名精壮兵丁,置备精良武器,加紧训练。朱全忠预断崔胤心怀叵测,便秘密派遣心腹兵将假充应募,混入崔胤所组建的禁军中。

一天,崔胤传出圣旨,请朱全忠入宫共商大事。朱全忠独自入宫,刚进殿门,就见崔胤杀气腾腾地迎上来。崔胤奸笑一声,对朱全忠说:"老贼,我奉皇上旨意来取你的头颅。"说罢,手一挥,喊:"上!"喊罢,崔胤见身后禁军毫无动静,急忙转身,见禁军只是手握剑柄,剑却不出鞘。这时,只听朱全忠哈哈大笑一阵后,猛地厉声喊道:"给我拿下这老贼的头颅!"话音未落,只听"咔嚓"一声,一个禁卫手起刀落,砍下崔胤的头,一股鲜红的血柱喷出数尺高。

原来,朱全忠早已将皇帝李晔身边的护卫和侍从秘密地换成自己的亲信,李晔与崔胤的举动和密谋,他了如指掌。

崔胤的头颅还在地上滚动时,朱全忠走进内殿,李晔像个木桩似的站在地中央,面色煞白,双腿发抖。朱全忠怒目而视,良久,方一字一顿地说:"请陛下迁都洛阳!"

李晔一怔,丈二和尚摸不着头脑,却未敢吭声。

东去洛阳的黄土道上,马蹄嘚嘚,烟尘滚滚,李晔及文武百官、眷属、辎重被朱全忠军士像押解战俘似的两厢护卫着,缓缓地前进着。

一天,大队人马行至陕州城外,几匹探马来报,西川节度使王建、淮南节度使杨行密、河东节度使李克用、凤翔节度使李茂贞联盟起兵,共同讨伐朱全忠。

朱全忠思忖片刻，当即下令，夜宿陕州城。

入夜，陕州府衙后宅里，朱全忠在暗淡的灯光下与副将蒋玄晖、朱友恭等低声密议着。只听朱全忠说："各镇节度使以勤王兴唐为名，实则是来抢皇帝。名为联盟，实则各怀心腹事。现在看来，如果分兵抵抗，不如将这没用的皇帝……"说着，他用手在桌面上一剁。

蒋玄晖、朱友恭不约而同地点头赞同。

深夜，皇帝李晔与何皇后睡在后殿内室。昭仪李渐荣和河东夫人裴贞一睡在外室。一阵嘈杂的敲门声把李渐荣和裴贞一惊醒，她们急忙披好衣服，裴贞一先去开门。殿门一开，蒋玄晖一剑将裴贞一刺死。李渐荣见状，知道有变，忙惊呼："不好了，陛下快跑！"这时，蒋玄晖冲到跟前，她忙跪下抱住蒋玄晖的腿，哭求着："宁可杀掉我们，切莫伤害皇上！"这时，被惊醒的李晔从内室跑出，见状，吓得转身往内室跑去。朱友恭持刀追进去，李渐荣又立刻奔过去抱住朱友恭的小腿，大呼："陛下快跑！"朱友恭挥起一刀，将李渐荣砍死。这时，蒋玄晖冲进内室，见李晔像一只大鸵鸟似的往床下钻，他冲过去，一把将他拖出，趁他俯伏在地，挥起宝剑，将这位三十八岁皇帝的头颅齐刷刷地从脖子上砍了下来。

蒋玄晖用剑挑起床上的锦被，见何皇后赤身裸体，筛糠似的抖成一团。他猛地举起宝剑，忽然发现何皇后虽然脸色煞白，却花容月貌，肌肤如玉，肢体媚人。心里一动，举起的剑慢慢落下来，然后用手扳住何皇后细嫩的肩头，说："快穿上衣服，跟我走。"

翌日，朱全忠向随行官员宣布，昨夜昭仪李渐荣和河东夫人裴贞一合谋将陛下杀害，凶手已被禁卫诛杀。继而假传何皇后诏，立十三岁的辉王李柷为皇太子。

次日，在蒋玄晖的逼迫下，何皇后面见随行文武百官，下诏命太子李柷登基称帝，追谥李晔为昭宗，尊何皇后为皇太后。

登基毕，朱全忠伏在昭宗的梓宫上号啕大哭，他一边甩着流出的鼻涕，一边大声地喊着："陛下，那两个贼人害了你，让我受一世的骂名……"

朱全忠不停地号着,不断地重复着,他希望所有在场的人,乃至后世的人都听到这声音……

时年,天祐元年,公元 904 年。

王爷，今天是你的生日

——唐哀帝　李柷

天祐二年（公元905年）。

阳春三月的洛阳，成千上万株牡丹伸展出娇柔溢香的花蕾，大地呈现出一派勃勃生机。自天祐元年（公元904年）三月，唐都城被朱全忠迁到洛阳，小皇帝李柷（chù）在这里登基称帝后，古城洛阳的帝气给这里百姓的脸上增添了几分骄傲和矜持。

朱全忠原本叫朱温，是黄巢起义军中的大将，后投降唐朝，僖宗赐名朱全忠。朱全忠拨出一批银两修葺、装饰和重建了一批具有都城象征的建筑物，更加重了古都的帝气和龙的韵味。

坐落在洛阳城北郊、依据曲水流觞而建的九曲池，经过半年施工，就在牡丹吐艳的3月告竣。

这天，朱全忠命枢密使蒋玄晖邀集昭宗诸子——以德王李裕为首的九位亲王，来这里参加“九曲池”的竣工典礼。九位亲王都是十几岁左右，正是贪玩的年龄，平素又很少相聚。辰时将近，各位亲王被侍从送到九曲池后，蒋玄晖把亲王接入九曲池，把他们的随身侍从都打发回去。

九位亲王今日得以兄弟团聚，显得分外高兴。蒋玄晖领着他们去九曲亭的路上，小亲王们叽叽嘎嘎，你追我打，有说有笑，十分热闹。只有十三岁的德王李裕显得郁闷寡欢。光化三年（公元900年），宦官刘季述囚禁昭宗李晔，擅立皇太子李裕即位称帝。第二年，朱全忠派蒋玄晖入京，恢复昭宗皇位，废李裕，并降为德王。天祐元年（公元904年），蒋玄晖杀昭宗李晔，立辉王李柷为帝。从此，李裕失去了继承皇位的机会。

九位小亲王来到九曲亭。这座拱顶飞檐、绿瓦红柱的大亭十分恢弘壮观。亭内，光洁无瑕的石质地面宛如一块硕大无比的巨石镜面。地面上回转着九道弯沟。亭外一簇翠竹掩盖的太湖怪石堆砌的假山上,飞下的瀑布汇成一弯流水,静静地、清澈见底地从九曲沟中流过。一张楠木雕花的木杌上摆着几只牛角杯,里面斟着醇酒。蒋玄晖指挥小亲王各自选定座位,他将一只角杯放在九曲上游,酒杯停在谁的跟前,谁就要赋诗一首。他说,这是模仿当年书圣王羲之于兰亭庭前与众文人墨客曲水流觞的故事。

小亲王们玩得很高兴。曲水流觞之后,他们又去登鹿山,听鹿鸣,观鹿跳。继而,又去牡丹园中采撷花卉。

傍晚,蒋玄晖将九位小亲王领进皇宫,在庆毓殿里摆上酒宴,并有宫廷歌舞乐伎弹唱歌舞。小亲王们吃得香甜,喝得兴浓,玩得开心。蒋玄晖指挥宫女们频频斟酒。酒过三巡,蒋玄晖指挥一队宫女鱼贯而入,每人捧着一个鎏金方盘,盘内放着一尊玉雕大肚弥勒佛像。小亲王们见到憨态可掬的佛像,个个笑逐颜开,搔首挠耳,喜不自胜,就连郁郁寡欢的德王李裕也爱不释手。坐在他身旁的小福王凑到德王李裕身边,低声说:"梁王朱全忠对咱们真好,不像别人说的那样。"正在小亲王们兴高采烈时,一群几乎裸着身体的舞女在大殿中央翩翩起舞,个个婀娜多姿,妖冶妩媚,袒胸露臂。小亲王们目瞪口呆,贪婪好奇的目光像针一样,扎进舞女们隆起的酥胸和白玉般的双腿上。舞罢,舞女们分头跑到小亲王们身边,为他们斟酒,与他们嬉戏。年纪较大的德王李裕身边围着两三个娇美的舞女。小亲王们陶醉了,一杯又一杯甘醇的美酒被舞女们灌进他们的肚子里。

九位小亲王都醉倒在案上。

蒋玄晖一挥手,宫女、舞女悉数退下,殿内只剩下烂醉如泥、东倒西歪的亲王们。这时蒋玄晖击了两下掌,霎时,从帷幕后窜出一群禁兵,手脚麻利地将醉倒的小亲王们逐个地扼住喉咙掐死。

翌日,皇宫后殿的一间偏室里,悬挂着十几具宫女们的尸体。殿外,聚集着文武大臣和亲王的母亲们,她们哭得像泪人似的。蒋玄晖告诉她们说,是宫女们偷偷在酒中置放毒药,查不清是哪个干的,只好将昨晚服侍亲王的宫女全部赐死。

据说,是在宫女们全部被悬梁赐死之后,蒋玄晖才派人出宫通知死者的亲眷和朝臣。

一天,更深夜阑时,枢密使蒋玄晖领着一位儒雅、清秀的年轻人,走进汴州城朱全忠的梁王府。

当他们走进客房时,朱全忠与谋士李振正在品着茶,聊着天。

进来的年轻人是当朝宰相柳璨。天祐元年(公元904年),朱全忠杀死宰相崔胤后,便起用这位进士及第不满四年的柳璨和年逾七旬的裴枢为相,主持朝政。

柳璨为人奸诈,善阿谀奉承,投其所好。他早已猜中朱全忠有篡唐另立的野心,便处心积虑地为朱全忠出谋划策。朱全忠迁都洛阳,柳璨料定朱全忠在加快篡位的步伐,便向朱全忠献计说:"公欲成大业,必先除宗室诸王及朝中大臣。"朱全忠心领神会,便授意柳璨相机行事。诛杀九位亲王就是柳璨亲手策划。

柳璨见到朱全忠,毕恭毕敬地躬身施礼。朱全忠忙站起来,哈哈大笑着走到他身边,拍着他的肩膀说:"小相爷,干得干净利索,算我有眼力,没用错人!"说罢,让仆人看座、上茶。

柳璨见到朱全忠如老鼠遇见猫,兔子遇到老鹰,唯恐有点闪失,哪里还敢看座、品茶,依然躬着身,连声说:"卑职不忘大王提携之恩,哪怕肝脑涂地,愿效犬马之劳。"

"九个小崽子被杀之后,朝臣有敢放屁的吗?"朱全忠回到座上问道。

柳璨沉思片刻,说:"仅是一两只挡车的螳螂而已。"

"噢?这么说还是有人非议,谁?"朱全忠追问道。

柳璨没回答,忙从怀中取出一张纸,小心翼翼地走到朱全忠跟前,递过去说:"大王,您让我开列的名单,卑职已遵命拟出,非议大王诛杀九个亲王的朝臣都在里面。"

这是一张黑名单,是根据柳璨的建议,由朱全忠授命让他草拟要诛杀的朝臣的名单。

纸上密密麻麻地写着三十个朝臣的名字。第一个名字便是年逾七旬的宰相裴枢。

"噢？还有裴枢老相？"朱全忠看了一眼问道。

"大王，据臣所知，敢于非议诛杀亲王者仅此一人而已。"柳璨说得十分肯定。

"不识抬举的老驴！"朱全忠狠狠地骂了一句。

其实，老相裴枢对诛杀亲王一事心明如镜，却未敢乱发一句非议。只是柳璨因裴枢自负学识渊博、德高望重，根本没把他放在眼里，经常遭到裴枢的奚落和批驳，于是怀恨在心，伺机寻隙报复。这次，他把裴枢的名字放在首位，刚才听到朱全忠问朝廷中谁对诛杀亲王一事非议时，他灵机一动，信口诬陷裴枢，心想，仅此一条，朱全忠必杀裴枢无疑。

朱全忠看过名单，说："一下子杀掉三十个，多不多？"说罢，将黑名单扔给李振，说："你看看，参谋参谋。"

李振从桌上拾起名单，草草看了一眼，说："这群成事不足、败事有余的糟糠败类，留着都是大王日后成就大业的祸害。"

五十出头的李振是朱全忠最得意的谋士。他足智多谋，心狠手辣，常年跟随朱全忠左右。虽出身富门，但年轻时浮浪好玩，酒色俱染，连续多年举进士不第，终未踏入朝臣之列。后来，见朱全忠实力雄厚，日后能成大业，便投到帐下成为得宠的谋士。李振心想，眼见梁王即将篡位称帝，趁此机会不将这些朝臣杀掉，日后怎能显出自己？因此，最后他又补上一句："再杀几十个也不多！"

朱全忠不假思索地大手在胸前一挥，说："那就尽快地干掉！"

柳璨忙高兴地答应一声："是！"然后，走到李振身边，接过名单，放低声音问道："您是否还想再添上几个？"李振抬头，以征询和谄媚的目光望着朱全忠。朱全忠又是一挥手："添吧，添吧！过了这村没这店。"

李振边看名单边思索，说："科举入仕的朝官一个不能留！"柳璨心里一震，像有一条蛇在他心里蠕动。他忙佯装笑容，说："是，是……"李振随手从桌上笔筒里拿出一支狼毫笔，在砚池里蘸满墨，走笔如飞，一口气又填上几个名字。

李振写罢，扔下笔。柳璨小心地捧起名单递给朱全忠："大王，您是否要最后过目？”

朱全忠仍是把手一挥，不屑一顾地说：“不用了，多一个少一个算不了什么。不过……”朱全忠好像想起什么，思索片刻又接着说：“不过，一批就杀掉三十好几个朝臣不是件小事，你要干得干净利索，越秘密越好，最好不要在洛阳动手。”

“卑职明白，请梁王放心。”柳璨卑微地弯着腰，谦恭而小心地回答着。

柳璨离开梁王府。李振望着柳璨急匆匆离去的身影，捻着颏下的长髯，意味深长地说：“王爷，您是慧眼识英雄，能发现这样一位年轻有为的宰相。”

朱全忠听出李振话中有话：“你想说什么就直截了当，别跟我拐弯抹角！”

李振皮笑肉不笑地呵呵两声，诡谲地说：“王爷，你物色的这位年轻宰相，心计、胆量、魄力确不同凡人。你看，他怀里揣着要杀掉三十多人的名单，离开王府的步履这么轻松、急切，毫无犹豫、胆怯和忧虑之情，可见这个年轻人……”李振故意把到嘴边的话咽了回去，在朱全忠面前卖个关子，停了一会儿，用阴鸷的目光望着朱全忠说：“此人在大王面前故作谦恭、卑微、臣服，心可野着哪，大王不可不防，此种小人纯系中山狼！”

“哈哈哈……”朱全忠听罢，一阵大笑，用拳头在李振的肩窝上一捣，说道，“老弟，想不到这步棋，王爷这把交椅就该让给你坐，哈哈哈……老谋深算、老奸巨猾的家伙能替你干这种事吗？年轻气盛、野心勃勃的柳璨就能干得出，不杀掉这些人，他的相位能坐稳吗？这小子野心大着哪，先让他推磨，推完了磨……再……”说着朱全忠的手像刀似的往下一剁。

“哈哈……哈哈……”朱全忠和李振会意地一阵狂笑。

洛阳，皇宫，懋勤殿里。

十五岁的皇帝李柷身穿明黄九章龙衮，头戴冕旒，坐在朱红楠木雕花鼓凳上，眉宇紧锁，一声不吭。何皇太后在他身后焦急地踱来踱去，搓着双手，不知所措。少顷，她来到李柷背后，一双细嫩的手抚着李柷的双肩，略带乞求地说："皇儿，你已经两个多月没有入朝理政了。今日是四月十八，按朝廷惯例，皇帝必须朝会群臣，否则列祖列宗和宫神会生气的。裴枢老相已两次派人入宫，等候陛下驾临……"

李柷气呼呼地说："我早就不想当这个傀儡皇帝了，说不定哪天就被朱全忠这老贼派人给杀掉！"

何皇太后忙捂住儿子李柷的嘴，说："皇儿切莫胡言乱语，以免遭杀身之祸。"

李柷一歪头，甩掉何皇太后的手，瞪着眼睛说："谁胡言乱语，连宫中的太监都知道九王兄弟是蒋玄晖受朱全忠之命杀死的。宫女们是替死鬼而已。"

何皇太后急得直跺脚，说："小点声，小心隔墙有耳。"

"怕什么，大不了朱全忠篡权废立，我也不想当这个傀儡皇帝！"李柷的声音依然很高，毫不在乎，他倏地站起来，"母后，宫人传言，九位皇子被杀是枢密使蒋玄晖亲自策划，迟早我要找他算账！"

"不能凭空诬陷好人，这事我亲口问过蒋枢密，他矢口否认。"何皇太后极力替蒋玄晖辩解。

"母后，宫里有人传言，蒋玄晖经常独自一人到后宫面见您，可有此事？"

何皇太后的脸上顿时泛红，忙说："蒋枢密对母后有救命之恩，母后曾在后宫当面致谢，不曾有经常往来之事，皇儿不可轻信。"

李柷还想说什么，殿前御使派御前太监催皇帝君临早朝。李柷不耐烦地嘟囔了一句："真烦死了！"他刚想出殿，宰相柳璨走进懋勤殿，不躬身，不施礼，像先生对学生似的说："陛下，臣昨日从汴州回洛阳。朱相国命臣面见陛下，四月二十，就是后天，朱相国要在白马驿祭祀河神……"李柷打断他的话，说："朱相国是让朕参加河祭吗？"

"不是，"柳璨说罢，从怀中取出那张名单，双手递给李柷，"朱相国想请陛下降诏，让这些朝臣参加河祭。"

李柷接过名单，走马观花地看了一眼，说："嗬，都是名流重臣。"柳璨忙说:“朱相国说,出身卑微、官职低下者出祭,河神会认为是不敬。”

李柷最讨厌参加这种烦闷拘谨、枯燥乏味的活动,他想,只要不让我去,谁去都行,随即对柳璨说:“传朕旨意……”

4月20日,黄河岸边白马驿。方圆数里三步一卡,五步一哨,布满了全副武装的士兵。三十几位应诏而来祭祀河神的朝廷重臣,按规定时间提前聚集在黄河岸边设祭的地方。长方形的祭桌上摆放着刚刚宰杀的猪、牛、羊三牲祭物,案前硕大的铜鼎香炉里插满香烛,袅袅青烟,阵阵奇香,犹如仙境。以宰相裴枢为首的朝臣们齐聚岸边,恭候皇帝和梁王朱全忠的到来。辰时将近,一队浩浩荡荡的禁军护卫着两辆装饰华丽的轿车缓缓而来。裴枢率领众朝臣立刻跪到驿道两边,恭迎圣驾。轿车驶到白马驿津口时,护卫轿车的禁军立刻分列道路两侧,赳赳而立在每个朝臣身后。两辆轿车停住,随侍的太监模样的人上前挑开轿帘,裴枢等朝臣立刻跪伏在地,齐呼:“万岁、万岁、万万岁!”喊罢,众朝臣抬起头,皆大吃一惊。原来,两辆轿车上分别站着宰相柳璨和枢密使蒋玄晖。众朝臣莫名其妙地互相观望时,柳璨从怀中取出皇帝诏书,高声读道:“朕得悉,宰相裴枢等朝臣私结朋党,密谋叛逆,妄图弑君,倾覆朝廷,罪当诛!”裴枢等听得丈二和尚摸不着头脑。蒋玄晖跳下车,拔出腰间的宝剑,大喊一声:“杀!”手起刀落,跪在他身旁的一位朝臣便人头落地。霎时,站在朝臣身后的禁兵以迅雷不及掩耳的速度拔出宝剑,寒光一闪,三十多位朝臣人头落地,鲜血四溅。然后,蒋玄晖指挥士兵们将尸体拖入黄河。

顷刻间,滚滚东去的黄河变得一片殷红,一具具无头的尸体浮在水面上,飘飘摇摇,顺江而去。

岸边血水浸染的黄土地上,七零八落的人头个个双目圆瞪,好像在怒视着仓皇离去的两辆轿车。

懋勤殿里,三十几位朝臣被杀的噩耗使得又惊惧又恼怒的李柷坐卧不安,像热锅上的蚂蚁似的在殿内踱来踱去。柳璨站在一旁,乜斜的目光里流溢着幸灾乐祸的神情,欣赏着焦躁不安、惊慌落魄的小皇帝。

李柷走至楠木雕花椅前,沉思片刻,转身坐下,指着柳璨说:“这都是你干的好事,欺君罔上,为虎作伥,滥杀无辜,朕当问你死罪。”李柷说话时,显得底气不足,口气不硬。奸佞狡诈的柳璨早已摸透皇帝的脉搏。他毫无惧色,不慌不忙地说:“陛下,梁王让我转奏皇上,在洛阳谁敢杀柳璨,他将率兵血洗……”柳璨故意不将话说完,拖着尾音,看着李柷。

李柷无可奈何地拍着椅背,问道:“梁王到底想干什么?”

“陛下,梁王的用心你是知道的。”柳璨近似戏谑地说道。

“请你回去转告梁王,朕退位!朕禅让!朕当够了这个提心吊胆的皇帝!”

柳璨在心里偷偷一笑,想,陛下你还算是一位聪明的皇帝,不然迟早也挨上一刀。

后宫,何皇太后的寝殿里,宫女尽退,灯火俱灭。床上,垂下的帷帐里,何皇太后肌肤如玉的胴体被蒋玄晖的一只粗壮的胳膊紧紧地搂着,一只长着茸茸黑毛的大手在她隆起的两座乳峰间滑来滑去。

自从蒋玄晖在杀害昭宗李晔时,为何皇太后的姿色所动而留下她一条命后,何皇太后为感激他的救命之恩便以身相许。在蒋玄晖的怀抱里,她忘却了暴死的丈夫,得到了女人所需要的慰藉,找到了坚实有力的靠山。她希望今生今世永远被这粗壮的胳臂搂抱着。他们经常在皇帝李晔躺过的床上偷情,寻欢作乐。

蒋玄晖抚摸良久,感到何皇太后并没有往日的蠕动和喘息,不免奇怪,支起身问道:“你怎么了?”少顷,何皇太后低声细语地说:“我在想事。”

“什么事要在这时候想?”蒋玄晖不解地说道。

何皇太后侧过身,握住蒋玄晖的胳膊说:“朱全忠老贼连续杀害诸王和朝廷重臣,都让你去操刀杀人,你想过吗,下一步还会杀谁?”

“谁?”蒋玄晖问道。

“兔死狗烹。下一步就要杀你和柳璨。”

“为什么?我是有功之臣。”

“正是有功才该杀,因为你知道得太多。”

蒋玄晖良久地沉默着。

何皇太后知道这位头脑简单的武夫此时此刻在想什么。她单刀直入地说道:“未来的天下既然可以姓朱,为什么不可以姓蒋?”

“太危险,朱全忠知道会杀我的。”蒋玄晖声音发颤。

“朱全忠迟早都会杀你!傻瓜,与其坐以待毙,莫如铤而走险!”

东方破晓之前,两位皮肉相贴的情侣一直在窃窃私语着。

汴州,梁王府的客房里,梁王朱全忠与谋士李振正在密谋篡位之事。

杀掉宗室亲王和重要朝臣之后,朱全忠认为篡夺李氏天下的障碍已经彻底清除。因此,自从柳璨和蒋玄晖回洛阳探听皇帝李柷的虚实之后,称帝之心便急不可耐,经常请来李振共商此事。开始,李振以为,篡位之事非同一般,必须顺乎天意合乎民心,又得循规蹈矩,因此主张按魏晋以来受禅的礼仪逐步进行。即先让皇帝授朱全忠天下兵马元帅,封魏王,再加九锡(古制,皇帝为表示对某位大臣的尊崇所特别赐给的九种物品,如车马、衣冠、乐则、朱户、弓矢、铁钺、纳陛、虎贲、秬鬯等物。自西汉末王莽开始,加九锡成为大臣登基称帝的例行公事、必经的程序)。可是,朱全忠称帝之心十分急切,认为这样一步一步走太慢,要求李振想出一个既有古可鉴又能加快步伐的好办法。聪明机智的李振对朱全忠的意图心领神会,连夜翻古籍,多方查找,终于从李渊逼隋恭帝禅位中得到了答案。

隋恭帝杨侑(yòu)是隋王朝第三代皇帝,也是这个短命王朝中最短命的一代皇帝,在位只有三个月,是个有名无实的傀儡皇帝。当年,李渊起兵占领长安后,没有将杨侑杀掉,反而拥戴他当了皇帝。义宁元年(公元617年),十三岁的皇帝杨侑得知隋炀帝在江都被杀的消息后,自知倾厦难扶,大势已去,便在李渊父子精心策划和导演的禅让重压下,被迫下诏退位。李渊称帝,改国号唐,历经三帝三十七年的隋朝宣告灭亡。

李渊取代隋朝,没有经过封大国(国号)、加九锡、行殊礼、然后受禅的烦琐程序,而是直截了当,一步到位。

李振把李渊篡位称帝的先例介绍给朱全忠后,朱全忠欣喜若狂,手舞足蹈,按捺不住急切的心情。恰在此时,蒋玄晖与柳璨从洛阳带着皇帝李柷愿意退位的消息来到汴州梁王府。

蒋玄晖向朱全忠报告李柷愿意禅让退位的消息后，说："大王，皇帝与何皇太后均说，禅让一事一定要按古制，依序进行。皇帝先封大王为魏王，然后加授九锡。皇帝还打算在天祐三年(公元906年)十一月，率群臣到南郊举行祭天大礼，之后，择吉日行禅让礼。"

朱全忠听后，不但未高兴，反而大怒，吼着："什么？要等到明年底以后？不行！不行！"

朱全忠吼完，转身问柳璨："皇帝崽子是这样说的吗？"

柳璨忙说："是，是，皇帝是这样说的。"

朱全忠嚷道："如果我不受九锡，难道就不能做天子吗？"

蒋玄晖硬着头皮说："大王，依卑职拙见，时下藩镇势力各据一方，野心勃勃，虎视眈眈，大王欲匆匆受禅，恐彼不服，不可不遵循古制。否则，将欲速则不达。"

柳璨也马上随声附和："卑职以为，蒋枢密所言极是，望大王三思。"

"滚！都给我滚出去！"朱全忠暴跳如雷。

蒋玄晖、柳璨唯唯诺诺，躬着身退出朱全忠的客房。朱全忠冲着房门，继续吼着：

"无用的东西！误了我的大事，拿你们的头来见我。"

李振忙走到窗前，见蒋玄晖和柳璨走远，便回到朱全忠跟前，悄声说："大王，此二人不可再委以重任，特别是枢密史蒋玄晖。"

朱全忠感到蹊跷，忙问："为什么？"

李振不慌不忙地说："我早就听说，昭宗皇帝死后，蒋玄晖与何皇太后关系暧昧。我得知宣徽副使王殷与蒋玄晖素有怨隙，便派他暗中监视察访。结果发现，何皇太后感激蒋玄晖救命之恩，又耐不住宫中寂寞，便派宫女阿虔、阿狄将蒋玄晖召入后宫，勾搭成奸。两人常在何皇太后的积善宫里寻欢作乐。据悉，这次蒋玄晖回洛阳面见皇帝后，就溜进何皇太后的积善宫。"

"有这种事?!"朱全忠大吃一惊。

"千真万确。"李振肯定地回答后，继续说，"蒋玄晖故意拖延大王受禅，显然是与何皇太后密议，故意拖延唐室天祚，以图他谋。柳璨必与同谋。”

“他也想……哼，癞蛤蟆也想吃天鹅肉！”

“知人知面不知心，大王不可不防。”

李振屡举进士不第，几经钻营未能跻身朝臣之列，便投身朱全忠麾下为谋士。杀掉九王和众朝臣后，他担心朱全忠称帝后，蒋玄晖与柳璨必将控制朝政，因此便处心积虑寻找机会在朱全忠称帝前将他俩除掉。

今天，李振不失时机、恰到好处地利用了这个机会。

朱全忠听罢，恼羞成怒，暴跳如雷，大手一挥，吼道：“传我的命令，立刻将蒋玄晖、柳璨逮捕入狱，处以死刑！”

一天，洛阳城外，河南府地河边，一群衙役们挥舞着朱红的竹枝，狠狠地抽打着被剥光衣服的蒋玄晖。开始，蒋玄晖满地翻滚，哀号求饶，不久便悄无声息，只听到“噼噼啪啪”竹枝敲击肉体的声音。蒋玄晖死后，衙役们将一桶硫黄粉撒在尸体上，点燃后，卷着黑烟的熊熊烈火腾空而起。

李振混在人群中，十分惬意地欣赏着蒋玄晖的尸体急剧地收缩、佝偻，由黄而黑。

数日之后，洛阳城上都门外，通衢大道的十字路口，柳璨身穿赭色囚服，长发披肩，双手反缚，背插长条木招，跪倒在地，刀斧手持鬼头砍刀凶神恶煞地站在一旁。四周看热闹的人围得水泄不通。午时三刻，监刑官宣布开斩，刀斧手正欲举刀砍人时，柳璨突然昂首向天，无限感慨地喊道：“负国(唐)之贼柳璨，借朱全忠老贼之威势，惨杀宗室九王和诸多朝臣。今日亲遭杀戮，方知柳某丧尽天良，该杀！该杀！”

混在人群中的李振忙挥手示意，刀斧手速将钢刀一挥，柳璨人头落地，鲜血喷溅，尸身跪在地上经久不倒。

朱全忠清除一切障碍后，正紧锣密鼓筹划登基称帝时，黄河北岸的魏博发生兵变，幽州刘仁恭也乘机南下，河东李克用也扬言起兵，蠢蠢欲动。朱全忠被迫暂缓篡国之谋。天祐三年(公元906年)初，朱全忠亲自带兵北上，经半年多的征战，平定魏博局势后，又攻陷幽州所属沧州，然后班师汴州。

天祐四年(公元 907 年)四月五日,汴州新建的威武雄伟的金祥殿一片鼓乐笙弦之声,旌旗迎风飘扬,香烟袅袅。唐朝宰相张文蔚等重臣乘着轿车,捧着玉玺,诸司诸部门都备起仪仗,浩浩荡荡来到金祥殿前。在歌舞庆贺、三呼万岁声中,身穿龙袍、头戴冕旒的朱全忠端端正正地坐在绣着蟠龙的锦墩上。

朱全忠受禅称帝,立国号梁,史称后梁。持续两百九十年的唐王朝至此宣告灭亡。朱全忠定国号为开平。

朱全忠登基时,十七岁的唐代末帝李柷匿居后宫,身着黑服,一阵号啕大哭之后,愤然以剑断指,让中指血染红一个硕大的桃木俑。他忍着剜心的剧痛,将一颗颗钢针钉在桃木俑的前胸,然后在桃木俑的后背刻下赫然醒目的“朱全忠”三个大字。

开平二年(公元 908 年)二月,曹州(今山东菏泽)府城数里外,一片林木深处,掩映着一座四周围着高墙的邸宅。一日清晨,院落里被贬为洛阳王的唐哀帝李柷正在舞剑,高墙外三步一岗,五步一哨。不久,一位身着官服的中年汉子领着两位衙役,提着食盒走进庭院,恭恭敬敬地对李柷说:“王爷,今天是你的生日,知府大人派卑职前来祝贺。”

曹州知府是李柷的母后何皇太后的远房亲戚。当年,他借助这层关系由知县而晋升知府。李柷被谪为洛阳王幽囚曹州后,知府时常派人送些衣物、酒肴,以示关怀。

今日,李柷生日,自己不曾记得,知府派人贺诞,自然高兴。客人走后,李柷独处室内,摆好酒肴,独斟独饮。吃过不久,骤然感到腹中剧痛,口吐白沫,他忙呼喊。此时忽听门外噼噼啪啪一阵爆响,当他挣扎着爬到门口,推开房门时,一股烈焰卷着浓烟随风扑到他的身上……

室外,撤走的士兵隐约听到烈火中有人狂呼:“朱老贼,你……你也不会……好死!”

儿媳侍寝，“绿色”皇冠竟属谁?

——后梁太祖　朱温

乾化二年(公元912年)四月。

这一天，后梁都城洛阳下着淅淅沥沥的小雨。

今天是黄道吉日，后梁开国皇帝朱温从冀州(今河北冀县)班师洛阳。本该是锣鼓喧天、旌旗飞舞的日子，天公却绷着阴沉的脸，好像哭得十分伤心……

入夜，皇宫里一片沉寂，深邃的黑暗令人产生浑身发麻的恐怖。寝殿里，年已花甲的朱温独自一人仰卧在御床上，身边没有一位太监和宫女。他心情烦躁、郁闷，便斥退了所有的侍从。他不愿意让那些多嘴多舌的侍从们从他的脸上窥出内心的隐秘。

从冀州返回洛阳时，他请高明的术士认真地“掐算”，才选定今天班师都城洛阳。他在洛阳城外二十里处安营扎寨，专程等候了一天一夜，结果等来的是阴云和大雨。特别令他恼怒的是，在城外一直等到申时将近，雨还下个不停。无奈，他只好冒着雨班师洛阳。可是当他走进皇宫寝殿时，雨却骤然停下了。

这是偶然，还是天意?

他慢慢转动着酸痛的身体，苦苦地思索着。

突然，他心里一阵震颤，头皮发麻，接着是一阵咳嗽。

六年前，他护送唐哀帝由长安去洛阳，途经陕州城，准备动手杀掉这位傀儡皇帝之前，特地来到一个卦摊前。报过生辰八字后，绰号“小神仙”的爻者在手心上写出一个“六”字。此外，几经盘问，一句话也不多说，惹得朱温一时性起，让随从杀掉了小神仙。

乾化二年(公元912年)正是他灭唐建梁、登基称帝的第六年，也是他自登基称帝后三个月便开始攻打河东潞州(今山西长治),一直打了六年,最后以惨败而告终的一年。

中和三年(公元 883 年)朱温叛变黄巢,投降唐朝不久,僖宗皇帝任命他为宣武节度使(治汴州,今河南开封)时,他只有一个孤零零的汴州,他的南北左右遍布着大小十余个藩镇。到天复元年(公元 901 年),经过十八年的艰苦征战,力克群雄,成为占地最广、势力最大,直至左右朝廷、"挟天子以令诸侯"的藩镇。

十八年,宛如十八颗宝珠串成的项链。只有成功的光辉,没有失败的耻辱。

开平元年(公元 907 年)朱温登基称帝时,唯一敢于和朱温对抗的藩镇,只有河东节度使李克用,所以朱温称帝后三个月,便亲率大军浩浩荡荡向河东重地潞州大举进攻。不久,李克用病死,其子李存勖即立,朱温以为胜券在握,潞州必克。不料,潞州久攻不下,李存勖智谋过人,屡战皆胜。为便于对河东作战,加强对关中的控制,开平三年(公元 909 年)朱温将都城由汴州迁往洛阳。然而仍然不能扭转战局。

开平四年(公元 910 年),朱温五万精兵被李存勖大败于柏乡。

乾化二年(公元 912 年),朱温率精兵七万再攻潞州,途经蓨县(今河北景县)时,还未来得及安营扎寨,诡计多端的李存勖只派三百骑兵,扮成梁军,趁天黑之际突然杀入朱温军营,左冲右突,四处放火,狂呼:"河东大军到矣!""李存勖杀入大营了!"梁军惊慌失措,混乱不堪,自相残杀,死伤惨重。朱温不知内情,慌乱中率领几名亲兵连夜逃跑,次日晨逃到冀州时方知中计。

堂堂一国之君,所率七万大军惨败在年轻的李存勖指挥的三百骑兵手中,朱温感到无地自容、羞愧交加,结果口吐鲜血,卧床不起。梁军被迫从冀州"班师"洛阳。

朱温登基后的六年,战事频频失利,朝政腐败,国库告罄,民怨沸腾,内外交困。

篡唐建梁,是他的巅峰。

"班师"洛阳,是他的末日。

他躺在御床上,沉病的身子使他感到再也爬不起来了。一阵猛烈的咳嗽,他像个大虾似的佝偻着身躯,不住地抖动着。侍夜的太监跑进来又是捶背又是抚胸,待吐出几口浓痰,漱过口,他轻轻挥手让太监退下。

朱温吃力地喘息着,松弛的眼皮懒洋洋地遮住双目。

往事渐渐浮上心头。他感到有生以来第一次享有这一点点空闲,在寂静之中缅怀往事。

他先是后悔。人生在世,一切欲望得到满足之后,往往是惆怅、空虚、后悔,直至产生强烈的返璞归真的愿望。

他想起了大哥朱全昱(yù)。

一个憨厚、耿直的庄稼汉。宽厚的肩膀,一双粗壮的大手,沉默寡言使人们常常忘记他的存在。他只知道劳作,从无渴求和奢望。朱温登基称帝前拜相国时,曾任他为辉州刺史,他死活不去。朱温以为他嫌官小,时隔不久,他又让皇帝下诏示,命哥哥朱全昱任岭南节度使,君命不可违。朱全昱上任没几天就跑回京城,要求朱温找皇帝收回成命。朱温感到不可思议,再三劝阻。朱全昱说:"为人不当差,当差不自在。官场上你争我斗,尔虞我诈,不是咱庄稼把式能干的事。"

朱温不允,朱全昱索性不去上任。无奈,朱温只好收回成命。

朱温登基称帝,文武群臣摆宴庆贺。觥筹交错时,颇有几分醉态的朱全昱凑到朱温跟前,当着众臣之面,用粗糙的大手敲着朱温头上那顶蟠龙金丝皇冠,乜斜着眼睛,说:"朱三,汝本砀(dàng)山草民,游手好闲,后随黄巢为盗,今富贵已极,为何还要灭唐室社稷自称帝王?于心忍乎?日后不会后悔?"朱温心中十分恼怒,却不敢发作,让侍从将朱全昱扶下宴席。

朱全昱目不识丁,无官无职,说的话却是沉甸甸的,字字句句如针如刺,使他犹如芒刺在背。

人生像一团乱麻,也像一只蚕茧。他竭力想理出一个头绪。

童年是他生命的起点,终生难忘,思绪自然从这里开始。

朱温本是宋州(今河南商丘)砀山午沟人。父亲朱诚是乡里老实本分的乡村塾师，母亲王氏。他们生下三个儿子。长子朱全昱，次子朱存，朱温排行老三（朱温是他的本名，叛变黄巢、投降唐朝时，僖宗赐名朱全忠，篡唐建梁、登基称帝前又改名朱晃）。一家五口，依赖父亲教书度日，生活十分艰难。不久，瘟疫流行，父亲染病身亡。母亲只好携着兄弟三人，背井离乡，流落他方。一日，来到萧县（今安徽萧县附近），偶然遇到同乡、富户刘崇。母亲苦苦哀求刘崇收留母子四人。刘崇见王氏年轻体壮、心灵手巧、为人厚道，三个儿子虽然年纪尚小，但已近成年，特别是老大朱全昱，放猪、养羊等活均能胜任，便留下母子四人。老大厚道，勤于劳动，寡言少语，很得刘崇喜欢。朱存和朱温却贪吃好玩，生性顽劣，特别是朱温好吃懒做，喜欢舞枪弄棒、惹是生非、胡作非为，被乡里称为“大盗朱阿三”。刘崇讨厌他，经常打骂他，处以体罚。但刘崇的母亲却认为朱温虽年幼粗野，日后必成伟业，所以经常加以袒护。

有一次，朱温把刘崇家刚刚做好的一锅米饭连锅端到路旁，分给逃荒的难民。刘崇得知后，操起木棍劈头盖脸打来，朱温不慌不忙，不躲不闪，顺手接住木棍，用力一夺，将木棍抢在手中，然后双手一折，将其折断，愤愤地说：“我今生今世再不吃你刘家的饭！”当晚，便同二哥朱存逃离萧县，投奔黄巢。

朱温躺在床上蒙胧入梦，忽然感到一阵清风拂面，继而一片白色云雾飘然入殿，云端站着大齐皇帝黄巢。朱温忘记病痛，一骨碌从床上爬起来，忘记自己也是皇帝，忙跪在床上连连叩头，并说：“大齐皇帝陛下，微臣朱温叩拜。”云端里的黄巢身穿明黄衮龙袍，头戴冲天冠，右手捋着飘逸胸前的银须，一身佛骨仙气，微笑着说：“朱温，你叛变大齐，又篡夺唐室，叛贼的日子可好过吗？”朱温跪在床上捣蒜般地叩着头，求饶地说：“大齐皇帝陛下，叛贼朱温罪该万死，罪该万死。当年背叛陛下是迫于无奈……”

“哈哈……”黄巢朗朗大笑，声震殿宇。朱温吓得毛骨悚然，浑身发抖。

“迫于无奈？这是你的秉性！为了你的野心，你可以不择手段！卑鄙无耻的家伙！”

朱温与二哥朱存投奔黄巢后，随军南征北战，先在安徽、浙江、浙东、福建、广州、湖南、湖北、广西，又经湖南、湖北、河南，直至唐都长安。其间，二哥朱存战死，朱温则屡立战功，被提升为队长、偏将军。入长安时，已成为黄巢义军的一员军功赫赫的战将。中和元年(公元881年)，黄巢任命朱温为东南右行营都虞侯，中和二年又授命为同州刺史。朱温占领同州后，在向河中地区进攻时，连战皆败，伤亡惨重，便奏请黄巢派兵增援。当时，大齐国战事吃紧，军力不足，一时无兵可派。这时，河中招讨使王重荣乘机派人劝降。朱温多疑，认为黄巢故意不肯增援，又闻大齐政权四面楚歌、岌岌可危，他想：有奶便是娘，谁肯给我钱，给我美女，给我高官厚禄，我就投靠谁。当年9月，朱温杀死监军严实，率部投降唐朝。远在成都的唐僖宗闻讯大喜，立即下诏授朱温为左金吾卫大将军、河中行营副招讨使，赐名全忠。朱温为讨好王重荣，自称母亲王氏与重荣同姓，认王重荣为舅父。自此朱温加入了镇压黄巢义军的行列。

端谁的饭碗归谁管，吃谁的奶喊谁娘，拿谁的俸禄为谁效力卖命。朱温征战黄巢十分卖力，心狠手毒，毫不留情，屡立战功。中和三年(公元883年)被唐朝任命为宣武节度使(治汴州，今河南开封)，继而又被授为东北右都招讨使。中和四年(公元884年)，在陈州一带与唐朝河东节度使李克用联合夹击黄巢。黄巢寡不敌众，引军北上，进逼汴州。在中牟境内又被击败，只好退往兖州方向。6月中旬，朱温将黄巢逼进山东泰山脚下的狼虎谷，黄巢前无出路，后有朱温追杀，无奈拔剑自刎。

朱温跪在床上，一边叩头，一边喊着：“陛下饶命！陛下饶命！”

“饶命？”黄巢轻轻一挥手，云端里顿时站出昭宗李晔、哀帝李柷、宰相崔胤、蔡州节度使秦宗权、徐州节度使时溥、河中节度使王珂、枢密使蒋玄晖、登州刺史柳璨，还有德王李裕及九位亲王和裴枢为首的三十几位朝臣。成千上万被朱温残杀的士兵、无辜百姓都争先恐后地往寝殿里涌，这些鬼魂怒目而视，瞪着朱温。

“朱温，你问问他们能饶恕你吗？”黄巢指着身后的冤魂问道。

冤魂异口同声地吼着：“不能饶恕这杀人魔王！”

黄巢一挥手，众冤魂平静下来。

黄巢平心静气地说道:“朱温,你为了黄袍加身,残杀了多少性命?佛国有云,善有善报,恶有恶报,不是不报,时辰未到。如今你气数已尽,但愿你能完尸归阴,届时,我派鬼差领你……”

“陛下饶命!陛下饶命!”朱温赤着脚从床上跳到地上,继续叩着头。

殿门“吱”的一声响。朱温猛一抬头,云端里站着的鬼魂无影无踪,殿门口却站着他的大哥朱全昱。

一位年近古稀的老人,童颜鹤发,身穿浅灰色僧袍,足穿黑色薄底僧靴,光秃的头顶上三排九颗艾戒清晰可见,手中提着一串长长的黑色佛珠,双手合十,略一躬身,口中念道:“阿弥陀佛。”言罢,见朱温跪在殿中央,感到蹊跷,便问:“三弟,班师京都应朝天叩拜,莫非已皈依佛门,要放下屠刀,立地成佛?”

“大哥,快救我!”惊魂失魄中的朱温跪步来到朱全昱跟前,抓住他的僧袍前摆喊着。

“三弟何事惊慌?”朱全昱不慌不忙地问道。

“刚才朕见到黄巢等一群鬼魂……”

“你不要在老衲面前朕长朕短,我是你的大哥,你是我的三弟。”

“大哥,黄巢说过几天派鬼差领我。大哥,人死了真的有灵魂吗?”

“阿弥陀佛……”朱全昱行着合十礼,没有回答。

“大哥,你快说。”朱温乞求地追问着。

“信神自有神灵在——”

“大哥快救我。”

“来去时辰由天定。”

朱全昱模棱两可地说着,从地上搀起朱温,扶他上床躺好,盖上龙凤锦被,自言自语地说:“三弟鞍马困顿,征战厮杀,肝火过旺,气血上冲,神志恍惚,待老衲略加调理。”说着轻轻舞动起双手,在朱温的头部上方轻轻抓了几下。

朱温顿时感到神智清醒,浑身轻松,忙坐起来,说:“大哥,刚才我恍如在梦中阴间……”

"快躺下。"朱全昱让朱温躺好后说,"知你班师洛阳,身体欠佳,特从寺内赶来探望。弟媳如果在世,我就不必操心,可惜……"

朱温叹口气,说:"可惜她没有这个福分,我登基称帝前她归了西天。不然,当上皇后,该享何等富贵。"

朱全昱捋捋胸前的银须,说:"这是她的福分,是她终成正果,才脱离苦海。善哉!善哉!她是位慈悲为怀、普度众生的菩萨。"

朱温之妻张惠系宋州刺史张蕤(ruí)的女儿。

当年,朱温在萧县时,有一天上山狩猎,遇到一队兵役拥着两辆香车宝马,朝山上的一座古刹走去。朱温见轿中坐着一位妙龄少女,花团锦簇,美艳如玉,心中怦然一动,便跟上山去,躲在庙外。待她在寺内做完佛事,离开山门后,朱温从小和尚口中得知这两抬轿中坐着母女二人,是宋州刺史张蕤的夫人和女儿张惠。朱温为张惠的花容月貌和举止文雅而倾倒,暗下决心,一定要娶张惠为妻。

回家之后,他把此事讲给二哥朱存听,朱存笑他痴心妄想。

五年之后,黄巢在长安称帝,朱温擢升同州刺史。一天,部下为他献上一名美女,朱温仔细一看,恰是当年在寺中看到的张惠,大喜过望,当下决定择期成婚。

张惠出身官宦之家,知书达礼,为人贤惠,又多谋略,朱温常邀她参与军国大事,颇能明断。朱温任性横行,滥杀无辜,张惠每加劝诫,动之以情,晓之以理,令朱温心悦诚服,因而使不少人免遭横祸。

唐昭宗乾宁年间,朱温晋封为王。这年,他攻克兖、郓二州,强行霸占了郓州节度使朱瑾的妻子为妾。当朱温带着朱瑾的妻子回到驻地汴州见到张惠时,感到为难、羞惭。因为朱瑾同朱温因同宗约为兄弟,朱温系强占兄弟之妻。张惠却态度从容,不恼不怒,请朱温引出朱瑾之妻,行过妻妾对拜礼之后,握着朱瑾妻的手流着泪说:"你丈夫同我的丈夫原为兄弟,只因争斗反目为仇,大动干戈,以致令你受到如此凌辱。倘若将来汴州失守,我也会落得你这样被人强迫做妾的下场。"一席话说得朱温面红耳赤、额上冒汗,最后主动提议送朱瑾妻皈依佛门,削发为尼。

景福二年(公元 893 年),朱温派长子朱友裕率十万大军进攻徐州。大军来到徐州附近,实行坚壁清野、以逸待劳,准备长期围困。徐州节度使几次出城挑战,朱友裕均闭门不出。当时,朱温的养子都虞侯朱孝恭也随军同行,他早有取代朱友裕的野心,便暗中派人向朱温报告,谎称朱友裕贪生怕死,不肯尽心作战,并在军中结党营私,大树个人威望,居心叵测。朱温见信大怒,马上派人命都指挥使庞师古代朱友裕为将,并追查朱友裕结党营私之事。不料,朱温的信被人误送到朱友裕手中。朱友裕惊恐万分,知道父亲凡起疑心必杀无疑,便连夜率领几名亲兵逃往辉州,藏匿伯父家中。张惠听到消息后大吃一惊,左思右想,马上派人让儿子朱友裕只身一人来汴州,向父亲请罪。朱温见到朱友裕后依然大怒,非斩不可。当他令左右拉下朱友裕欲斩时,张惠急忙抱住朱友裕,哭着对朱温说:"如果友裕有异心邪念,难道能只身返回汴州向你请罪吗?"朱温听罢,觉得言之有理,才勉强消了怒气,撤回成命,改任朱友裕权知徐州。

原来,张惠早就看出丈夫朱温嫉妒长子朱友裕能征善战、身怀韬略,深恐日后被将士们拥立,取代自己节度使的位置,因而蓄谋已久,伺机除掉身边的隐患。张惠深知朱温一向主张"无毒不丈夫",对亲生骨肉也不例外。因此,这次幸亏她出谋划策,使儿子朱友裕免遭杀身之祸。

朱全昱看到朱温陷入沉思,面露追悔莫及的缅怀之情,接着说道:"三弟,你还记得弟媳临终前给你留下的嘱言吗?"

朱温抬起头,看了哥哥一眼,无言以对地低下头。

天复元年(公元 901 年),朱温正在洛阳紧锣密鼓谋划篡权夺位时,突然接到夫人张惠病危的信息。朱温返回汴京时,张惠已是弥留之际。朱温握着她的手,说道:"你不能走,我就要黄袍加身、登基称帝了,你还要做皇后……"张惠喃喃地说:"夫君,我与你恩爱夫妻二十年,死亦瞑目。我不想当什么皇后,我没有那福分。我劝你不要再做皇帝梦,为了做皇帝,你杀的人太多了,即使将来做了皇帝,唉……"

张惠感到很累,喘息了一会儿,继续说道:"古人云,祸兮福所倚,福兮祸所伏。古往今来,为了这个皇位,你杀我,我杀你。想想看,今天你能杀别人,有朝一日别人就不会杀你?我劝你不要再争这些身外之物,不要再杀人……”张惠慢慢侧转身,从绣枕下抽出一条白绢,递给朱温,说:“愿君以此为戒,好自为之。”朱温接过白绢,展开,见上面绣着四个黑色大字:“戒杀远色。”

朱全昱从怀里掏出那幅绣着“戒杀远色”四个大字的白绢,对朱温说:“这是她的一颗爱心,一片善心。你辜负了她!篡唐称帝近六年,为了保住皇位,你一直在征战、厮杀,多少人死于非命,就连你的儿子友裕到底被你逼得忧郁而死,你不就是怕他夺了你的皇位吗?你何时曾想过‘戒杀’二字?”

朱全昱显得有些激动。

“还有这‘远色’二字。”朱全昱提高了声调,显然,谈到“远色”,他感到愤怒,难以自制。

朱温忙制止:“大哥,不要再说了……”

朱温知道大哥朱全昱的性格和为人心直口快,专往疮疤上打,特别是遁入空门后,完全没把他这皇帝弟弟放在眼里。他看破红尘,把功名利禄视为罪恶的渊薮(sǒu),所以对于当了皇帝的弟弟也不留情。

朱温为什么不让朱全昱讲下去?

原来自夫人张惠死后,朱温不仅未把“戒杀”二字放在心上,更没把“远色”二字看在眼里。夫人张惠在世时,朱温怕她三分,夫人一方面尽妇人之道,一方面严格看管朱温,不让他染指女色。夫人死后,朱温如出牢笼的猛虎,兽性大发,肆无忌惮地搜罗美女,供自己淫逸享受。行军打仗,嫔妃也不离左右。当他把宫中的嫔妃玩腻之后,又突发异想。一天,他下令传召所有儿子和养子的妻子入宫陪宴。

朱温有四个儿子,长子已死,留下寡媳,次子朱友珪在洛阳任左右控鹤都指挥使,三子朱友贞在汴州任马步军都指挥使,四子朱友敬尚年幼。此外,还有一群养子,其中博王朱友文、都虞侯朱友恭等较受宠爱。

这天夜晚,朱温将一群儿媳们召进寝殿饮酒欢歌。酒过三巡,朱温乘着几分醉意,趁儿媳们轮流斟酒之机,看着她们个个年轻貌美、肌肤如玉、腰肢如柳，逐渐按捺不住淫欲之心，几杯烈酒相继被儿媳们灌下去之后，便原形毕露、丑态百出。特别是养子朱友文之妻王氏前来斟酒陪宴时，她那超群的美艳、勾魂的腰肢和宛如莺啼的话语，煽得朱温春情如火，无法忍耐。他将王氏斟的酒一饮而尽，索性将王氏搂进怀中，又亲又摸。继而兽性大发，亲自动手，脱光王氏的衣服，当着众儿媳的面与她淫乐。其他儿媳十分难堪，不忍目睹，纷纷以袖遮目或转身回避。朱温性起，索性下令众儿媳均脱去衣裤，赤裸着全身陪他饮酒，供他淫乐。众儿媳不敢违拗，任其蹂躏。自此以后，每夜均传召儿媳们像后宫中嫔妃一样，轮流侍寝。其中，养子朱友文之妻王氏最受恩宠，开始经常入宫侍寝，后来索性常住宫中。众儿子均敢怒而不敢言。而养子朱友文见木已成舟，不如索性顺水推舟。他看到朱温的长子朱友裕已死，次子朱友珪禀性阴鸷奸诈，又贪得无厌，三子朱友贞安静文雅，舞文弄墨，独居僻处，懒于政事，四子年幼。朱温经常流露对他们不满意的话语。朱友文虽是养子，却极善恭维逢迎，善猜度人意，对朱温百般依顺孝敬，渐渐萌生取而代之、继承皇位的念头。妻子王氏得宠后，他觉得是天意助他成全大业，于是劝喻妻子极尽谄媚之能事，取悦于朱温。王氏乐得日后能成为皇后，自然夫唱妇随，拿出浑身解数迷住朱温，不断在枕旁为丈夫向朱温吹风、灌迷汤。

这些事宫内宫外尽人皆知。但今天，朱温却非常害怕从哥哥朱全昱的口中说出来。

朱全昱见朱温没有收留绣字白绢的意思，便把它折叠起来，说："弟媳死后，你根本没看中这件珍物。六年来，你不但继续杀人，还极近女色，丑闻流传宫内外。"

朱温长叹一声："事到如今，不知大哥可能救我？"

朱全昱望着朱温："你肯随我入寺受戒、遁迹空门？"

"做和尚？"朱温惊讶地问道。

朱全昱点点头，说："脱掉龙袍，离开皇宫，入寺院打斋念佛，超度亡灵，苦海无边，回头是岸。"

朱温沉默不语，良久，问道："还有他法吗？"

朱全昱摇摇头:“尘缘不绝,功名难舍,灾祸难免……”朱全昱思忖片刻,又说:“念及手足之情,迷津之处当须指点。你面色发青,眉宇间戾气外溢,三个月内必有杀身之祸。必须在三个月内足不出户,不问政事……”

数日后,朱温病情日渐沉重,终日卧床不起,汤水不进。众大臣恐皇帝将不久于人世,纷纷上疏,奏请朱温立嗣。一时间,立嗣成为朝廷内外瞩目的大事。朱温的儿子和养子们也为此显得十分活跃。

立嗣是朱温感到最头痛、最伤脑筋的大事,他早有所虑,但一直悬而未决。现在,他已危在旦夕,立嗣已成为刻不容缓的大事。

原来,朱温一直在次子朱友珪和养子朱友文之间犹豫不决。长子朱友裕死后,依序而立,当推次子朱友珪,但朱温很讨厌他,动辄叱责,甚至责罚殴打。然而,朱友珪认为长兄已死,储君非他莫属,尽管父亲嫌弃他,他依然积极活动,满怀希望。养子朱友文极善恭维逢迎,对朱温依顺孝敬,颇受朱温喜爱。特别是朱友文的妻子王氏得宠后,朱温从感情上更倾向于立朱友文为储君。然而,他是养子,非朱室嫡传血脉,立他为嗣,嫡子必会不服。

一天傍晚,朱友文的妻子王氏悄悄来到朱温的寝殿,屏退侍从,亲自侍奉,百般殷勤,望着病榻上的朱温哭哭啼啼,十分伤心。朱温握着她的手,问道:“外边有何动静?”王氏马上说:“友珪在朝臣中四处活动,鼓噪他们,联名上疏陛下立他为嗣,并扬言若不立他,决不善罢甘休。”朱温愤愤地说:“难怪这么多天没来看朕。”稍停片刻,朱温又问:“友文呢?”王氏忙说:“友文军务在身,得知陛下龙体欠安,恐人心不稳,故须臾不敢离开汴州。他一再托人捎信,让贱妾代他好好服侍陛下,尽其孝道……”“他没想过立嗣的事吗?”王氏忙揩掉脸颊上的泪水,说:“陛下,夫君让我转告父皇,他只想为父皇肝脑涂地,死而后已,别无他求。储君当为二皇兄友珪,非他莫属。”王氏边说边留神注视着朱温的表情。

朱温听罢,欣慰地点点头:“友文不辜负父皇的一片心意。”

王氏把脸贴到朱温的脸上,娇滴滴地说:“贱妾替夫君谢父皇。”说着,又是亲吻又是抚摸。

这时,朱友珪的妻子张氏悄无声息走进寝殿,见王氏正百般抚爱着朱温,便站在那里一动不动。

王氏沁人心脾的脂粉香味和柔情蜜意的亲吻、抚摸,使朱温一阵心动,感到激悦、兴奋,脑海里立刻闪出一个念头:"让友文继承皇位。"

朱温双手托着王氏的脸,神秘地说:"火速派人去汴州,让友文入京。千万不可走漏风声。"

站在殿门口的张氏浑身一抖,忙撩起衣裙,悄无声响地退出寝殿。

深夜,郢王府。

朱友珪气急败坏地在殿内大厅里急促地踱来踱去。他知道,父皇派人去汴州召朱友文入京,肯定是要把皇位传给他。

朱友珪站在地中央,双手叉腰,骂道:"这个老杂种,不把皇位传给自己的儿子,传给野种。他真敢这样干,我就率兵血洗洛阳。"

话音刚落,殿外有人高声喊道:"圣旨到!"

朱友珪一惊,忙跪下接旨。

原来,朱温下诏,贬朱友珪为莱州刺史,限期赴任。

传旨太监走后,朱友珪气得脸色发青、浑身发抖。他知道,按惯例,凡是从京城贬往地方的官员,多在途中被杀。

"老贼!既然你要对我下毒手……"朱友珪牙齿咬得格格响。

次日傍晚,朱友珪悄悄溜进禁军左右虎军营,钻进统军韩勍(qíng)的帐内。

韩勍是朱友珪的亲信同党。当年,他曾在朱友文麾下任职,因调戏良家妇女被朱友文杖罚并逐出军营。朱友珪因忌恨朱友文,专门网罗反对他的人为亲信党徒。韩勍听说朱温要传位给朱友文,当然不满。于是二人在帐内密议。

深夜,朱友珪亲自率领韩勍拨给的五百牙兵,伪称奉诏入宫禁卫。宫门禁卫开启城门,被朱友珪用剑砍杀,然后率兵直奔朱温寝殿。

寝殿内,朱温卧在床上,朱友文妻王氏正服侍他饮药。突然,殿门被人推开,一群持刀执剑的牙兵跟着朱友珪冲进殿内。

朱温在床上见突然拥进一群兵丁，知有兵变。王氏吓得缩成一团，倒在朱温的床头。朱温强撑起身子，喝问道："反贼何人？"

这时，朱友珪手持宝剑冲到床前，用剑指着朱温："非他人也！"

朱温见是儿子朱友珪，骂道："畜生！你敢犯上作乱，杀父弑君？"

朱友珪呵呵一笑，答道："父不仁，子不孝；君不仁，臣不义。你想杀我，我就得杀你！"

朱友珪手持宝剑，步步逼近。

朱温坐在床上，忙说："我把皇位让给你。"

"今天你答应把皇位让给我，明天再杀我？哼哼！"朱友珪冷笑着说，"我不用你给，我要像你当年那样，从别人手里夺！"

惊魂失魄的朱温突然拼尽气力大声喊道："来人哪，抓叛贼！"

朱友珪收回手中的宝剑向身后一挥，只见站在他身后的仆夫冯廷锷一个箭步猛冲上前，只听"噗"的一声，宝剑穿透朱温的前胸。朱温"啊"的一声惨叫，两只眼睛瞪得像牛眼似的直往外鼓，双手紧紧握住胸前的剑锋。冯廷锷手腕一抖，猛地将宝剑抽出。霎时，朱温的十个手指齐刷刷落到床上，泉涌般的鲜血咕嘟咕嘟地从朱温胸前流淌着……

朱温瞪着可怕的双目，木桩似的坐在那里一动不动。

朱友珪走近床前，在尸体胸前一推，说："皇帝陛下你还不肯倒吗？"

朱温的尸体扑倒在床上。

朱友珪顺手从床上拖起王氏。王氏瑟缩发抖地跪在地上喊着饶命。朱友珪瞪着发红的眼睛，把剑举在空中，猛地拼尽力气向下一劈，将王氏从肩到胯劈成两截。

朱友珪命令士兵用棉被将朱温的尸体裹起来，再用绳子捆好，放到床上。

次日凌晨，供奉官丁昭溥骑着快马、披着满天繁星驰出洛阳东门，直奔汴州，怀中揣着朱友珪亲制的朱温矫诏，命令朱友贞杀掉密谋篡位的朱友文。

在通往汴州城的大道上，丁昭溥坐骑之前约百里许，也有一匹骏马驮着怀揣朱温诏书的使者急驰着。

天亮后，文武百官应召入朝。朱友珪虎视眈眈地站在金銮殿上，执事太监宣读诏书："皇帝龙体欠安，命朱友珪权主国事。"

两日后，丁昭溥由汴州返回洛阳，带回朱友文的首级。

次日，朱友珪宣布朱温病逝，举国大丧。

朱友珪在朱温的梓宫前号啕大哭一场后，宰相在梓宫前宣读矫诏，立朱友珪为帝。

举国大庆。

时年，乾化二年，公元 912 年。

你是哪家野种

——后梁郢王　朱友珪　末帝　朱友贞

乾化二年(公元912年),六月。

开封城,酷暑流火的季节开始了。

马步军都指挥府里,高大、宽敞、粗梁抱柱、琉璃飞檐的殿堂中,门窗洞开着,贪婪的主人希望天下所有的风都从这些门窗里吹进来,吹走烦热,留下宜人的凉爽。

这座殿堂的主人均王朱友贞坐在编得精细的簟(diàn)席上,伏身楠木机案,身穿白色杭绸背心,操着刻刀,专心致志地镌刻着一方鸡血石方印。均王朱友贞是后梁开国皇帝朱温的三子,算上养子朱友文,排行第四。文德元年(公元888年)出生在朱温汴州宣武节度使府中,自幼长得细皮嫩肉、文静恬雅、聪明俊秀,被朱温视若掌上明珠,深受宠爱。十九岁的朱友贞被封为均王。不久,又被任命为天兴军使。"天兴军"是朱温称帝后,广招天下武艺精湛的勇士新建的一支禁军,作为驻守皇宫的贴身扈从。天兴军的统帅自然要慎选精明可靠的人。不过,朱友贞自幼与笔墨丹青有缘,厌恶舞枪弄棒,及至长大看兵书如读天书、味同嚼蜡,赋诗作画却精神焕发、废寝忘食。常和文人雅士侃侃而谈,直至同餐共饭、同榻抵足。在朱温看来,朱友贞不习武艺,不懂兵家韬略,对功名利禄毫无兴趣,不像二子朱友珪热衷于权力,又善于钻营,所以让朱友贞任天兴军统帅最可靠。开平三年(公元909年)四月,朱温迁都洛阳后,命养子博王朱友文为东京留守,命朱友贞为检校司空、东京马步军都指挥使,负责镇守开封。

几个穿戴考究、风度翩翩的儒生寒暄着走进殿门。

朱友贞见老朋友来访,忙起身穿好衣服,让仆人端上茶,备了几盘点心,热情款待。

一个儒生端起茶碗，说："堂堂的东京马步军都指挥使不上校兵场，却躲在府上镌刻石章。"

朱友贞笑着说："惭愧，惭愧，马步军都指挥使徒有其名而已。"

另一个儒生笑着说："马步军都指挥使的府堂见不到刀枪剑戟，却满墙名人字画。"

朱友贞忙说："此言差矣！"说着从机案上拿起刻刀，擎在半空，说："请看请看，这不是刀吗？"

众人哄然一阵笑声。

笑谈过后，一位儒生正色说道："均王，近日开封城街谈巷议都在谈论……"儒生欲言又止。

"谈论什么？你我不分彼此，说出何妨？"朱友贞催问着。

儒生抽起坐下的簟席，凑到朱友贞身边，放低声音说："都在议论皇上龙体欠安，立嗣建储迫在眉睫，郢王朱友珪及在京诸王四处活动，都在跃跃欲试。"

朱友贞淡然地说道："立嗣建储由父皇酌定，父皇一言九鼎，诸王兄弟四处活动岂非枉费心机？"

一位儒生说："均王殿下，圣上素来爱你如掌上明珠，多委以重任。凭殿下的才学和品德，立嗣建储，皇上未必不想到殿下。我等今日登门，是想让殿下火速赴京都洛阳，以不失时机！"

"哈哈哈……"朱友贞一阵阵大笑后，说，"诸君让我回京疏通关节，争取立为储君？"

"正是，正是。"几位儒生齐声回答。

朱友贞敛住笑容，说："我虽为皇室宗亲，贵为皇子，但一向淡漠于政事。争权夺利，不免刀光剑影、腥风血雨，古往今来常常为此而祸起萧墙，骨肉相残。俗话说，争者不美，让者有德。让父皇钦定就是了，我从无奢望。至于火速进京去洛阳，诸君不懂皇家规矩，臣驻守地方，无诏命擅自入京者当诛。所以，我当谢谢诸君一片心意。不过，请诸君再莫谈论此事。来来，请鉴赏我这方印章如何？"

话音刚落，门吏来报，博王朱友文来访。

儒生们听说博王造访，便起身告退。

均王朱友贞将博王朱友文接入密室。

二位落座后，博王显得心情十分激动，外表却又故作矜持。

原来，朱友文刚刚接到皇帝朱温派钦差送来的诏书，命他即刻启程进京。同时，钦差还捎来妻子王氏的密信，说父皇已决定立他为嗣，朱友珪也在秘密策划、紧锣密鼓，让他见诏后须臾不要延误，云云。

朱友文接到诏书和妻子的密信后，难以抑制内心的激动和兴奋，多年的努力没有付诸东流，一切牺牲都得到了收获。他非常感激妻子王氏，用自己的贞操和肉体为他换来皇位。他深深感激这位未来的皇后，他要好好报答她。然而，他也十分担心朱温的几个嫡子，这几年他们相继长大成人，并握有兵权，特别是郢王朱友珪，是他登上皇位的最大政敌。

朱友珪虽是朱温的亲生儿子，但非嫡出。唐光启年间(公元885—887年)，朱全忠在藩镇中势力尚小，终日征战。一天，行军至亳州(今安徽亳州)时发现一名美貌绝伦的妓女，便派人召到军营侍寝。不久妓女怀孕。当时，朱温对张夫人敬惮三分。班师汴州时，未敢将她带回，只好在亳州购置一套房屋，留下银两，让她离开青楼，从良为民。不久，这位妓女生下一个男孩，遣人进汴州向朱温报喜。又得一子的朱温很高兴，但相隔遥远，无法照顾，只好派人送去大批银两，并给儿子起个乳名叫“遥喜”。这个遥喜便是郢王朱友珪。

朱友珪自幼一直跟随母亲在亳州长大成人。后来，朱温终于说服张夫人，将他们母子接入汴州。朱友珪的母亲出身妓女，在那种低层社会环境里长大的朱友珪进入朱温府后，与众人格格不入，常常受到歧视。成人后怀有强烈的争强好胜心和报复心，且刁蛮好斗，心狠手辣。

朱温称帝后，封朱友珪为郢王。开平四年(公元911年)，又加封检校司徒、左右控鹤都指挥使，兼管四方将军。乾化二年(公元912年)，又加封诸军都虞侯，握有军事大权。长兄朱友裕死后，他认为朱友文虽排行第二，但他是养子，是外姓人，皇储非己莫属。朱温偏偏又十分喜爱朱友文，加上朱友文之妻王氏善于取宠于朱温，越发使朱温对朱友文偏爱。一次，朱友珪酒后狂言，说父皇如立嗣朱友文，他将率兵血洗洛阳。朱温得知后罚他杖刑四十，打得他皮开肉绽。从此，朱友珪对朱友文愈加忌恨。

朱友文接到诏书后，首先想到登上皇位后，一定要除掉朱友珪，否则难以慑服全家。至于四弟朱友贞，对立嗣一向无动于衷，为人又温和善良，手无缚鸡之力，根本不把他放在心上。但他与朱友珪毕竟是同胞兄弟，将来欲杀掉他的兄长朱友珪，他未必不找麻烦。

所以，朱友文见诏后本应火速启程，但考虑到汴州是军事重地、京都洛阳的后方，必须稳住。匆忙之中他赶来均王府，名义上是礼节性道别，实则是先给朱友贞吃颗定心丸。

谈话之初，朱友文尽力抑制住兴奋的心情。

拉开话题后，戒备的闸门也渐渐拉开，他越谈越激动，越讲越兴奋。言谈话语间已毫不掩饰地流露出立他为储的事，也酸辣尖刻地嘲讽了朱友珪竹篮打水一场空，甚至也泄露出对朱友珪暗藏杀机。

朱友贞除了偶尔说上一半句恭维和祝贺的话外，一直沉默不语，表现出对立储之事无动于衷。他听得不耐烦时，偶尔拿起机案上的方印端详着，时而补上一两刀。

最后，朱友文俨然以皇帝的口吻对朱友贞说道："将来我继位后，一定任四弟为东都留守，做我的后盾，我还会继续委你以重任。"

朱友贞毫无兴奋和感激之情，轻轻打了一个哈欠，顺手又拿起机案上的方印，以不屑的口气说道："岂敢，四弟不才，专好舞文弄墨，雕虫小技，绝非栋梁之材。再说宦海沉浮，世态炎凉，何必自讨烦恼。四弟一生别无他求，只图清静无为。"

朱友文看看时间不早，从簟席上站起身，拍拍朱友贞的肩膀，用长者的口吻说："四弟，我很欣赏你的知足常乐。古人云，事能知足心常泰，人到无求品自高。不过你现在年纪尚轻，将来会知道权势对人的重要。大丈夫不可一日无权，特别是至高无上的皇权。"

言罢，朱友文拱手告辞，欣然离去。朱友贞站在殿门外，望着朱友文远去的背影和铿锵有力的步履，以及那趾高气扬的气焰，他嘴角微微一颤，心里像翻倒了五味瓶。

良久，他在心里“哼”了一下：“你还不知是哪家的野种?！狐假虎威！”朱友贞感到浑身燥热，心里像烧着一团火。

朱友贞悻悻地返回殿内，继续镌刻着印章，总感到下刀不准，进刀不稳。突然，刻刀一滑，削掉一块石肉，刀尖扎进左手掌心，一股殷红的血汩汩而出。

朱友贞想，或许这是一种预兆。

当夜幕悄悄笼罩开封城后，家丁突然来报，钦差供奉官丁昭溥捧旨到。

朱友贞感到蹊跷，慌忙在殿内跪拜接旨。

诏书当然是皇帝朱温颁发的，却是令朱友贞即刻诛除谋逆篡位的朱友文。

洛阳今晨一诏，今晚又一诏，一诏立朱友文为嗣，一诏诛除朱友文。必有一者是真一者是假。朱友贞不愿去思索，去鉴别，但他感到接到这封诏书时，心里涌出一丝惬意，一阵快感，像一阵凉风，拂去一天来压抑在心头的郁闷和惆怅。

有令则行，朱友贞欣然决定执行圣旨，即行诛除朱友文。

思忖片刻，朱友贞决定派亲信随从与供奉官丁昭溥一同前往博王府，声称朱友贞拜托朱友文回京都洛阳时，给母后带去书函及补药。

丁昭溥等人入更后出发。三更鼓响时，丁昭溥带着朱友文的血淋淋的首级回到均王府。

丁昭溥打开包裹，朱友贞见朱友文的人头了然无有上午那种趾高气扬、得意忘形的神色。

朱友贞用布盖住朱友文的头，自言自语地说：“应了今天的兆头。”然后叹了一口气说：“何苦呢！”

丁昭溥捧着朱友文的人头星夜兼程，驰马返抵洛阳。

丁昭溥离开均王府没有一个时辰，洛阳又一匹快马驰入均王府，来使送来邸报，称："博王朱友文谋反，派兵冲入殿中。赖郢王朱友珪忠孝，率兵平乱，保全圣上。然圣驾受惊，龙体欠安。今命朱友珪代主国政。"

朱友贞看罢邸报，反背双手在殿中央低头漫步，陷入沉思。

这时，驸马都尉赵岩和左龙虎都统袁象先神色紧张地走进殿内。

赵岩的夫人是朱友贞的胞姐长乐公主，袁象先的母亲是朱友贞的姨母万安大长公主。三人关系一向往来密切，推心置腹。

突然听说博王反叛被诛，不知真假，两个人连夜赶到均王府。

赵岩进门便问："殿下，博王是被陛下诛杀了？"

朱友贞不动声色，不慌不忙地说："博王的人头已经被供奉丁昭溥捧回洛阳。"

"这是何故？"袁象先不解地问道。

"你们二位看看朝廷刚刚送来的邸报。"朱友贞指着杌案说。

赵岩和袁象先急忙拿起邸报，一起看。

赵岩看罢，问朱友文："殿下，你怎么看？"

朱友贞拿起邸报走到烛台附近，将邸报送到烛上点燃，一边看着燃烧的邸报，一边说："不说谎能干成这种大事？不杀人能登上金銮殿吗？说不定到这般时候，戏快收场了。"

袁象先接着说："殿下，难道你真的就无动于衷吗？"

朱友贞站在地中央，依然双手反背，望着赵岩和袁象先，沉默不语。

赵岩和袁象先很难从这张白皙的脸上找到答案，感到无可奈何。

两天后，洛阳传来消息，皇帝朱温驾崩，遗诏命郢王朱友珪嗣立皇位，改年号凤历。继而，新登基的皇帝从洛阳发来诏书，擢升朱友贞为东京留守，行开封尹，检校司徒。

接到朱友珪从洛阳发来的诏书，朱友贞与赵岩、袁象先聚在均王府里喝闷酒。酒已过三巡，三人皆低头不语。

赵岩终于憋不住，说："均王晋升东京留守，行开封尹，检校司徒，我们为之庆贺，应该高兴才是。来，痛痛快快干一杯。"

袁象先则说："与其说庆贺均王晋升，不如说为朱友珪阴谋得逞、夺位成功千杯。东京留守只是官升一品，而夺到皇位则位登九尊。一个是月亮，一个是太阳，怎么能比？"袁象先显然很气愤，他冲着朱友贞说："我替你感到憋气窝火。朱友文虽然身首两处，也算值得，毕竟陛下已经决定立他为嗣，怪他命运多舛，功亏一篑，在这场夺嗣的戏中，毕竟唱了配角。你呢，充其量算个跑龙套的，还给人家充当了刽子手。用博王的人头换个东京留守，还值得庆贺？这酒我无兴再喝。"

朱友贞沉默片刻，才说："二位仁兄，今天确实不是喝庆功酒的时候。要小心，不能因贪杯，像博王那样稀里糊涂地把头丢了。"

赵岩与袁象先感到奇怪，问道："殿下，这话是何意？"

朱友贞沉思片刻，说："郢王夺得皇位的内幕终究纸里包不住火。从古至今，凡假诏篡权嗣立的新君，最怕的是宗室诸王不服。凡属靠杀戮称帝者，登基后必先杀宗室亲王，以绝后患，保全皇位。如今，长兄友裕早亡，友文被诛，同胞兄弟只有我和小弟友敬，另有冀王友谦等。友谦等是父皇义子，又率兵驻守地方，友珪一时鞭长莫及。所以，我是友珪首先要除掉的目标。友珪既想杀我，对你们就不会网开一面。城门失火，殃及池鱼嘛！我赞成象先兄的意见，今天不是喝酒的时候，我们要设法躲过灾难，保住头颅。"

赵岩不悦地说："我们像做贼一样东躲西藏？依我之见，不如以讨逆为名，率兵杀进京都洛阳。"

朱友贞忙说："郢王正愁着没有杀我的罪名，时运未来君且守，留得青山在，还怕没柴烧？"

洛阳，皇宫，寝殿里。

新皇帝朱友珪屏退殿内所有侍从。殿内只有他与由仆人擢升为禁军统领的冯廷锷。张皇后亲自为他们沏茶，备点心。

冯廷锷呷了一口茶，对朱友珪说："陛下，为何对均王还不动手，是否不忍下手？"

朱友珪脱掉身上的龙袍，递给张皇后，转过身，说："父皇我都敢杀，友贞有何不忍下手？只是……"朱友珪沉吟片刻，接着又说："只是父皇之死，朝廷内外谤言四起，非议纷纷。此时，若无端诛除友贞，恐是火上加油，引起众怒，群起而攻之，非同小可。我是想，尽力等待时机，或友贞有反叛之举，或有诽谤之言，再以忤逆之罪将他诛除。既名正言顺，又可杀一儆百。”

冯廷锷说：“可是据派往开封的亲信坐探报称，朱友贞、赵岩、袁象先等人销声匿迹，悄无踪影，根本无法搜罗谋反和毁谤朝廷的口实。”

朱友珪道：“友贞本来就是个手无缚鸡之力的文弱书生，毫无权欲之心，谅他不会有不轨行为。”

冯廷锷说：“陛下，人不可貌相，海水不可斗量。友贞不杀终是后患。”

张皇后从一旁插言道：“冯统领之言，望陛下三思。”

朱友珪皱着眉头，犹豫不决地望着冯廷锷，说：“你是说秘密派人把友贞干掉？”

这时，传事太监匆匆走进殿内，略带慌张地说：“陛下，外朝有人密报，护国节度使冀王朱友谦投奔晋王李存勖(xù)，扬言与晋王合兵进攻洛阳，讨伐陛下。还有北面招讨使、三军统帅杨师厚奉诏回京入朝，却带精兵万余，企图不明。朝臣得此消息，不满之情溢于言表。更有甚者，蠢蠢欲动，跃跃欲试。”

朱友珪听罢，眉宇紧锁，陷入惊恐不安的沉思。

冯廷锷提醒朱友珪道：“陛下，此时更需提防后院起火。”

朱友珪却斩钉截铁地说：“先扑灭前院的火。”

开封，均王府。

沉寂数日的庑殿今夜灯明如昼。朱友贞、赵岩、袁象先久别重逢，显得格外兴奋、亲热。特别是朱友贞，一扫往日的郁郁寡欢和儒士的彬彬有礼，变得精神焕发、老谋深算，俨如运筹帷幄的主帅，显出胸有成竹、稳操胜券的样子。

朱友贞正襟危坐在簟席上，满面春风地像考问小学生似的问赵岩和袁象先：“二位仁兄，你们知道今晚邀你们来府要共商何等大事？”

赵岩和袁象先面面相觑，无言以对。

朱友贞眉飞色舞地说：“友文是先父养子，可受诏立嗣为君，友珪杀父弑君可以称帝,我为何不可黄袍加身?”

“噢?”赵岩和袁象先先是感到惊异,继而变得异常兴奋、活跃。

赵岩把手握成拳头,在机案上“砰”地一敲,说:“殿下,你终于想干一番惊天地泣鬼神的大事了!”

袁象先也说:“殿下,我们早就盼望你……只是不敢直言不讳。”

朱友贞踌躇满志地在地上踱来踱去,又说:“凡事均要审时度势,不可造次。古语云,识时务者为俊杰。以肺腑之言,我何曾不觊觎皇位?但前些年,二哥、三哥野心勃勃,明争暗斗,水火不容。

“二哥友珪,长兄死后他为大,得天独厚,顺理成章。三哥虽为异姓,但已入朱家门,并得父皇偏爱。我排行第四,自难与两位兄长抗衡,不可得而强夺,必遭天谴民怨而身败名裂。两虎相斗,必有一伤,鹬蚌相争,渔人得利。二哥三哥相争,三哥死于非命,我们少了一个政敌。二哥初登九尊,踌躇满志,锋芒毕露,我们不可针锋相对。长期以来我礼贤下士,敦习儒典,雅好书画金石,惰于政事,与人无争。古语云,时运未来君且守,困龙自有上天时。如今形势骤变,冀王友谦公开叛逃,与晋王联兵攻洛,大兵压境。北面招讨使、三军统帅杨师厚奉诏入朝,自带精兵万余,醉翁之意显而易见。朝廷命官不甘为杀父弑君之逆贼效忠。友珪逆贼毫无回天之力,索性避居后宫,沉湎酒色,醉生梦死,弃朝廷于不顾,于是越发众叛亲离,成了真正的孤家寡人。现在正是我出山的大好时机,这是天意,天助我成。”

赵岩、袁象先听得津津有味,喜形于色。做梦也没想到,真是士别三日,当刮目相看,今天朱友贞完全变成与往日迥然不同的人。两个人听后,摩拳擦掌,跃跃欲试。

赵岩说:“完成夺嗣大业,天时、地利均在,唯有一人,不知肯否拔刀相助?”

“谁?”袁象先问,

“北面招讨使、三军统帅杨师厚。”

朱友贞点点头。

杨师厚此时身拥重兵,镇守黄河之北,轻重之势不亚于始皇时代蒙恬的三十万大军。他又身兼中书令，为梁朝赫赫有名的重臣宿将，洛阳禁军及诸镇兵马均愿听命于他。

袁象先忙说："杨令公若向禁军发话，此事立成。但是，杨令公为本朝重臣，肯否与友珪为敌？若其不为，则我等死无葬身之地。"

赵岩回道："杨令公率万余精兵回洛，今驻兵于魏州（今河北大名北），不肯即刻入洛，显然是静观事态，以期定夺。我们必须抓住时机。"

赵岩说罢，两个人不约而同地望着朱友贞。

朱友贞踱来踱去，低头沉思，突然快步走到他俩跟前，斩钉截铁地说："此等大事必须铤而走险，成败在此一举！"

当即决定派赵岩、袁象先回京都洛阳秘密活动，派心腹马慎至杨师厚军衙所在的魏州，劝杨师厚助均王讨伐朱友珪，并答应事成之日赐犒赏军钱五十万，入主朝政。

不久，杨师厚派部将王舜贤至洛阳与赵岩、袁象先密谋策划，又命招讨马步虞侯朱汉宾率军南屯滑州（河北滑县南），作为外应。

2月8日凌晨，夜空中一片繁星，朱友珪与张皇后及两个宠妃同床而眠，正在酣梦之中。

突然，皇宫内外人声大哗，火光四起。原来，赵岩与袁象先率数千士兵攻入皇宫，喊声震天。

朱友珪闻变，惊慌失措，撇掉两位嫔妃，领着张皇后仓皇逃出寝殿。刚出殿门，恰遇冯廷锷来救，三人在慌乱中逃往北城门。冯廷锷在前一路斯杀，掩护朱友珪和张皇后逃到北城门下时，发现赵岩率领禁军士兵一字排开站在城楼上，拉满弓箭，瞄准城门下的朱友珪。

赵岩站在城门上，向城下喊道："驸马都尉赵岩奉均王之命讨伐逆贼朱友珪。死在临头，是自裁还是乱箭穿身，自行选择。"

朱友珪听罢，恍然大悟，方知是朱友贞发动兵变，顿时捶胸顿足，追悔莫及。面对此情此景，遗憾地长叹一声："恨未杀友贞！"言罢，对冯廷锷凄然地说："请君赐我一死，以求完尸九泉。"说完，紧紧抱住张皇后，闭上热泪涌流的双目。冯廷锷见必死无疑，无路可逃，遂咬紧牙关，抽出宝剑，对准朱友珪的腹部猛地一刺，继而又将张皇后杀死。

冯廷锷见朱友珪与张皇后已死，把宝剑横在自己的脖颈上用力一抹，三个人的尸体倒在一起。鲜血蠕蠕流淌着，淹没着城门脚下被火光映照的黄土地。

赵岩、袁象先见大功告成，留下王舜贤安顿洛阳局面，他俩携带传国玉玺赶赴开封，迎接均王朱友贞入主洛阳。结果，朱友贞不肯离开旧地开封，遂下令改开封为后梁都城。

随即，朱友贞在开封登基称帝，复称年号乾化。杨师厚赐爵邺王，兼中书令。赵岩任租庸使，统掌全国财赋。袁象先受命特进，检校太保，同平章事。其他藩镇均加官晋爵，赏赐钱帛。

称帝后的朱友贞面临的是一个破败不堪、矛盾重重的王朝。北有强敌，南有外患，内部诸藩、诸王又脾性难驯。其中最使他忧虑不安的是北方强悍的劲敌晋王李存勖，以及占有魏博之地的天雄军节度使杨师厚。

李存勖继承父业，久据河东，兵强马壮，实力雄厚，不断蚕食周边，觊觎梁地。朱友贞登基不久，李存勖发兵攻占幽州、河朔，并欲趁后梁新主立业未稳，挥师南下。朱友贞终日提心吊胆，战战兢兢。

天雄军节度使杨师厚长期屯驻魏博六州，屏守后梁北边疆，是朝中重臣宿将。拥立朱友贞登基后，矜功自傲，无视朝廷，所管六州财赋截留地方，还私自建立几千人的亲兵队伍——“银枪效节都”，根本不把朱友贞放在眼里。

贞明元年(公元 915 年)三月，杨师厚突然病逝。朱友贞等暗自庆幸，租庸使赵岩趁机上疏朱友贞，建议将魏博分为两个节度使，以削弱势力，增强朝廷对魏博的控制。朱友贞依计而行，遂以贺德论为天雄节度使，领魏、博、贝三州，以张筠为昭德节度使，领相、澶、卫三州。贺德论与张筠二节度使赴任时，朱友贞派开封尹刘鄂率兵六万相随，屯驻魏州城外，又命相州刺史王彦章率五百骑入魏州城。但魏博之兵父子相承，年代久远，多互为姻亲，不愿分徙两镇，应命派往昭德的魏博士兵成群结伙，在军营中抱头痛哭，不肯离去。贺德论派员督催、威逼，惹得士兵怨声载道。结果，当晚魏州发生兵变，冲入梁军牙城，劫持天雄节度使贺德论为人质，胁迫皇帝朱友贞收回成命。朱友贞惊慌失措，忙派供奉官扈异至魏州，委任乱军首领张彦为刺史。张彦坚持仍以天雄军统率魏博六州，梁帝朱友贞不准。张彦遂胁迫贺德论出面向李存勖求援，以威逼朝廷。李存勖见有机可乘，立即出兵入据魏州，杀张彦，徙贺德论为大目节度使，继而又攻占德州与澶州，屯兵魏县，与刘鄩大军对峙。

魏州为梁朝北方重镇。魏州一失，河南之地顿无屏障。梁主朱友贞闻讯坐卧不安，焦虑万分，三令五申催逼刘鄩驱退晋军，收复魏州。刘鄩无奈，仓促出阵，屡战未捷，相持数月。一日，李存勖声称要撤离魏州，回师晋阳，留下一名大将守营。梁主闻讯，急令刘鄩倾巢而动，直逼魏州。结果中计，被李存勖团团包围，血战一日，六万梁军死亡殆尽。刘鄩被迫率残部渡过黄河，退保滑州。

朱友贞称帝不久，先是魏博发生兵变，继而魏州等地相继失守，搞得焦头烂额、疲惫不堪。

祸不单行，福无双至。就在刘鄩大军丢失魏州、节节败退时，朱友贞的爱妃德妃张氏突然七窍流血而死。几经侦讯，既未查出死因，也未捉到凶手，只好杀掉几个贴身太监和宫女。朱友贞失去宠妃，内忧外患纷至沓来，使他神情沮丧，终日以泪洗面，无心朝政。

这天，德妃出殡，宫内外忙忙碌碌，杂乱无章。朱友贞忙碌一天，既伤心悲痛，又劳累不堪。入夜后，回到寝殿，屏退左右，和着衣服躺在床上。想起德妃的去世，想起北方的战事，国事家事一齐压在他弱不禁风的身上，他感到力不能支，颇为后悔，何苦拼死拼活、不择手段争夺这个遭罪的皇帝？他想起当年悠然自得、潇洒自如的神仙日子。长吁短叹一阵后，渐渐感到眼皮沉重得无法支撑，他懒得脱去衣服，便合上了眼睛。正当他要进入梦乡时，隐隐感到床下有细微的骚动，他猛地睁开眼睛，随即翻身下床，一边喊“有刺客”一边冲出门外。这时寝殿门已经关闭，值夜的太监不知溜到何处，朱友贞情急智生，推开窗翻身跳出殿外，大声呼喊：“捉刺客！”值宿的卫士闻声而来，冲进室内，果然从床下搜出三名蒙面刺客。朱友贞令卫士审讯他们受何人指使，三个刺客拒不招供。朱友贞令卫士严刑拷打，刺客仍守口如瓶。朱友贞大怒，下令逐个审问，不供者当即斩首。结果第一个刺客被斩，第二个刺客也被斩，轮到审讯第三个刺客时，他吓得扑地跪倒地上，连连叩头喊着："饶命！"朱友贞让他从实招供，他只好承认是受康王朱友敬指使，并承认德妃就是他们暗中投毒致死。

朱友贞当即下令派兵包围康王府，将康王及其家眷不分老幼尽行收捕入狱。

次日，朱友贞亲自在寝殿的庭院里设堂审讯康王朱友敬。

十八岁的康王朱友敬与朱友珪身世相仿，母亲早年过世，孤独的童年养成了他倔犟的性格。他在诸位兄长争夺皇储的争斗和残杀中逐渐长大。他过早地悟出一个结论：谁想当皇帝就得敢于杀皇帝，谁能杀皇帝，谁就可以当皇帝。

朱友敬五花大绑地站在殿前台阶下的砖道上。他长得膀宽腰圆、气宇轩昂、一表人才，囚犯的身份并未使他的脸上流露出半点怯懦和恐惧。

朱友贞坐在阶上的机案前，板着铁青的脸面对兄弟，形同陌路。他喝令朱友敬跪下，朱友敬不理睬。朱友贞命太监将他按倒在地，他又挣扎着站起。无奈，朱友贞命太监用竹杠压住他的腿弯，强行令他跪倒在地。朱友敬边挣扎边大骂。

朱友贞大怒，将机案一拍，喝道：

"大胆钦犯朱友敬，为何密谋害朕？"

"我也要当皇帝！"

"朕已登基称帝，你何以还想当皇帝？"

"二哥友珪也已登基称帝，你何以还要当皇帝？"

"大胆！密谋弑君，还敢不老实受审！"

"你已逼杀皇帝友珪兄，我只是谋杀未遂，你的罪大于我，你有何资格审讯我？"

审讯无法进行，朱友贞大怒，立即下令杖毙康王朱友敬。

一阵"噼啪"的击打声后，一个活生生粗壮、倔犟的汉子变成了一摊血肉。

继而，康王的五族均被诛杀。

原来，康王朱友敬幼时左眼里有两个瞳仁，长大后，人皆说是帝王相，便萌生了称帝的念头。

康王被杀后，朱友贞终日惶恐不安，唯恐其他诸王有人效尤康王，所以更加猜疑。从此以后，每日出殿必有随从，每夜就寝必有宦者侍立榻前，宿卫军士巡卫殿中。诸王不得执掌要政，不得入后宫，违者格杀勿论。并派出坐探，监视诸王行迹，稍有猜疑即行诛杀，弄得人人自危。

从此，在朝廷里专任租庸使赵岩及德妃张氏兄弟亲族。他们操纵朝廷，倚势弄权，离间将相，国政日紊，祸事迭起。

内忧外患，压得朱友贞喘不过气来。

康王谋杀案发生后，朱友贞总感到宝座不稳，诸王不服，不承认他是正统皇帝。他跟姐夫赵岩商量，要强化他的正统地位。赵岩建议，让朱友贞率领文武群臣去洛阳举行南郊大典，一者广造舆论，二者祈天地诸神庇佑。

贞明二年(公元916年)底，朱友贞无力回天，只好求助上天。12月正是天寒地冻的季节，他下令文武百官随同，拉起浩浩荡荡的队伍去洛阳举行隆重的南郊大典。为了广造舆论，下令百姓倾城空巷跪在路旁迎送皇帝。贫穷的百姓衣衫褴褛，不避风寒，冻得叫苦连天，怨声载道，骂不绝口。

谁料，就在朱友贞煞有介事地举行祭天祀地大典时，李存勖已趁机亲率大军从冰上越过黄河，以迅雷不及掩耳之势攻下大梁河南重镇杨刘，并扬言直捣开封。杨刘失守的消息传到洛阳时，又传言晋军已占开封。祭祀典礼顿时乱得一塌糊涂，文武百官蹲在祭坛四周捶胸顿足，抱头痛哭，洛阳百姓像惊弓之鸟四处逃散。皇帝朱友贞也是魂不守舍，惊悸不安。大典中途告辍，急忙下令返回开封。

朱友贞返抵开封时，晋军前锋已到达距开封不远的郓、濮两州。朱友贞被迫仓促应战。

龙德三年(公元923年)夏，晋军终于攻克郓州(今山东郓城)，都城开封顿时告急。朱友贞遣悍将王彦章为北面招讨使,率军抵御。

王彦章率军由滑州顺河而下,先克德城,继围杨刘,初战告捷。但王彦章的副将段凝是赵岩派来的亲信,专司监督。段凝恐王彦章功劳过大,取悦皇上,因而十分嫉妒,百般刁难,层层设置障碍,极力通过赵岩在皇帝面前诽谤王彦章。朱友贞也担心王彦章功劳过大成为第二个杨师厚,日后难以驾驭,遂将王彦章从前线召回,命段凝为北面招讨使。结果军中士卒骚动,将帅不服,朝中敬翔、张宗奭(shì)等重臣也极力反对,朱友贞却拒不接受。

李存勖抓住机会,率军倾巢出动,渡河至郓州,长驱西进,所向披靡。段凝兵败被擒,李存勖所率晋军直抵开封城下。

朱友贞见满朝文武乱成一锅蚂蚁,慌忙召集群臣共商退敌之策。结果,群臣均哑口无言。宰相敬翔痛苦万分地伏在阙下,泣不成声地说:“陛下,时至今日,即使张良、陈平复出,也将无可奈何。请陛下先将我赐死,臣不忍心见到国家覆亡!”言罢骤然奋起,将头碰在陛前汉白玉的石阶上,颅碎血涌,一命呜呼。

朱友贞无计可施,突然想到,城将被破,诸王之中或许有人趁机谋逆,勾结晋军篡位称帝。于是找来姐夫赵岩密议,以共商退敌为名,将诸王邀至后宫。待齐聚之后,他命赵岩及禁军将领皇甫麟每人赐鸩酒一杯,全部毒死。

诸王死前惨叫声、咒骂声不绝于耳,死状惨不忍睹。

杀掉诸王时,李存勖已发兵攻城。将士见晋军多如蜂蚁,个个骁勇剽悍,自知难敌,无心恋战,纷纷趁黑夜丢掉武器,乔装成百姓弃城而去。朱友贞无奈,下令百姓登城参战。

10 月 10 日,晋军攻城甚猛,梁军无力支撑。开封尹王瓒见大势已去,擅自下令开启城门,晋军大将李嗣源指挥大军蜂拥入城。

开封城内一片刀光剑影,杀声四起,尸横遍地。不久晋军攻入皇宫,直逼后宫,朱友贞慌乱之中逃回寝殿,欲取传国玉玺逃出皇宫。他逃进寝殿后,玉玺已不翼而飞。太监告诉朱友贞,一刻钟之前租庸使赵岩亲临寝殿,杀死宫监,抢走玉玺,不知去向。

朱友贞顿时感到血往上涌,满眼金花,险些晕倒。此时,晋兵已冲进寝殿院庭,禁军将领皇甫麟率领禁军厮杀抵挡。朱友贞见大势已去,死亡将至,他不愿死在晋军刀下,便将皇甫麟喊进寝殿,嘤嘤而泣着说:“皇甫将军,朕无力自裁,卿可助之?”说罢闭上双目,皇甫麟见庭院中禁兵纷纷被杀,已无路可逃,悲恸地大喊一声:“陛下!”刹那间,宝剑穿透了朱友贞的前胸。然后,皇甫麟迅即抽出剑,反握剑柄,腰一躬,手中宝剑已经透出后背。

朱友贞和皇甫麟的血合在一起,在光滑平坦的地面上流淌着。朱友贞做梦也不会想到,天意让他选择了与二哥朱友珪相同的死法。

次日晨,李存勖率领晋军浩浩荡荡举行了入城式。

后梁的末帝朱友贞依然倒在后宫寝殿的血泊中。后梁王朝和他一起完结了。

时年,龙德三年(公元923年)。

伶人一支箭，皇后一杯酪

——后唐庄宗　李存勖

天祐五年(公元908年)，正月。

黄昏中的晋阳城北风呼啸，天寒地冻。街上，寥寥无几的行人个个缩着脖子，抄着袖，步履匆匆。

城中央，鼓楼前的晋王府街一扫往日的威风和耀眼的光彩，阒无声息地瘫痪在古老的黄土地上。

一群贪婪、倔犟的乌鸦在寒风中艰难地抖动着翅膀，发出饥饿的叫声，在晋王府上空盘旋着。它们好像闻到人之将死的气息，等待着一顿丰盛的晚餐。

河东节度使、晋王李克用的寝殿。

年仅四十二岁、一生骁勇剽悍、叱咤风云、戎马倥偬(kǒngzǒng)的河东节度使、晋王李克用，气息奄奄地躺在病榻上。

刘、曹二位夫人领着六个儿子和十多个养子站在床边嘤嘤哭泣着。监军张承业和大将吴珙站在床头，默默地注视着弥留之际的李克用。

李克用微闭的眼角慢慢溢出一颗圆圆的泪珠，越来越大，倏地滚落到黑色革皮枕上。监军张承业忙上前用丝质的手绢替他拭干泪水。

李克用睁开眼睛，见是张承业，握住他的手，目光落到大将吴珙身上。吴珙忙上前一步，站在张承业身边。李克用颤巍巍抬起手，指着一直跪在床边的长子李存勖。

李存勖抹了一把脸上的泪水，喊了一声：“父王，你不能……”

李克用抚摸着李存勖的头，气喘吁吁、断断续续地对张承业和吴珙说：“我原指望讨平朱温，光复唐室，谁知天不假年，只得将后事嘱托给存勖。他胸怀大志，富有韬略，武艺超群，堪负重任。望卿等尽心辅佐，勿负孤王一片苦心……”

言犹未尽，溘然而逝。

二十四岁的李存勖跪在床前，在一片号啕大哭声中接受了父亲的遗命，绍继晋王。

李存勖是李克用的长子，光启元年（公元885年）生于晋阳。十岁起即随父亲南征北战，长成于戎马、沙场上，自幼表现出惊人的骁勇、谋略和不凡的气度。乾宁二年（公元895年），李克用大败邠宁节度使王行瑜，遣十一岁的李存勖赴长安报捷。唐昭宗李晔看到这位英姿勃勃、气宇轩昂的小将，不胜感慨。他抚着李存勖的头说：“此子不亚其父，日后必为国家栋梁。”从此人们多称他为“李亚子”。

李存勖从父亲手里绍继王位时，外有强敌，内有隐患，民心浮动，军将不稳。九分天下，朱梁已居其七。

当时，李存勖仅辖有河东（今山西），可谓地狭兵少，财赋不充。周边又强敌林立：南有后梁，东有义武（治定州，今河北定县）、成德（治镇州，今河北正定）、幽州（今北京）三镇。南梁连年不断与河东征战，幽州的燕王刘守光拥兵自重，妄自尊大，根本没把李存勖放在眼里。成德节度使、赵王王镕与义武节度使王处直犹疑于梁晋之间，时睦时仇，互相觊觎。

使李存勖感到压力最大的是内忧。

李存勖共有兄弟二十余人，嫡出兄弟六人。他是长子，养子多达十余人，年纪比李存勖大者有四五个。多年来，他们在李克用的熏陶下，久经征战厮杀，个个骁勇善战，又各拥强兵。此外，李存勖还有几位叔父，不仅个个是久经沙场的悍将，且握有兵权。李存勖绍继王位，他们当中多有不服。特别是叔父李克宁，时任蕃汉马步都知兵马使，又领振武节度使，河东兵马大权尽在手中。

李克用死后，李克宁与李克用几位庶子和义子频繁往来，秘密接触。

一天傍晚，李存勖的义兄李存颢悄悄溜进李克宁的府邸。

李克宁穿着一身便服坐在一张黑熊皮的坐毡上，细心地擦拭着一把漆红雕花大弓，身旁放着一只十分考究的豹皮花斑箭囊。

李存颢拜过礼之后挑逗地说:“叔叔掌着灯擦拭弓箭，显然明天又要带兵出征了。”

李克宁一脸晦气,拖腔拉调地说:“哼,新王绍继,往后用不着我带兵打仗了。我的刀枪已入库了,这雕花弓是准备明天出去狩猎用的。以后也该清闲清闲了。”

“节度使府的事,叔叔就不想管了?”李存颢说完,歪着头乜斜着李克宁。

这时,一位须发斑白的老仆人端着奶茶走进来。李克宁见他把茶杯放到机案上,便挥了一下手,示意退下。

老仆人走后,李克宁叹了一口气说:“存勖不是绍继晋王了吗?”

李存颢也跟着叹了一口气,放低声音说:“叔父,亚子小儿不通庶政,今后的事还不知会变得如何?”

李克宁听出弦外有音，却故意板着面孔教训李存颢说:“这是亡兄的遗命,谁也不应有异议。要顾全大局,忍辱负重嘛。”

李存颢有些忍耐不住,索性捅开话题:

“叔父,兄亡弟即,古已有之。你作为叔父,又军权在握,难道就心甘情愿拜倒在侄儿的脚下?”

“不拜倒又怎样?”李克宁故意做出无可奈何的样子。

“颠倒过来,你绍继晋王,让他拜倒在你脚下。”李存颢斩钉截铁地说。

“木已成舟,你一个人有此回天之力?”李克宁试探着问道。

“不,不是我一个人,我和几个义兄庶弟密议过,只要叔父点头,我们就动手。”

“此事不成功便成仁,你们想过吗?”

“请叔父放心,保证万无一失。”

灯油快燃尽了,叔侄还在窃窃私语着。

两天后,监军张承业的府上张灯结彩、灯红酒绿、高朋满座,众人齐来恭贺张承业六十诞辰。张承业特地将李克宁和诸位将军安排在后堂,以示尊重。庆宴开始后,张承业将自己的酒杯斟满,起身离座,说:“承蒙诸位将军光临寒舍，卑职不胜感激，特请大家共饮一杯，我先饮为敬。”说罢一饮而尽。李克宁等众将纷纷举杯饮酒。此时，张承业不声不响地将手中的空酒杯底朝上举在空中，轻轻一晃。霎时，大将吴珙、李存璋率领一群士兵从帷幕后蜂拥而出，以迅雷不及掩耳之势将李克宁及李存颢按倒在地，捆绑在一起。众将一时莫名其妙，吓得目瞪口呆、浑身发颤。

这时，李存勖杀气腾腾地从帷幕后走出，指着李克宁厉声叱责道：“你身为我的叔父，立过军功，手握兵权，颇孚众望。父亲去世，让我绍继王位，作为长辈，我尊重你，曾亲自登门到你府上，希望你担负重任，你再三谢绝。然而，却在背后与义兄李存颢暗中勾结，密谋策划，企图置我于死地。”说罢，厉声喝道：“立刻将叛贼李克宁及李存颢处死！”话音刚落，两个士兵挥起手中的钢刀，将二人的头颅砍落在地，喷出的血柱溅落在众将的身上、脸上，无人敢动一下。

李存勖接着说：“图谋篡逆者遭此下场，罪有应得，咎由自取。”说罢，他用充满杀机的目光将众将扫视一圈，接着说：“今天在座的诸位之中，还有人参与密谋。姑念你们一时糊涂，胁从不问，可以戴罪立功，以观后效。今后，谁敢存有贰心，格杀勿论。李克宁、李存颢就是你们的下场！”

李存勖说罢，转身走进帷幕。几位将军吓得身不由己地瘫倒在座上。

原来，李克用在世时，担心日后弟弟李克宁会同长子李存勖争夺王位，弄不好会导致骨肉相残、功败垂成，因此秘密地在李克宁身边安置下一位亲信老仆人作为耳目。老仆人躲在幕后听到李克宁与李存颢议定：三天后，趁李存勖与大将张承业、李存璋等到李克宁府上参见时，先杀掉张承业、李存璋等大将，逼李存勖让位，如果不答应，就将其处死。

李存勖得知密谋后，立即召见张承业、李存璋、吴珙等人，共商对策。开始，李存勖痛心地说：“叔父既然如此，我想主动让位，以免为此王位骨肉相残。”

张承业坚决反对，他说：“先王临终命我等辅佐大王成就大业。先王尸骨未寒，李存颢等就密谋篡位，犯上作乱。即使大王让位，日后也必被借机杀害。历朝各代诛除异己者莫不如此。以卑职之见，大王必须大义灭亲，立即诛杀谋逆者,否则后果不堪设想。"

李存璋、吴珙均一致赞同。

在这场争夺王位的生死搏斗中,李存勖掌握了主动,取得了胜利,巩固了王位。

内患已除,李存勖开始施展他的军事才能。他要在征战中显示自己的雄才大略,实现扩张领土、一统中原的野心。

李存勖选择的第一个军事目标是被梁军围困一年多的潞州(州治上党,今山西长治市)。

上党是河东的重要门户和屏障,无上党即无河东。所以,后梁皇帝朱温千方百计要夺取上党,从天祐四年(公元907年)起派重兵重重包围,频频进攻。晋王李克用也不遗余力,拼命死守,并不断派出援兵,设法解围。

李存勖继位时,上党城内军械、粮草已近枯竭,朱温破城已指日可待。

李存勖经过缜密思考,决定首先撤回解围的援军。朱温以为李存勖忙于应付内讧而决定放弃上党,于是他放松对晋军的防范,一心攻城。不料,李存勖亲率番汉都指挥使周德成、昭义节度使李嗣源,精选骑兵千余人,趁黑夜悄悄从晋阳出发,倍道兼程,只用四天就赶到上党附近。恰逢天降大雾,咫尺难辨。次日凌晨,雾气更浓,后梁军将都在酣梦中。李存勖指挥周德成、李嗣源兵分两路,南北夹击,突袭梁军,结果大获全胜。梁军死伤过半,溃不成军。上党之围终于被解,河东大门又重回晋军之手。

朱温听到梁军大败,先是大吃一惊,继而深深地慨叹道:"生子当如李亚子,真是不亚其父。我的那些儿子简直如同猪狗!"

上党之役,李存勖初露锋芒,首战告捷,名声大振。

自此以后,李存勖相继平幽州、克魏博、下镇州,拓地千里,增兵数十万,国势大增。继而又击败了契丹人的南侵,稳定了大后方。

龙德三年(公元923年)四月,晋王李存勖在魏州(治所在今河北冀县)称帝,国号大唐,年号同光。此时,唐共辖五十州地,比后梁已多出二州。

李存勖称帝不久,即命李嗣源攻下郓州,打开通往后梁都城开封的大门。

同年10月，李存勖以李嗣源为前锋，李存勖率大军随后进发，直逼开封。一路之上摧枯拉朽，势如破竹，只用一周时间便攻下开封，灭亡了后梁。

破梁不久，又将国都迁至洛阳。

李存勖在洛阳登上金銮宝殿时，心底油然升起一股日月换新天之感。告别了风沙飞扬的荒漠、贫瘠干旱的黄土地，结束了戎马厮杀的征战岁月、枯燥乏味的军旅生涯，眼前是富丽堂皇、恢弘壮观、金碧交辉的宫殿，座下是象征至高无上权力的蟠龙宝座，他拥有近百州广阔的领土，真是"普天之下，莫非王土；率土之滨，莫非王臣"。

李存勖终于实现了一统中原的宏伟夙愿。

成功给李存勖带来了兴奋、激动和喜悦。

胜利也使李存勖冲昏了头脑。

骄傲改变了他的思维和生活方式。

他炫耀："朕于十指之上得天下。"忘记了昔日数十年的南征北战。

他宣称："是朕打下了天下。"忘记了同甘共苦、出生入死的功臣宿将。

他狂妄地说："朕拥有天下，天下尽为朕有。"欲壑难填的贪婪使他忘记了百姓。

李存勖开始猜忌，诛杀有功之臣。

李存勖开始贪得无厌地收刮天下财富。

李存勖开始广征天下美女。

李存勖开始恣意享乐，荒诞无稽。

李存勖自幼喜好音乐，尤酷爱戏剧。征战期间，常携伶人随军同行。迁都洛阳后，他沉湎于花天酒地，更是热衷于优伶的谐谑闹剧之中。终日不理朝政，却与宫中优伶厮混。皇宫成了伶人的天下，优伶成为李存勖的亲信和莫逆之交。他还常常亲自粉墨登场，又为自己取了个艺名叫"李天下"。

伶人可随时出入后宫，与李存勖朝夕相伴，随时讲述所见所闻，更有机会献媚进谄。逐渐地，伶人开始干预朝政，气焰滔天，连将相大臣也对之恭敬如宾，怯惧三分。更有人借助伶官求取高官厚禄。

梁将段凝降唐后，李存勖命他为滑州留后。段凝得知伶人景进深受李存勖宠爱，便想方设法以重金贿赂。结果，景进在李存勖面前为他讨了个泰宁节度使，镇守兖州。

此路一开，效尤者接踵而至。

当年，李存勖喜爱的伶人周匝在晋梁胡柳之战中被梁军俘获，送入开封皇宫。宫廷教坊陈俊与内园栽接使储德源将他收留，并颇为重用。李存勖灭梁后，周匝回到李存勖身边，继续得宠。陈俊与储德源也想借周匝之力求取高官。周匝为感激旧日之情，便跑到李存勖跟前求情说："陛下，臣在伪梁得以活命生还，全仰仗陈俊与储德源的庇护，望陛下给我两个州，以答谢他们。"李存勖毫不犹豫，立刻答应授陈俊和储德源州刺史。此事被枢密使郭崇韬得知，十分愤慨，当即面陈道："卑职认为此事万万不可！多少与陛下浴血奋战夺得天下的将士们尚未得到应有的奖赏，若先让这两个伶官为刺史，必失人心。"李存勖却回答说："我已答应周匝了，君无戏言，若不授陈、储二人为刺史，朕无颜再见周匝。枢密之言虽为良言，但一定要为朕屈意委任陈、储为刺史。"

君命不可违，郭崇韬只好忍气吞声。

不久，皇帝下诏，命陈俊为景州刺史，储德源为宪州刺史。

一天，郭崇韬把征抚西蜀时俘获的曾被封为蓬州刺史的伶人献给皇帝李存勖，李存勖十分高兴，当晚就让这位蜀国伶人与宫中原有伶人一道通宵作乐。这位伶人极善歌曲，酒宴之中一曲又一曲，唱得李存勖与刘皇后乐不可支，连连拍手叫绝。唱罢，李存勖把伶人叫到身边赐座，亲自斟酒，然后抚着肩膀问道："你在蜀国何以被封为蓬州刺史？"蜀伶回答说："蜀主王衍喜听我的歌，因此封我为蓬州刺史。"

李存勖酒正酣，兴正浓，继又为蜀伶斟酒，待他饮尽，讨好地对蜀伶说："朕马上让你官复原职，继续为蓬州刺史。"话音刚落，蜀伶倒地便拜，口称："谢万岁龙恩。"

这时，坐在身旁的刘皇后发现宫中原有的伶人景仁等醋意十足，面有怒色，忙凑到李存勖耳边嘀咕一阵。

李存勖听罢呵呵一笑，转身对老伶人景仁说："朕封你为上柱国、御史大夫。"继而又对史彦琼说："朕封你为邺都监军，执掌魏博六州军政。"同时，其他伶官也各得封赏。伶官们个个雀跃欢呼，弹冠相庆，叩拜称谢。

朝臣们听到此事后，无不义愤填膺，骂不绝声。

同光三年（公元925年）清明时，李存勖带领伶官及一批禁军将领来到宫中新开的球场进行角力比赛。李存勖与禁军将领李存贤比了几个回合，李存贤连战皆败。李存勖便对李存贤说："你若能胜我，我就授你卢龙节度使。"李存贤听罢，十分高兴，便认真地与皇帝摔起来，正在难分难解时，枢密使郭崇韬气喘吁吁地来到球场，禀报说："陛下，契丹国派大军入侵，文武重臣在殿内等候陛下。"李存勖兴趣正浓，不想离去，郭崇韬再三恳请，李存勖才无可奈何地对球场上的人说："你们在此等候，朕去去就回。"说完，又指着李存贤说："你更不许离去。"

李存勖来到议政殿时，群臣早已恭候多时。他坐到龙墩上，锁着眉头，不耐烦地问："既然契丹入侵，派兵抵御就是了，你们看谁可以带兵出征？"

郭崇韬忙出列启奏，道："契丹此次入侵兵多势众，难以抵御。若陛下御驾亲征，契丹定会闻风而退。"

李存勖皱皱眉头，说："朕国事缠身，且身体欠安，谁可代朕前往？"

郭崇韬思付片刻，又奏道："臣以为天平节度使李嗣源可胜此重任。"

李存勖忙说："正合朕意。"

郭崇韬又奏道："陛下，卢龙（治所幽州，今北京市区西南）与契丹相邻，为使嗣源便于统兵指挥，臣以为陛下应再授嗣源为卢龙节度使。"

李存勖忙说："朕已将卢龙节度使当作角力的抵押，不能再授他人。"说罢急忙退朝，返回球场。

众臣面面相觑，愤愤然拂袖而去。

三天后，李嗣源挂帅出征，郭崇韬在洛阳郊外送行，恰遇禁军头领李纯贤去幽州就任卢龙节度使。

郭崇韬叹口粗气，悻悻然地劝喻李嗣源："望君以社稷为重。"

李嗣源面色铁青，眉宇紧锁，鼻孔里重重地"哼"了一声，没有回答郭崇韬，接着双腿一夹，马缰一抖，愤然驰去。

郭崇韬望着李嗣源远去的身影，眼眶里涌出一股凄楚、辛酸的热泪。

李嗣源出征后，李存勖无忧无虑，身边的伶人极力怂恿他外出畋猎、搜寻美女。

一个晴朗的早晨，李存勖率领百官及得宠伶人骑着马，带着猎犬，浩浩荡荡向魏州进发。一路上，畋猎作乐，践踏民田。所到之处，地方官都要大肆铺张、挥霍无度地供奉，否则轻则削职罢官，重则就地斩首。队伍行至开封、洛阳间中牟时，此地，夏粮因干旱无雨，颗粒无收，秋播之后，天降喜雨，青苗长势正旺，极目远望，一片碧绿，葱茏茂密。李存勖便下令把此地当作畋猎场，率领左右军士、伶人策马扬鞭，驰骋绿野，追逐野物。一时间，绿油油的庄稼被践踏成烂泥，农夫百姓远望着被蹂躏的庄稼叫苦连天。随行的中牟令实在忍无可忍，奋身拦住李存勖的坐骑，慷慨陈言道："陛下是百姓的君父，庄稼是百姓活命之本。陛下怎能忍心践踏青苗，逼迫百姓成饥尸饿殍？"

李存勖勃然大怒，喝令身边伶人将中牟令用乱棍打死在被蹂躏、被践踏得一塌糊涂的田地里。

李存勖在出城畋猎的同时，又命伶人景进四处搜罗美女。一月之间搜集千余名美女，用车从各地拉回宫中。

这些美女中许多是朝廷命官和将吏之女。景进因忌恨李嗣源军功累累，又因他一贯瞧不起伶人，早已怀恨在心，此次知李嗣源幼女妙龄芳容、国色天姿，便趁李嗣源北征契丹，强行将其幼女征入宫中。

李嗣源幼女入宫后不堪受辱，自缢而死。

李嗣源出征契丹前军费拮据，军服甲仗破旧不堪，粮草无着，曾向李存勖提出拨军费五十万缗。当时国库只有五万缗可调，郭崇韬献出十万家资，李存勖勉强从被处死的叛臣李继韬私财中拨出十万钱物，应付了事。

李嗣源率军路过魏州时，得悉城中武备库有细铠甲，就向兴唐尹（魏州改为兴唐府)借取五百套。兴唐尹认为军情紧急,未及上奏朝廷便借给李嗣源。后来,李存勖得知,大怒,叱责兴唐尹:“未经朕的恩准,小小府尹竟敢擅自将铠甲送给李嗣源,是何用意?”遂下诏,罚兴唐尹官俸一年,并责令追回铠甲。

兴唐尹惊恐万状,连夜赶到幽州,从正在与契丹交战的军士身上硬是把铠甲剥下来。

兴唐尹用车拉走铠甲时,将士们气愤地骂不绝口,从地上捡起土块,雨点般向兴唐尹掷去。有人主张举行兵变,杀回洛阳。

李嗣源望着远去的拉着铠甲的车辆,憋住气,把一口泪水吞下去。

恰在此时,契丹兵又铺天盖地发起了冲锋。

天气渐入盛夏溽暑,畋猎归来的李存勖感到燥热难忍,换了几处宫殿也不见凉爽。宦官伶官趁机七嘴八舌地说:“过去长安宫中楼观殿堂上百座。如今在洛阳,皇帝陛下竟找不到避暑之所,实在不该。”

李存勖遂命宫苑使王允平一月之内建成一座避暑楼。景进却趁机挑拨,说:“陛下的诏令恐难成行。”

李存勖问:“何故?”

景进说:“郭令公崇韬会以国库资金告罄为由加以阻止。”

李存勖不悦,说:“天下乃朕之天下,郭崇韬乃朕之家臣,敢不听命?”

遂派景进找郭崇韬谈了此事,郭崇韬却让景进转奏皇上:“陛下立国之前,鞍马之上打天下,连年征战,住帐篷,食野味,枕黄沙,不知酷暑流火,不知盛冬严寒。如今外患已平,四海臣服,歌舞升平,即使居深宫高台亦会感到炎热难耐。陛下如不忘创业之艰,暑气自消。臣恭请陛下以社稷为重,不要终日与伶人、宦者优游玩乐,忘掉功臣将士。”

郭崇韬一向倚权恃重,对伶人、宦官不屑一顾。景进把郭崇韬反对修建避暑楼和直言不讳攻击伶人、宦官之话转奏后,李存勖大怒。伶人、宦官纷纷趁机进谗,说:“崇韬府第豪华无比,无异宫殿,他当然不知陛下溽热缠身。”

李存勖被激怒,遂下令建避暑楼。

郭崇韬闻讯，急忙上朝谏阻，说：“陛下，近年各地连遭水旱蝗灾，国库空虚，军士已有卖妻鬻(yù)子。军心民心不稳，陛下如一意孤行，恐社稷倾危。臣犯颜直谏，望陛下三思……”

李存勖听罢，起身离座，拂袖而去。

郭崇韬没有想到是自己在皇帝心中播下了仇恨的种子，埋下了生命攸关的隐患。

不久，李存勖为解决国库空虚，决定派皇长子魏王李继岌为西川四面行营都统，郭崇韬为行营都招讨制置使，主持军务，出兵伐蜀，去天府之国劫掠财富。

郭崇韬率军入成都，蜀主王衍投降，得六十四州、二百四十九县，金银、粮草、军械不可胜计。

李存勖见郭崇韬马到成功，取西蜀易如反掌，心中惴惴不安，唯恐他军功显赫，危及朝廷，便令其立即返回洛阳。

郭崇韬派使者回京解释道：“成都虽已攻下，但四川诸地仍有许多拥军割据者，万一大军班师回朝，均会乘机反攻。因此，需调兵征讨，一俟平定，即行班师。”

李存勖更加犯疑：郭崇韬是否想占据西蜀称王称帝？是否想把皇储李继岌控制在手中要挟朝廷？

李存勖越想越怕，立刻派心腹宦官向延嗣急赴成都召郭崇韬回洛阳。然后又委任京都留守孟知祥为西川节度使，接替郭崇韬。

向延嗣到达成都后，没有受到郭崇韬的隆重接待，没有得到厚重的贿赂。回洛阳后，极力诬陷郭崇韬有反叛之心。李存勖大怒，催促孟知祥马上赴任。

孟知祥走后，李存勖还是不放心，又派出心腹宦官马彦珪，交代他：“若郭崇韬奉命班师则罢，稍有延缓跋扈之意，就与继岌押他回朝。”

马彦珪临行前，又去拜见刘皇后，告知皇上的旨意，并挑唆说：“蜀中形势已很危急，陛下当断不断，魏王恐有杀身之祸。”刘皇后爱子心切，更恨郭崇韬，便背着李存勖给马彦珪写了一封杀郭崇韬的密令，让他转给李继岌。当时皇后的命令称教令，与皇帝诏书具有相似的效力。

马彦珪得到皇后的教令，星夜兼程，在陕西石壕村追上孟知祥，与他同期到达成都。

马、孟二人到达成都时，郭崇韬已整装待发，只待新任西川节度使到任，即班师回朝。

马彦珪到达成都的当天，马上就把刘皇后的教令交给李继岌。

李继岌看罢教令颇感为难地说："大军马上就要班师回朝，郭令公又无反叛迹象，我怎能做出此种负心事？况且父皇未发诏书，只凭母后教令去杀招讨使也不适宜。"

宦官马彦珪素来憎恨郭崇韬，又为了取悦刘皇后，不愿错过这千载难逢的机会，便苦苦劝导李继岌。李继岌感到实在不妥，左右为难。最后，马彦珪威胁地说："万一郭崇韬知道皇后的教令，在回师途中发动叛乱，咱们都无法逃脱。"李继岌无奈，只好把杀郭崇韬的事交给马彦珪。

马彦珪终于设计杀害了战功赫赫、秉公持正、忠言直谏的重臣郭崇韬及其随军的两个儿子。

李嗣源扫平契丹、班师回洛阳时，正值郭崇韬夫人及三个儿子被杀、暴尸市井的第三天。

李嗣源站在郭崇韬夫人倒卧的地方，默默地为挚友、知音郭崇韬的亡灵致哀。

李嗣源的热泪滚过脸颊，滴落到血迹斑斑的地上。

他哭郭崇韬，也在哭自己。

他想用泪水淹灭心中的火焰。

此时，李存勖的王朝已经面临分崩离析、危机四伏的局面。

不久，贝州（今河北清河西）驻军因节度使长期克扣军饷而发生兵变。叛军首领赵首礼率部轻而易举地占领了邺都。与此同时，伐蜀先锋将马步军都指挥使李绍琛也拥兵反叛，自称西川节度使，李继岌大军被阻于川中。

赵首礼攻占邺都后，屡次挫败朝廷所派诸道兵的进攻。在他的影响下，黄河以北许多城市相继发生兵变和骚乱，大有燃成熊熊之火的趋势，形势十分危急。

李存勖急忙召集群臣共商镇压之计。

李存勖问朝臣："此次北方兵变形势严峻，众卿以为谁可以挂帅出征？"

宰相豆卢革出列朝臣，奏道："陛下，臣以为此次出征非李嗣源莫属。"

李存勖眉头微微一皱，思忖片刻，问群臣："众卿意下如何？"

群臣异口同声地赞同豆卢革的建议。

李嗣源是李存勖打天下的开国功臣。李存勖建唐称帝后，派大军攻梁朝都城开封时，李嗣源为先锋。攻下开封时，李存勖激动不已，拉住李嗣源的手，两人紧紧靠在一起，说："朕今日得天下全是爱卿的功劳，朕将与你共享天下。"

扫平北方契丹后，李嗣源名声大振。李存勖又加封他为成德节度使，兼中书令，命他率军出幽州一线防御契丹。

古训云：可以共同打天下，不能共同坐天下。

李存勖登基称帝后，对军功卓著、手握兵权的重臣渐生疑惧，处处提防，直至伺机杀掉。李嗣源被任命为中书令后，不让他入朝参政，怕再出现第二个郭崇韬，也担心他有谋逆之心。李嗣源扫平契丹班师洛阳后，看到郭崇韬以谋叛罪名全家被诛，自己的女儿被伶官景进强征入宫又自缢而死，加之卢龙节度使和五百铠甲等事，李存勖觉察出李嗣源内心已滋生不满。所以，回洛阳不久便让他返回幽州。到任没几天，太后病重，李嗣源请求回京探望，李存勖怕他借机活动而未予恩准。

邺都发生兵变，朝廷几次派兵征讨连连受挫后，李存勖也想到李嗣源是最合适的人选。但是，他不甘心再给李嗣源建功立业的机会，担心他势力膨胀后会产生野心。可是，朝臣异口同声推选李嗣源，他从心里不高兴。刹那间他曾想亲自挂帅出征，又担心吃不了征战的苦头，更怕战死沙场。思来想去，只好横下心，委任李嗣源为攻邺主帅。

李嗣源率军出征，五六万人的队伍又面临军费不足的问题。

宰相豆卢革等人率百官联名上疏，请皇帝取出内库资财助军。

当时，国库分内库与外库。凡诸道贡献朝廷的税赋，一半入外库，一半入内库。外库由朝廷度支掌管，内库由皇帝及皇后掌管，可谓皇帝的小金库，朝廷无权过问。

几年来，战事频仍，水旱蝗灾连绵不断，外库资财早已告罄。此次征讨邺都兵变实在无钱可支，迫不得已，宰相豆卢革等联名上疏，以期皇帝从内库拨出一笔军需。

刘皇后听到消息后坚决反对。

刘皇后是位工于心计、泼悍刁钻又十分贪婪的女人。母以子贵，因生了太子李继岌在宫中颐指气使、专横跋扈，连皇帝李存勖也惧她三分。

刘皇后不肯用内库钱财，皇帝李存勖也无可奈何。

次日升朝，宰相豆卢革与百官再次联名上疏，恳请皇上下诏，调拨内库钱财。不料，豆卢革刚启奏完毕，刘皇后就气冲冲地从屏风后走出来，手里捧着三只小银盒、一套梳妆用具，身后跟着三个小儿子。

刘皇后来到皇帝身边，把手里的东西往案上一放，满脸怒气地对大臣们说："大家都说宫中内库金银珠宝多不胜数，其实这些东西都被陛下赏赐用尽，现在只剩下这几件东西和三个孩子。"说着，用手指着豆卢革，恶狠狠地说："豆宰相，你如果实在想要，就把这些东西和这三个孩子拉去卖掉，给中书令李大人解决军需。"

说完，扔下三个皇子和东西，转身而去。

豆卢革和百官只好悻悻退下。

李嗣源此次出征是宰相豆卢革为他送行。

洛阳郊外校兵场上，李嗣源已下令开拔。

豆卢革与李嗣源骑着马并辔而立，看着衣帽破旧不堪、兵器残缺不全的队伍，豆卢革拍拍李嗣源的肩膀，愧疚不安地说："嗣源兄，真难为你了，一切以社稷为重吧……"

李嗣源苦笑着点点头，说："这也许叫作忍辱负重……"

李嗣源率军到达邺都附近，安营扎寨，与朝廷先期派出的由归德节度使李绍荣率领的诸道兵马会师。

当夜，李绍荣在营中摆宴为李嗣源接风。宴罢，李嗣源和几个随从返回大营途中，突然杀出一支人马，用暗置的绊马索将李嗣源坐骑绊倒，用绳索捆绑送进邺都。随后，李嗣源的部众发生骚乱，李绍荣趁机率部撤离邺都城外，派人到洛阳报告李存勖说，李嗣源到达邺都即发生兵变，亲入邺城向叛军首领赵首礼投诚。

李存勖和满朝文武皆大惊失色，慌作一团。

李嗣源被劫入邺都后，叛军首领赵首礼设宴款待李嗣源。席间，赵首礼陈说朝廷腐败，民不聊生，士兵卖妻鬻子，无以生存，被迫铤而走险。同时，又述说李嗣源有功于朝廷却不受重用反被猜忌等事，劝说李嗣源率军反叛朝廷，并拥戴他在河北称帝。

李嗣源佯装到城外搜集部下，脱身出城。

李嗣源虽然逃出邺城，但身入染缸，有口难辩，况军中人人尽称李嗣源反叛，日后皇帝必然下诏治罪，轻则杀头，重则诛及五族。

李嗣源和他的亲信部将都感到进退维谷。

李嗣源召来部将商讨对策。

有人说："现在木已成舟，只好顺水推舟，说我们反叛，我们就干脆举兵反叛！"

有人说："坐以待毙不如铤而走险，或可死里逃生。"

有人说："皇帝昏聩，视我等如寇仇，如粪土，何必为他效死卖命。杀回洛阳，李帅就不可以登基称帝？"

大家七嘴八舌，越谈越兴奋，越说越激动，最后一致赞同：举兵反叛！

三日后，李嗣源率军南下。

李存勖闻讯惊慌失措，一面遣人急驰西川，召回李继岌大军，一面诏诸道派军勤王。

十日后，李嗣源渡河南下，滑城守将不战自降，并随同反叛。

李存勖无奈，被迫亲自出征。临行前为了稳定军心，下令取内库钱帛价值十万犒赏将士，并令王公、大臣、伶人、宦者献出私钱，仅伶人景进就献出"助军钱"三十万贯。当派人把这些钱帛赏给军士时，军士们愤愤地骂道:“朝廷不是无钱发饷吗？我们妻子儿女多已变成饿殍,还要这些钱物何用？”

李存勖率军抵达荥泽时,李嗣源已攻占开封。

李存勖派龙骧指挥使姚彦温率三千骑兵前去救援。结果姚彦温到达开封,就全军投奔李嗣源。

李存勖率军勉强到达万胜镇时,诸军叛逃者已达万余人。

李存勖见军心已乱,知大势已去,无奈,只好下令还师洛阳。将士已不听指挥。李存勖亲自站在路旁,低三下四地哄着士兵说:“魏王从西川送来金银五十万两,回京城后都赏给你们。”

将士们见李存勖一副可怜相,都嘻嘻哈哈地取笑着说:“陛下的赏赐晚矣,留给刘皇后受用吧。今天才想赏赐我们,是要我们替你卖命,临死放屁,晚了,没人感激的。”

士兵们说着,像嘲笑小丑似的嘲弄着皇帝。

身为皇帝的李存勖第一次感受到失去民心后的可悲、可怜和耻辱。他往年的威风已荡然无存。

李存勖像丧家之犬,站在路旁呜咽流涕,悲不自胜。

次日,军队返抵洛阳城东的石桥,李存勖设宴招待诸臣。席间,李存勖悲戚地说:“诸卿与朕征战数十年,患难与共,共享富贵。时至今日,难道就没有退敌之策吗？”

众将低头无语。

酒宴之上无人饮酒。

李存勖号啕大哭,众将均漠然视之。

撤宴后,李存勖率军入洛阳。当晚,李嗣源军尾随而至,占据了洛阳的咽喉要道汜水关。

次日,传来魏王李继岌正向洛阳进发的消息。朝臣们建议李存勖应迅速率军出洛阳,夺取汜水关,与李继岌大军会师,以解洛阳之围。

李存勖只好孤注一掷,遂下令次日晨再次东进。

次日黎明时分,骑兵列阵于洛阳宣仁门外,步兵列于宫城五凤门外,等候出发。此时，从马直指挥使郭从谦突然发动兵变，率领所部军士进攻皇城南面的兴教门。

郭从谦本为伶人，后被任以武职，因与郭崇韬同姓，认郭崇韬为叔父。郭崇韬被杀不久，郭从谦的部下王温曾发动兵变，李存勖怀疑是郭从谦指使，本想杀他，但无凭证。郭从谦一直又恨又怕。这次见李存勖必败无疑，便趁机发动兵变。

李存勖得知郭从谦兵变，立即率禁卫骑士冲击宫城，驱出已进入兴教门的乱军。此时，朱守殷正率骑兵在宣武城外，李存勖便遣人传令朱守殷率骑兵入城镇压乱军。朱守殷见城中大乱，拒不从命，径自率领骑兵撤离洛城，藏到北邙山的密林中，静观事态变化。

此时，城中叛军越来越多，纷纷冲入皇城。文武大臣们各自逃命，东奔西逃，鬼哭狼嚎。后宫里的后妃、伶人、宦官也乱成一团。

李存勖在混乱之中骑着马大声吆喝着，指挥着，无人听从。这时，乱军首领郭从谦骑着马冲进皇宫，见李存勖骑着马向后宫跑去，忙挽弓搭箭，瞄准他的后心射去。箭矢不偏不倚，牢牢钉在他的后背上。

李存勖“啊”的一声惨叫，翻身落马。

郭从谦见李存勖落马，勒转马头，冲出皇宫。

李存勖落马后，身边既无大臣，又无士兵，独自一人在地上惨叫着。恰逢宫中鹰坊一个叫善友的宦官从这里经过，发现是皇帝，便将他搀扶到绛宵殿，替他拔出箭矢。李存勖流血过多，口渴难耐，哼着要水。善友忽然想起，应立即告知刘皇后。

善友跑进刘皇后寝殿时，见她正在仓皇地收拾金银珠宝，准备逃跑。

刘皇后得知皇帝身负重伤，心想，此时的皇帝已成众矢之的，既然已负重伤，活着也是累赘，听说他要水喝，便唤来一名宦官，悄悄送去一杯奶酪。

口渴难忍的李存勖见有人送水，便不分青红皂白，一口气喝下去。饮罢一声惨叫，死在绛宵殿的地上。

时年，同光四年(公元 926 年)，李存勖三十一岁，庙号庄宗。

四个月零五天的噩梦

——后唐闵帝 李从厚

长兴四年(公元933年),五月。

后唐都城洛阳正是阳光灿烂、繁花似锦、苍翠欲滴的季节。

突然,一场瘟疫在洛阳悄悄地蔓延,从皇城到繁华闹区,到市井深处的小巷陋室。

瘟疫的病灶在洛阳人的心上。

洛阳人骤然变得惊惧、惶恐、惴惴不安,好像不久就会天崩地陷似的。

后唐的皇帝、年已六十八岁的李嗣源半月前突然中风,肢体瘫痪,嘴眼歪斜,卧床不起。

皇帝驾崩指日可待。

帝薨子嗣天经地义。

皇帝一旦溘然长逝,皇子中谁嗣立皇位?

皇帝李嗣源的后妃嫔妾为他生下十几个皇子,年纪较长的有三个。

一是李从珂。被封为潞王,为西都留守,驻兵长安,久经沙场,骁勇剽悍,为李嗣源登基称帝打天下立下汗马功劳。可惜,他不是李嗣源的种。李嗣源在镇州把他母亲掳取为妻时,他已是一位王姓刺史六岁的儿子,后改姓李,名从珂。现年已四十八岁。

养子非正宗嫡传,身上没有李嗣源的精气血脉,无缘嗣立皇位。

李嗣源的嫡长子是李从荣,被封为秦王,判六军诸卫事,驻守洛阳。

李嗣源的次子是宋王李从厚,驻守邺都(魏州)。

显而易见,皇帝李嗣源驾崩后,皇长子秦王李从荣嗣立皇位已是指日可待。

李从荣是个朝野内外、皇宫市井人人谈虎色变的名字。此人荒淫残暴，嗜杀成性，兽性十足，在百姓眼中他是集历代暴君恶行于一身的魔鬼。

秦王府的僚属每日清晨入府前都要跟妻室儿女告别，因为去府时人头在身，归来前可能已人头落地，抛尸荒野。

为了让人人慑服，秦王李从荣在府内设置种种酷刑。他模仿南朝后废帝刘昱，在府内自备针锥凿锯等刑具。一次，一位僚属向他禀奏事情时，李从荣突然闻到一股臭味，便怒斥这位僚属在他面前放屁，遂下令嬖幸，用锯将这位僚属拦腰锯成两截。

李从荣经常率领大队人马出外畋猎，惊扰地方，践踏农田，残害百姓。畋猎时，时常强拉数十名民女，在光天化日下、荒山野岭中，强令脱光衣裙，裸着身子，像猎物一样令随从满山追逐，恣意射杀，任意蹂躏。

夜晚，就地宿营时，他专要地方官的妻室女儿为他侍寝。一次，他得知某县令的妻子长得花容月貌、楚楚动人，便令县令送来侍寝。县令据实告知妻子身怀六甲，近期分娩，无法从命。李从荣盛怒，派人强行将县令妻子抢来，在众目睽睽之下令县令妻子脱光衣服，挺着圆鼓鼓的肚子，让几个随从手提木棍追逐殴打。县令妻子四处奔跑逃避，狂呼乱叫。李从荣抚掌大笑，前俯后仰。突然，县令妻子腹痛难忍，倒在地上翻滚惨叫，大汗淋漓，顷刻，下身血流如涌，临盆分娩。只见婴儿的头颅从母亲的阴户伴着惨叫声缓缓向外探出。李从荣好奇，忙率领随从围上观看。见县令妻子痛苦万分地挣扎喊叫，他忽然想起南朝的东昏侯萧宝卷闯入民宅，强行从产妇阴户中拉出婴儿的故事。他灵机一动，兽性大发，竟拨开左右随从，挽起袖子喊道："生个崽子还用这么难，就是让个臭县令娇惯的。"说着蹲下身，用两只粗壮的大手抓住婴儿露出的头颅往外一拉，在县令妻子撕心裂肺的惨叫声中，一个血淋淋的婴儿提在李从荣的手中。

县令的妻子惨死在一片血泊中。

李从荣哈哈一阵大笑后，将婴儿往地下一摔。

长兴四年(公元 933 年)初，皇帝李嗣源命李从荣为尚书令兼侍中。按宫中的规矩，每个亲王朝廷都要委派师傅。可是宰相不敢擅自为他派任。朝中名臣鸿儒都惧怕受此委任，多次登门，以厚礼相贿，求宰相网开一面，手下留情。宰相无奈，请秦王李从荣自己择选师傅。结果李从荣选中兵部侍郎刘瓒。

刘瓒是久经沙场的名臣宿将，谙熟兵家韬略，又博学多闻，德高望重。得知被秦王李从荣选为师傅之后，当晚饮酒至深夜。次日晨，家人发现他的尸身时已经僵硬冰冷。

皇上病入膏肓，仙逝在即，这位皇长子将嗣立皇位。

于是，一场可怕的瘟疫在都城洛阳蔓延着。

一天，时近中午，洛阳东市最繁华的皇城大街上车来人往，熙熙攘攘，叫卖声、吆喝声此起彼伏，热闹非常。

突然，一阵惊叫声像飓风一样从街东传来。霎时，街上行人东奔西逃，惊慌喊叫着争相往道路两旁躲去。摊床被推翻了，筐篓被踏破了，车子被掀倒了，瓜果梨枣、馒头、火烧、什杂百货滚落满地。

十几个骑着高头大马的禁军风驰电掣般地冲过来，手中挥舞着皮鞭，尽往道路两侧行人身上抽打，驱赶吆喝人们回避。

人们顾不得疼痛，顾不得撒落街上的东西，只顾拼命抢到一个藏身的地方，双手捂着头，背朝街，胆战心惊地躬身而立。母亲们用手紧紧地搂着惊吓得啼哭的婴儿……

他们都知道是什么人过街，但没有人敢说出名字，更不敢怨恨和怒骂。这样做的后果，洛阳百姓早已用血的代价领教过。

少顷，一支数百人的马队像一阵狂风从皇城大街上席卷而过。

狂风过后，大街上一片狼藉，间或有几位伤者躺倒地上。

这支马队簇拥的便是秦王李从荣。

李从荣率领王府的随从到远离洛阳数百里的中牟山区行猎已近半月，突然得知父皇中风，卧床不起，便昼夜兼程赶回洛阳。

李从荣担心父皇一旦作古，遗诏里皇位绍继人不是他，而是潞王李从珂或者宋王李从厚。

因为他知道，李从珂虽系父皇的养子，但深受父皇宠爱，十四五岁起便随父皇征战厮杀，战功卓著。李从珂此时已是四十八岁，与庄宗李存勖同龄。庄宗曾赞叹:“从珂不仅与我同龄,作战之勇也与我相仿。”按理说,嗣立皇位应是嫡长子,但养子继承皇位,父皇已开历史先河,并且是靠武力夺得的。

父皇宠爱李从珂,能否让他继位?关键时刻,李从珂能否动用武力,像父皇那样夺取皇位?李从荣放心不下。

李从荣的胞弟宋王李从厚博览群书,礼贤下士,又温文尔雅,深受朝臣和儒士雅流的崇敬和爱戴。李从荣知道弟弟的威望和声誉与自己不可同日而语。有的朝臣在私议中已流露出主张立宋王李从厚为嗣。

古往今来,废长立幼为嗣者并非寥寥。

父皇能否立弟弟李从厚为嗣?

李从荣也十分担心。

李从荣急忙赶回洛阳,就是要争取主动,防患于未然。必须竭尽全力,抢到皇位。

得到皇位便至高无上,拥有天下,为所欲为;得到皇位便南面为君,否则便北面称臣。李从荣早已暗下决心,必要时,不惜大动干戈,大开杀戒,也要把皇位抢到手。

父皇不就是这样从庄宗李存勖手里夺取皇位的吗?

皇帝李嗣源的病情日渐恶化。

按理说,朝臣应该启奏圣上,议立皇储,以防不测。但谁都不肯开口,心里都在打着一个算盘:立长为嗣,李从荣如狼似虎,社稷必将倾危,百姓必陷水火;欲立潞王李从珂或宋王李从厚,秦王李从荣必将不容,祸及九族。

李从荣返回洛阳,一直不见朝廷议立皇储,不知父皇的葫芦里装的什么药。他在秦王府里火烧火燎地等待了几日,实在憋闷不住,便决定去后宫,以探病为名探听虚实。

李从荣来到父皇李嗣源的寝殿。

皇帝果然病得沉重,躺在床上双目微闭,似睡非睡,从喉咙里发出“嗞嗞”的艰难的喘息声。王德妃和宣徽北院使孟汉琼、宰相冯赟等在一旁侍候。

李从荣走到床边，望着父亲，说："父皇，儿臣从荣躬请圣安。"

李嗣源头没抬，眼没睁，没说话，依然是"咝咝"作响地喘息着。

李从荣见父皇已是弥留之际，心中一阵焦急，忙问王德妃："父皇弥留之前有何吩咐？可有遗诏？"

王德妃匆忙地看了他一眼，面带惊惧地摇了摇头。

在场的几位大臣明白李从荣问话的用意，都把头低下，默不作声。李从荣又问了大臣，每人都是摇摇头。

李从荣的双眸里闪动着怀疑和凶狠的目光，扫了一下王德妃和几位大臣。

思忖片刻，他恶狠狠地说："只剩下一口气了，还未留下遗诏？你们要是欺骗本王，哼……"

李从荣感到很失望，愤愤地走出寝殿。

当他走出殿外月门不远时，寝殿里突然传出王德妃的惊叫声："陛下……"继而是悲恸欲绝的哭叫声和几位大臣的呼叫声。

李从荣听到哭声，心中一阵惊喜，断定是老东西快完蛋了，停住脚步想折回寝殿，转念一想，父皇危在顷刻，既然未留遗诏，嗣立皇位必须自己动手解决，眼下应刻不容缓，当机立断。于是他佯装未听到哭声，疾步奔出皇宫。

当晚，李从荣未去宫中，躲在秦王府的密室里与几位心腹亲信密谋策划。

密室里的气氛十分紧张，像破釜沉舟决战的前夕，每个心腹亲信都紧绷着肃杀的脸，像信誓旦旦要去沙场做一名杀身成仁的志士。他们心里都在想，保住秦王的皇位，我们就有高官厚禄。权力之争战中，胜者王侯败者贼，不成功便成仁。

时值 11 月末的寒冬，李从荣坐在燃得正旺的炭火盆旁，一双眼睛红得像炭头，闪动着令人恐怖的杀机。

他紧握着一只拳头，放在身前的机案上，说："我去父皇寝殿的目的，探病是假，探听父亲是否留下遗诏是真。王德妃、宰相冯赟、宣徽北院使孟汉琼都在场，我亲自问过他们。王德妃亲自回答'没有'。其余几位大臣的回答都是同样的。父皇已是弥留之际，最迟挨不过今晚，说不定马上就会有人送来皇帝驾崩的讣告。显然父皇临死前已不能亲授遗诏，明天父皇死后，他们如果拿出遗诏，立我为嗣则罢，若立从珂或从厚，我就一口咬定是矫诏。我就率兵冲进后宫，让矫诏者人头落地，碎尸万段。"

"如果陛下驾崩，没有遗诏我们该怎么办？"有人问道。

李从荣说："陛下没有留下遗诏，嗣立新君就得由这帮阁臣遗老经朝议而定。现在这帮老家伙没有人能出面替我争夺皇位。所以，必须先发制人，以武力相逼，迫使他们确定我是皇位继承人。此事刻不容缓，不能给他们喘息之机，不能让他们刻木成舟。"

"那该怎么办？"有人问。

"大王，只要你能夺得皇位，我们赴汤蹈火，肝脑涂地，在所不辞！"有人发出效忠的誓言。

"我意已定。明晨派全部禁军包围皇宫，要求王德妃、宰相冯赟等答应我马上入居后宫兴圣宫。陛下若已驾崩，我即在梓宫前即位称帝。若陛下未死，我就在兴圣宫等他咽下最后一口气。到那时，我横刀立马后宫，阁臣遗老还敢放屁，说个不字？诸位，只要我登基称帝，立刻封你们为宰相、枢密使、兵马大元帅！"

话音刚落，众心腹亲信雀跃欢呼，弹冠相庆。

这时，有人问道："大王，陛下肯定危在旦夕，必死无疑？"

"我亲自听到王德妃报丧一般的哭声，说不定现在已经断气了。"秦王李从荣充满自信地回答。

此时已近三更，秦王李从荣与心腹们正摩拳擦掌、跃跃欲试时，门将匆匆走进密室禀报说，宫中王德妃和宰相冯赟等派宫使来府，请秦王入宫。李从荣听后，警惕地问："宫使说父皇病情如何？"门将回答："未曾提及，只是催秦王火速入宫。"李从荣问："宫使何在？"门将回答："在府门恭候回复。"

这时，心腹亲信们七嘴八舌，有人说："秦王应该入宫，肯定陛下驾崩在即，或许将有遗诏。"有人则坚决反对，说："陛下既已弥留，何能遗诏？肯定是几位重臣另有密谋，如果在后宫布下伏兵，秦王必遭杀戮……"

李从荣坐在炭火盆旁，歪着头，手托着下颏，不停地眨动着充满血丝的眼睛。良久，他斩钉截铁地对门将说："回复宫使，说本王因父皇病重忧心忡忡，肝火过旺，头晕目眩，头重脚轻，不敢行走……"

次日清晨，东方从霭霭的黑谷中泛出一层淡淡的灰白。

冯赟、孟汉琼等一班重臣正在寝宫偏殿里和衣小憩。昨夜午夜之前，皇帝病情日渐沉重，恐难度今宵。一班重臣须臾不敢离开半步，并派人催请秦王李从荣准备料理后事。

不料，夤夜之后，皇帝李嗣源的病情出人意料地逐渐好转，至丑时，已能睁开眼睛要水喝，能说话。大家放下心来，留下王德妃照料，都跑到偏殿里来打个盹。

众臣睡得正酣时，宫城门将气喘吁吁地跑进偏殿，喊醒宰相冯赟说："秦王率禁军已将皇城包围。秦王率千余步、骑兵在天津桥列阵，派人请宰相即刻去天津桥。"

宰相冯赟听罢，知秦王实行兵谏，抢夺皇嗣，浑身吓得发抖，但不敢怠慢，匆忙出城来到天津桥。

李从荣正在桥上焦急地踱来踱去，见冯赟赶来，未等站定便喝问道："父皇安康否？"冯赟忙答："陛下安康。""有遗诏否？"李从荣逼问。

冯赟低着头，摇了摇。

李从荣狂傲地用手指着冯赟，喝道："听着，我今日要入居兴圣宫。你速去后宫禀报王德妃及各位大臣，开宫门恭迎本王入宫。你们要放聪明点，各位家眷都被我控扼在手，谁敢从中作梗，必将祸及满门。快回宫通禀！"

冯赟吓得连连点头称是，转身便走。

冯赟悄悄跑进寝宫偏殿，不敢惊动皇上。

众臣急得像热锅上的蚂蚁，见冯赟归来，忙围上追问。

大臣们听后惊慌失措，急忙商讨对策。

正在议论时，城门守将又匆匆跑进偏殿，说："秦王已率兵到端门城下，声称再不开城门便要攻城。"

宣徽北院使兼凤翔节度使孟汉琼听罢，说："事到如今，我等不好自作主张。既然皇上已转危为安，何不如实启奏，请圣上定夺。"

几位重臣来到寝殿，孟汉琼将秦王围城逼宫的事向皇帝奏过，在场的王德妃和其他几位嫔妃吓得慌作一团，惊叫啼哭。已经神志清醒的皇帝李嗣源却是镇定自如，反问孟汉琼："皇儿从荣真的围城逼宫？"孟汉琼答："千真万确。"李嗣源又问同平章事朱弘昭："真的如此？"朱弘昭忙说："臣等不敢欺君罔上，离间陛下父子。"

李嗣源沉默良久，问："众爱卿意下如何？"

平日，几位重臣恨李从荣恨得咬牙切齿，自然怕他绍继皇位，今日围城逼宫，实属犯上作乱、大逆不道，便趁机异口同声地说："当派兵讨伐。"

李嗣源脸上漾出十分痛苦的神情，微闭双目，喃喃地说："照众卿的意思办吧。"

孟汉琼等得旨回到偏殿，急忙商讨对策。大臣们都主张趁此机会杀掉李从荣，否则日后必受其害。当年，孟汉琼曾在皇帝面前暗示李从荣的恶行，被李从荣当朝一顿辱骂，险些丢官被杀，此事至今怀恨在心。这次，孟汉琼自告奋勇，率宫内禁军出城讨伐。众臣一再嘱咐："务必将李从荣诛杀！"

李从荣在城门外等得不耐烦，跳下马来在地上踱来踱去，他做梦也未想到父皇能转危为安。因为除了父皇下诏，无人敢与他对抗。他以为大兵围城，几位大臣被震慑，必然老老实实开城门将他迎入兴圣宫。

这时，皇宫城门吱吱呀呀地慢慢开启。李从荣一阵惊喜。不料，城门开处，孟汉琼策马挥刀，率领数百禁军呐喊着向他冲来。李从荣大吃一惊，慌忙上马准备迎战，不料，一时慌乱，被马缰缠住小腿。刹那间，孟汉琼的坐骑已风驰电掣般冲到跟前，手中宝刀猛地一挥，砍掉李从荣右臂。李从荣惨叫一声，伏身便逃。孟汉琼紧追不舍，追出不远，双马并辔，孟汉琼用力一拉，将李从荣扯下马。李从荣满身是血，跪地求饶。孟汉琼恶狠狠地骂道："叛臣逆子，你也有求饶之日？"说罢，宝刀猛地一挥，将李从荣的头颅从脖颈上齐刷刷地砍下来。

李嗣源躺在床上，得知李从荣被诛，悲恸地说："此等憾事为何出自朕家？"言罢，热泪涌出眼眶，流过双颊，滚落到锦绣龙凤枕上。

良久，他睁开眼睛望着宰相冯赟，说："传朕的旨意，迎宋王李从厚入京，嗣立皇位。"

长兴四年(公元933年)十一月底，宋王李从厚应诏从邺都(魏州，今河北大名)入京。到达洛阳的前一天，皇帝李嗣源病逝，终年六十八岁，庙号明宗。

12月1日，十六岁的李从厚在明宗的梓宫前即皇帝位。

李从厚于乾化五年(公元915年)生于晋阳，小名菩萨奴。十二岁时，父亲李嗣源登基称帝，被授金紫光禄大夫，检校司徒。十六岁时封宋王，受命镇守邺都(魏州)。

李从厚自幼好读，秉性温顺谦和，礼贤下士，在诸王中声誉较高，为此常遭秦王李从荣的猜忌、妒恨。李从厚对兄长一向恭敬顺从。他自知性格懦弱，优柔寡断，难成大器，所以与争强好斗、权欲熏心的秦王李从荣从无冲撞，更无萧墙之祸。

李从厚做梦也没想到福从天降。

他怀着忐忑不安的心情，遵从父皇诏命，辞别邺都，来到都城洛阳，让自己稚嫩、孱弱的双肩挑起治国、齐民、平天下的重担。

十六岁的李从厚登基后踌躇满志，决心励精图治，重振朝纲，不负父皇重托。登基后的五天，便召请学士讲读《贞观政要》和《唐太宗实录》，想以唐太宗为楷模，使后唐出现贞观盛世。可惜，他没有唐太宗那种政治家的气质和风度，不通治国用人之术，不懂政治就是权力，政治家必须敢于在行使权力中形成威望。善良只能感化人，但不能统治一个国家。政治家必须要有主见，不人云亦云，受人摆布。政治家必须善于选贤任能，而不是孤家寡人，孤军奋战。

李从厚虽然读了《贞观政要》、《唐太宗实录》，但只知其文不知其义，借而不鉴。

他自示谦虚，拱手把朝政大权让给了枢密使朱弘昭和宰相冯赟。

朱、冯二人自恃拥立有功，又看李从厚软弱无能，便专横独断，飞扬跋扈，排斥异己。宋令恂是跟随李从厚多年的亲信，又博学多才，忠厚耿直，李从厚想委以重任，成其臂膀，但遭到朱、冯二人反对后，不敢坚持己见。朱、冯唯恐宋令恂日后得势，便把他放到外地做磁州刺史。李从厚身为皇帝，满心不愿意，却不敢力主己见，断其臂膀之后，自己便成为无翼之鸟。

当时，在藩镇割据中，河东节度使石敬瑭与凤翔节度使李从珂实力雄踞各镇之首，堪称两霸。其他各节度使也拥兵自立，财富自用，不贡朝廷。藩镇势力的发展日渐形成外强内弱、外实内虚的局面。节度使久踞一方，根深蒂固，盘根错节。朱昭弘与冯赟为了削弱藩镇势力，向皇帝李从厚提出“换镇”的主张，就是把一些重要的节度使互相交换。

李从厚感到不妥，担心会引起节度使的猜疑而导致生变，但又觉得朱、冯的换镇主张不无道理。思来想去，左右徘徊，拿不定主意，又碍着面子不肯驳回，便听任朱、冯二人依计行事。

不久，朱、冯二人假皇帝诏书，改河东节度使石敬瑭为成德节度使，改凤翔节度使李从珂为河东节度使，召天雄节度使孟汉琼离镇回京，并派出使臣监送各节度使赴任就职。

这天，朝廷派出的使臣手持诏书来到凤翔节度使府，宣示“换镇”旨意后，下令限李从珂三日内离开凤翔，去河东节度使治所晋阳赴任。

当晚，李从珂召集亲信幕僚于密室商讨对策。幕僚们纷纷劝阻李从珂不要离开凤翔，此去河东凶多吉少，皇帝以“换镇”之名行除镇之实，到晋阳必有杀身之祸。

副使左承辉说：“换镇必是朝廷阴谋。宰相朱弘昭奸诈多谋，以拥立新帝居功自傲，独揽朝政，恐潞王不服，故想以‘换镇’之计诛杀。潞王离开凤翔，途中必有伏兵。大王可曾记得长兴元年(公元 930 年)四月之事？”

长兴元年，明宗李嗣源在位，朝廷被宰相安重诲控扼。当时，李从珂被任命为河中节度使、同平章事。安重诲担心李从珂势力过大，迟早会危及朝廷和皇帝，几次在明宗面前进谗主张除掉李从珂，明宗未允。安重诲便暗设毒计，假借明宗之意，暗中指使河中牙内指挥使杨延温驱逐李从珂。一天，李从珂出城阅马。待他刚出城门，杨延温便将城门关闭。李从珂大吃一惊，驱马回到城下，问杨延温"何故如此"？杨延温答曰："卑职接枢密院宣令，请公入朝。"李从珂无奈，只好率领几名随从赴洛阳。途中，李从珂感到蹊跷，便秘密派人先行入京，晋见明宗，陈述真相，问明原委。明宗听罢大吃一惊，忙责问安重诲："杨延温是否得到枢密院宣令？"安重诲见事情败露，矢口否认，并诬陷杨延温图谋自立。明帝大怒，派人将杨延温捕入京城问罪。安重诲却密嘱使者在途中将杨延温杀掉，灭了口实。明宗自然无奈。

陷入沉思的李从珂在室内缓缓地踱着步。

左承辉望了李从珂一眼，接着说："再说，新登基的皇帝肚子里虽然有点翰墨，但仅是一个儒生，手无缚鸡之力，又无运筹帷幄的韬略，更不会用兵布阵，怎能不担心你？皇帝刚登基，就把你在朝中任禁军控鹤都指挥使的长子重吉放到亳州做团练使。这是为了切断王爷在皇帝身边的内线，以防不测。反之，又把王爷您在洛阳紫虚庵削发为尼的女儿调进后宫做女官，显然是充作人质，怕您日后图谋不轨……"

左承辉见李从珂脸色涨红，神情变怒，便索性单刀直入："潞王，宋王称帝，连我等都不服，何况您？王爷十四岁随先帝征战厮杀打天下，军功赫赫，威振四方，小皇帝算个什么东西？按年龄您可做他的父亲，却要跪在他脚下叩拜称臣。他能当皇帝，您为什么不能做天子？"

李从珂心里猛地一震，左承辉最后一句话重重地拨动了他的心弦。

明宗下诏命宋王李从厚嗣位时，远在凤翔的李从珂气得火冒三丈，几天几夜食不甘味，夜不成眠。他不服。长子李从荣既然被诛，论年龄，论兄弟之序，论军功，论政绩，论声望，他哪一点不及宋王李从厚？仅仅因为是养子？父皇不也是李克用的养子吗？他不服气李从厚称帝，也恨父皇明宗心中无他。自从长子李重吉被解除禁军控鹤都指挥使，放到亳州任团练使，女儿又从庵中调入后宫做人质，他便萌生了反叛朝廷、夺取皇位的野心。得到“换镇”的消息后，更坚定了反叛的念头。

踱着步的李从珂情不自禁地频频点着头。

左承辉胆子更壮了，干脆来个沙锅捣蒜，说：“王爷，依卑职之见，新皇帝刚登基，立足未稳，朝中又无名臣宿将，趁朝廷以‘换镇’拿我们开刀之机，杀掉朝廷派来的使臣，以诛除奸相朱弘昭、‘清君侧’为名，发檄文，联络各镇节度使，举义兵打进洛阳。只要进了洛阳，皇位就是潞王的！”

“好！就照你说的办！”李从珂斩钉截铁地表达了决心。

诛杀朱弘昭以清君侧的檄文被送往各地藩镇节度使处。

李从珂宣布由凤翔起兵。

消息传到洛阳，皇帝李从厚勉强派出护国节度使安彦威为西面行营都督，率五节度使的兵共讨凤翔。

兵临凤翔城下时，李从珂登上城楼，对攻城将士们说：“我自幼随先帝历经百战，建功立业，为先帝创江山，保社稷。你们当中很多将士当年随我出生入死，共效朝廷。如今朝廷奸佞当道。我等披肝沥胆，效忠朝廷，朝廷却时时猜忌我，提防我，直至以‘换镇’为名诛除我。今天，朝廷的奸臣窃用皇帝名义派你们攻伐凤翔，让我们互相残杀，他们坐收渔人之利。我们都有妻室儿女，为什么要替奸臣卖命，枉死沙场？英雄男儿，热血志士，应为匡扶社稷、驱除奸佞、伸张正义捐躯流血。诸位将士有愿鼎力相助、入朝清君侧者，从珂叩拜相谢，并以重金犒赏。”

围城将士中很多人熟悉李从珂，敬重他骁勇善战，屡遭朝廷奸佞陷害，十分同情他。此次讨伐凤翔，朝廷毫无赏赐，已是怨气冲天，自然无心恋战。

李从珂讲完，便在城楼上向城下四方叩拜。这时，素与宰相朱弘昭结有怨隙的羽林指挥使杨思权在城下振臂高呼：“愿随潞王者跟我入城！”众将士纷纷响应。李从珂亲自下城开启城门，接纳将士。

杨思权进城后，从怀中掏出一幅白绢，上书：“潞王克京后，以臣为节度使，勿为防御、团练使。”递给李从珂。

李从珂看过，当即命士兵取来笔墨，在白绢上写下："思权可为邠宁节度使。"

李从珂写罢，又命开启库房，取出大量金银珠宝犒赏将士。

杨思权及受到犒赏的士兵纷纷跑上城墙，向四周围城将士呼喊："快快入城受赏！"

霎时，围城士兵纷纷弃甲投诚，涌入城门。主帅安彦威阻挡不住，叫苦连天，只好逃回洛阳。

士兵纷纷涌入城内。李从珂将库存取尽分光，又强令把城中官吏、百姓钱财敛来犒赏投诚者。

凤翔之围不战而解。李从珂慷慨解囊，犒赏士兵，风闻各镇。

凤翔大捷，潞王声势大振，马上拥兵东进。

路经长安时，西京副留守刘遂拥将府库财物摆在路旁，士卒随到随赏，颁赏后继续东进，不入城内。潞王感动不已，称赞刘遂拥："有卿如此慷慨相助，从珂何事不成？"

凤翔大军直逼洛阳，皇帝李从厚和朝臣乱成一团。

一天，百官升朝，初登大位的皇帝李从厚初次经历此等局面，已经吓得浑身发抖、脸色蜡黄，坐在金銮殿上哭哭啼啼地说："朕本无心做天子，被卿等拥立后，社稷大事尽委诸卿，你等决议之事，朕均依计而行。凤翔起兵，你等不屑置之，称兵到即平。如今从珂大军已过长安，攻占洛阳指日可待，卿等可有何计？"

众大臣皆低头不语，面面相觑。

李从厚无奈，以袖拭去脸颊上的泪水，悲切地说："如众卿无计退兵，朕只好亲出洛阳，西去迎候长兄从珂，以帝位相让。若从珂仍不肯罢兵，朕也只好听天由命。"

众大臣自然不肯让皇帝出城，便争论不止，互相指责埋怨，喋喋不休，莫衷一是。

最后，还是皇帝李从厚决定，一方面派人去晋阳请河东节度使石敬瑭入京挂帅，一方面派判六军诸卫事、禁军首领康义诚率兵西去，迎战李从珂。

康义诚率军出洛阳时，李从珂大军已抵陕州（今河南三门峡一带）。康义诚到达新安，距陕州尚有二百里路时，士兵趁天黑之际，成群结队逃往陕州城领赏。到达陕州地界时，康义诚身边只剩数十人。他感慨万分，仰天长叹道："人心所向，势不可挡，我何愚忠朝廷？"遂率领随从一同投奔陕州。

李从厚得知康义诚投奔了李从珂，更是惊慌，忙派人召朱弘昭入宫商量对策。朱弘昭见诏惊魂失魄，自忖皇帝抵挡不住凤翔兵变，只好将他杀死，把他的首级送给李从珂，以示君侧已清，请罢兵撤军。于是，朱弘昭大哭一场，留下遗书，投井自杀。

留守京城的禁军马步军指挥使安重进见朱弘昭自杀，为了讨好李从珂，便派人杀掉宰相冯赟，将二人的头颅割下，送到陕州请功领赏。

李从厚见大势已去，洛阳无人能守，便想退居旧地魏州，免去做人君的烦恼。于是命宣徽北院使孟汉琼先去魏州安排，命控鹤指挥使慕容迁护驾同行。慕容迁是李从厚在邺都（即魏州）时十分宠信的牙将，称帝时，将他带来洛阳，又委以重任。

不料，孟汉琼奉命出洛阳城后，根本未去魏州，而是径直去陕州投奔了李从珂。

这天清晨，李从厚哭丧着脸坐着黄盖车，由慕容迁率领禁军护送去魏州。当李从厚乘坐的黄盖车吱吱呀呀驶出城门时，慕容迁突然率队折入城门。李从厚正感莫名其妙时，城门突然被紧紧关闭。顷刻，慕容迁出现在城楼上，探下身子向李从厚喊道："陛下，你独自回老家吧，恕不奉陪，卑职在此恭候新君。"

李从厚坐在车里，十分伤感地摇着头叹道："真是人心不古。情义何在？良心何在？"

黄盖车旁只剩下十几个垂头丧气的禁军随从。后路已被断绝，李从厚只好忍住满腔的激愤、满腹的悲戚，硬着头皮让黄盖车朝魏州方向驶去……

黄盖车在一个雾雨蒙蒙的黄昏来到魏州(今河南汲县)城东,突然前方驰来一支马队,李从厚惊惧不安,唯恐是李从珂的探马。待马队驰到跟前时,才发现是河东节度使石敬瑭奉诏前往洛阳。石敬瑭是明宗李嗣源的女婿,是皇帝李从厚的姐夫,所以李从厚大喜过望,顾不得君臣之礼,跳下车,边哭边向石敬瑭述说派兵大败而回和诸将叛逃之事。李从厚唉声叹气,啼哭不止,痛骂那些背信弃义者无德无信,禽兽不如,企望石敬瑭不辜负圣命,力挽狂澜,匡扶社稷。石敬瑭听罢,信誓旦旦、语意恳切地表示,他一定效忠皇上,竭尽全力挽救残局,并要护送皇帝重返洛阳,诛杀叛臣慕容迁,然后率军抵挡李从珂。

李从厚的脸上一扫几天的乌云,璀璨的晚霞在他脸上泛着火烧云般的红晕。

天色已晚。石敬瑭劝李从厚驻跸卫州城,并告诉他,卫州刺史王弘贽是一员老将,为人忠厚,一向忠于朝廷。

入夜,李从厚驻进卫州驿站。刚安顿完毕,忽听前院一阵嘈杂声、叫骂声。李从厚欲出去询问时,石敬瑭领着一位老将走进来。

石敬瑭板着铁青的面孔,也不再称“陛下”,直截了当地告诉李从厚:“你的十几位随从已全部被杀,从现在起,你由卫州刺史王弘贽将军照看。”石敬瑭说着,用手指了一下身边的老将。

李从厚听罢,一张麻木的脸上连连地抽搐了几下,慢慢地呆坐到木板床上。

洛阳城西上阳门外,聚集着以宰相冯道为首的百官,在恭迎潞王李从珂入京。他们在这里已经整整等候了三天,今天已是第四天。

时近午时,潞王李从珂率大队人马来到上阳门外,宰相冯道立刻率百官列队恭迎。

冯道向李从珂呈上劝进书。

李从珂骑在马上,看罢劝进书,严肃地对冯道和百官说:“本王此次入京是被逼无奈,如今奸臣朱弘昭、冯赟已死,君侧已清,待皇帝归来,先帝安葬,我即返回凤翔,请诸公收回劝进之意。”

次日，太后下令，废皇帝李从厚为鄂王，命潞王李从珂主持国事。

第三日，太后令潞王即皇位。

第四日，李从珂在明宗李嗣源的梓宫前即位。

当晚，新登基的皇帝写下第一道诏命，星夜派人送往卫州。

卫州城，州衙后院一座旧库房里。

穿戴整齐的李从厚静静地坐在一张木凳上，脸色煞白，双目凝滞，身前的木案上放着一个白色细瓷小碗，碗内盛着七步断肠的鸩酒。

库房门“吱”的一声响，卫州刺史王弘贽走进来。见李从厚依然呆坐在那里，摇摇头，叹口气，道：“鄂王爷，时辰已经到了，我已经催过三次了。你要不肯喝下，我在皇帝面前担待不起。”

李从厚望着王弘贽，木讷地说：“如果我不做皇帝，何至于此？”

“鄂王，现在说这话有何用？”王弘贽低着头说。

“是啊……”李从厚自语着，拿起酒杯，像小孩玩耍似的将杯中的酒细细地、慢慢地倒在地上。

王弘贽想上前制止。

李从厚却说：“我不能按照他的办法去死……”说完，慢慢从腰间抽出白绢腰带，递给王弘贽。

王弘贽没有接腰带，却叹息着退出。

两个粗壮的士兵走进库房。

库房里传出李从厚的骂声：“李从珂，我在望乡台等你！”

继而是一声长长的、由强到弱、撕心裂肺的惨叫声。

李从厚，这位十六岁的年轻人，本来无心当皇帝，却当上了皇帝，才得到了这种下场。

他，长兴四年（公元 933 年）十二月一日登基称帝，应顺元年（公元 934 年）四月六日被缢杀。仅仅在位四个月零五天。

死后无谥。庙号闵帝。

怀抱玉玺，葬身火海

——后唐末帝　李从珂

大千世界，扑朔迷离，无奇不有。

清泰元年(公元934年)，七月。

洛阳上空，火一般的太阳烧烤着飞檐庑殿上的赭黄色的琉璃瓦。

雕栏玉砌、金碧辉煌的金銮殿正中的蟠龙锦墩上，坐着登基不久的后唐皇帝李从珂。他十分不耐烦地侧坐着，身上明黄色的龙袍和头上黄白相间的冕冠好像已经被汗水粘在身上和头上，湿漉漉、黏糊糊的，难受极了。假如在战场上，他早就脱掉战袍，光着臂膀扬鞭策马了。

可是，这里是皇宫，金銮殿，他是一国之君。

午时已过，尽管已是肌肠辘辘，但是他还没有退朝的意思。

丹陛之下，黑压压地站着一群文武大臣。朝服、朝靴、展翅的乌纱帽严严实实地裹着脑满肠肥、大腹便便的身躯。从寅时入殿参朝到午时已过，一直躬身而立的大臣们膀胱胀得难以忍受，酷热已把他们折磨得眼冒金星。大臣们都在拼命地坚持着。

看来，今天的朝议没有结果，皇帝是不会散朝的。朝议的中间，皇帝趁廷议之机，去玉屏后面隐秘处享受了一次朝臣们享受不到的待遇。

今天的朝议，是皇帝李从珂让朝臣推荐宰相人选。

专制的皇帝突然给朝臣以民主，各怀心事的朝臣们争先恐后地向皇帝推荐着最佳人选。

众人拾柴火焰高，七嘴八舌，一阵工夫竟给皇帝推荐了十余个人选。

皇帝拿不准主意，又下诏廷议。

朝臣们都希望自己能戴上这一人之下、万人之上的乌纱帽，或者把这乌纱帽戴在自己朋党的头上。

廷议争论得十分激烈，直至互相以手指鼻，出言不逊。最后，李从珂被激怒了。他“啪”地拍了一下龙案，吼道：“别吵了！”

看到龙颜大怒，大殿里顿时寂静无声。朝臣们个个躬身而立，忐忑不安地等着一国之君李从珂任命谁做宰相。

吼过之后的李从珂十分不耐烦地坐在龙墩上苦苦思索。

朝臣们屏住气，等候皇帝陛下开金口，一锤定音。

片刻之后，李从珂正襟危坐，分别命两个御前太监一个去取木匣一个、筷子一双，一个备好笔墨，裁出十几张纸条，然后每个纸条写上一个宰相候选人的名字。

朝臣们莫名其妙，几十道狐疑的目光注视着龙墩上的皇上。

木匣子拿来了，一双象牙筷子取来了，名签写好了。

皇帝李从珂亲自把写好的名签字面朝下放进木匣里，然后把手伸进木匣里不停地搅动着。

搅动完毕，李从珂扫了一眼丹陛之下的朝臣。

朝臣们更加莫名其妙了，都急巴巴地盼着皇帝抹掉他们脑子里的问号。

这时，李从珂命殿左的御前太监拿起龙案上的象牙筷子，闭上双眼，用筷子从木匣里夹出一张纸条。

李从珂接过这张纸条，看过后，郑重地宣布：“朕命尚书左丞卢文纪为宰相。”

惊愕的朝臣们呆若木鸡地站在那里。

皇帝李从珂一散朝，便传诏新任宰相卢文纪去后宫议事。

李从珂迫不及待地选出宰相，是急于筹集犒赏军队的钱。

自唐末以来，藩镇割据，各自拥兵，互相攻伐，不外乎是为了抢地盘、扩充实力、称王称霸，乃至篡夺皇位，毫无正义而言。士兵们看得清楚，既然彼此征战都是狗咬狗，何必替他们卖命，于是赏钱就成了军队中的黏结剂。士兵们很明确：“有奶就是娘！”谁给赏钱就跟谁干，谁给赏钱多就给谁卖命。谁给赏钱少或者不给赏钱就临阵逃之夭夭，甚至倒戈。因而，在这段期间,士兵们为了得到更多的赏钱,也就不断地更换统帅,甚至更立皇帝。

李从珂凤翔起兵,主要是因为肯慷慨解囊、大发赏钱,所以得到部下的支持,同时招降纳叛了朝廷派去的各路征讨大军。

进军洛阳前,为了确保自己登上皇位,李从珂向全体将士许诺:打进洛阳,每人赏钱百缗。

如今,李从珂不仅攻占了洛阳,而且当上了皇帝。俗话说:君子一言,驷马难追。

李从珂心里明白,能否兑现赏钱,不仅关系到军心的稳定,而且更关系到他刚刚取得的皇位。所以,他把解决军队赏钱的问题摆到入洛阳后头等大事的位置。

刚入洛阳,李从珂立即召见三司使王玫,询问府库资财情况,并限他三日内解决五十万缗赏钱。

王玫当下拍着胸脯一口答应,并说:"府库存资可达百万缗。"李从珂听罢高兴得不得了,把王玫称赞了一番。

三司使王玫是个虚浪浮夸、以权谋私、溜须拍马、严重渎职的财政官,府库掌握在他手里进出无账、心中无数。听到新皇帝要他准备五十万缗赏钱,他也一口答应。结果,跑到府库里一查,偌大的府库仅有三百钱。

王玫吓坏了,站在皇帝面前浑身发抖,两只手不停地打着自己的耳光,连连说:"臣有罪,罪该万死!"

李从珂气坏了,怒斥王玫说:"贪赃枉法,欺君罔上,自己打几个耳光就可以饶恕吗?"

王玫被拖出斩首示众。

李从珂万般无奈,立即下令征收财产税。几经努力,也不过几万缗,杯水车薪,无济于事。

李从珂又下令征收房屋居住税。不论是自住或是赁居,都需要预先缴纳五个月的税钱,结果也只收到六万缗。

军队入城已半月,李从珂已登基称帝,可是军队仍不见发赏钱,军中怨言、谤言四起,并出现哗变和成群结伙弃甲而逃的现象。更有甚者,在光天化日之下到市井商号和百姓家中强抢豪夺，一时搅得洛阳民心惶惶、鸡飞狗跳。

李从珂无奈，强令不能如期交纳税收者，一律拘捕下狱，严刑拷打，直至纳齐税款方可出狱。一时间，洛阳城内狱房暴满，另辟数处也容纳不下入狱者。贫穷的百姓被拷打致死，自缢、投井而死者屡见不鲜。

洛阳的百姓被激怒了！他们把仇恨转嫁到士卒身上，常常把横行市井的士卒殴打致死。甚至有人夜间纵火焚烧兵营，在井中投毒，导致成群的士兵被毒死。

洛阳城里，百姓和士卒剑拔弩张，气氛十分紧张。

李从珂迫于无奈，又下令文武百官、皇宫后妃出资捐助。最后，也只得二十万缗。

李从珂黔驴技穷，焦急万分。

这天，枢密直学士李专美向李从珂进言。他说："自先帝长兴年间以来，部队中赏钱现象过滥，士兵骄横无度，欲壑难填。以赏钱维系的军队不足以信赖。国家的存亡、社稷的安定也不应只靠赏钱。陛下应以前车之鉴改弦易辙，立法规，建纲纪，废止赏钱制度。"

李从珂问："朕已许下诺言，怎可失信？"

李专美答曰："陛下的诺言出自战乱之时，情急所致，本就是一句谎言。入洛阳后，如府库充盈，如数兑付未尝不可。如今府库枯竭，几经周折，仍无着落。依臣之见，只将现已征得的二十万缗均分给将士，不要再横征暴敛，激起民愤。陛下以兵戈初得天下，其业不稳，得失民心，非同小可。"

最后，李专美意味深长地提醒李从珂道："陛下初登大宝，不宜专心致志地倾心于赏钱之事，应提防有人觊觎皇位。"

李专美原在凤翔时，在李从珂麾下任掌书记，十分得宠，是心腹之士。

李从珂登基称帝不久，他发现许多士卒因得不到许诺的赏钱，便成群结伙地逃出洛阳。李专美工于心计，足智多谋。他派出亲信跟踪，发现这些逃兵多数逃往晋阳。他根据这种现象顺藤摸瓜，结果发现，留在京城的河东节度使石敬瑭让自己的亲信在李从珂的部队中散布谣言："要求赏，找敬瑭,要福享,到晋阳。”

李专美感到石敬瑭才是李从珂最大的威胁。

石敬瑭原系沙陀族人。沙陀原是西突厥人的分支部落,古时居住在今新疆东北部,靠近巴里坤湖一带,后迁居盐州(今陕西定边一带)。唐宪宗元和年间,石敬瑭的四世祖随沙陀军都督朱邪氏归附唐室,被安置在河东。后因屡立功勋被擢升为朔州(今山西朔县)刺史。这位刺史有个重孙叫臬(niè)捩(liè)鸡,在李克用和唐庄宗李存勖麾下历任刺史。景福元年(公元892年),臬捩鸡在太原汾阳家中生下第二个儿子。当时,受中原文化的影响,目不识丁的臬捩鸡决心改变祖先无姓的习惯,给孩子取姓为石,名敬瑭。

石敬瑭出生于战乱不止、兴废不止的年代。他从小就懂得一个道理,只要有兵有马,跛子瞎子都可以打天下。石敬瑭少年时性格内向,寡言少语,习武之余,喜读兵书。这对于素来崇尚武功、不重视文化的沙陀人来说十分难得,显得与众不同,因而被代州(今山西代县)刺史李克用的养子李嗣源看中,并招为女婿。从此,随李存勖和李嗣源南征北战。

石敬瑭随李存勖出生入死,转战多年,屡建战功。李存勖登基称帝后,并没有给他封官晋爵,仍在李嗣源麾下任一员心腹小校,石敬瑭极为不满。然而,他看到身边被冷落、被遗忘的功臣诸将不乏其人,尤其是他的丈人李嗣源战功卓著,却最受猜疑。于是他把怨恨咽到肚子里,他发誓,等他拳头最大、兵马最多、势力最强的时候再说话。

同光三年(公元925年),邺都发生兵变,朝廷派李嗣源引军攻讨。李嗣源兵抵邺都,被叛军裹进城中,有人诬告他与叛军共谋,李嗣源有口难辩,进退维谷。石敬瑭鼓动岳父:“天下大事无不成于果断而败于犹豫!”

李嗣源在女婿石敬瑭的鼓动下举兵反叛,并派石敬瑭一举攻克开封,继而进占洛阳,李嗣源旋即称帝。

岳父称帝,石敬瑭既是驸马,又是功臣,身价百倍,与往昔不可同日而语。官职一年数迁,陆续由总官府都校升为光禄大夫、检校司徒,任陕州保义军节度使,赐号“竭忠建荣光复功臣”。次年加检校太傅兼六军诸卫副使，进封开国伯。不久，又升为宣武军节度使、侍卫亲军马步军都指挥诸卫副使，进封“开国公”，赐号为“耀忠匡定保节功臣”，掌握了后唐朝廷军事大权。

石敬瑭仗恃功臣和皇亲国戚的特殊地位，在激烈的宫廷斗争中始终处于优势。特别是石敬瑭在朝廷里最大的政敌、枢密使安重诲被杀后，石敬瑭的地位更加巩固。明宗末年，石敬瑭被任命为河东节度使，大同、彰国、振武、威塞等番汉兵马军总管。从此，他在后唐的地位在内是军事力量的最高统帅，在外是镇守边关要塞的封疆大吏。

战功赫赫又拥兵自重的石敬瑭内心深处早已萌生篡位称帝的野心。

当年，秦王李从荣被杀、宋王李从厚嗣立皇位时，他心里老大的不痛快，碍着李从厚是岳父的嫡生次子，不便公开反对，只好耐着性子等待机会。

李从珂在凤翔起兵屡战屡胜、直逼洛阳时，闵帝下诏，令石敬瑭回京挂帅征讨李从珂。结果南下途中，被李从珂捷足先登，先抢到了皇位。

石敬瑭的心里再也无法平衡了。

你李从珂是养子可以称帝，我石敬瑭是女婿为什么不能称帝？

何况，这两个实力最强的节度使虽有姻亲，却素来不和，明争暗斗，势不两立。

李从珂入洛阳称帝后，石敬瑭尚在南下途中。听到消息后，本想返回晋阳，转念一想，既然木已成舟，就且去洛阳看个究竟。

石敬瑭进京后，耐着性子装模作样地朝见了天子，然后帮助安葬了岳父明宗皇帝。

新皇帝已经登基，丧事业已料理完毕，按理石敬瑭应返回晋阳。可是诡计多端的石敬瑭思虑再三，不敢要求回河东，唯恐引起皇帝李从珂的猜忌。

李从珂起兵反叛，夺得皇位，自知石敬瑭于心不服，日后必成后患。称帝前就千方百计想吃掉他，称帝后自然不会放过他，总想找机会解除兵权，将他杀掉。

石敬瑭的夫人魏国公主是曹太后的爱女，她也看出李从珂居心险恶，所以请母亲曹太后出面说情，放石敬瑭回河东晋阳。李从珂却以盛情挽留的姿态拒不放走石敬瑭。

李从珂在凤翔的旧将再三劝谏不能放走石敬瑭，否则是放虎归山，后患无穷。石敬瑭的兵马多在河东，只身入京犹如虎入牢笼，困得日久，必有反迹。或有谤言，或有不轨，届时，抓住把柄即行诛除。

石敬瑭看到形势的严峻，虎落平川，凤凰落地，必须忍耐。

月余之后，石敬瑭突然患病，终日泻痢不止，久治不愈。不到半月工夫已是骨瘦如柴，连下床走路也需夫人搀扶。魏国公主见丈夫病得这样，终日哭哭啼啼。

李从珂听到消息，赶到府上探望，见石敬瑭面色如土，瘦骨嶙峋，已是病入膏肓，便顿生恻隐之心。心想，与其病死洛阳，不如让他死在晋阳，免得让人说长道短。

于是，李从珂答应石敬瑭返回晋阳。

石敬瑭像死尸似的躺在一架木轮车上。

木轮车缓缓地驶出洛阳北华门，曹太后亲自出城送行。望着车上的石敬瑭，母女抱头痛哭，有如永世诀别。

李从珂看到这种场面，心中涌出一种难言的快感，好像悬在心头上的一块千斤重石落到地上。

木轮车拉着行将就木的石敬瑭，拉着呜咽不止的魏国公主，缓缓地离开了洛阳。

曹太后的心快要碎了。李从珂的心却像绽开的花……

木轮车驶离洛阳数日，进入河东地界时，正是一个霞光满天的黄昏。

蓬头垢面的魏国公主终日以泪洗面，不离夫君半步。

突然，终日闭目昏睡的石敬瑭睁开眼睛，低声问："已经入咱河东地界了？"

魏国公主一阵高兴，忙答："已经进来半天的路程。"

这时，石敬瑭忽地从车上坐起来，猛地抓住魏国公主的手，说："夫人，我们终于猛虎归山、凤凰升天了。”

魏国夫人又惊又喜，忙问：“夫君，你的病……”

原来，石敬瑭见李从珂总无放他回晋阳之意，迫于无奈，便想出一条“苦肉计”。

他悄悄地跑到洛阳市街的药铺里买了一批泻药，每天都瞒着妻子偷偷地服用，所以终日泻痢不止，连夫人也不知道底细。

石敬瑭返回晋阳，如猛虎归山。

调养月余，骨瘦如柴的石敬瑭又变成一个与往昔一般无二的石敬瑭。

石敬瑭返回晋阳时，李从珂把他的两个儿子留在洛阳。兄弟二人都是宿宫禁的将军，长子石重殷为右卫上将军，次子石重裔为皇城副使，实际上是留作人质。

石敬瑭返回晋阳后，一面继续制造假象，声扬身体多病，不堪为帅，有解甲归田之意，并时常派人去洛阳，请在京供职的两个儿子给他买药求医，使李从珂感到石敬瑭的病已无法治愈，从而麻痹他的警惕。同时，利用两个儿子做内线，搜集、掌握皇帝的一切动向。另一方面，又以防备契丹为名，加紧起兵的准备。他通过各种办法，秘密地把在洛阳及各地的资财集中到晋阳，加紧打造军械武器，大量招募和训练士兵，储备粮草，伺机举兵反叛。

石敬瑭的一些蛛丝马迹陆续传到京城，引起朝臣的忧虑。一次升朝时，朝臣向李从珂奏知有关石敬瑭反叛朝廷的迹象。李从珂听后心不在焉，不以为然地说：“朕与敬瑭是莫逆之交，我相信敬瑭绝无反叛朝廷之意。众卿切不可以流言飞语离间朕与敬瑭的关系。”

朝臣们感到愕然，均不敢再提此事。

然而，朝会散后，李从珂却将端明殿学士李崧与吕琦召进后宫，密商对付石敬瑭的策略。

李崧向李从珂献计说：“微臣纵观石敬瑭回晋阳后的所作所为，待羽翼丰满，时机成熟，必然挥兵南下，入京篡位。为防患于未然，臣以为，契丹国势日渐强盛，早有觊觎中原领土的野心。河东与契丹南北界邻，互为腹背，石敬瑭若挥师南下，必担心契丹乘虚而入，同时唯恐自己军力不足，必然会借助契丹力量。

“陛下如能向契丹主耶律德光致书通好，每年赠给契丹十万缗钱财，契丹必然与我朝友好。这样，契丹必不会帮助石敬瑭南下。石敬瑭也会担心南下时契丹兵助我攻其后背。”

吕琦接着说：“为防患于未然，外联契丹钳制石敬瑭，内应加强防范。臣以为，陛下应委派一员悍将屯兵代州（今山西代县），以分石敬瑭之权。一俟有变，攻讨方便。另外，陛下还应派一名心腹大将任北京（即晋阳）副留守，以监视石敬瑭。”

李从珂听罢，觉得此计可行，遂命二人草拟《遗契丹书》。

次日早朝，李从珂任命武宁节度使张敬达为北面行营副总管，屯兵代州。又命羽林将军杨延洵为北京副留守，监视石敬瑭。

李从珂接到李崧、吕琦草拟的《遗契丹书》后，又找来枢密直学士薛文遇商量。

薛文遇看罢《遗契丹书》后大为不满。他对李从珂说：“陛下，依臣之见，堂堂天子之尊屈奉夷狄，此乃国之奇耻大辱。再者，如契丹主太宗耶律德光以和亲为名，欲娶陛下公主为妻，陛下肯否？”

李从珂当即改变了初衷。

恰在此时，侍御太监送来石敬瑭派人送来的书函，李从珂急命拆开。原来是石敬瑭称自己重病在身，久治不愈，不堪重任，要求皇帝免去河东节度使，解甲归田，告老还乡。如若不能免去河东节度使，亦请移镇郓州，改任天平节度使。

李从珂一时捉摸不定，不知石敬瑭是真心诚意，还是投石问路，便问薛文遇如何处理。

薛文遇回答说：“‘当道筑室，三年不成’。此事至关重大，应由陛下决断。不过，臣以为河东移也反，不移也反，石敬瑭必反无疑，只是或迟或早而已。所以，陛下应先下手为强，诏令移镇，彼必不肯移，届时，陛下以不服军令反叛朝廷为由，解除兵权后杀之，此患即除。”

李从珂又觉得薛文遇的主张可取。

次日早朝,李从珂宣布移石敬瑭为天平节度使,镇守郓州。移河阳节度使宗审虔为河东节度使,镇守晋阳。同时,令武宁节度使张敬达监督石敬瑭接受移镇,按期启行。

石敬瑭接到诏命后勃然大怒,当即将诏书撕得粉碎。原来,石敬瑭上疏朝廷要求解除兵权,是为了进一步探听虚实。不想,被李从珂顺水推舟,弄假成真。事到如今,反也得反,不反也得反!

石敬瑭反叛的主张得到了他的左右臂膀都押衙刘知远和掌书记桑维翰的支持。他们主张一方面传檄诸镇,兴义兵,共同讨伐弑君篡位的李从珂,一方面起草降表,向契丹太宗耶律德光称臣称子,并许诺割让卢龙一道和雁门关以北各州,作为求契丹出兵援助的条件。

清泰三年(公元936年)五月,石敬瑭正式宣布反叛朝廷。

石敬瑭上表朝廷,指斥李从珂:"帝为养子,不应为嗣,请将帝位让给许王,否则进兵洛阳,强行废立,还政于李氏宗室。"

许王名从益,是明帝李嗣源的幼子。

李从珂见表后也勃然大怒,并下诏斥责石敬瑭:"卿与从厚虽有姻舅之亲,但卫州之事天下皆知,谁肯相信你会真心拥立许王为帝?"

次日,李从珂下诏,削去石敬瑭一切官职,并派武宁节度使张敬达率诸道兵马攻讨晋阳。

同时还下诏,将石敬瑭在京供职的两个儿子逮捕入狱,俟擒获石敬瑭后一并诛杀。

张敬达率诸道兵马抵晋阳后,在晋安(今太原晋祠南)扎下营寨,然后围攻晋阳。双方激战数月,唐军终未能攻克晋阳城。

9月,耶律德光率契丹兵抵达晋阳,与石敬瑭军联合作战,大败唐军。张敬达被迫退守晋安。晋阳之围被解。

当晚,晋阳城北门外,在一片灯笼火把的照耀下,四十四岁的石敬瑭在百官的簇拥下,拜倒在年仅三十三岁的耶律德光的脚下,口称:"儿臣叩见父皇。"

11 月，石敬瑭在晋阳设坛告祭，登基称帝，国号大晋，改元天福。

石敬瑭称帝后，与契丹兵联合围攻唐军营寨晋安。张敬达虽然拼命抵抗，但诸藩镇兵见大势已去，不肯奋力抵抗，援助晋安的诸道兵也纷纷投奔石敬瑭。

形势紧急，李从珂被迫下诏亲征。

李从珂到达河阳后，便迟迟不肯北上，只好派儿子雍王李重美和几位大臣到晋安督战。

一个月后，晋安寨中唐将杨光远、安审琪发动兵变，杀死主帅张敬达，投降石敬瑭。

晋安失守，石敬瑭挥师南下，李从珂只好狼狈地逃回洛阳。李从珂刚离开河阳，河阳守将苌从简便投降了石敬瑭。李从珂想派兵增援河阳，但随从将领及军卒纷纷遁去，投奔石敬瑭。次日，由洛阳西奔的要道渑池(今河南渑池)也被契丹兵占领。

李从珂进退两路都被切断。

洛阳空城，无兵可守。石敬瑭大军随到随进。李从珂已是穷途末路，瓮中之鳖。

石敬瑭攻占洛阳城的前一天晚上。

李从珂在寝殿里下令，将关在狱中的石敬瑭的两个儿子杀掉。

刘皇后劝阻道："陛下，能否以石将军的两个儿子求得我们全家的安然无恙？"

李从珂冷冷地凄然一笑，道："此乃妇人之见。"说罢，命刘皇后取出传国玉玺。

刘皇后捧出传国玉玺，泪流满面地说："陛下，我们向石将军交出传国玉玺，自动禅位，石将军不能保全我们全家的性命吗？"

李从珂面无血色地回答道："自古亡国之君，有能苟活于世者吗？"

遂派人召来曹太后和太子李重美。

曹太后捧着一个珠宝盒走进寝殿。

李从珂指着曹太后怀中的珠宝盒，说："母后，此时全家性命已非吾所有，还要这些粪土何用？”说罢，接过珠宝盒，递给身边的太监：“你们拿去活命吧。”

李从珂领着曹太后、刘皇后、儿子李重美来到皇宫北门的玄武楼。

李从珂命随身太监将楼内机案堆放到一起，中间摆着一条长案，然后又将所有帷幕取下堆放到四周，又让太监把事先准备好的硫黄粉撒到帷幕等物上。

一切布置妥当。李从珂板着冷峻的面孔，凄然地说：“母后，皇后，皇儿，事已至此，我们只能自焚，以求全尸，不受其辱。”

曹太后痛哭流涕，悲恸欲绝地说：“皇儿，你和贤婿都是姻亲骨肉，何须以死相煎？”

李从珂制止道：“母后不必细说了，自古皇家皆是如此，皇权之争必以性命相煎。”

“何以自焚而死？”曹太后问道。

“自焚而死，石贼入京无尸可寻，难以发泄兽性，又无法暴尸市井。”

李从珂紧紧抱住玉玺站到中央的木案上，李重美和皇后搀着皇太后，紧紧围住李从珂。

李从珂命随身太监点火。

腾起的火焰吞噬了四个人的身躯。

玄武楼变成一片火海。

燃烧后的废墟天然而成一座坟墓。

墓中掩埋着五十一岁的后唐末帝李从珂的骨灰。

他没有庙号，没有谥号。

两把宝剑同时刺进他的胸膛

——辽世宗 耶律阮

大同元年(公元 947 年)四月初一,大辽国嗣圣皇帝耶律德光突然下诏起驾,离开繁华富庶的后晋京都汴梁(今开封),向大辽都城上京(今内蒙古巴林左旗南)进发。

初夏天气出奇地热。赤日炎炎,大地龟裂;热风阵阵,黄土飞扬。浩浩荡荡的凯旋大军却像路边的蒿草,被赤日晒得低头垂首、无精打采。

耶律德光坐的金辂舆辇相传是盛唐制造。铜质,金饰,黄屋,驾十六匹赤骝马,奔驰起来一阵风,异常风光。这是从后晋皇帝石重贵手里夺来的。然而,德光皇上依然提不起精神,双目微闭,眉头紧蹙。

这次兵进中原,起因是后晋儿皇帝石敬瑭死后,一些大臣耻于向辽称臣,更不愿意让新皇帝石重贵叫耶律德光为爷爷。于是,耶律德光率大军南下,一举歼灭二十万晋军,攻占汴梁,掠回金银财宝无数,晋宫嫔妃宫女太监以及文武大臣悉数押回上京。战果不可不谓辉煌灿烂!

为什么皇上还不高兴呢?

"陛下,舆辇颠簸,天气燠热,前面有一片树林,是否驻足歇息一刻?太医使也好为陛下看看病。"

总知宿卫将军耶律安抟走在金辂舆辇旁,小心地劝说着。皇上已经多日郁郁寡欢,连身边的嫔妃都斥退了,孤零零地躺卧在舆辇里,真令人担心。

皇上没加理睬。脸色黑黄,眼窝塌陷,颧骨突兀,嘴唇惨白紧闭,似乎有无限苦痛在强制自己忍隐着,昔日天威荡然无存。

难道是因为没能称霸中原,没能在汴梁坐稳皇位,才窝囊成病?

耶律安抟最反对耶律德光在中原称帝。家乡黑土地一望无际,牧草茂盛,牛羊肥壮,放马奔驰,何等畅快!称雄中原有什么好?况且汉人刁蛮狡诈,当面笑脸相迎,山呼万岁,转脸便凶相毕露,恨不得一口一口把你吃了!二月初一,耶律德光身着龙袍,头戴冕旒,御驾崇元殿。到四月初一离开汴梁,仅仅两个月,中原遍地燃起反抗怒火。北平王刘知远二月十五日在太原称帝,建立汉朝,号召中原聚义起兵抗辽。这中原蛮地还有什么可待?不撤离不行了。

“到什么地方啦?”

耶律德光突然金口张开,玉牙微露,把耶律安抟吓了一跳,连忙回禀道:“前边就是滦城(属河北)地界。陛下……”

皇上不耐烦地摇摇头,依旧没睁龙目,紧锁眉头。

总知宿卫将军不敢再多嘴,回头看了一眼太医使。太医使个子不高,瘦骨嶙峋,医术却很高超,曾是后唐明宗的御医。他把耶律安抟拉住,站在路旁,看看皇上的御舆走远,才悄悄地说:“将军,陛下的神色不对呀!以老夫多年诊病疗伤的经验……恐怕……”

耶律安抟心头一跳,惶遽(jù)地问:“陛下,他……不至于吧?”

“皇上得的是‘心病’。13日在高邑就卧病不起,今天已是22日,病情愈加严重。皇上不吃不喝,连老夫的药石也不吃,恐怕难以……”

耶律安抟叹口气,心情沉重。

“将军,到滦城就得准备后事……信不信由你。”老太医说完转身走了。

耶律安抟知道皇上性情暴烈,专断自负。此次出征南下,最后竟被迫撤离中原,不战而败,大大丢了圣颜,回到上京没有脸去面见述律平皇太后,因此伤心懊恼,以致生病,这都可以理解。但是,皇上会因此病归西天?他不能接受,不能相信这老太医的鬼话!

他默默地离开行进中的大队人马,心里很不是滋味,来到一棵树下席地而坐,两眼茫然地凝望着昏热的天空。

果然如老太医所言,大军抵达滦城,当晚三更,嗣圣皇帝耶律德光便一命呜呼了。

江山社稷不可一日无主!

随征诸将都想拥立耶律德光的侄儿永康王耶律阮继承大统。可是，耶律德光之子寿安王和耶律德光之弟耶律李胡一个随征在军中，一个在上京，他们都有资格继位为帝，况且此事必须征得皇太后述律平的同意才成。唉！都怪皇上死得突然，没留下遗诏。众将犹豫不决，忧心忡忡。

总知宿卫将军耶律安摶是皇上的近侍，统率护卫亲军，掌管御帐亲卫之事，在这非常时刻格外小心戒备。他把护卫亲军安排在滦城府衙四周，形成环围之势，不经允许，不准任何人进入。在府衙内，还设有流动侍卫，往来巡查。

这天清晨，一个侍卫武士悄悄来到耶律安摶面前，低声道："大人，永康王在门外求见，已经等候多时。"

"请到小花厅。"

耶律安摶也支持拥立永康王继承皇统，所以分外热情。永康王在小花厅落座后，耶律安摶抱拳一揖，扑倒地上就要行九叩大礼。

永康王连忙起身，双手扶起，道："将军不可行此大礼！有皇太叔李胡和寿安王在朝，小王岂敢窥觑皇统？"

他起大早来"求见"耶律安摶的目的，正是要探摸总知宿卫将军的意向。耶律安摶官阶虽不高，但掌握着皇上的日常侍卫之事，手中有皇上精锐的护卫亲军，如果他要支持自己谋立皇权，大事成矣！岂料一见面，他就要行大礼，永康王暗暗高兴，言语愈加谦恭。

"大王差矣！大王可曾记得令尊人皇王之事？"

"此事小王怎能须臾忘怀？当年先父本是太祖亲立的太子。太祖仙逝，皇统本应是先父的。祖母述律太后却伙同叔皇德光剥夺了先父的继承权，又把先父逼走中原。叔皇支持石敬瑭灭后唐，结果使后唐主怀恨先父，把先父杀害。先父之死，实在是叔皇所为呀！"

永康王愤愤然，言语中流露着无限伤感。

"大王既然记得如此清楚，就该知道这皇位当年本该是你父亲的。而今，大王是人皇王的嫡长子，顺理成章，大王应当继承帝位！先皇虽有皇太弟李胡和皇子寿安王，但是天下臣民属意多在大王。大王今若犹豫寡断，将来后悔莫及。”

这些话正是永康王想说而不好贸然说出的话，他十分兴奋。至于如何夺得帝位，他心里自然有一套计谋，但是他不想先讲出来，于是就装出一副无计可施的样子，求计道：

“将军所言理固当然，但……将军有何妙计？小王愿意恭听。”

耶律安搏在耶律德光身边做近侍护卫已多年，耳闻目睹，深知伴君如伴虎。他平日寡言笑，心机藏而不露。见永康王赞同自己所言，并无喜形于色，深思片刻，道：

“大王请回营帐，静候佳音。只要大王愿意，微臣自有办法。”

他不愿明言计谋，永康王颇为不悦。夺权即位大事理当共同商计，这等互不交通意见，何能共成大事？但是，永康王知道耶律安搏会忠于自己的。当年他父亲耶律迭里是因为支持自己父亲继承皇位，而惨遭皇太后述律平杀害，家财被抄没。所以，耶律安搏自幼就像个小大人，对母亲至孝，对亡父哀毁过礼，从不参与宴乐，朝野上下都非常同情他。连耶律德光也屡加慰谕，常说：“此儿郎将来必能成就大器。”

永康王想到这儿，看看耶律安搏，微微笑道：“将军所言极是。将军办事，小王放心！只是在随征的皮室军（皇上心腹精兵）中，左、右、南、北四大详稳（官名，掌皮室军军权）里，以明王安端资历最老，又是皇族亲王。如果他能率先支持小王，其他详稳就会站在小王一边。掌握了三十万皮室军，又有将军手中的护卫亲军，大事可成矣。”

耶律安搏吃了一惊。原来他早有夺帝位的打算，并不像自己想象中那样颟（mān）顸（hān），心头不由得生出一丝戒备。不过这样也好，夺取皇统的把握会更大，遂冷冷地回道：

“大王想得周详。以微臣之见，说服明王安端支持大王者，现有一人……”

“何人可去？”永康王惊喜道。

“明王之子耶律察割。”

“好！小王也正想派他去说服明王。”

耶律安搏深知耶律察割为人，貌恭而内心极为狡诈，不可大用，但见永康王颇赏识他，不便多言，只淡淡地道：

“大王可知太祖曾说察割的话吗？噢，记得就好。劳大王驾，亲自找他更好。其他琐事，就由微臣去办吧。”

说完，没等永康王答应，耶律安搏站了起来，拱手一揖，就要送客。

永康王还想再跟他商量争取其他从征将军事宜，看看耶律安搏已经做出送客姿态，大为不悦。可他知道在这种时候，也不能强求耶律安搏对自己毕恭毕敬。他把这口气咽进腹中，站起身，笑了笑，算作回答。

三十万皮室军屯扎在滦城郊外已有旬日。耶律德光猝然驾崩，没有留下遗诏。究竟立谁为帝，一时委决不定。南方各州郡开始背叛大辽，纷纷归服后汉刘知远。军中惶惑不宁，不知所措。

南院大王（官名，掌部族军政）耶律吼心中有事，夜不能寐，悄悄爬起，没有惊动随从，独自一人走出营帐。

天空星光晦暝，地上营灯已熄，一片漆黑。滦河水静静地向东流去，不时传来一声叹息。

耶律吼心头一紧，打了一个寒噤。山河为我大辽社稷愁叹，是生灵涂炭的征兆啊！去找耶律洼，今夜定要商量出一个结果，不能再拖延下去。

他左手砸在右手上，右脚一跺地，向北院大王耶律洼的营帐走去。经过两个军卒帐篷，听到里面喧哗，驻足谛听，原来他们也在议论拥立之事。只听一个粗声粗气的声音道：

“你们要拥立寿安王啊？瞎了眼！他呀，只会吃喝嫖赌，这阵子八成还在城里的‘春悦妓院’逸乐哩！父皇刚刚驾崩，他就这等宴乐嫖娼，不忠不孝，为什么你们让他做皇帝？”

“咱们不能拥戴他！”又一个奶味十足的声音喊道，“昨天晚上，是我和都统（官名）爷把他抬回大营的。他做‘睡王’还行，做皇上，万万使不得。”

耶律吼听到这儿，叹口气，摇摇头。这个寿安王太不成器。按照祖宗之法，他是先皇的嫡长子，即使先皇没有遗诏，帝位也是非他莫属。唉，拥立这样一个昏王即位，大辽江山可要遭殃！

他一路琢磨着，把永康王跟寿安王、耶律李胡放在一起比较着，来到耶律洼大帐。见耶律安抟也在，连忙跟他打招呼，落座后，开口道：

"两位大人，天位不可一日空旷，天下不可一日无主！当今可立者三人。先皇嫡子寿安王浑浑噩噩，不闻国政，日夜酣饮纵欲，不可成就大器。皇太弟李胡暴戾残忍，太祖皆恶之，岂可承继皇统？而永康王颇有人望，当立之！"

北院大王耶律洼听后拍案而起，激动地道："本王与将军正议论此事。先皇在时，最讨厌寿安王不务正业，贪图逸乐，曾经想封立永康王为太子。吾辈应共死拥立永康王！但是，本王担心，事先不禀报太后，会引起祸端，造成皇室屠戮，天下大乱。"

耶律安抟偷偷从城里潜出，正想跟两位大王共商此事，不意两人不约而聚，心意相同，甚为满意。但听得耶律洼对耶律李胡尚有畏惧，不由得心生一计，道：

"大王既然知道先皇曾想立永康王为储君，况永康王又贤明仁义，人心乐附，我辈应促成其事。上则了却先皇心愿，下则抚慰民心，何乐而不为也！今天下甫定，稍一迟缓则大势去矣！如要先禀报皇太后，太后必定要册立李胡为帝。李胡残暴，路人共知，果然他得嗣皇统，大辽江山社稷将变成什么样子，请两位大王深思。"他把话停住，转头看看南、北院两位大王，见两位大王深为叹息，又补充道："前日从上京来人，说李胡突然暴病而亡……"

"可是当真？"两位大王同时惊问。

"我也惊疑。不过那人说得千真万确，城中护卫亲军士卒中都传开了。当今之计，我等宁可信其有！"

南院大王耶律吼性情粗直，自然"信其有"，大声道："有理！有理！吾意决矣！"

北院大王耶律洼马上要派人召集诸将，集合队伍，进城拥立永康王。

耶律安抟招手道："且慢！此事亦不可操之过急。一定要把皮室军的四大详稳都争取过来，跟吾辈一起拥立永康王。万万不可使皮室军分裂，相互之间动起干戈。所以要先看看明王安端是什么态度,再决定何时动手。”

耶律洼少有器识,智谋过人,想了想,道:“宿卫将军之言是也!皮室军乃大辽国的精锐之师,一旦分崩离析,大辽江山社稷休矣!不过,滦城之地不可久留,明日就开拔,奉先皇梓宫向上京进发。行军途中见机行事,大事可成!”

三个人秘密商定策立永康王,直至五更才结束。

第二天,大军护拥着皇帝耶律德光的梓宫向上京进发,行至镇阳已近中午。明王耶律安端和右皮室详稳耶律盆都的队伍却没有跟上来。耶律吼派出三批人马,表面是催促他们快些跟进,实则是侦察他们的意向。但是,三批人马皆如同肉包子打狗,有去无回。情况不明,耶律吼心里开始惴惴不安了。

北院大王耶律洼也觉得形势不妙,约耶律吼一起来找总知宿卫将军。他正跟永康王议论此事。两位大王跟永康王见礼后,耶律吼性情急躁,率先把皮室军的情况作了介绍,然后说道:

“皮室军士卒听说李胡已经死了,不再担心太后述律平滋事干涉,拥立永康王爷没有问题了。现在微臣只担心安端和盆都会有异图,把皮室军拉出一部分去拥立寿安王。那样天下就会大乱的。”

北院大王耶律洼补充道:“他们俩的动向不明,依臣之见,永康王爷承继大统宜早不宜迟,现在就请受小臣一拜。”

说着,耶律洼扑倒地上就行九叩大礼。耶律吼也随后叩拜起来。

耶律安搏没有动,站在永康王身旁,待他俩叩拜完,缓缓地道:“王爷登极,群臣与诸将拜贺应在先皇灵柩前为好。王爷也应黄袍加身。这里,小将已经为王爷准备好了。”

“将军想得周到!永康王爷,您这就回去穿龙袍,臣等到灵前等候。”耶律吼高兴地催促道,就像他自己要黄袍加身了。

“且慢!”耶律安搏把耶律吼叫住。

“又有何事?”

“请两位大王召集诸将,集合士卒,都到先皇灵柩前站好。”

“将军不必啰唆啦！这些事我俩来前就已吩咐下去，士卒们大概已经站好等候了。”

耶律安搏没有料到这莽汉竟然粗中有细，待他俩走后，忧心忡忡地对永康王说道：“小将对耶律察割信心不大。如果因他影响大事，是小将推荐之过，请王爷惩处。”

几个侍卫抬来一只木箱，里面装满登极所用的衣物。宫女们为永康王更衣。

“将军不必自责。察割走时，曾向孤王指天发过誓。如果明王反对孤王登极，他也会赶来解释的。”

耶律安搏微微摇头，沉默不语。

南院大王耶律吼派人禀报一切准备就绪。耶律安搏披挂整齐，在前引路。永康王在侍卫和宫女、太监的簇拥下来到耶律德光的梓宫前，先向灵柩施礼，然后接受大臣和诸将、士卒的跪拜。众人山呼万岁。

就在这时，耶律察割骑着匹快马急匆匆赶到，给新皇上叩拜之后，禀道：

“陛下，李胡没有暴死！那是谣传。”

他抬头看看新皇上，新皇上微露惊诧；看看诸将和士卒，诸将、士卒一片骚动；目光突然跟北院大王耶律洼的视线相遇，不由得一愣。

耶律洼正怒视着他，手握腰中宝剑，看一眼混乱的诸将和士卒，忽然跳上一张桌子，把宝剑抽出，向空中狠狠一劈，大声怒道：

“大行皇帝驾崩，江山社稷无主，永康王乃人皇王之嫡长子，天人所属，当立！有不从者，以军法从事！”

诸将和士卒立刻安静下来。

耶律洼站在桌子上，看着刚刚万头攒动、人声喧嚷，此刻变得静悄悄的，心中暗喜。又向四周瞭望一眼，忽然发现新皇上的护卫亲军金盔亮甲骑在高头骏马上，已经把在场的士卒包围起来。心想，总知宿卫将军耶律安搏果然有谋略，早就预先有所防范。

耶律察割干咳几声，向新皇上又道：“禀奏陛下，述律皇太后已经派李胡率兵来征讨。”众人又是一片惊诧声。“父王安端请求为大军先锋，带领本部人马痛击李胡，保卫陛下。”

新皇上耶律阮高兴地扶起耶律察割，赞道：“朕就知道爱卿父子是忠于朕的。朕现在就封你为泰宁王。明王愿意为朕打先锋，待击溃李胡之后，再行封赏。”

“谢主隆恩！”

耶律察割毕恭毕敬重新行九叩大礼，三呼万岁后，带着圣旨去见他的父亲明王。

耶律吼见耶律阮登极之后，第一个封赏的人不是自己，也不是耶律安搏和耶律洼，而是耶律察割，愤愤不平。待到加封他采访使时，他拒辞道：“臣今已是南院大王，官位已经很高，不敢再有奢求。”见皇上不解地望着自己，他想了想，道：“臣只有一个请求，臣从弟耶律的琭之子因事被贬官并籍没了家财，请陛下哀怜明鉴。如果陛下允诺，则臣受赐多矣！”

耶律阮这才明白，赞赏道：“爱卿舍弃重赏，替族人请赏，甚为贤达，可嘉可嘉！”

耶律阮仍然赐给他宫户五十，金银若干两。另外，拜耶律洼为于越（官名，一种荣誉官衔），封耶律安搏为北院枢密使（官名，掌军权）。诸将尊耶律阮为天授皇帝，改大同元年为天禄元年，派专人护灵柩回上京。

右皮室详稳耶律盆都带着所部皮室军，在滦城出发时就晚走一天，途中缓行长驻，持观望态度。耶律阮在镇阳登极消息传来，耶律李胡受皇太后之命来讨伐，他干脆不再前进了，想坐山观虎斗，然后再决定走向。

耶律盆都是太祖弟弟耶律寅底石之子，明王耶律安端的侄儿，幼时骄狠，好凌辱人，长大后越加凶残奸狡。他对叔叔耶律安端任先锋跟耶律李胡作战颇不以为然。后来听说在泰德泉，耶律安端大败耶律李胡，两军隔着潢河对峙，这才带着所部追上耶律阮大军。

就在这时，从对岸传来消息，耶律李胡已把皮室军诸将家属全关押起来，声言若耶律阮再战，就把家属杀掉。弄得皮室军上上下下人心惶惶。

耶律盆都最疼爱他那漂亮的小妾，深怕她惨遭不测，要求过河，亲自去说服述律平皇太后罢兵言和。

耶律阮登极做了皇帝，不想再跟自己祖母述律平为敌，遭天下人唾骂自己不孝，另外还担心诸将家属被关押时间一久影响士气，所以极想罢兵言和。

"陛下想跟皇太后述律平谈判言和，不知有什么条件？臣不敢擅自主张。"耶律盆都临行时问道。

耶律阮想了想，道："只要太后不再反对朕，让朕做皇帝，其他什么条件都可答应。"

耶律盆都心中暗笑，述律平就是不想让你做皇帝！看来好戏还在后面。

过了潢河来到北岸，耶律盆都一眼就看见皇太后述律平全副戎装骑在马上，在耶律李胡等人的护从下站在一个高冈上，眯着昏花的双眼，眺望隔河的耶律阮人马。

时值闰七月，潢河两岸秋风萧萧，把两军战旗吹得哗哗作响。

"右皮室详稳耶律盆都拜见应天皇太后。"

皇太后早就看见他乘一叶扁舟从对岸而来，因为怀恨耶律阮擅自称帝，不把她这个祖母放在眼里，对他的部下也故意不看一眼。

惕隐（官名，职掌皇族政教）耶律屋质觉得耶律阮从南岸派人过来，一定有重要大事，不应冷淡了来人。两国交兵，不斩来使。况且，这又不是两国交兵，而耶律盆都也是一名朝廷战将，连忙提醒太后道：

"应天娘娘，古人云，忍住一时愤，免去终身恨。先听听他带来耶律阮什么话，再作道理不迟。"

述律平勉强抬起厚重的眼皮，从鼻子里"哼"了一声，道：

"讲吧！"

耶律盆都看看耶律李胡，又瞧了瞧他身后的将士兵卒，都是些老幼残兵，怎能跟耶律阮三十万皮室精兵作战呢？他摇了摇头，望着述律平那满脸皱褶、苍白眉发，道：

"应天娘娘，贵体安泰？臣盆都时刻惦念，今亲眼看见娘娘尚能披挂，亲临疆场，实乃大辽臣民之万福！"

述律平听得几句奉承话，面露怡色，看见耶律盆都恭敬有加的神情，心想，皮室军诸将并不都是反对自己，死心塌地追随耶律阮那小子！把他们拉几个过来，岂不很好吗？于是微笑道：

“老身精神尚好。唉！在这古稀之年，还得跟孙儿耶律阮这坏小子对阵，实在不得已呀！你是先皇手下战将，先皇驾崩，理应回京，跟奶奶商议一下，再行扶立大礼才对呀！不过，这些都是耶律阮一人所为，跟诸将没有关系。你能从对岸过来，老身很高兴，封你为讨贼使，跟皇叔李胡一起讨贼平乱，不会亏待你的。”

“这个……”耶律盆都当然不会接受这种不值一分钱的封赐，可又不好直接拒绝，只好婉转地劝道，“应天娘娘贵体虽然安泰，可是已经不是冲杀上阵的年龄了。娘娘，先皇的皮室军落在耶律阮手中，皇叔的士卒无法跟他较量。以微臣之见，先以和为好，其他事情可以回到上京，徐徐计较。”

耶律屋质见耶律盆都是来讲和的，觉得双方只有和解，才能避免骨肉相残。他深怕太后一口回绝，马上对太后进言道：

“应天娘娘，和解之事事关重大，宜熟虑而后答复。以臣愚见，让盆都将军先与家人团聚，以赐天恩。”

皇太后颇以为然，把耶律盆都先留住再说。她挥挥手，让他退下，然后问耶律屋质道：

“你似有话要说，就讲出来吧。”

“娘娘与永康王如能释怨，臣才敢进言。”

“释怨又将若何？”

“李胡、永康王都是太祖子孙，其中一个继承皇统，神器（指皇位、皇权）并没有旁落他族。请娘娘深思，与永康王和解，实为良策！”

述律平想起耶律盆都刚才说的话：“皮室军落在耶律阮手中，皇叔的士卒无法跟他较量。”心里想和解罢兵，但脸上又放不下，沉默不语。

耶律屋质见太后没有恼怒自己的话，心知和解有望，又道：“当今大辽精兵强将尽在永康王手中，一旦大动干戈，对太后大为不利呀！为了避免祖孙一战，骨肉相残，安定江山社稷，臣以为不如释怨和好。”

太后长叹一声，面现悲戚，道："昔日太祖二弟剌葛诱骗诸弟作乱，骨肉相残，天下荼毒，几乎使江山社稷瓦解，至今疮痍未有平复。老身岂能让旧事重演？"

说完，老泪扑簌簌流了下来。

耶律屋质也眼睛一红，泪水在眼眶里转了一转，强忍住，又进言道："应天娘娘如果把神器授予永康王，顺天合人，则化干戈而为玉帛，实乃社稷之大幸！"

耶律李胡站在一边大怒，吼道："有我在，怎能立耶律阮？"

耶律屋质回道："公性情暴戾残忍，人多怨恨，早失人望。而拥立永康王，则众口一词，民意公论不可夺矣！"

应天太后叹道："我爱你比起其他几个儿子更甚啊！谚语云，'偏怜之子不保业，难得之妇不主家'。我不是不想立你为帝，是你自己不能啊！"

于是，派耶律屋质过河传应天皇太后述律平的懿旨，立永康王为帝。

耶律阮当了皇帝，对太后和耶律李胡仍然不放心，回到上京不久，就以谋反罪把他们母子俩迁押到祖州。后来耶律李胡再次谋反被杀。应历三年(公元953年)，述律平太后死于没打河。

耶律德光被安葬于怀陵。庙号太宗，史称辽太宗。

天禄初年，耶律阮论功行赏，封明王耶律安端为西南面大详稳，驻守云州(今山西大同)，成为独霸一方的大员。开始耶律察割跟随父亲居守在云州。为了讨好耶律阮，他佯装跟父亲关系不好，常常暗中派人去上京，密告父亲有异图反状，深得耶律阮欢心，认为他是忠臣，经常褒奖他。

不久耶律阮诏耶律察割入朝，命他统率女石烈部军队。不论是宴饮，还是畋猎，耶律阮总让他伴随左右。耶律察割借机只说耶律阮喜欢听的话，并把家中大小事都讲给耶律阮听。耶律阮把他视为自己的心腹宠臣。

耶律屋质是位颇有心机之人，在与述律太后和解罢兵时，耶律阮就非常赏识他的忠厚和机辩才干，于是用他替代耶律盆都出任右皮室详稳。天禄三年，耶律屋质发现每次耶律阮出京游猎，在扎营安置庐帐时，耶律察割总是把自己的庐帐一点一点地移近皇上的御帐，同时他帐下的兵卒都不分昼夜地整装戒备。耶律屋质非常吃惊。另外，他也看不惯耶律察割的献媚取宠，于是上奏耶律阮，陈述道：

“察割貌似忠逊，心实叵测。孔子曰，‘巧言令色，鲜矣仁’。陛下不可不察其奸。”

耶律阮不仅不相信，反而把奏章拿给耶律察割看。

耶律察割大惊失色，扑通跪倒地上，痛哭流涕道：“陛下宠信愚臣，屋质便生嫉恨，上奏谗毁臣下，臣的忠心天地日月可鉴！陛下也最清楚！”

耶律阮笑了，道：“朕当然知道爱卿一片忠心，何必如此大哭？快起来吧。”

耶律察割从此跟耶律屋质结下怨仇，时常语出不逊。耶律屋质曾当面释怨道：“你固然没有这种异图他想，是我过分怀疑你了，请你多加原谅。”耶律察割表面上表示愿意和好如初，内心却结怨更深。

天禄五年（公元951年）六月，中原后汉被郭威篡位，建立周（史称后周）。后汉皇帝刘知远的弟弟刘崇在太原称帝，仍称汉（史称北汉）。刘崇遭受后周攻击，无力抵抗，便派使臣到辽求援，并要自称“侄皇帝”，请求册封。耶律阮派燕王耶律述轧、枢密使耶律安搏为使臣，到太原册封刘崇为大汉神武皇帝。

这年夏日战争不断。7月，建都金陵（今南京）的唐朝（史称南唐）也受到后周进攻，派来使臣，请求辽国援助。

由于有两个朝廷派使臣求援攻打后周，耶律阮决定出兵南下，召集群臣入宫商议。

耶律屋质不知道皇上召集群臣有什么军国大事要商量，以为皇上又要按惯例想去白山或者黑水避暑，宣布留守官在京都主持朝政。皇上避暑一直要到秋天才能回京，耶律屋质觉得在皇上离京前要再次上谏，提醒皇上时刻警惕耶律察割。

文武百官山呼万岁之后，在自己特定的班列站好。

耶律屋质心中有事，见大殿一片沉寂，耶律阮正用眼睛打量着群臣。当他的视线跟耶律屋质的目光相遇时，耶律阮似有意又无意地微微点点头,好像在问:爱卿,有事要禀奏吗? 朕很愿意倾听……

这纯粹是一种幻觉。但是耶律屋质十分激动,真是位圣明君主,臣的心事都能明鉴! 他走出班列,跪倒地上,行九叩大礼,三呼万岁。

“爱卿,有何事要禀奏?”

耶律屋质更加激动,皇上果然想这样询问臣下。他向前爬了一步,道:“陛下,察割为人外诚内险,貌恭而心狡。陛下可曾记得,太祖说他‘凶顽,非谦恭也’,不可大用……”

耶律阮不耐烦地批驳道:“察割舍弃父亲而来侍奉朕,正是对朕忠诚的表现。卿不必多疑,朕深信他不会有二心的。”

“察割对他亲父亲都不能孝敬,怎么能对陛下忠诚呢?”耶律屋质反驳道。

耶律阮觉得耶律屋质不仅固执己见,而且嫉贤妒能,成心跟自己作对,面呈愠色,挥挥手,厉声斥道:

“退下! 好自反省,休要再进谗言,诋毁朕的爱卿!”

耶律察割心中高兴,恶狠狠地瞪了耶律屋质一眼,看你再敢满嘴喷粪! 耶律阮说出南方有两个朝廷请求支援,征求大臣们高见。耶律察割认为时机已到,极力支持南征,道:

“陛下正当盛年,贤明尚武,应该率师讨伐郭威这个叛君逆臣,一展陛下的英雄气概,以解北汉、南唐之急。”

耶律阮面露喜色,但见其他文武大臣神色木然,一声不语,忽生疑虑,问道:

“察割爱卿支持朕。你们不言不语,当然也是同意朕南征啦?”

“不,不是这样!”性情急躁、心直口快的南院大王耶律吼再也忍耐不住,道,“众臣沉默不语,是因为陛下连屋质这样贤臣的进谏都不能接受,臣等再提出反对,肯定要遭责骂,甚至杖打……”

“耶律吼,住嘴! 你敢这样对万岁爷说话,忤上不敬,胆大包天!”耶律察割跳了起来,打断南院大王耶律吼的话,斥责道,“你自恃有功,目中无人,连万岁爷你都不放在眼里,这不是造反吗?陛下,对这种狂傲不羁的人应当从重治罪！”

耶律吼的话太不顺耳，耶律阮也正想发脾气，便挥挥手，怒道：

“重责四十大棍！”

大辽有条规矩，不论你官居多高，爵位多大，一旦触怒皇上，皇上都会当即口谕，在群臣面前按倒在地，扒去裤子，由专门施法的武士用大棍痛打。有的被打得皮开肉绽，经月爬不起来；有的挨受不了，当场一命呜呼。

“且慢！”北院大王耶律洼出列，跪地求情道，“陛下一贯体恤臣民，自继承大统以来，尚未对大臣施行杖打之刑。老臣耶律吼也是一片忠心，希望陛下从善如流，倾听大臣……”

耶律察割又从旁打断耶律洼的话，大声斥责道：“耶律洼，你好大口气！陛下是一代明君圣主，明察秋毫，为什么要听你的意见？你想凌驾皇上之上吗？”

经这么一挑拨，耶律阮更为恼火，怒道：“耶律洼！你跟耶律吼结成朋党，串通一气，居功狂傲，朕已经忍无可忍！来人哪，把他也重打四十大棍！”

两个老臣被打得血肉模糊，奄奄一息。

天禄五年（公元951年）九月初一，耶律阮下诏发兵，御驾亲征。

浩浩荡荡的大军迎着秋风，踏着枯草败叶，晓行暮宿，风尘仆仆地向中原进发。

初三，大军来到归化州（今河北宣化），驻跸祥古山下。这天恰好是耶律阮的父亲让国皇帝耶律倍的生日，耶律阮命人在行宫金顶宝帐内摆下祭品，举行盛大的祭礼。随征的文武大臣和皇太后、皇后、嫔妃都参加了祭奠。大礼之后，又设宴招待文武群臣。

酒宴上，教坊乐工演奏音乐，女伶歌唱舞蹈侑酒，一直到深夜。文武大臣喝得东倒西歪，不辨东西南北。耶律阮喝得酩酊大醉，被抬回寝帐就进入梦乡，呼呼大睡。

耶律察割看在眼里，喜在心上，认为这是天赐良机，但是孤家一人，恐怕难成大事。他首先去找太宗之子寿安王，想跟他合伙起事。寿安王在祭礼宴会上喝得更多，在寝帐里睡得人事不省。他本来就是个吃喝玩乐睡大觉的主，人称“睡王”。此时此刻，耶律察割怎么叫也叫不醒他。最后，耶律察割只好摇头叹气，骂道：

“竖子！浑浑噩噩，不足与谋！”

他从寿安王大帐出来，去找耶律盆都。他知道当年拥立耶律阮时，耶律盆都就不情愿。天禄二年，他曾跟他哥哥耶律刘哥参加萧翰谋反。失败后，他哥哥被流放到遥远的乌古部，他被派出使辖戛斯国。刚刚归来，就随军南征，一肚子怨恨。

两人见面，一拍即合。

耶律察割凶相毕露，气咻咻地说道：“我已经忍耐够了！今夜趁耶律阮大醉，杀了他，把神器夺过来！希望你能助小弟一臂之力。”

耶律盆都拍手叫好道：“好极了！我们都是耶律氏的子孙，阿保机（即辽太祖）这一支能做皇帝，我们为什么不能？老哥哥一定助你成功！”

“我继承皇统之后，马上封你为天下兵马大元帅，叫你‘皇兄’，位在群臣之上，仅在我一人之下，如何？”

“好说，好说！先杀了耶律阮，夺得皇位再说。”

耶律盆都不想正面回答。夺得江山社稷之后，按理说，你是小弟弟，应当礼让哥哥我即位登极才对呀！否则，我们平分天下，这样才算公平。为什么你抢先称帝？他颇为不满。但他没有讲出来，带着自己的兵卒，与耶律察割的部下合兵一处，直奔耶律阮的行宫寝帐。

耶律阮金顶宝帐外的侍卫亲军都知道耶律察割是皇上宠信的心腹武将，没有一点警惕，待到他们走到眼前，看见耶律盆都，才心知有变，但已经晚矣。

杀了侍卫亲军，耶律察割和耶律盆都冲进寝帐，只见耶律阮昏昏然仍在梦乡遨游。

睡在耶律阮身边的皇后甄氏被众人杂沓的脚步声和喧吵声惊醒，没敢大声叫醒耶律阮，只是拼命摇晃耶律阮的胳膊，但是始终没能摇醒他。耶律察割冲进来，手起一剑，把她刺毙在床帐里。

甄氏是后唐宫女,颇有姿色和智谋。耶律阮跟随太宗南征时掠获,宠遇甚厚,登极后把她立为皇后。她严明端庄,风神娴雅,参与帷幄,密赞大谋,多次劝谏耶律阮警惕耶律察割等小人。耶律阮听不进去。耶律察割早就知道她常在耶律阮耳边说自己的坏话,恨之已极,只一剑就要了她的性命。

“察割贤弟!”耶律盆都见耶律察割杀死皇后,接着就要向耶律阮刺去,赶紧阻止道,“你且歇一歇,让我结果这昏君的性命!我受他迫害太深重了。”

“盆都兄差矣!你远离京都,不在耶律阮身边,没有性命之忧。而我整日陪伴在他身边,时时刻刻心惊肉跳,提心吊胆,一旦被他识破真相,看出破绽,马上就将人头落地!我恨透了他,还是让我亲手杀了他。”

“既然这样,让我们俩同时下手,一起杀了他!”

耶律盆都拗不过耶律察割。

两个人瞪着血红的眼睛,两把宝剑同时刺进耶律阮的胸膛。这个昏昧的皇帝尚不知究竟为什么,便在昏昧中一命归西了,在位仅仅五年,才三十四岁。谥号孝和庄宪皇帝,庙号世宗,史称辽世宗。

不到一个时辰,耶律察割就把皇帝和皇后杀了,占领了行宫,没遇到什么抵抗。接着,他派人把文武大臣集中到耶律阮的金顶宝帐内,宣布天授皇耶律阮已经晏驾,由自己接管神器即大位。

文武大臣从醉梦中被唤醒押来,还在昏昏欲睡中,听到耶律阮驾崩,才知道发生变乱,神情为之一震。但是,多数人不相信,不愿意向耶律察割称臣。

耶律察割大怒,命人把耶律阮和甄氏的首级割下来,掷在地上。众臣大惊失色。有的跪下痛哭起来,拒绝称臣。耶律察割又派人把这些大臣和他们的随征眷属全都关押起来。

耶律盆都见耶律察割根本不想跟自己平分江山社稷,恨恨地站在一旁,一言不发,生起气来。

耶律察割以为自己登了大位,大事已毕,没有理睬耶律盆都,带着妻子查点起行宫中的宝物。

他兴奋地拿起一只玛瑙碗，对妻子赞叹道："看看！这是一件稀世之宝，雕琢得多么精致，今日归朕所有了！"

"夫君，别忘了寿安王和屋质还在。他们如果杀来，我等将死无葬身之地，要这些宝物有什么用？"他妻子惊恐地劝道。

"不要长他人志气，灭自己威风！今天是大喜的日子，为什么要说这种不吉利的话？寿安王不过是个年幼无知的糊涂虫，不足为虑。屋质已经派人来过，说他身体不适，老东西可能喝多了酒，明天一早就来朝拜朕，放心好啦。"

耶律察割和妻子沉醉在鉴赏宝物之中。东边天色渐渐呈现鱼肚白，萧萧秋风卷着沙尘，敲打着金顶宝帐。历史的新的一页即将重新写起。他们夫妇却全然不觉。

突然，耶律察割的亲信侍卫慌张跑进来，跪下禀道："寿安王和屋质带着人马，已经把行宫包围起来！"

耶律察割暴怒，打断侍卫的禀报，厉声命道："赶快传谕他们，胆敢跟朕对阵，就把关押在行宫的大臣和眷属全部杀掉！"

说完，匆匆披挂上马，仓皇出阵。

秋阳已经升起，风沙渐渐平息。南归的雁阵排着"人"字形，悠悠然越去越远。

两军在行宫大门外摆开阵势。

耶律屋质催马来到阵前，大声对耶律察割阵中的诸将喊道："察割忤逆弑君，罪莫大焉！你等何以为虎作伥，助纣为虐？"

耶律察割阵中一片骚动，夷离堇(官名，部族首领)引本部人马最先投到寿安王阵中。其他将领也纷纷带队来归。

耶律察割在马上咆哮如雷，仍然制止不住本阵将士溃散之势。他在人群中寻找耶律盆都，想让他带兵先冲杀过去，杀退耶律屋质和寿安王。不料，耶律盆都早已无影无踪，不知去向。他更加气恼，大声命令道：

"去把关押的大臣和家属押出来！屋质！你等听清楚，如果你们再不撤兵散去，朕就先杀了他们，一个不留！”

文武大臣和家属被押解出来，刽子手亮出鬼头刀，摆出斩杀的架势。

两个阵营里的人都屏住气，惊恐地看着耶律察割。

这时，林牙（官名，掌文翰的文官）耶律敌猎从被押大臣中走出来，对耶律察割献计道：

“我有一计，准保让寿安王屋质撤兵。”

“你有什么计谋？快快讲出来，饶你不死。”

“太宗嫡长子是寿安王。太宗驾崩，大位本应由他继承。如果说是为了拥立寿安王才不得已弑君，劝寿安王撤去围兵，到行宫里共商大事，那么……”

“好吧，事情紧急，朕就派你赶快过那边，劝说寿安王撤兵。”

“臣职卑官小，怎能当此大任？太平王是寿安王的弟弟，如果能让我随他同往，寿安王必定能相信我的话。”

耶律察割满口答应。眼前他只担心自己的部下溃不成军，纷纷投降。

不大一会儿，耶律敌猎和太平王归来，面带得意，向耶律察割回禀道：“寿安王年轻幼稚可欺，听我一说泰宁王是帮他夺神器，非常高兴，马上答应撤兵。撤兵后，他要带着屋质等文武大臣到行宫，跟泰宁王共商大事。”

“太好啦！寿安王中计退兵，朕封你为平安王。”

“封赏之事待灭了寿安王之后也不迟。为使寿安王不生怀疑，顺利入网，请陛下屈尊下马，假意去迎接为好。”

耶律察割正在计议，寿安王的兵马已经徐徐向后退去。远远地，只见一群人慢慢地走过来，渐近，才看清众人簇拥着寿安王越走越近。

耶律察割一见寿安王果然中计，并且是步行，人数不多，又没带兵器，大喜过望。他跳下马，也把宝剑解下，丢给侍卫，和耶律敌猎一起大模大样地走出营阵。当走近寿安王时，抱拳笑道：

“贤弟昨夜玩得可好？睡得可安稳？哥哥接你来了！”

寿安王没有回话，嘴角扯动一下，面上现出不自然的苦笑。

耶律察割见寿安王并没有兴高采烈，突然觉得有些不对劲，手向腰间宝剑摸去，腰间空空如也，心中暗暗叫苦。

这时寿安王突然站住，从他身后冲出全副披挂银甲银盔的武士，雪亮刺眼。

耶律屋质指着察割，厉声喝道："弑君逆贼，你的死期已到！"

耶律察割大惊失色，这才明白，原来自己中了耶律敌猎之计。转身正要大叫来人，耶律敌猎手握宝刀，在他身后横刺耶律察割肋下。耶律察割一声没吭，栽倒地上，瞪着一双似愤怒似悔恨似惊恐的眼睛，无法说清。

耶律屋质向后面的伏兵一挥手，士卒们呐喊着冲进行宫。

一个短命的宫廷政变宣告破产，有如夜空的一颗流星，眨眼即逝。

寿安王耶律璟被拥立为帝，尊号为天顺皇帝，改元应历。大辽国的历史又翻开新的一页。

身边的亲人，防不胜防

——金熙宗　完颜亶

大金国孝成皇帝完颜亶(dǎn)的寝殿小底(即贴身侍从)大兴国乐颠颠地向宫外走去，代表皇上去给右丞相送生日礼物，当然是件美差。右丞相完颜亮最近很走红运，接到皇上的礼物，能不赏赐送礼物的人吗？能不留自己吃一顿，喝两盅吗？他越想越高兴。

刚到宫门，背后忽然有人喊他！大兴国回头一瞧，原来是皇后跟前的小宫女蕙娘。他笑了。多么漂亮的小妞！可惜入宫成了宫女，只能看不能摸，令人干眼馋。

"皇后传你去！你的眼睛要吃人吗？贼溜溜的吓死人啦！"蕙娘说完，转身便走。

"哎哟！我说蕙娘，你这是越长脾气越大，你大爷看你一眼都不让？看哪天我非向皇后把你讨来做老婆不可！"

小宫女双手捂住耳朵，撒腿就往后宫跑。身后是大兴国一串淫邪的笑声。

来到皇后寝宫，大兴国恭恭敬敬地向娘娘叩头请安。娘娘没理睬，低头正在修剪指甲。大兴国斜眼见蕙娘抿着嘴笑，满脸羞红，心里乐了。这小妞真可爱！

"出宫到哪去呀？"

"禀娘娘……"大兴国被皇后的突然问话吓了一跳，支吾着回道，"送礼去。"

"给谁送礼？"

"给右丞相完颜亮大人送礼。"

皇后裴满氏不由得心头火起。该死的奴才，问一句答一句，不耐烦回

老娘的话不是?猛然抬头,发现大兴国的一对贼眼滴溜溜地在蕙娘身上乱转,怒道:

"大兴国,狗奴才——"

"啊?娘娘……娘娘,奴才是为皇上送礼。右丞相大人这两天过生日,皇上赐给完颜亮大人一份厚礼。奴才刚到宫门,就被娘娘叫回来了。奴才给慈明恭孝顺德娘娘请安了!"

裴满氏被他这一堆啰啰唆唆的废话说乐了,嗔怪道:"你这对狗眼,以后老实点!小心我给你挖下来!"

"奴才下次不敢了。"

"皇上赐的什么礼呀?"

大兴国把一个黄纸包打开,从里面拿出一个画轴,道:"这是一幅宋代大臣司马光的画像。还有一条玉吐鹘(玉带)和两匹御厩宝马。"

"哟!就这么点东西呀!玉吐鹘值几个钱?送张破画有什么用?皇上也真小气。"

大兴国不敢附和,也不敢不表示支持娘娘的看法,傻笑笑,点点头。

"把我赐他的礼物也带去吧。"

裴满氏向小宫女一招手,蕙娘机灵地从一个柜子里捧出一个黄澄澄的鎏金盒,低头交给大兴国。

大兴国没敢看蕙娘一眼,接过盒子就想叩头告辞。只听娘娘又道:

"不打开看看,开开眼?"

"谢娘娘。"

把鎏金盒打开,立刻有一股晶莹润泽的光芒喷射出来。是一尊玉弥勒佛,张着大嘴哈哈笑着,活龙活现,光彩夺目。哇!这尊玉佛真是稀世之宝,价值连城啊!此外还有西夏明珠一串和一对玛瑙杯。这可比皇上的赏赐贵重多了。

大兴国讨好地说道:"娘娘赏赐,右丞相大人看了一定会高兴的。"

裴满氏得意地笑了,嘱咐道:"快去吧。告诉丞相,这是我送的。丞相接了东西都说了啥,回来告诉我。"

“遵懿旨！”

大兴国离开皇后的寝宫，把皇上赐的黄纸包夹在腋下，双手捧着鎏金盒，心想娘娘果然对右丞相好，怪不得朝野议论，说他们有那种关系，只瞒着皇上一个人。他的脸上现出淫邪的笑来。皇上还能戴绿帽子，真有意思。

“大兴国！你怎么还没走啊？”

突然一声喝问把大兴国吓了一跳，抬头看去，竟是皇上站在眼前。大兴国吓得魂飞天外，忙跪倒，冲口回道：

“呃，是娘娘叫奴才……”

“娘娘叫你做什么？”

“这……这个……”大兴国支吾了几句，见皇上脸色不对劲，不敢隐瞒，把皇后赐完颜亮礼物之事说了一遍，最后道，“是奴才该死，没有快走躲开皇后娘娘。”

完颜亶命太监把鎏金盒打开一瞧，更加恼火。这尊玉质弥勒佛是宋徽宗的宝贝。当年金太宗带兵攻陷北宋都城，俘虏了徽、钦二帝。徽宗手捧这尊玉佛，哭哭啼啼地给金太宗叩头，一副狼狈模样。

太宗命他把玉佛献出来，他宁死不肯。最后一个侍卫武士从他手中夺下，献给了金太宗。从此，这尊玉佛便成了金国宫中的宝物。

裴满氏怎么敢把先皇遗物、宫中的宝贝随便赐人，尤其是没征得朕的同意？皇上怒火中烧道：“奴才！皇后叫你送玉佛，为何不禀奏朕？为什么？来人哪，把这狗奴才痛打一百杖！”

不容大兴国辩白，一旁的武士把他按倒地上，大棍雨点般落下来。幸亏大兴国在后宫人缘尚好，行刑的两个武士高抬贵手，才没把他打死。

一百大棍打完，他捧着皇上赐的礼物，一瘸一拐地向右丞相府走去。

完颜亶命太监捧着鎏金盒跟在身后，怒冲冲地来到皇后寝宫，一屁股坐了下来。

裴满氏见皇上神色不对，格外小心地跪迎着。请安后，见皇上没有理睬，扭着头，背着脸，不瞧自己，心中也生起气来，慢腾腾地站了起来，问道：

"万岁爷,这是怎么啦?跟谁发这么大的火,到这儿给臣妾脸色看?"

完颜亶突然转过脸,瞪着铜铃般的眼睛怒吼道:"跟谁?跟你!"

"跟臣妾?"皇上从来没对她这样吼过,她想了想,自己并没做过什么错事,不由也恼火起来,脸色一沉,反问道,"臣妾又怎么惹着万岁爷了?"

"你……你还敢顶撞朕!朕是一国之君,一朝天子,谁敢跟朕这样讲话?还不跪下掌嘴!"

让自己打自己嘴巴,皇上竟这样对待自己?裴满氏忍无可忍,厉声道:"你是一国之君,一朝天子,这不错。但是,当年是臣妾的父亲忽达同宗翰宗辅在太宗面前再三保举,你才被立为太子,即位大统。你不思报恩,竟虐待忽达的女儿!呜呜……"

皇后扑倒地上,痛哭起来。

这段历史皇上并没忘记。正因为忽达有拥立之功,即位后,他立刻封了他的女儿为贵妃,天眷元年(公元1138年)又立为皇后。裴满氏也仗恃父亲之功常常干预朝政,似有凌驾皇帝之上的气焰。

完颜亶冷笑道:"这么多年,你就倚仗忽达有恩于朕,经常挟制朕!你太放肆了!"

裴满氏寸步不让,擦擦眼泪,站起身,讥讽道:"哟!你是一朝天子,谁敢挟制你啊?不过,话说到这儿,万岁爷要给臣妾说清楚,臣妾什么时候,到底怎样挟制你啦?"

完颜亶册立她为皇后,这些年来,对她干预朝政、挟制自己从未表示过不满。他不愿意跟皇后拉下脸闹翻,怕朝野说自己忘恩负义。另外,他也确实惧内。皇后伶牙俐齿,性情暴烈,皇上吵不过她,常把积怨藏在心里。今天被这一激,气得脸色煞白,七窍生烟,斥责道:

"太子济安薨亡后,你为什么一次次阻挠朕再立太子?这不是挟制朕吗?"

没料到皇上会提出这件事,皇后觉得自己绝对有理,蛮横地回道:"哪朝哪代不都是立嫡不立庶?臣妾就是不准嫔妃生的儿子立为太子!"

"嫔妃生的也是皇子,为什么不能择贤而立?不立他们,那你自己又不能再生，皇储乃一国之本，能总虚空着吗？”

这话责问到痛处，裴满氏半天不知如何对答，恨得一跺脚转过身去。

完颜亶见皇后被自己问住，胆子大起来，多年的积怒大有一泄为快之势，又责备道：“你干预朝政，背着朕接受贿赂……”

裴满氏突然转过身，以为抓住了皇上的话柄，大叫道：“臣妾怎么干预了朝政？万岁爷今天非给臣妾说清不可！”

说着抓住皇上的胳膊摇晃起来。完颜亶一甩手，把她甩了个趔趄。

裴满氏又哭号道：“完颜亮升任右相，是皇上自己下的旨。皇上还说，皇统七年冬有一天，皇上问起太祖创业的故事，完颜亮滔滔不绝讲起来，热泪横流地赞颂太祖创业如何艰难，后辈子孙应如何守业。皇上不是说他很有才干，是个忠臣吗？皇上自己封他的宰相，关我什么事？”

皇上也被问住了。这些话自己确实说过，圣旨也确实是自己下的。但是，自己是皇帝，不能服软认错。皇帝是金口玉言，说什么是什么，历代皇上都如此。他反而暴怒起来，吼道：

“怎么没有关系？不是你最先提出要他做宰相吗？你没接受过他的东西吗？以为朕不知道啊？好，这是一件事。最近，朕命高寿星带人去燕南屯田。他违旨不去，尚书右丞秉德上本参他。他就私下求你，你就让有司免他去屯田。有没有这件事？你收受了高寿星多少贿赂？”

这些都是事实。可是裴满氏过去霸蛮惯了，怎能接受这等严厉的责难？啼哭吵闹这一招看来对皇上已失去威力，于是她擦擦眼泪，瞪起眼睛，想以硬克硬，反唇相讥道：

“万岁爷不是说了嘛，自己是一朝天子，一国之君。万岁爷既然认为不对，为什么自己不决断处理？……”

完颜亶听出裴满氏对自己的蔑视，怒道：“你以为朕不能决断处置他们吗？朕要杀了他们！”

皇上瞪起铜铃般的眼睛，真要杀人，裴满氏不敢再强硬任性吵闹下去。忽然她看见站在皇上身后那太监手里的鎏金盒，心头怦然一跳，才明白皇上今天发火，原来是为这件生日礼物。她担心盒里那尊玉佛被皇上看见，那可就罪莫大焉！扑通一声，跪在完颜亶脚下，嗫嚅道：

“万岁爷，都是臣妾一时糊涂，顶撞天威圣颜，是臣妾该死！臣妾给皇上叩头谢罪，请皇上原谅。”

裴满氏突然转了一个大弯，判若两人。完颜亶愣了一下，发现她的眼神有些异样，直往自己身后看，也扭头一瞧，自己身后站着太监并没有谁呀！他转过身子，又仔细瞧瞧，终于看见鎏金盒，想起自己恼火的原因，怒气又在心头升起，愤愤地说道：

“你竟然把先皇遗物——玉佛送给完颜亮！你想结交宗室重臣造反吗？”

“臣妾有罪！臣妾该死！看在我们夫妻一场的分上，饶了臣妾吧！”

裴满氏知道大祸临头，吓得边哭泣边哀求边叩头，往日的威风荡然无存。

完颜亶还是第一次看见霸蛮骄横的皇后这等可怜模样，心里不仅没有生出一丝怜悯，相反怒火更高，平添了许多难以化解的憎恶。这是昔日的积怨此时突然爆炸的结果。

“来人哪，把裴满氏押入冷宫，朕永远也不要看见你！”

“万岁爷……”

完颜亶没有听裴满氏的乞求和解释，一甩袖子，愤愤而去。

完颜亶把皇后打入冷宫，气还未消，来到前边的广仁殿，坐进龙椅，看看几案上堆放着许多奏折和待发的圣旨，顺手抓起一件扫了一眼，原来是尚书右丞秉德的奏章。他烦躁地掷回案上，站起身，在大殿上踱起步，想使自己的心绪平静下来。

然而，两个时辰过去了，心里仍然平静不下来。

裴满氏当年入宫才十三岁，就在身边侍候自己。她有一张漂亮的脸蛋和能说会道的小嘴，机灵聪敏，深得完颜亶的喜欢。他被立为太子后不久，就收裴满氏为太子妃，即位后封为贵妃，接着就立为皇后，还册为慈明恭孝顺德皇后。十几年的夫妻，虽然有积怨，但不是一点感情没有。今日口谕把她打入冷宫，心底深处似有不忍、不舍和一种失落……

“拿酒来！”

御酒被斟进杯中，散发出一股郁郁浓香。完颜亶一饮而尽。连饮三杯，肚子里像燃起一团火，脑袋里仍然塞满烦躁和怨愤。他又连喝五大碗，仰靠在龙椅里，一种飘飘欲仙的感觉渐渐浮现出来，把怨愤和烦躁驱逐了出去。他深深地叹口气，舒适地挥挥手伸伸腿，又连饮三杯，于是神思又恍惚进入到另一种境界……

完颜亶并非是毫无作为的酒鬼。即位之初就很想干一番大事，曾励精图治，变革弊政，采用宋、辽旧制，颁行新官制，制定礼仪，创造女真小字，扩大科举，选拔贤才，还建立起一整套军事制度、赋税制度。大金国确实走上了国富兵强的道路。可是，他的个人生活却不如意。一回到后宫，看见皇后那副飞扬拔扈的样子就来气，就抑郁不快。

酒就是从这时候喝起来的。“举杯销愁愁更愁”，酒也喝得更多，就像陷进了酒坛而不能自拔。

这时，司礼太监进来禀报，右丞秉德求见。

完颜亶很倚重秉德，喜欢他心直口快。听说他来了，很高兴，想让他陪自己喝两杯，于是挥挥手，道：

“让……让他进……来陪朕……”

秉德身材不高，胖墩墩的，棕色的眼睛喜欢滴溜溜转动。他向皇上跪拜后，说道：

“臣进宫拜见陛下……”

“唉，有事慢……慢慢说，来陪……陪朕……喝一杯！”

皇上醉得话不成句了。

秉德无奈，只得喝了三杯。他知道醉中的皇上最危险，如同饥饿的老虎，随时都会把人吃掉。他瞅个机会，赶紧问道：

“臣已喝得不少。臣想问问，对于高寿星该如何处置？外面的大臣都盯着此事。陛下不能不了了之啊！”

本来完颜亶的怒火已被美酒扑灭，秉德不知前面发生的事，重提高寿星，立即又重新点燃怒火。皇上想起裴满氏蔑视自己的神情，立刻暴跳起来，斥责道：

“都是你多事！朕真的不能惩治你们吗？”

这是什么意思？秉德见皇上的脸色由红赤变成赤紫，铜铃般的眼珠转得更快。

“如何处置？杀！杀了高寿星！杀了左司郎中三令！把他们都杀了。让皇后看看朕能不能决断处置！”完颜亶又倒进嘴里一碗酒。下口谕杀了人，觉得轻松了许多，端起碗正待再喝时，看见秉德不知什么时候跪在地上，裴满氏那轻蔑的眼神又浮现在眼前。他冲口道：“秉德，朕也要杀你！皇后不相信朕能决断处置你们这些大臣。今天，朕要她看看……”

几个武士进来，架起秉德就往外走。

秉德心里一片冰凉，自己今日是死定了，可是不能这样不明不白地去死！他大叫道：

“臣何罪之有？陛下为何要砍臣的头？陛下，冤枉啊！臣死不瞑目！”

完颜亶似乎被他喊醒了，愣愣地盯了他半天，摇摇头，道：

“你的罪就是多事，免你一死，但活罪难饶。杖五十！”

完颜亶看着秉德被拉下去，哈哈大笑起来，又连喝五大碗御酒。

皇统九年(公元 1149 年)四月，正是残春季节。右丞相府后花园里，落红缤纷，香气宜人；小桥流水，沿假山依幽径，淙淙汩汩；斜阳余晖，给繁枝茂叶镀上了一层金色。

完颜亮在园中闲步。他无心观赏落日残春的景致，步履沉重，心头压抑。随手拾起一片花瓣，端详良久，叹口气，喃喃道：

“可惜你花容月貌，被抛弃在路旁污泥里，形同囚徒！是我害了你，是我对不起你！”

“花容月貌”，当指皇后裴满氏。因为生日礼物她被打入冷宫后，完颜亮一直郁闷不乐，如坐针毡。皇上没能放过皇后，岂能放过自己？大兴国被杖打，秉德挨杖责，高寿星和左司郎中三令惨遭杀头，都使完颜亮心惊肉跳。

可是，漫长的三个月过去了，仍然不见皇上的动静。难道他原谅了自己？念在堂兄弟的情分上？不，绝对不会！他即位之后，斩杀的完颜宗磐、完颜宗隽等人也是他的堂兄弟呀！

整日陷在惊恐中，完颜亮明显地消瘦了，高大魁梧的身躯简直变成一个空架子。他最喜欢的两件事——读书和舞剑也废弃不干了。他在坐等皇上的惩办。

管家忽然传呼道："圣旨到！右丞相老爷接圣旨啦！"

完颜亮心头一冷，灾祸终于来了！他反倒很镇静，掸掸衣服上的尘土，环顾一眼落花繁木、曲径流水，像在默默诀别，然后大步走进前厅。

他没跟钦差招呼，也没抬头看一眼钦差，就跪在地中央，接听圣旨。

钦差公事公办地大声宣唱圣旨后，见完颜亮叩拜谢恩站起，嘴角微微向上一提，走上前，拱手道：

"恭喜宰相大人啦！嘿嘿嘿！"

完颜亮这时才瞧向钦差，不禁呆住了。原来充当钦差的，是驸马都尉唐括辩。他们一起长大，自幼就是好朋友。

"唉！被贬放之罪友，何喜之有？"完颜亮淡淡地戚然回道。

"不可如此，不可如此。行台尚书省是当今皇上亲设于燕京(今北京)的，是南方举足轻重的大衙署。委任老兄领行台尚书省事，这表明皇上还是很信任老兄的。况且远离朝廷，可免去性命之忧，不是一件可喜可贺之事吗？"

"是呀，罪臣要谢主隆恩啊！"

完颜亮高兴不起来，也不想跟这位驸马爷多话。幼年时代的朋友，长大成人后，并不一定是知己。

话不投机半句多。唐括辩回宫交差。完颜亮连夜出京赴任，这是耽误不得的。

越往南行，天气越热，草木越繁茂。顶着烈日赶路，完颜亮有些吃不消。来到中京(今内蒙宁城)，住进小驿站，便郁郁而病。恰好遇见兵部侍郎萧裕，"他乡遇故知"，两人倍感亲热。

"宰相大人……"

“已经不是右丞相了，被贬行台尚书，”完颜亮躺卧在床帐里，摇摇手，制止萧裕道，“皇上嫉贤妒能，疑忌大臣，人人惴惴不安。”

“哎呀！这正是个极好的机会。大人留守中京时，曾赠在下一把折扇。在扇面上，大人还题了十个大字，‘大柄若在手，清风满天下’。大人记不记得？”

完颜亮一惊，这是自己二十二岁任中京留守时写下的一副对联。他还记得这般清楚，真是个有心人。

“大人一定记得！”萧裕见完颜亮不愿正面回答，知道他不仅记得，而且觊觎皇位之心尚在，心中暗喜，道，“此时此刻，正是大人谋夺‘大柄’之时啊！”

完颜亮深深叹口气，伤感地说道：“谈何容易！”

“大人千万不要灰心丧气呀！大人之先父乃太祖长子，江山社稷自当归于大人先父，大人先父病逝，自然理应归于大人。况今宗室皇子之品德才干，无出大人之右者，而朝野上下，人心天意，又皆属意于大人。大人如有意举大事、掌‘大柄’，则当登高一呼，普天应之，大事成矣！臣愿竭诚追随大人左右，效犬马之劳。”

完颜亮大受鼓舞，眼睛晶亮，坐起身来，兴奋地道：

“如有奇谋妙计，愿闻其详。”

萧裕自从接受完颜亮赠送的扇子后，一直在谋划帮助他夺取皇位，今天这良辰佳期岂能放过？他把自己多年的谋划一股脑倾倒出来：

“大人现今远离朝廷，则应以河南为根基，招兵买马，建立位号，登极为帝。然后先南定两河，后举兵北伐，直捣上京！在下将游说各部族，同时起兵响应，大事必成！”

“妙哉！好计！”

完颜亮跟萧裕商量很久，最后约定妥当已经四更，方才安睡。第二天，完颜亮病态全消，精神爽朗，继续登程南去，依计而行。

他穿越崇山峻岭，渡过道道江河，直到9月，才来到留斡岭（今密云古北口）。秋风吹红了山中枫叶，掀起潮白河一河的波涛。他站在岸边，想着在燕京广交官僚，密结朋党，集结力量，到汴梁登极。暂时先跟完颜亶一南一北平分天下，然后再北伐亦不迟。

完颜亮的心像鼓满了秋风，膨胀着，身子轻飘飘的，好似飘浮到高远的蓝空。

“钦差到！完颜亮接旨！”

完颜亮大吃一惊，自己刚刚到留斡岭住下，钦差就脚跟脚地追来，难道圣上是来追杀？……他不敢想下去，慌忙在河岸上跪下接旨。

钦差展开圣旨，宣道：“……速召领行台尚书省事完颜亮立即回京。”

完颜亮心想，这下回京，性命休矣！完颜亶再也不会放过自己。

钦差见他跪在地上，呆呆出神，不来接旨，嘿嘿地笑道：“大人，走了这么多日子，难道心事还没想完吗？不接圣旨，是何道理？”

“噢！”完颜亮惊醒过来，慌忙叩拜接旨，站起身，看一眼钦差，原来又是驸马都尉唐括辩。他苦涩地一笑，向四周随从看一眼，欲说又止。

唐括辩明白他的意思，挥挥手，待随从退下，笑嘻嘻道：

“出京时，在下就恭喜过大人。而今又要回京，在下更要恭喜了。”

“驸马爷，可知召我速速回京，可有什么事吗？”

“唉！这就难说清了。圣上是七八月的天，说变就变，谁能摸得清啊。”

既然是吉凶难卜，完颜亮不愿再追问下去。但是，想到唐括辩毕竟是驸马爷，跟圣上关系近一层，同他结好，将来可能有大用，于是求道：

“回到京城不知是死是活，请驸马爷看在童年友情的分上，多多关护。”

“也不必太悲观。大人是太祖长孙，才干超群，深孚众望，宗弼薨逝之后，皇上不用大人还能用谁？到京之后，在下还望大人多多庇护哩。”

完颜亮不敢有太高奢望，只要到京不被立即杀头，就有机会跟完颜亶较量，雄心并未泯灭。

金国京都在上京会宁府（今黑龙江省阿城县）。完颜亮刚进城门，就有小黄门快马来催，皇上在广仁殿召见。

为何这等急迫？他看看驸马都尉，唐括辩两手一摊，又摇了摇头。

街市两边的店铺依旧,人来人往仍然熙熙攘攘。秋风不时卷起尘沙,扑向店铺,敲击着行人的脑壳。他们双手抱头,狼狈逃窜,躲开追赶。

完颜亮看着狂暴的秋风,叹口气。不管是吉是凶,总要去见他——这个连做梦也想杀掉的昏君!

广仁殿没有什么异样,侍卫站立两边,太监来来去去,不像要宰杀自己。完颜亮略略放了心,抢前一步,叩拜三呼万岁。今日好像格外卖劲,呼声把大殿震得轰轰响。

"微臣幸蒙陛下眷顾,重归朝廷,得以在陛下周围效犬马之劳,感激涕零,唯肝脑涂地,才可报圣恩之万一!"完颜亮眼含热泪,充满情感地说道。

"爱卿忠心耿耿,朕知道。这些事皆因裴满氏引起,爱卿不要记在心上。"完颜亶缓缓地淡淡说道,似有许多难以言说之隐。

"微臣岂敢!"

"爱卿平身。"

完颜亮爬起来,站在完颜宗本和秉德旁边。皇上向司礼太监挥挥手。司礼监抖开一个黄色折子,大声宣读道:

"圣谕!"三个人马上跪倒,伏身在地。太监见他们已跪好,才宣道:"封右丞相完颜宗本为太保,领三省事。封尚书右丞秉德为左丞相兼中书令。封领行台尚书省事完颜亮为平章政事。钦此!"

三个人得到封赐,自然要叩拜谢恩。完颜亮原本是右丞相,而今仅仅被封为副宰相,且在完颜宗本和秉德之下,心里颇不舒服。其他两人谢恩后,便退出大殿,而完颜亮仍旧跪在地上没动。

"爱卿,还有话要奏吗?"

完颜亮见皇上询问,往前膝行一步,刚要开口禀奏,又停了下来。

"爱卿有话尽管直言。"

"谢陛下隆恩。微臣见陛下对宗本优渥太过。宗本乃太宗之子,太宗未传位于他,岂知他无觊觎神器(指皇权)之心?给宗本过大权力,微臣担心于陛下不利。诚望圣裁。"

完颜亶对宗室子弟早有戒心,重用完颜宗本,不过是为笼络宗室而已。完颜亮说中皇上的心事，皇上颇受感动，威严的眼神立刻变得温柔，点点头道：

"亏你时刻想着朕。此事朕自有主意，爱卿放心。"

完颜亮讨得皇上的信任，又打击了对手完颜宗本，非常得意，几个月来的晦气一扫而光。回到府里，过了几天优哉游哉的日子。

这天，忽然家人从外面匆匆来报，说兵部侍郎萧裕求见。完颜亮这才记起在中京两人深夜的谋划。

"赶快请！"

萧裕风尘仆仆，看得出长途跋涉，尚未归家就来见自己。完颜亮知道有大事相商，忙把他请到密室，斥退家人。

萧裕呷了口清茶，道："大人，中京谋划我已暗暗进行。河南兵马，大人登高一挥便可集聚。中原之地尽在大人手中。再汇聚上京力量，大事成矣！"

完颜亮十分惊诧，萧裕在外奔波，怎么会知道上京朝中之事？他问道：

"上京力量？这……"

萧裕略现得意之色，哈哈笑道："在下虽然身不在京城，然朝中之事了然在掌。秉德虽然官升宰辅，但是被杖罚之事仍然念念不忘。他已经跟驸马都尉暗中商量，要废掉皇上，另立新君！"

"啊？有这事？"

完颜亮大吃一惊，想起唐括辩闪烁其词的话，心里才明白。

"大人，如果能把这股力量掌握手中，来个里应外合，大金国的江山社稷岂不是指日可待了？"

几句话把完颜亮激得满面红光、浑身燥热，吩咐家人设宴摆酒。

萧裕连忙摆手，制止道："来日方长，有喝酒的日子。今天就免了吧。在下还未回家。况且，大事未了，最好不要让昏君抓到蛛丝马迹。"

完颜亮点头答应，心里对萧裕却刮目相看。此人心机难测，可共谋大业，而不可共享天下！

萧裕告辞，从后门溜走。

秋高气爽,阿什河沼泽正是猎获野鸭子的好地方。

完颜亮约好驸马都尉唐括辩,划着一只小舟,在波平如镜的阿什河上荡漾着,一会儿钻进苇丛射几箭。随从和家人们驾着小船跟在后面。

完颜亮心中有事,不肯浪费时间,开门见山地说道:"驸马爷不必再瞒我了。你跟左丞相秉德的谋划我已知道。"

"什么?"唐括辩吃了一惊,这等机密怎么会被他知道?恐慌地说道,"知道又怎么样?"

"我只想知道,如果废掉完颜亶,要立谁为帝?"

唐括辩略略思索,既然他已知道"谋划",再隐瞒立谁为帝,没有多大必要,告诉他,看看他的反应也好,于是道:

"胙王常胜是皇上的异母皇弟,贤明仁义,颇得朝野属意。可以拥立为帝。"

完颜亮心想,胙王确实是个贤臣将才,但不是明君圣主,微微摇头,又问道:

"除胙王之外,还有可立者乎?"

"邓王之子阿懒力大过人,胆大超人,智大胜人,也可拥立为帝。"

完颜亮哈哈笑道:"一匹夫尔,岂可拥立?况邓王一支距太祖皇族远甚。"

唐括辩心中疑惑,突然想起有一次自己跟他各自讲述自己的志向时,完颜亮曾忘情地说道:"我的理想志趣有三个,朝廷军国大事都应由我一人决定,此其一;统率大军,攻伐敌国,抓住它的国王,应由我审问、决断、定罪,此其二;我要把天下倾城倾国的美女都娶作老婆,此其三。"这种觊觎大位的不臣之心,难道至今位居相位还没有改变?唐括辩试探地问道:

"大人对胙王和邓王之子都不赞成,莫非大人自己有意为帝?"

完颜亮收敛起笑容,一脸严肃,颇为自信地说道:"如果没有更合适的人选,这皇权帝位非我莫属!"

唐括辩立即扑倒船板上就要叩拜。完颜亮也跪倒船板上,抓住唐括辩的手,情深义重地说道:

“他日果真成就大事，亮指天为誓，绝不忘记今日！大金江山社稷，吾与驸马爷共之！”

“岂敢！在下愿鼎力相助，共成大事。”

唐括辩对完颜亮不再心存戒备，两人畅怀密谋，直到五更才散去。

从此以后，唐括辩经常夜晚去完颜亮相府，五更才离开。这事被护卫将军特思带兵巡逻皇城时发现，立刻引起他的警觉，并禀报了皇上。

完颜亶疑心特重，马上召唐括辩，怒道："半夜五更，你在完颜亮家密谋何事？难道要叛乱不成？"

唐括辩吓得两腿一软，扑通跪倒地上，痛哭流涕、呼天抢地地赌咒否认。

皇上心中怒气稍稍缓解，但并不十分相信，仍然下旨，痛打五十大棍。

完颜亮在家正和萧裕密谈，听家人说驸马爷不知为何被皇上突然召去，立刻坐立不安。不久，又传来消息说，驸马爷矢口否认在相府有不轨行为而惨遭杖打，才略略放下心。但是，皇上对自己又起疑心，不可不防啊！

萧裕也十分紧张，眼珠一转，计上心来，附在完颜亮的耳朵上嘀咕一阵。完颜亮两眼突然放光，哈哈大笑道：

“妙哉！妙哉！我马上入宫。”

驸马唐括辩因去完颜亮家正在挨打，完颜亮却入宫求见皇上，连完颜亶也感到莫名其妙。

“完颜亮，有何事要对朕交代？据实招来，朕会宽大……”

“陛下，驸马爷到寒舍，不过是朋友相聚宴乐而已。我们一起长大，从小至今都是朋友。我们在一起，除了友情之外，绝对不涉及朝政大事，绝对没有阴谋，请陛下放心勿疑。”完颜亮见皇上沉吟不语，心知仍然没有释疑，马上转变话题，说道，“微臣今日进宫，并非为此事而来。陛下，臣有十万火急的军国大事要禀奏。”

“什么大事，这等急迫？”

“陛下，臣得到确切情报，近日河南有个名叫孙进的人，打着‘皇弟按察大王’的旗号造反，夺县攻府打州，声势很大。陛下，此人举起‘皇弟大王’的旗帜，恐怕不会没有原因吧？”

完颜亶近年来十分警惕皇弟胙王完颜常胜的言行，怕他叛逆夺位，曾在皇统九年五月杀了萧荣，砍去了他的左膀右臂。看来胙王果真要造反！他信任地点点头。

完颜亮见皇上相信了自己的话，乘机又道：“陛下，常言道，身边的亲人，防不胜防啊。”

“此话怎讲？”

“这是因为他是陛下的亲人，外人不敢进谏。今日微臣冒死说出‘皇弟’，虽然是推测，但也有一些迹象，比如‘皇弟’跟邓王之子阿懒关系不一般，朝野大臣都说他们已经结成死党，这就是一个证明。陛下，不是河南出了个孙进，打着‘皇弟大王’的旗号，臣是不敢讲这些的，唯恐影响陛下兄弟的感情。”

“爱卿对朕忠心耿耿，朕知道。”完颜亶忽然听见唐括辩的呼叫声，赶快向太监摆摆手，“不要打了。误会，是误会。”

一场大祸总算烟消云散，完颜亮吐了一口长气。

过了不几天，完颜亶下旨杀了胙王完颜常胜和他的同母弟完颜查剌。又过两天，以胙王完颜常胜同党罪杀了邓王的两个儿子完颜阿懒和完颜挞楞。

除掉两个对手，又取得皇上的信赖，完颜亮自然很高兴。但是，护卫将军特思的告密他实在忍无可忍。于是，寻找个机会一挑拨，皇上就以无中生有罪把特思杀掉了。

天上飘起雪花，大地一片银白。入冬以后，完颜亶变得更加疑神疑鬼、暴躁残忍，下旨杀了皇后裴满氏，把胙王妃撒卯召入宫侍候自己。接着又杀了夹谷氏、乌古论氏及张氏三个妃子。

十二月初八，完颜亶在寝殿亲手斩杀了德妃裴满氏，鲜血淋淋，染红了床帐。群臣和宫中嫔妃战战兢兢，无不震恐。

完颜亮认为时机已到，把驸马都尉唐括辩、左丞相秉德、兵部侍郎萧裕、大理卿乌带以及寝殿小底大兴国等人召到府中筹划起事。

众人均认为大事不可延缓，即刻起事。但皇宫酉时日入，鸣钟关闭宫门，戒备森严，深夜难以潜入，众人都甚为焦急。

完颜亮扫了大兴国一眼，见他垂头不语，似有惧色。寝殿小底是皇上亲近的侍从，每夜皇上入寝后才能出宫归家，他一定有办法。于是完颜亮叹道：

“眼下朝臣旦夕危惧，自身难保啊！年初我过生日，皇后因赐礼物被杀，大兴国老弟因送礼物被杖打，我也被怀疑，贬而复归。皇上曾对我说过，小小逆臣如大兴国者，格杀勿论，不足惜！如今我辈岂可坐以待毙，而不举大事？”

大兴国神色大变，愤愤然道：“既然如此，就明日二更，小人冒死也要盗得出入宫门的令符，大人在门外等候便了。”

众人分头准备，依计而行。

十二月初九黄昏，完颜亶烦躁不安。太监连富一失手，“啪”的一声，把茶杯摔落地上，吓得完颜亶一激灵，拍案骂道：

“混账！你是成心要吓死朕，是谁指使你要加害朕？”

太监连富跪在地上，浑身颤抖，拼命叩头。他是从北宋宫中被掠来的，是闽南人，学的几句金国女真话已经吓忘了，嘴里嘟嘟囔囔全是难懂的闽南话。

完颜亶谙熟中原文化，能讲一口流利的汉语，却听不明白老太监说的话，以为他故弄玄虚，愚弄自己，怒道：

“推出去，砍了！”

大兴国站在旁边，小心地劝道：“这些汉鬼奴才又惹万岁爷生气。万岁爷喝口茶，该躺下歇着啦。”完颜亶板着脸，一声不吭。大兴国瞅瞅皇上，笑道：“今夜，万岁爷要谁侍寝呀？”

完颜亶依然不吭一声。

胙王的妃子撒卯从屏风后面闪出来。大兴国明白，皇上近日宠爱撒卯，一直由她侍寝，笑着道：

“快过来呀！傻站着干吗？”

撒卯给皇上请安后，开始为皇上脱衣。宫女早把被褥铺好，并用自己的身子焐热。完颜亶渐渐消了气，和撒卯一起钻进被窝。大兴国才悄悄地退出寝殿。

天已近三更，飘着鹅毛大雪。宫灯被雪花遮掩，似有若无。宫中护卫士卒躲在廊檐下，悄无声息。

大兴国在寂静的雪地里急匆匆地奔向宫门，又恐惧又焦急，心里骂着完颜亶今夜发疯了，如果不杀老太监连富，这时自己早就出了宫门，把完颜亮大人接进宫中。想到这儿，抬手看看令符，尚在，心里略略踏实了。

这令符是用薄铁打成，跟军中用竹制成的令箭不同，形状不一，有大有小。大兴国平时用的令符是小的圆形，那是只准一人出入宫门所用的凭证。今夜要把完颜亮等十多人全都引进宫，需要一种大的刀形令符，非皇上亲赐，任何人休想得到。完颜亶疑心大，戒备极严，不愿意夜里召见大臣议事，所以这只令符锁在一个金盒里。大兴国盗得令符并非易事。

突然，大兴国被一队巡逻护卫士卒挡住去路。大兴国亮出自己的圆形小令符，说几句辛苦话，转身刚走出十步远，只听得背后有踏雪的脚步声追来。他吓了一跳，正不知所措，来人已赶到眼前，悄声问道：

"完颜亮大人在宫外已经等急了，问你窃得令符没有？"

"什么令符不令符？你是何人？"

"我是护卫十人长(即巡逻队长)忽土，是完颜亮大人派来的。这十个护卫士卒都是自己人，放心吧。"

大兴国办事谨小慎微，没有十足把握才不会"放心"，况且并不认识这个忽土其人，便支支吾吾地说道：

"你们办你们的事……在下要出宫回家……你们别跟着我，好吗？"

说完，向宫门奔去。

忽土莫名其妙地摇摇头，带着十名士卒，按原计划向皇上的寝殿走去。

完颜亮为了政变夺权，早就在内宫护卫亲军中下了许多工夫，除了忽土等人之外，还有护卫小将军阿里出虎也被拉了过来，今夜恰好他也在内宫值班。所以大兴国拿出刀形令符,对宫门守卫一亮牌子,便很顺利地把完颜亮等人引入宫中,与忽土和阿里出虎手下人会合一处,势力大增。

众人来到皇上寝殿门前,忽然一拥而上。护卫士卒喊声不好,连忙抽刀迎战,可惜寡不敌众,很快都被砍倒在雪地里。

完颜亶还在同撒卯欢欲, 忽听门外响声不对, 连忙推开撒卯跳了起来,去抓床边的佩刀,却抓了个空,心中大惊惶惑。这佩刀是为了防备不测,总是放在床边的。

佩刀早已被大兴国拿走。

这时,忽土和阿里出虎撞开殿门,冲进寝殿。

完颜亶不仅精通中原文化,而且也练就一身少林武功,赤手空拳跟两把大刀打斗起来,并无惧色。

完颜亮知道忽土和阿里出虎不是皇上的对手,呼啸一声,十多把刀剑一起挥舞起来,把完颜亶包围在中央。

好虎架不住群狼。很快完颜亶就支持不住了,"刷"的一声,右手被砍了下来,左臂也跟着被刺中一剑。他只有招架之功,而无还手之力。突然向前踉跄一步,背上又中三剑,奋力一转身,五把刀砍进他的胸膛。完颜亶已经无力挣扎,颓然扑倒在血泊中,愤怒地瞪着完颜亮,断断续续地说道:

"奸臣……朕错……错在没有……杀……杀了你!"

完颜亮"哈哈"狂笑一阵,跨步上前,又刺了两剑。完颜亶吐出最后一口气,恼怒而又悔恨的眼睛仍然瞪得又大又圆。

完颜亶死时三十一岁,庙号熙宗,世称金熙宗。完颜亮夺得皇位,改皇统九年为天德元年。

南坡，夜黑，风高

——元英宗 孛儿只斤硕德八剌

延祐七年（公元1320年），阳春三月。元朝大都（今北京市）城正是桃红李白时节。十八岁的硕德八剌登上了皇帝宝座。

登极大典的喜庆气氛久久不愿散去。茶楼酒肆灯火通明，摊亭挑灯叫卖，嘈杂喧闹不绝于耳。

京都百姓为有一位天性仁慈、通畅儒学的好皇帝而庆祝。先皇爱育黎拔力八达（即元仁宗）重病期间，硕德八剌每日焚香祷天，乞求保佑父皇早日康复，已传为百姓美谈。怎奈生死有命，爱育黎拔力八达竟于正月二十一日驾崩光天宫。硕德八剌异常悲痛，哀毁过礼，穿素服，睡地上，每日只食一碗粥。其仁孝之心令人感泣。

天近四更，略带寒意的春风习习吹来。硕德八剌还没有睡意，站在烛火灿烂的大明殿内，依然沉浸在白天登极大典的隆重而热烈的氛围中。

他才只有十八岁。十八岁的心像只小鹿，欢跳起来就不容易平静。一双漆黑有神的大眼睛闪现着兴奋、惊诧之光，志得意满地环视着金碧辉煌的大明殿。这雕刻蟠龙云凤的金漆木柱和那金光灿灿的雕龙宝座，是至高无上的皇权的象征！这江山社稷，偌大一个大元帝国，从今而后全是自己的！是真的吗？不是梦吧？

硕德八剌倒剪双手，学着父皇的模样在大殿上踱了几步。他心里明白，这皇帝宝座得之不易呀！倘若不是当初讲好"兄终弟及"，伯父（元武宗）驾崩之后，嗣皇位的就不会是父皇。倘若不是奶奶答吉弘吉剌氏暗中支持，极力主张，那他硕德八剌此时此刻怎能站在此地，坐上皇帝的宝座？

"万岁爷！太皇太后宣召进宫。"

硕德八剌猛一回头，只见灯影下站着个小美人。宫女燕儿一身鹅黄色汉式衣裙，一张粉白盈盈的小脸，朱唇一点，娇艳无比。皇上双眼直呆呆地盯着燕儿，看得小宫女惶恐不安，手足无措。

燕儿是太皇太后身边的宫女。硕德八剌还是东宫太子时常到奶奶宫里请安，那时就偷偷地喜欢上她了，因为碍着奶奶的威严不敢造次。而今，自己是富有天下的一国之君，再也不必顾虑那么许多了！他微露玉齿，缓缓走到燕儿面前，不失尊严地抬起手，想抚摸那娇艳诱人的脸蛋。

燕儿微微一侧头，躲过皇上伸过来的手，得体地一躬身，道："请万岁爷快去兴圣宫，太皇太后急着呢。"

说完转身，先自去了。

硕德八剌大扫其兴，想喊她回来，又觉得不妥，还是忍着吧！你跑不了，早晚是朕的人。

兴圣宫平时就经常烛火通明，彻夜不眠。太皇太后年纪大了，一来觉少，二来恣意放纵惯了，常找来亲随好友，变着花样饮酒作乐。今夜格外热闹，宫前的廊檐下特意悬挂着八盏仿唐制大红宫灯，映得宫内宫外喜气洋洋。

答吉弘吉剌氏今夜多贪了几杯，瘦削的脸颊漫上了红云，看起来比平时年轻了许多。一眼看见皇孙硕德八剌满面春风地走进宫来，立即挥手赶走周围的人，只留下心腹好友亦列失八。

燕儿随着其他宫女、侍卫和太监一起退出去，走到门口，回眸瞟了皇上一眼，硕德八剌立刻全身热血沸腾。

"亦列失八叩见吾皇万岁、万岁、万万岁！"

"免啦！"皇上没好气地回道。

不只是因为她扫了皇上的兴，平日皇上对这个胖妇人也最讨厌。她长得又高又大，吊梢眉，圆棱眼，高鼻头，四方嘴，一副男人相，满肚子邪点子。皇上弄不明白，奶奶为什么宠信她？

"来，过来，坐在奶奶身边。"

答吉弘吉剌氏笑滋滋地牵起皇上的手，放在自己枯干的掌中抚摸着，两只混浊的眼睛爱抚地看着他，似有许多话要说。

她有好几个孙子，只有这个孙子最中她的意。硕德八剌的模样很像奶奶，儒雅端庄，眉清目秀，颇似汉人后代。且天资聪颖，勤奋好学，又像他父皇，崇尚汉文化。最中奶奶意的是，他性情柔弱、温顺、仁孝，听自己的话。所以在立嗣即位问题上，她态度非常坚决，并授意亲信右丞相铁木迭儿搞小动作。如今终于如愿以偿，她心里别提有多高兴了。

"奶奶！深夜宣召孙儿进宫，一定有要事训示吧？"硕德八剌试探地问，眼睛不时扫扫门口，希望燕儿能出现。

"嗯，也没什么大事。奶奶高兴，要赐你一件宝物，算是祝贺。亦列失八，把宝盒给我拿来。"

不一会儿，亦列失八捧来一只红漆雕龙木盒，递给太皇太后。

答吉弘吉剌氏打开木盒。皇上只觉得眼前一片灿烂，只见一只宝石猫趴卧在猩红色金丝绒上，全身蓝灰，闪闪发亮，尤其一对硕大的圆眼睛活灵活现，闪烁着一层梦幻似的光，朦朦胧胧。更稀奇的是，无论站在哪个角度，猫的眼睛都像在凝视着你。

关于这只宝石猫的传说，硕德八剌早就听说过。这是先祖攻打南宋时，手下一员大将掘了一位皇帝的陵墓得到的，后献给了先祖。后来便作为吉祥物一代一代传下来。到了答吉弘吉剌氏手上，被视为珍宝，一直秘藏着不让任何人看一眼。

"奶奶活不了几年了，就传给你吧。我大元国的江山社稷就看你的了。"

硕德八剌受宠若惊，立即站起身，重新伏身叩谢道："谢太皇太后恩宠有加，孙儿虽然年轻不才，但亦知国本之重要。孙儿会牢记祖训，体国恤民，召贤纳谏，富国强民，壮我大元江山！"

答吉弘吉剌氏醉迷迷地笑了，咧开缺了牙的嘴。

亦列失八根本无心听他们祖孙的谈话，一双圆棱眼都快被宝石猫抓去了。

五更钟响，花香从御花园飘来，融进这酒肉香味中，令人陶醉。

皇上见燕儿一直没露面，起身要告辞。亦列失八赶紧在答吉弘吉剌氏身后捅了两下，咳嗽一声。

太皇太后这才想起来，连忙道："啊，有这么件事。听说中书省的乞失监出了点事，要杖刑？有这码事吗？我看，就免了吧。好歹也是位忠心耿耿的朝官嘛。"

传得好快呀！一准是铁木迭儿告的状，想搬出太皇太后的大驾！硕德八剌心中暗想。

"奶奶有所不知，这乞失监平时倚仗右丞相铁木迭儿的权势卖官鬻爵，大肆侵吞钱财，民怨颇多。况且刑罚乃祖宗订制，孙儿怎敢随便更改？否则，何以正天下！这事通融不得。"

太皇太后碰了个钉子，心中十分不快，半天不言语。

"奶奶，夜已过半，您该歇息了。"

皇上又要告辞，亦列失八赶紧插嘴道："慢着！老太后还有话说。"她一边起身为太皇太后按摩两肩，一边附在耳边小声嘀咕着。

"对了。"太皇太后道，"我想要几个人到身边侍候。那个徽政院的失列门不是一直想动弹动弹吗？还有黑驴，挺听话的，还有……"

"奶奶，孙儿刚刚登极，怎可独自一人决定朝官迁转之事？这等大事，待孙儿召集宗亲元老察访了解之后，根据每个大臣的才干再作决定。"

"哪这么多啰唆！下个旨不就得了。你父皇可比你听话。"太皇太后不耐烦了。

"奶奶，孙儿还有句话，说出来，请恕孙儿直言无礼。父皇仙逝，孙儿服丧期间，奶奶没跟任何人商量，擅自宣旨，令铁木迭儿官复原职，任右丞相。朝中已经议论纷纷，众大臣联名劾奏，孙儿正为此事作难呢。黑驴本是江浙地方官，前时依奶奶提议，已调进朝中任中书省平章政事，众大臣也议论纷纷。如今又要调失列门……奶奶，为人之君，倘若不顾群臣众议一意孤行，岂不是授人以柄、自掘坟墓吗？孙儿虽然不才，尚懂得顺人心者昌，逆人心者亡，不能因亲情小事误了江山社稷大事！奶奶，恕孙儿不能从命。孙儿告退了。"

硕德八剌躬身一礼，捧起宝盒，退出兴圣宫。走出宫门，他又有些后悔。干吗说这么多呢？好歹奶奶最疼自己。可是又一想，君是君，孙儿是孙儿，两码事。

亦列失八惊愕地停住按摩的手，瞪着一双愣怔的眼睛，狠狠地盯着皇上的背影，恨不能上前把宝盒夺回来。黑驴是她本家远房侄儿，是她的心腹。他的多次升迁都是倚仗她的势力。

太皇太后没想到一向温顺谦恭的小孙儿，刚一戴上皇冠就变了脸，露出少有的威严，说话的口气都变了，不免有些气恼，瘦削的脸红一阵白一阵，最后长叹一声，道：

“唉！真是水深三丈看得清，人心三寸看不透。我看走了眼，悔之晚矣！”

硕德八剌做东宫太子时就很仰慕父皇的侍卫长拜住。他是开国元勋木华黎的后嗣安童的孙子，自幼丧父，全靠寡母抚养成人。他宏远端亮，颇有祖风，又熟谙掌故，博学多识，声望很高。当年在东宫，硕德八剌曾派人召见他。拜住婉转推辞道：

“吾为天子宿卫长，私自与东宫往来，吾固得罪，于太子亦非福也。目今嫌疑之际，君子自当谨慎为要！”

硕德八剌不仅没恼，反而更加赞赏他的为人处世之品德。即位后，在任命朝中大臣时，想到的第一位人选就是拜住。封他为中书省平章政事，从一品，仅在右、左丞相之下。

拜住诚惶诚恐，扑倒地上，又想推辞。

皇上不准，坚持道：“朕封委爱卿以大任，是因为令太祖木华黎跟随太祖(即孛儿只斤铁木真)南征北战，开拓疆域，立有大功；祖父安童辅佐世祖(即孛儿只斤忽必烈)，一统天下，定国号为元，改官制，完成大业。爱卿如能爱惜祖宗美名，岂可辞官不就，不尽心辅佐朕乎？”

拜住伏地再拜，诚恳地解释道：“陛下委臣以大任，臣有所畏惧者三，其一畏惧辱没祖宗丰功伟绩之美名；其二畏惧天下大事，臣学识卑陋，未能尽识，怕有所损害耽误；其三畏惧臣年少，力不从心，不能负担重任，无以上报圣恩。陛下如此垂爱，臣当万死不辞！”

硕德八剌微微点头，心想，朕有这样的贤臣，还愁治理不好国家吗？

“朕登极继承皇统后，第一件大事是去太庙祭祖。朕想近日就去，不知爱卿有何意见？”

皇上是个急性人，见拜住接受封任，非常高兴，马上便跟他商量起祭祖之事。

拜住很喜欢皇上的爽快性格。祭祖自然十分重要，尤其对新即大位的皇上而言是必不可少的。于是绷起脸，严肃地回道：

“陛下，古人曰，礼乐百年而后兴。陛下亲自去太庙祭奠祖宗，一遵故典，二兴社稷，实在是四海苍生共庆之大事！况且近年，北边大漠冬季风雪严寒，羊牛马驼尽死；河南黄河决口，冀州地震，成纪山崩。民不聊生，卖妻鬻女，比比皆是。今陛下以帝王之道化成天下，万姓皆欢，焉有不感泣之理？”

硕德八剌听了这席赞同之言，非常得意，不觉学着父皇的动作捋捋胡须，伸手一摸，竟触到光光的下巴，禁不住微微一笑，道：

“朕考虑的是天下大事，可是天下如此之大，只赖朕一人是不行的。爱卿对于朕来说有如股肱，应当经常规谏，尽心辅佐朕，以展宏图大业，振兴我大元国。”

拜住听了，忙起身一躬，谢道：“谢陛下知遇之恩，臣当竭忠效命！昔尧舜为君，遇事征询众臣意见，善众人之长，所以天下太平，万世称道。桀纣为君，则遇事拒谏饰非，刚愎自用，结果被群小包围，致使国灭身亡，后世皆称无道。古人曰，良禽择木而栖，贤臣择主而事。今陛下正当英华之年，智仁宽厚，尽尧舜之德行，真乃我大元江山社稷之万幸。”

君臣谈得如此投机，拜住便将近日见到和听到的宫中大事小情，不分巨细，一件件禀报给皇上。当讲到皇上的太师、右丞相铁木迭儿频繁造访兴圣宫，并与亦列失八、黑驴等人来往诡秘可疑时，皇上警觉起来，眉头紧蹙，说道：

“此事不可小视。铁木迭儿虽是三朝右相，又曾是朕的太师，但他仗势欺人，贪赃枉法，朕早已知晓。只是时机尚未成熟，不能立即绳之以法。其他小人不足为虑。爱卿放心。”

拜住颇不以为然，小人为害，往往比君子害人更要阴险狠毒，防不胜防。他不再言语了。

“噢，对了，兴圣宫有个宫女叫燕儿，端庄娴淑，知书达理，有事可托她去办。”

“遵旨！”

拜住施礼退下，心想，朝中大事，岂可去找一宫女去办？皇上对后宫种种事端的意见很令他失望。但又一思索，皇上只注意处理朝中军国大事，宫中细微末节自然难以顾及，人之常情，不足为怪。

皇上亲自祭祖，仪式相当隆重，需要做许多准备工作。朝廷上下和宫中内外一片繁忙。

只有右丞相铁木迭儿不关心这事。他心里烦躁，坐也不是，站也不是，在布置豪华的房里踱来踱去，看着那些古玩珠宝更加怒气冲天。都是拜住那小子，一上台就得到皇上器重，大小事都交他办，全不把自己这三朝元老放在眼里。不除掉拜住，就得不到安宁！

可是，最终也没想出个万全之策。他穿戴整齐，疾步来到兴圣宫，想对太皇太后说说，讨个主意。

进入5月，几天不下雨，天气燥热难耐。宫中少有的几棵柳树之叶干热得卷了起来，有的叶子枯黄了，随着热乎乎的风飘落着。

太皇太后卧病在床已经多日了，脸色蜡黄，颧骨高凸，两只浑浊无神的眼睛瞟了铁木迭儿一眼，又闭上了。

铁木迭儿机灵地马上换了一副笑脸，体贴入微地问道：“好好的，怎么就病了呢？”

忽然，从内房闪出一个胖大妇人，一脸不悦。原来是亦列失八，穿一身汉人的大花夹袄、夹裤，几十岁的人还涂脂抹粉，一身香气。

“还不是皇上气的！没良心……”

“算了，少说一句吧。哎哟！”太皇太后捂着胸口道。

亦列失八赶紧闭上嘴，坐到床帐边，把太皇太后上半身搂在自己怀里，又胖又大的手在太皇太后胸口轻轻抚摸着、按揉着。

半天，太皇太后长叹一声，道：“唉！铁木迭儿，我老了，你也要见好就收吧。常言道，一朝天子一朝臣。不要自讨苦吃。”

铁木迭儿心中一冷，浑身像沉进冰水里，思忖一会儿，道：“老太后，这是说的什么话呀！新皇上虽然圣明，毕竟年轻，尚需老太后帮着扶他一把呢……”

老太后挥了挥手，有气无力地说道：“不必说了，我心中有数。我这病拖不了几天了。我死后，你们不要伤心。若有良心，每逢年节祭杯水酒，念诵念诵，也算你们不枉伴我这一生！”

说完，老太后不觉潸然泪下。亦列失八陪着呜咽起来，鼻涕一把泪一把，倒很伤感。

铁木迭儿看看病恹恹的老太后，想想今后的光景，也不觉黯然伤神，心里凄凄楚楚的。

老太后蒙眬睡去。铁木迭儿准备告辞，亦列失八急忙朝他使了个眼色，示意他等一会儿。亦列失八把老太后放到床上躺好，盖上一条厚毛毯，蹑手蹑脚地把铁木迭儿领到另一间屋子坐下。她倒了杯茶，递到铁木迭儿跟前，欲言又止。

铁木迭儿笑道：“是否有话要说？何不直言？”

亦列失八神秘地走到门口，向外张望一下，然后关上门回到座位上，俯身低语起来。

突然，铁木迭儿眼睛瞪得铜铃大，惊呼：“这还了得？此乃弑君逆谋，要抄家问斩的！使不得，使不得！”

“你喊什么？轻点声！看你吓得那个熊样，连个女人都不如，枉披了一身男人皮！告诉你，事若成功，你若报仇，尽管去报，还不是你说了算！”

“不成不成！恕我不能从命。”铁木迭儿连连摆手道，“不过，你尽可放心，我守口如瓶，不会说出去。”

亦列失八异常生气，轻蔑地哼了一声，看着铁木迭儿弓腰缩脖地走出房门，恨恨地一跺脚。老东西不干，我们干！她下了决心，铤而走险。

硕德八剌白天随着礼部尚书行祭奠礼，先要沐浴、更衣，接着是祭牲、焚香、叩拜和祷祝，礼节繁缛，都必须恭恭敬敬地进行，这样才能得到老祖宗的庇佑,天下才能太平,万事才能如意,国泰民安。

劳累了一天,一入夜,他便沉沉进入梦乡。十八岁的年轻皇上跟普通青年一样,正是多觉好眠的时节,连梦都是彩色的。

祭祖大典进行得很顺利。天气亦晴好。一弯月亮高挂在暗蓝色的空中,使重檐歇山式的太庙更加雄伟肃穆,还有点神秘。

三更梆声响过,太庙后墙头突然闪出一条黑影。他飘过高墙,越过屋脊,趁护卫转身走开的一刹那,又飞到寝殿窗外。里面暗暗的,传来沉沉的鼾声。硕德八剌这小子死期已近,还睡得这么香!蒙面人心中冷笑,回头向远处一挥手,立即有四五个人冲了过来。正待踹开殿门,突然一声断喝,如同炸雷一般从里面传来:

"烛火侍候!"

几个蒙面人立时呆若泥塑。

随着断喝,四周顿时亮起一片火把,如同白昼。

平章政事拜住高大威武的身影站立在火光之中。他两手叉腰,厉声喝斥道:"把面罩摘下,让我看看究竟是何等大胆奸贼,敢夜刺皇上!"

蒙面人被护卫亲军士卒团团围住,不敢反抗,乖乖地束手就擒,摘下头上的黑布,现出本来面目。

原来是黑驴、失列门等人。

硕德八剌因为太疲劳,临睡前根本没注意拜住已经布下天罗地网,拜住自己也潜藏在寝殿门后。皇上睡得正香,忽然被吵闹声惊醒,抬起身子向外一望,一片火海映得室内通亮,以为殿外烧起大火,忙高喊道:

"来人哪!谁在外面?"

拜住听见皇上呼叫,转身进殿,施礼禀道:"陛下受到惊扰,臣有罪!臣抓住一批刺客。"

"刺客?"皇上这时才看清,外面是士卒们手中的火把,不是着火,放了心。听说有刺客,只觉新鲜,有拜住在身边,他并不恐惧,问道:"是谁要行刺朕?"

"是黑驴、失列门等一班奸人。他们蒙着头面,带着凶器,趁夜黑人静犯上作乱。"

硕德八剌听说被抓获的是黑驴,马上沉吟不语了。黑驴是亦列失八的远房侄儿,亦列失八是太皇太后的心腹好友,不能轻易治黑驴之罪。他缓缓说道:

"把他们押回京城,先关进大牢,回去再说吧。"

"陛下,古法云,弑逆,凡在宦者杀无赦。亦列失八跟黑驴等人勾结,谋逆弑君,蓄谋已久。陛下决定祭祖离开京城,他们就决定行刺陛下,所以臣调集人马,严密保护陛下。今夜已经把他们抓获,臣以为不如就地正法,免得回到京城,有人出面求情,陛下为难。一旦让这些奸臣逃逸出去,对陛下大为不利!古人曰,当断不断,反受其害。请陛下三思。"

硕德八剌明白拜住话中的意思,如果回宫,太皇太后横加干涉,怎么办?但是亦列失八仍在宫中,守在太皇太后身边不好前去抓她。皇上为难了。

"杀了黑驴等人不难,谋刺朕的主谋是亦列失八……杀了黑驴,没有证据没有口供,再抓亦列失八更难了。"

"臣有一计,不知可否?"

"有何计谋,尽管说出。"

拜住略一思索,道:"臣连夜回京,通过燕儿假传黑驴的话,把亦列失八骗出兴圣宫。臣等埋伏在她家附近,一举便可擒获奸人。"

硕德八剌大喜,命拜住依计而行,果然不费吹灰之力就把亦列失八抓了起来。皇上下旨,把弑君逆臣斩首示众,太皇太后尚不知道。

十天后,右丞相铁木迭儿到兴圣宫请安,才把这事禀报给太皇太后。老太后连惊带吓,又气又恼,失去了心腹亦列失八,不啻砍去自己的股肱,其苦难言,郁郁不乐,病情日益加重。不久奄然离世,临死前愤然叹道:

"痴儿负我!悔不该立此儿也!"

铁木迭儿无意中将此话转禀皇上,硕德八剌微微一笑,未予理会。按照祖制,他为奶奶举办了隆重的丧礼。

平息叛乱,论功行赏,拜住被封任中书省左丞相。朝中大事尽在他的掌握之中。

右丞相铁木迭儿失去了太皇太后这个靠山，朝中大事不让他参与，甚至不叫他知道，心中郁郁不乐，索性装病在家。想当年自己权倾朝野，跺跺脚，地也要颤三颤！如今，门可罗雀，好不冷清。况且自己复仇计划尚未完成，心中一口恶气未除。老太后啊！你为什么先我一步离去？越思越想越懊恼，竟真的抑郁成疾，时日不久，便追随老太后而去。

硕德八剌没有太皇太后的干涉朝政，胆子大起来。右丞相铁木迭儿虽死，但死有余辜，也应治罪。皇上诏令御史查办，追回所有官爵和封赠，没收万贯家财，免去其儿子的官职。

除去奸党，年轻的皇帝擢拜住为右丞相，开始推行新政。广擢汉人儒士，发布《振举台纲制》，颁《大元通制》，行助役法，给百姓休养生息之机。眼见得天下安定，国富民强，一派升平气象。

谁能料到，一场新的阴谋正在酝酿。

至治三年（公元1323年）夏，依照惯例，每当夏天，皇上都要携文武大臣和后妃人等到上都避暑，秋凉时返回大都。硕德八剌也不例外，带着右丞相拜住等人来到上都。

皇上住进上都行宫亨丽殿。这个亨丽殿面积不大，又有些破旧。两年前，他就想扩建重修，只因拜住上奏，说“此地苦寒，入夏始种粟黍，此时大兴土木，妨碍百姓务农，恐失民望”，才没修建。现在看看亨丽殿，确实有些不顺眼，心中闷闷不乐。

上都与京城大都大不相同。这里地广人稀，房屋稀疏，街道宽阔，人在其中，会觉得这里的天比京都的天高远；这里的地比京都的地辽阔；这里的气候比京都的气候凉爽得多，每到夜晚，还有点寒意。

这天夜里，硕德八剌送走拜住，让宫女侍候着刚刚躺下，忽然觉得心惊肉跳、坐卧不安，好像有鬼神在左右环绕。他猛然翻身下床，在地上踱了几步，又觉得鬼神跟踪而至。第二天一大早，他烦躁地饬令左右传旨，做佛事驱邪。

拜住听说，立即进殿奏道：“陛下心里惦记国家大事，因而寝食不安。

多思伤神，神疲难眠，做佛事无用。况且佛事耗资很大，国家尚不富足，劳民伤财，于事无益。请陛下收回成命。”

硕德八剌看见拜住，心里先自平静了许多，又听他说做佛事无益，很有道理，想了想道：“那就罢了。”

拜住退下之后，有位和尚求见。

和尚身披袈裟，贼眉鼠眼，口中念念有词。面见皇上，惊诧道：“阿弥陀佛！陛下面现灰暗，心有惊悸，江山社稷必有大难。只有做大佛事，行善积德，普赦罪囚，才能禳灾祈福……”

硕德八剌素来信佛，被说得有些心动，道：“右相说佛事无益，你去跟他商量商量，然后再定。”

和尚奉旨，乐颠颠跑去找拜住商议，力图说服他。

拜住眼睛一瞪，大声叱道：“大胆奸人！借佛事之名蛊惑皇上，扰乱君心，该当何罪？囚徒罪犯，与佛事有何干系？国有国法，朝廷典宪是你改变得了的吗？快与我退下，再来骚扰皇上，定斩不饶！”

和尚不敢多言，垂手低头退出。原来这和尚是御史大夫铁失派来的，企图借佛事游说皇上，赦免罪囚，阻止对铁木迭儿余党的杀戮。

当天夜里，一匹快马向京城东南疾驰，急骤的马蹄声搅得黑夜一片惊颤。

铁失的密室里正聚拢着铁木迭儿当年的心腹亲信，其中有他的儿子锁南，被罢官以后，就成了铁失家的常客。

酷热的天，密室内严严实实地关着门窗，四个女婢各持一柄楠木纱扇不停地扇动。锁南脱去外衣，只穿件宝蓝色对襟绸背心，在地上转来转去，活像热锅上的蚂蚁，口中不断地骂道：

“这个秃驴，都几天了？还不回来报个信，真没用！”

铁失两臂抱着胸，站在窗前，一双招风耳不时地抖动一下，捕捉着来自外面的细微动静。

忽然，他伸手止住锁南的怒骂。

室内即刻静了下来，婢女的扇子也不敢扇了。几个人同时站起来，聚精会神地伸长耳朵听着。

一阵马蹄声由远而近,响到门前时,只听“扑通”一声,似有重物摔到地上。

铁失急忙推开门一看,是那和尚从马背上滚下,躺倒在地,张口喘息着。

几名家丁把和尚架到密室内,放在一把椅子上。铁失亲自倒了一碗菊花茶,让和尚喝下去。

和尚喘匀气,呷口茶,把在上都拜见皇上和被拜住斥骂之事复述了一遍。围在周围的人听到这种情况,立刻暴怒起来。

“又是拜住这小子从中作梗,老子非杀了他不可!”锁南咬牙切齿地顿足道。

“对,不杀拜住,我们的大事不能成功。”众人附和地叫嚷道。

铁失的弟弟索诺木年轻好胜,早就想在哥哥面前露一手,大声道:“我带几个弟兄马上去上都,不拿回拜住的狗头,誓不为人!”

说着就要往外走,铁失一把拽住索诺木,道:“慢着!不可鲁莽!只杀一个拜住,还会有第二个、第三个拜住。应当动动脑子,想出一个万全之计……”

一语道破天机,众人立即领悟。室内的空气霎时变得阴森可怖,一场血腥的密谋渐渐形成。

8月初,上都的天气渐渐寒冷,硕德八剌决定起驾南归。

皇上坐在圆顶、黄屋、四柱雕龙刻凤的玉辂(lù)里,听着八匹赤骝马“嘚嘚”的蹄声和“叮叮当当”的铃声,心里十分烦躁。命人卷起黄色绣锦软帘,碧蓝的天和黄绿相间的大草原立即出现在眼前,忽然想起那首诗:“天苍苍,野茫茫,风吹草低见牛羊……”不觉吟咏出口。

“爱卿,一年一度的中秋节又快到了,你说,这时间是不是流逝得太快?转眼朕已经登极三年了。”

右丞相拜住骑着一匹银鞍青骢马走在玉辂旁,听得皇上问话,马上接道:

“陛下所言极是。常言道，日月如梭，光阴似箭。连中原的孔圣人都有感慨，‘子在川上曰：逝者如斯夫’。”

“不知为何，朕此次幸上都，心里总是郁闷不畅，有时候心悸肉跳，仿佛要发生什么大事。爱卿，依你看，京城会不会有事发生？”

拜住关心地看看皇上的脸，这张才二十一岁的年轻的脸过早地刻上了细细的愁纹，因睡眠不足面色苍白，龙目周围有一圈暗影。拜住心里很痛惜，自己未能为圣主分忧，实在对不住圣主恩顾，连忙安慰道：

“陛下体恤百姓，爱民如子；改革旧制，建立新政；锄奸扶正，招贤纳谏；国泰民安，四邻归附，江山社稷一片承平景象。陛下无须多虑。”他看皇上目光呆痴、心事重重的样子，又劝道：“想必陛下是离京太久……对了，留在宫中的燕儿派人送来大都的消息。大都很平静，御史大夫铁失没有什么活动，每天在家喝闷酒。锁南常去他家，也没发现异常情况。陛下放心吧。”

“燕儿很忠于朕，回到大都，朕要封她为贵妃。爱卿，你看如何？”

“按照祖制，妃子生龙子才能升为贵妃。燕儿没有为陛下生下皇子呀！不好破这个例。上次击败黑驴弑君叛逆，燕儿立了头功，陛下收她为妃，赏赐金银珠宝不少，待她已经不薄……”

硕德八剌面露不悦之色，默默不语。

拜住直言敢谏，不顾皇上喜怒，信奉“武死战，文死谏”的原则，不想改变自己的意见而附和皇上的意思。他知道皇上不满自己的反对，愈加恭敬，道：

“臣已传下命令，一路不得耽搁，到南坡住一宿。中秋节之前，一定能赶回京都过节。陛下尽管放心。”

皇上点点头，仍然没有言语。

8 月 5 日，大队人马赶到南坡，已经是酉时日入。虽然距离大都只有三十里地，如果快马加鞭，到夜半三更，还是可以赶到京城的，但是按惯例，皇上每次避暑归来，都要在南坡休息一日，然后第二天白天回到京城，有文武官员和老百姓沿途迎接，所以在南坡是必定要住一宿的。

硕德八剌思念燕儿心切，本想连夜赶回大都。可是拜住坚决不同意，又有许多疲惫的文武大臣都不愿意走夜路，用历来惯例劝说皇上。皇上只得放弃自己的打算。

经过连日来的旅途颠簸，硕德八剌已经很疲劳。进晚膳时，他担心再失眠休息不好，特意多饮了几杯太医配制的药酒，说可以安神解乏。宫女们把他扶到金顶宝帐，皇上已蒙眬入睡了。多少天来，皇上从来没有睡得这么快这么好，宫女太监都非常高兴。

南坡之夜格外肃杀，北风劲吹，席卷着枯叶败草。天，漆黑。旷野，狼嚎声声。

拜住在皇上驻地周围转了几圈，皇上的寝帐早已熄烛安歇，两个卫士在帐前来回走动着，一切都很平静。他嘱咐卫士几句，便进了自己的行帐。

白天，他虽然安慰了皇上，可是自己心里也有点七上八下。查处铁木迭儿之案，特赦了铁失，还让他做御史大夫，拜住一直认为是一大过失。惩百漏一，终归是一大祸患。那和尚前来游说皇上释放罪囚，分明是在为奸党求情，而且有人看见和尚当晚匆匆骑马南归，不正说明事情蹊跷吗？更令人不解的是，皇上精神不好，夜不能寝，他怎么会知道？难道是有内奸？有人随时随地把皇上的情况传递出去？传给谁呢？又是谁在暗中？……

拜住没有了睡意，想想皇上对自己的恩宠，虽死亦无以相报，唯有尽心尽力辅佐皇上，保护好皇上。

三更梆响，北风稍稍减了点威风，帐外静悄悄的。拜住起身披件衣服，提了个红灯笼，想出去巡视一圈，问问护卫将军有没有什么情况。就在他推门之际，忽听见有兵器碰撞声，接着是人倒地的“扑通”声。他推开门，厉声喝问：

“何人在此喧哗？给我拿下——”

话未说完，铁失的弟弟索诺木手持明晃晃的大刀冲过来，手起刀落，把拜住的右臂连同红灯笼一起砍落地上。

一阵钻心的疼痛使拜住昏然欲倒，他向后退了两步，倚在行帐上，大声喊道：

“来人哪！快！快去保护皇上！快去护驾！”

索诺木哪容得他再喊叫，一个箭步站到拜住面前，狞笑道：“还想保护硕德八剌？他早已见鬼啦！我成全你，快去追他去吧！”

拜住已经失去反抗和抵御的能力。索诺木一刀刺进他的胸膛。拜住怒吼着倒在血泊中。

硕德八剌正在梦中微笑，自己回到京都，文武百官向自己朝贺，京都臣民口呼：“万岁、万岁、万万岁！”进入后宫，皇后带领嫔妃宫女施礼请安。他四处寻找燕儿，就是看不见她的踪影，心里异常焦急，大呼道：

“燕儿，爱妃……”

回答他的竟是拜住的吆喝！硕德八剌猛然醒转过来，抬起身仔细一听，果然是拜住的呼叫，声嘶力竭！

一定是出了什么事！

硕德八剌急忙披衣下地，大声呼喊侍卫和宫女。没人答应。正要向帐外走去，帐门已经被冲开。

走在前面的竟是铁失，手持一把宝剑，步步逼向硕德八剌。

“大胆逆臣，你敢作乱犯上，朕要你的脑袋！”皇上指着铁失叱道。

“嘿嘿嘿！不是你要我的脑袋。暴君，是我要你的脑袋！你杀了我义父铁木迭儿，杀了他全家，杀了他的朋友亲戚！今日，我是来报仇雪恨，要割下你的脑袋！”

硕德八剌原指望拜住等人会来救驾，所以语气强硬，想镇住铁失。不料铁失瞪着充血的眼睛，步步逼近自己，这才慌乱起来，伸手向腰间摸去，那柄宝剑睡觉前就已摘下，心里叫苦不迭。

铁失心中充满仇恨，手持宝剑向前奋力一刺。只见鲜血飞溅，硕德八剌没来得及作任何反抗挣扎，就歪倒地上，一命呜呼。

这就是历史上有名的“南坡之变”。

硕德八剌只做了三年皇帝，年仅二十一岁，庙号英宗，史称元英宗。

9月，晋王也孙铁木儿在克鲁伦河即位为帝，起兵平息了以御史大夫铁失为首的叛乱，从此开始了一个新的王朝统治。

老太监认下这具焦尸

——明建文帝　朱允炆

公元1368年，朱元璋登基称帝。国号大明，建元洪武。建都应天府，后改称南京。

洪武二十五年，皇太子朱标病逝，给国运昌盛的大明王朝投下一道浓重的阴影。

一弯残月孤寂地挂在天边，把它那清冷的银辉洒向百里皇都。残月如钩，勾起皇帝朱元璋满腹的心事。他久久地徘徊在皇宫庭院中。月色迷蒙，寒意逼人，一丝苍凉悲怆之感不觉萦绕心头。多少天来，他就是这样食不甘味，夜不成眠。他已年近古稀，储君又英年早逝，帝业江山，谁人承继？怎不叫他忧心如焚？

朱元璋出身寒微，早年投身军旅，金戈铁马，纵横天下，终于一统华夏。登基伊始，即诏立嫡长子朱标为皇太子，并把其余的儿子统封为亲王，作为中央朝廷的屏障。这二十几位亲王权力很大，封地遍及全国，把整个天下都牢牢地控制在朱家皇族的势力范围之内。

对功臣，朱元璋自然是加官晋爵，极力笼络。名缰利锁，乃骏马之笼头，猛虎之囚槛，乐得让功臣们去受用。可是有一条：功臣们不论功劳多大，地位多高，生前封的爵位也只能到“公爵”这一级为止。只有到这个“公”寿终正寝，才追赠一个风风光光的“王”，以示皇恩浩荡。就这样，朱元璋还是放心不下。他发觉太子朱标生性仁厚，将来恐怕难以驾驭那些位高权重的功臣，于是索性借着两桩“谋反案”进行大清洗，杀掉了丞相胡惟庸、凉国公蓝玉等一大批文臣武将，同时株连被杀者多达几万人。当年随朱元璋轰轰烈烈打天下的智臣名将几乎都被杀光了。

太子朱标见父皇滥开杀戒，忍不住出来替一些无辜的文臣大将说好话，倒弄得朱元璋有苦难言。一次，太子进内宫谒见父皇，朱元璋指着地下放的一根棘杖对太子说：

“你把它拿起来！”

太子看看棘杖，不免犹豫起来，那上面生满尖利的棘刺，实在无法下手，弄不好会搞得鲜血淋漓。看到太子为难的神色，朱元璋微微一笑，意味深长地说：

“棘刺不除，区区一杖尚且难拿。朕现在杀掉那些人，正是为你除去棘刺，好让你将来安安稳稳地做皇帝。你难道还不明白朕的苦心吗？”

如今，太子早逝，朱元璋的一番苦心终成虚话。眼下，另立储君已是刻不容缓。

按照千年古制，立嫡立长，太孙朱允炆(wén)当继帝位。可是论到“立贤”，自是四皇子燕王朱棣莫属。

皇孙朱允炆自幼身处深宫，终日由儒生、太监、宫娥相伴，生性柔弱，志向平平。唯一的嗜好便是搜集雨花奇石。朱元璋六十大寿时，年仅十五岁的朱允炆献上一份贺礼，非同凡响：几百枚精巧绝伦的雨花石奇形异状，流光溢彩，镶嵌成“万寿无疆”四个遒劲酣畅的大字，直看得百官赞叹，龙颜大悦。

只是，这双玩赏雨花石的手，能挟九鼎重器君临天下吗？古往今来，力能举鼎者难道只是秦武王一人吗？

只继承高贵的血统，而不能继承先辈的雄才大志，由此而酿成的惨祸还少吗？

四皇子燕王朱棣颇有父皇的风范，韬略武功皆在诸皇子之上。多年来雄镇边关，屡建战功，深得朱元璋的宠爱。此子如生乱世，自可脱颖而出，成就一番帝业。可惜偏偏生在帝王之家，排行又是第四！

皇孙皇子均是朱家血脉，立长立贤实难决断。国之盛衰，往往就在一念之间。

朝堂之上，群臣激昂、唇枪舌剑的情景如在眼前。

“立嫡立长乃千年古制，万万不可更改！”

"立贤乃乱世不得已而为之,大明乃太平盛世,万不可自取其乱!"

"若立四皇子为太子,将置二皇子、三皇子于何地?"

朱元璋龙颜不悦。什么古制、宗法,纯是腐儒之见。只是人言可畏,众意难违。在这种强大而可怕的习惯势力面前,朱元璋第一次感到,虽为皇帝之尊,亦乏回天之力。

细细想想,群臣之言也不无道理。如果立了燕王,引起诸皇子不和,以致祸起萧墙、同室操戈,后果就不堪设想了。

"朕意已决,立朱允炆为皇太孙,将来继承帝位。"

群臣俯伏跪拜,称颂陛下圣明。

朱元璋长叹一声。他心里明白:这是无可选择的选择。

洪武三十一年,大明王朝的开国皇帝朱元璋病逝,年七十一岁。年轻的朱允炆登上皇帝的宝座,改年号"建文",史称建文帝。

建文帝嗣位,诏令各地亲王无须来京。于是诸王皆遣使朝贺,不复入觐(jìn)。建文帝乃册妃马氏为皇后,子朱文奎为皇太子,封弟朱允熥为吴王,朱允熞为衡王,朱允熙为徐王,免不得有一番忙碌。待到大事已定,建文帝便开始着手实现自己梦寐以求的夙愿了。

那是一个孕育于深宫的梦。久处深宫帷幕之中,既使人窒息,也使人早熟。朱允炆被压抑的愿望就像一棵扭曲的树在顽强生长,即使被立为皇太孙,仍是心事重重。一天,在皇宫的东角门边,朱允炆拉住侍读老师黄子澄的衣袖悄悄问道:

"诸叔王各就藩国,拥兵自固,一旦生变,如何对付?"

黄子澄暗自心惊,难得皇太孙年纪轻轻便有此远虑,怕的是此语泄露出去,会招来滔天大祸。他四顾无人,低声答道:

"殿下勿忧,且听臣讲一个故事。"

他讲的是汉代的一段史实。景帝时,七王作乱,以"清君侧"为名杀奔京师。景帝拜周亚夫为将,一鼓荡平叛乱,七王伏诛。朱允炆听了,长舒了一口气。他在心中默默地笑了。

建文帝早就认定亲王和藩国是他的心腹大患。亲王们岁禄丰厚,位高权重,甚至可以控制当地驻军的指挥权。亲王府内设置官属,由"相国"主持,还有亲兵卫队,少者三千,多者达一万九千人。这分明是些小朝廷、土皇帝,叫他这个大明天子如何高枕无忧?纵观今日天下,"棘刺"不在朝臣,而在亲王藩国也。建文帝必欲除之而后快。

一天深夜,建文帝召黄子澄进宫,问道:

"先生可记得当年东角门的谈话吗?"

"臣时刻不敢忘。"黄子澄应声答道。

建文帝遂令黄子澄为太常卿,与兵部尚书齐泰密谋削藩之事。

建文帝决意削藩,但顾虑颇多。亲王俱是叔辈,藩国又是太祖皇帝所封,明令削藩,恐为天下人议论,有伤圣君之名。又怕激起兵变,弄得不可收拾。因此表面上对亲王们尊崇如故。一日,户部侍郎卓敬密书上奏,称燕王智虑过人,现镇抚北平,地势险要,兵马精强,万一有变,不易控制,应徙封南昌。建文帝阅毕,召卓敬入殿,对他说:

"燕王乃朕骨肉至亲,应无他变。"

卓敬叩首道:

"陛下岂不闻隋文帝和隋炀帝的故事吗?父子至亲尚自相残,何况叔侄?"

建文帝脸色顿变,不待卓敬说完便道:

"卿且休言!容朕细思。"

此语传出外廷,顿时流言四起,都说新主有意削藩。诸王闻知此事,俱怀不安。

不久,朝廷接到密报,周王朱橚有不轨之举,燕、齐、湘三王亦参与此事。建文帝大惊,忙召黄子澄、齐泰入内密议。齐泰认为诸王之中唯燕王最强,除掉燕王,余人可不讨而服。黄子澄插口道:

"不然。欲除燕王,先须剪其手足。今宜速捕周王,先行处罪。除周慑燕,一箭双雕。"

建文帝点头称善:"避实击虚自是上策。只是周、燕相连,周王岂肯束手就擒?"

黄子澄微微一笑:"陛下不必过忧,臣自有计。"

建文帝大喜道:"朕得先生,可以无忧了。凡事当尽委先生。"

黄子澄领旨出宫,当下召曹国公李景隆,授他密计。

李景隆依计而行,率兵千人,扬言奉命防边。到了开封,突然袭入周王府,把周王朱橚及其妃嫔统统拿下,押解至京。建文帝见失魂落魄的周王成了阶下囚,不免又生怜悯之心,意欲放他归国。黄子澄和齐泰坚持不可。于是废周王为庶人,禁锢京师狱中。诸王人心益乱。

都督府官吏高巍痛感国事危机,恳切上书献策。奏称分封诸王乃太祖皇帝的长远大计,上法三代之公,下庇圣子神孙。然藩国地大兵强,易致生乱,诸王又多骄逸不法。不削则废法,削之则伤恩,实属两难。为国家安定计,宜勿施晁错削夺之谋,而效主父偃推恩之策。广封诸王子弟以分其势,小其地以分其力,如此则藩王之权不削而自削矣。黄子澄、齐泰二人承建文帝削藩密旨,正欲建功扬名,哪里肯听高巍的忠告,遂将奏章扣下不报,束之高阁。

黄、齐二人日夜苦思削燕之策,只因燕王地广兵强,一时不便下手。一日,忽得密报,燕王私造兵械,指日图变。建文帝闻知,忙问良策。黄子澄谓先发制人,出兵讨燕。齐泰却认为不可,建议调燕藩护卫军出塞,以弱其势,然后静观其变,寻机兴师问罪。建文帝不想把事情闹大,遂纳齐泰之言。以备边的名义,派都督耿瓛练兵山海关,都督徐凯练兵临清,又派都督宋忠到开平戍边,并从燕王府护卫军中抽调一万五千人归宋忠统辖。网张东、南、北三面,成擒燕之势。同时密令北平左布政使张昺,都指挥使谢贵、张信密切监视燕王,伺机除之。

燕王朱棣身居北平,志在朝廷,京师消息无所不知。建文帝削藩之举,使他又恨又怕,惶惶不可终日。当年他大哥皇太子朱标去世,父皇曾有意将他立为太子,后来听信群臣之议,立了皇太孙朱允炆。朱棣心中不满,暗中蓄下异志。他听从心腹之臣道衍和尚的主张,在燕王府的宫舍下边建了很多密室,秘密请来工匠,在里面日夜打造兵器。又养了许多鹅鸭,日夜闹嚷不休,来遮掩打铁的声音。建文帝继位不到半年时间,已有五位亲王或死或废，更使他坐卧不安。他一面佯称病重，一面暗中加快准备。建文元年（公元1399年）五月，京师举行太祖皇帝的周年祭典，称为“小祥”。建文帝传旨各亲王不必进京，但对王子却没有明确的规定。朱棣为了麻痹朝廷，狠狠心把三个儿子统统打发进京。心腹亲信都劝他不要冒这个险，朱棣却笑着说：“皇上对本王疑心甚重，本王偏送去三颗定心丸，也好让那班奸臣贼子找不到破绽。”朱棣话虽这么说，事后却也忐忑不安。齐泰果然有意扣下王子做人质，幸亏皇上优柔寡断，三位王子才逃脱大难。待到父子团聚时，朱棣喜极流泪，庆幸天不灭燕。

为了继续迷惑朝廷，朱棣索性假装得了疯病。他披头散发，衣衫不整，跑到闹市狂呼乱叫，闹得大街上乱哄哄的，车马都不得通行。王府侍卫们要扶他回去，他就乱打一气。饿了就在饭摊上抢食物吃，困了就躺在路边沟渠呼呼大睡，一睡就是大半天。侍卫们只好远远跟着，暗中保护。这样闹腾了十天半个月，全北平都盛传燕王爷疯了。

北平左布政使张昺（bǐng）始终心存疑惑，便亲自带人到燕王府探问病情。当时正值盛夏季节，赤日炎炎，却见燕王身披羔皮大衣，坐在炽热的火炉旁，犹自瑟瑟乱抖，连呼天冷。张昺恭敬地向他问候，燕王却东拉西扯，满口荒唐。张昺竟信以为真。

燕王府的百户邓庸奉命到南京呈送燕王有病的奏章，被齐泰拿下，严刑审讯。邓庸受刑不过，只好把燕王府私造兵器、操练壮丁的事一一招供。建文帝乃发符遣使，往逮燕府相国，密令张昺、谢贵联络燕王府长史葛诚及指挥卢振为内应，设法图燕。北平都指挥使张信一向为燕王信任，故命他伺机捉拿燕王。谁知张信念燕王昔日对他恩重如山，终不忍下手，遂潜入燕王府，将朝中密旨对燕王和盘说出。朱棣感激不已，跪拜张信。张信走后，朱棣即命人监视葛诚、卢振，召集心腹亲信密议对策。

一天，张昺、谢贵、张信等亲率卫士，陪同朝廷使臣来到燕王府，追令交出相国。朱棣传令请使臣入内收验罪犯，随行卫士不得入内。张昺、谢贵不知是计，与使臣昂然入府。来到殿上，只见燕王全无病态，笑脸相迎，不免暗自惊奇。谒见完毕，燕王赐宴，酒过数巡，命人进瓜数盘，置于席上。三人连连称谢。燕王忽勃然变色，厉声怒骂："寻常百姓尚念骨肉之情，本王身为天子亲属，性命偏危在旦夕。天下何事可为，亦何事不可为？"言毕，掷瓜于地。忽见两廊伏兵冲出，捉住三人，一齐绑起。燕王又传："带罪犯！"只见刀斧手推着两个人来到堂下，正是燕王府的葛诚、卢振，俱是五花大绑。燕王哈哈大笑道："本王哪有什么病！为奸臣所迫，以至如此。今日奸臣自投罗网，不杀何待？"刀斧手手起刀落，五颗人头砰然落地。燕王当即调兵遣将，攻占九门。都指挥张信早已带着他的部下加入了燕军的行列。不到半天工夫，北平城就落入燕军之手。

七月癸酉，燕王在城郊誓师，扬旗击鼓，刀枪林立，称"靖难军"。发布檄文，历数黄、齐罪恶，以"清君侧"为名造起反来。檄文日期不署建文年号，仍称"洪武三十二年"。

燕王出师，迅雷不及掩耳。通州、遵化望风归降，蓟州、居庸关亦被攻陷。都督宋忠率兵来夺居庸关。他心生一计，哄骗将士说："尔等家属俱在北平，现闻已被燕兵屠戮，积尸盈途，快随我前行，报仇雪恨！"军士闻听此言，个个怒目切齿、摩拳擦掌，争向居庸关杀去。来到关前，遥见燕军旗帜下，士卒整齐，不是父兄，就是子弟，询问家人，都称无恙。当下恼动军心，大呼："宋都督骗了我们！"一阵喧哗，相率倒戈。宋忠手忙脚乱，燕军乘势杀来，官军顿时溃败。宋忠逃奔不及，死于乱军之中。开平、龙门、上谷、云中诸守将望风降附。

官军战败的消息飞传南京。建文帝正与一班儒生在讨论"以礼治国"，此时也慌了手脚，匆匆忙忙祭告太庙，宣布削去朱棣的燕王封号，废为庶人。又命大将军耿炳文率师征讨燕军。建文元年八月，大军出征。临行前，建文帝再三叮嘱道："当初南朝梁元帝萧绎说过，'一门之内，自动干戈，实属不祥'。如今众位将军与燕王对垒，也要好好体会这个意思，千万不要使朕蒙上杀叔的恶名。"

耿炳文领旨出师，大军号称三十万。建文帝在南京日夜遥盼佳音，不料连连接到败报。先锋杨松勇武轻敌，遭燕军袭杀，全军覆没。大将潘忠引兵驰援，中伏被擒。耿炳文率主力部队出战，挡不住燕王铁骑踏阵，官军损兵折将，退守真定城。燕军狂攻三日，未能破城，遂回师北平。建文帝十分懊恼，急召齐泰、黄子澄问计。黄子澄道："胜败乃兵家常事，不足深虑。耿炳文老迈无能，臣举荐曹国公李景隆，将门之子，才堪大用。"建文帝听了连连点头。说起来，这位李景隆还是建文帝的表哥呢。他长得一表人才，平素喜欢读书，论武谈兵，头头是道，就连建文帝也佩服他三分。只是他身逢太平盛世，从未亲临战阵，唯一的"军功"就是擒拿周王。这次正好让他沙场建功。齐泰道："李景隆能文不能武，断不可用！"建文帝此时像一个溺水的人抓住了一块救命的木板，哪里肯放："李景隆乃朕之周亚夫也！"当即拜李景隆为大将军，率五十万大军出征。为了表示尊崇和信任，建文帝还效仿古代皇帝礼待大将的做法，亲自为李景隆推车，行"推毂礼"。李景隆受此重任和殊荣，不免趾高气扬，不把那些老将放在眼里。他亲率主力进驻河间，又命镇守辽东的江阴侯吴高挥师南下，夺取永平，对北平形成南北夹击之势。

燕军将领闻李景隆重兵压境，不免惊慌，议论纷纷。燕王笑道："李景隆乃赵括一类纸上谈兵的人物，不足为惧。"他决定率主力驰援永平。诸将不解："倘若李景隆乘虚来袭北平，如何是好？"燕王道："我出援永平，正欲诱他前来。先破吴高，后破李景隆，统统在此一举。"当即传令世子朱高炽和道衍和尚率一支人马固守北平，他自己亲率大军去解永平之围。

李景隆闻知燕军主力驰援永平，认定燕王中了他的调虎离山之计，暗自得意，立即下令全军直扑北平。怎奈北平城坚壕深，一时攻打不下。老将瞿能怒不可遏，亲率二子和一千精兵，冒着矢石，杀上彰仪门城头。道衍和尚亲率各路守军赶来堵截，与瞿能在城头展开激战。瞿能寡不敌众，忙派人请李景隆调大军接应。谁知李景隆暗藏私心，不愿让这员老将抢了他嫡系部队的头功，故此按兵不动。不多时，瞿能的人马力不能支，被打下城来，这位老将气得破口大骂。

当时正值隆冬，天气奇寒。道衍和尚心生一计，命守军连夜汲水灌城。一桶桶凉水从城头上浇下去，转瞬即冻，结水成冰。第二天早晨一看，北平城竟像披了一层厚厚的冰甲。官军攻城越发困难了。

李景隆督师苦攻了十余日,仍未得手。探马又传来坏消息:燕王已杀败吴高,并在大宁收编了宁王的军队,军势更盛,说不定什么时候就会打回来。李景隆闻报大惊,进退两难,只得分军为二,一部分继续攻城,一部分列阵迎击燕王。使他百思不解的是,燕王怎么能收编了宁王的军队呢?

原来,燕王率大军赶到永平,吴高根本抵敌不住,仓皇丢下几千具尸体退出了山海关。燕王没有急着赶回北平,却改向北赴大宁。大宁是朱元璋第十七子宁王朱权的封地。宁王虽然年轻,但也曾跟四哥朱棣统率过戍边的军队,有些打仗的经验。朱元璋把朱棣和朱权封在北方,为的就是防御塞北元军残部的骚扰。朱棣一来怕朱权听从朝廷的命令,出兵袭他的后路,二来想把宁王手下的三万精锐骑兵弄到手,扩充自己的实力,便打起了宁王的主意。

燕王命大军偃旗息鼓,潜至大宁城外,隐蔽起来,自己只带几名亲信将领进了大宁城。见了宁王,说起父皇去世,新君生疑,日子不好过,忍不住痛哭流涕。宁王同病相怜,不免相对垂泪,倍加抚慰。燕王向宁王诉苦说:"朝廷大军压境,北平被围,危在旦夕。愚兄无法,只好逃了出来,投奔十七弟。求贤弟设法救我!"

"小弟怎样才能救哥哥呢?"宁王不解。

"我本心并不想反叛朝廷,只因奸臣相逼,遂至今日骑虎难下。只要贤弟为兄代上一表,陈述愚兄心迹,代为求情,我想皇上定会允准。"

宁王信以为真,马上亲手拟了一道表章,情词委婉恳切,请赦燕王一死,连夜派飞骑驰送南京。又吩咐设宴款待燕王,杯盏相交,推心置腹,亲密无间。

燕王在宁王府天天饮酒,畅叙兄弟之情。他手下的将领却依计行事,秘密收买了宁军的大多数将领。过了几天,燕王向宁王告辞,说是欲回北平。宁王殷勤地送出郊外,置酒饯行,酒杯斟满,敬给燕王。谁知燕王忽掷杯于地,大喝道:"伏兵安在?"只听一声呼哨,燕军冲出,将宁王团团围住。宁王大惊失色,回顾自己手下诸将,竟一个个袖手旁观,无动于衷。宁王都指挥朱鉴情知有变,拔剑上前救护,竟被燕军杀死。燕王紧握着宁王的手说:“贤弟不必惊疑，愚兄此举也是万不得已。将来事成，决不会亏待贤弟！”宁王万般无奈,只得交出兵权。宁军从此全归燕王指挥。

燕军声势大振,复杀奔北平而来。燕王一马当先,左右冲杀,挡者非死即伤。这时北平城也九门齐开,守军在燕王世子朱高炽和道衍和尚的带领下一齐杀出。官军腹背受敌,顿时溃散。李景隆见大势已去,仓皇引残军败卒逃到德州,上疏朝廷,惶恐待罪。不料朝旨下来,竟是对他的慰问和嘉奖,还加封他为“太子太师”,另有御酒、貂裘等重赏。李景隆受宠若惊,跪在地上,恍恍然如在梦中。

原来,李景隆的奏书一到京,便被黄子澄扣下来,不让建文帝知道,怕的是李景隆这个败军之将连累了他这个举荐人。建文帝做梦也没有想到,他最信任的“先生”竟会对他撒下弥天大谎,他的那道诏书成了千古笑柄。

建文二年,太子太师、大将军曹国公李景隆在德州檄调各路人马六十万,进攻真定。燕王亲率燕军迎击。双方展开血战,直杀得山摇地动,日暗天昏。箭雨中,燕军尸横遍野,燕王战马三易三蹶,幸亏燕军援兵赶到,方转败为胜。李景隆一败于白沟河,再败于济南城下,最后单骑逃回南京。黄子澄见事不妙,径自去见皇帝,要求对李景隆严加惩处。御史大夫练子宁等人纷纷奏言,要求皇帝将李景隆处死。建文帝念及亲情,只是不听。

燕王在济南城外击破李景隆的大军,本以为济南城唾手可得,没想到碰了一个大钉子。山东布政司使铁铉与将军盛庸督众固守,誓死不降。燕王的招降书被扯得稀烂,掷出城外。燕王大怒,令将士蓄积城外溪涧之水准备灌城。铁铉使出诈降计，恳请燕王退师十里，只带少数轻骑入城受降。燕王不知是计,跨马张盖,径趋城门,差点被从天而降的大铁板砸死,好不容易才在侍卫的救护下逃得性命。城外所蓄山水也被铁铉的兵士趁乱偷偷放掉,灌城之计终成泡影。燕王恼羞成怒,调集大炮狂轰滥炸,直轰得城头上砖石横飞,守军非死即伤。忽见城上竖起一些大木板,上面赫然写着“太祖高皇帝之灵”七个大字,有些木板已经被炮火击碎了。燕军吓了一跳,急忙停止射击。面对先帝的“牌位”,燕王也不得不有所顾忌,暗自叹息这个铁铉实在不好对付。双方对峙了三个多月,燕军师老无功,遂退回北平。

建文帝接到捷报，擢升铁铉为兵部尚书，镇守济南。封盛庸为历城侯，拜为平燕大将军，统兵北伐。又命都督吴凯进驻沧州，遥为犄角，合图北平。

燕王闻知，乃命大将张玉偃旗息鼓，奔袭沧州，大破官军，生擒吴凯。燕王亲率大军进攻盛庸的部队，不料中了埋伏，在众将的护卫下奋力死斗，才夺路逃脱。大将张玉不知燕王已经突围，拼命杀入重围寻觅，被官军一阵乱箭射毙马下。

燕王奔还北平，检阅将士，损折两三万，闻知大将张玉战死，不禁痛哭失声。经此挫败，燕王不免有些心灰意冷。道衍和尚进言道："臣前谓，师行必克，但费两日。两日就是东昌的昌字。今东昌遭败，已成过去，此后必获全胜。"燕王重新振作，招兵买马，以期卷土重来。

建文三年春月，燕王又誓师南征。临行前，自撰祭文，哭奠大将张玉，并脱下自己的战袍，焚赐忠魂。全军将士，无不感动，临阵奋勇，以一当十，大破官军。建文帝无计，遣使与燕王议和，以为缓兵之计。后来又听从方孝孺的劝谏，改变主意，将燕王的使者投入狱中。

燕王闻报大怒，遂横下一条心，孤注一掷，置大江以北于不顾，率大军直捣南京，要与建文帝赌个输赢。

燕军渡过长江天险，占领了镇江，直接威胁南京。建文帝徘徊殿上，束手无策。群臣个个无计可施，纷纷揪打李景隆泄愤，金殿上乱成一团。建文帝喝住群臣，委派李景隆去燕营议和。燕王声称朝廷交出奸臣，他才罢兵，说罢掷下一份"奸臣名单"，上面密密麻麻地写满人名。李景隆灰溜溜地揣起名单，回来复命。

群臣认为燕王不肯议和，纷纷劝建文帝出走，暂避兵祸。方孝孺反驳道："京师城高池深，还有精兵二十万，粮食充足，陛下宜坚守待援，不可轻动。"建文帝依言而行，布置军队防守。齐泰、黄子澄上疏请求出外募兵，不待建文帝准奏，便径自出城而去。建文帝不禁叹息道："这班人把事情弄成这样，却忍心抛下朕逃跑吗？"

正说着,外面报知燕军已兵临城下。建文帝闻奏,倍加惶急。只见御史魏冕踉跄趋入,报称左都督徐增寿密谋献城降燕。建文帝半信半疑,接着又有几人接连入奏,口出一辙。建文帝乃命左右拿到徐增寿,斥骂道:"你贪生怕死,朕偏要你先死!"亲自动手,拔出佩刀,将他砍死。余怒未息,又见翰林院编修程济跑入殿中,大呼道:"不好了,不好了,燕军已入城了!"建文帝惊问道:"这么容易,莫非有人做内应?"程济道:"曹国公李景隆大开金川门,迎入燕王,所以京城被陷。"建文帝如五雷轰顶,顿时泪下:"罢了,罢了!朕未曾薄待曹国公,他竟如此负心,天理何在?朕今日在劫难逃,不如殉了社稷吧!"言毕,即欲拔刀自尽。身边的几个臣子慌忙劝阻,将建文帝拥入内殿。

燕王亲率精兵悍将,旗甲鲜明,浩浩荡荡从金川门进入南京,在曹国公李景隆的陪同下登上城楼。南京各门的守军见大势已去,纷纷放下武器,归降燕军。不少文武官员听到消息,急忙随风转舵,跑到金川门城楼上参谒燕王。燕王内心十分得意,表面上少不了温言软语抚慰一番,声称此来只为"面君请罪",别无他意。朱棣心里明白,他这次冒险孤军深入,只占了北平到南京的一条狭长地带,大半天下还是建文帝的天下。如果建文帝逃出了南京,登高一呼,他燕王就会四面楚歌,前功尽弃,说不定连一条归路都保不住。想到此,朱棣内心不免生出几分焦灼。为此,他曾多次密令部下万万不可放走建文帝。正思忖间,忽见城中皇宫烈焰腾空,探卒来报,建文帝和后妃等在宫内自焚了。朱棣表面不动声色,内心一阵轻松。

昔日富丽堂皇、雕梁画栋的皇宫,现在已成了一片瓦砾残砖。横七竖八的焦木散发出一阵阵刺鼻难闻的气味。在这一片废墟中间,赫然躺着几十具尸体,面目发肤全已烧焦。至于哪一个是建文帝,已经根本无法辨认了。

朱棣见到这副惨状,心中也不觉恻然,叹息道:

"痴儿,痴儿,你又何至于如此呢?"

如何确认朱允炆的尸体,确实让朱棣头疼。从附近抓到一些太监和宫女来辨认,也都说不清。后来还是一个老太监胆子大,指着一具尸体,硬着头皮说这便是皇帝，其余的太监宫女忙随声附和。朱棣便下令把这具尸体盛殓起来。至于那究竟是不是建文帝，却只有天知道了。

燕王朱棣登上了皇帝的宝座，改元永乐(公元 1403 年)，史称明成祖。

即位后，朱棣下令清宫三日，张榜缉拿"奸臣"，一律严惩不贷。截手断足，削耳割鼻，寸磔油烹，斩首灭族，无所不用其极。

一场惨烈的大屠杀又开始了。

附录

死于非命的历代帝王比例表

历史上的皇帝杀人特别多，对他统治下的臣民动不动就“开刀问斩”。杀人者人恒杀之，所以被杀的皇帝也特别多。皇帝杀的人没有办法统计，但被杀的皇帝则可以从史籍记载中统计出来。为了说明这一问题，我们特制订了此表。

要说明的是，本表共分四栏：

一、“纪元”表明某个朝代自公元××年至公元××年，共历经××年，亡于某朝（个别小国，如渤海国等未计）。

二、“历代”表明该国皇帝（王、国君、可汗等）自某帝至某帝，历经××年，共经过××代在位皇帝。

三、“平均享年”表明该朝皇帝平均活了多少岁。由于被统治阶级的反抗、斗争，同时也由于他们内部的、集团与集团之间的杀戮，以及他们的荒淫无道，历代帝王的平均寿命相对是比较短的。此栏主要说明这一问题。但由于历史资料不全，有一些帝王的生卒年月不详，栏内均有注明。如果该朝多数皇帝有生卒年月的记载，则按已有资料的帝王平均计算。

四、“非正常死亡”则表明该朝帝王被杀、赐死、自杀等意外死亡的数目。由于上面所说的原因，各代帝王非正常死亡的比例很大。在某一个皇帝在位时，如果不立太子，内部矛盾暂时潜伏下来。一旦要立太子了，即这种统治权力更迭时，皇帝与太子、皇（王）子与皇（王）子、拥立此皇（王）子与拥立彼皇（王）子的大臣派系之间，甚至王妃之间的斗争，便激化起来，使用的手段也特别毒辣、残酷。父子之间、母子之间、兄弟之间便互相杀将起来。但本表只统计在位皇帝的“非正常死亡”；如果把被杀的王子、王妃、大臣也统计在内（还有其他原因被杀的）的话，那就太多了！纵观古今各朝各代，概莫能外。因此，未计算在内。因对方施展阴谋而"暴崩"的皇帝，史学家未证明是被杀的，也未计算在内。

这里还要说明的是：夏、商虽然建了国，但有不少地方的小国还是部族，实行的是部族"选举"或"禅让"制度，在周朝以后才完成了世袭的封建制度。因此，我们的统计是从周朝开始的。

周　　朝

1　西周

纪　　元	历　　代	平均享年	非正常死亡及比例
公元前 1046 至公元前 771 年 共 275 年 迁都洛邑	姬发（武王） 至姬宫涅 共历 12 代 平均为王 22.9 年	生卒不详	姬瑕（昭王）溺死，姬宫涅（幽王）被杀，占该代在位王的 16.6%

2　东周

纪　　元	历　　代	平均享年	非正常死亡及比例
公元前 770 至公元前 256 年 共 514 年 亡于秦	姬宜臼（平王） 至姬延（赧王） 共历 25 代 平均为王 20.56 年	生卒不详	姬猛、姬去疾、姬叔等 5 代王被杀，占该朝在位王的 20%

春 秋 战 国

1　鲁国君主

纪　　元	历　　代	平均享年	非正常死亡及比例
公元前 722 至公元前 249 年 共 473 年 亡于楚	姬息姑 至姬雠 共历 34 代 平均为王 14 年	生卒不详	姬宰（幽公）、姬戏（懿公）、姬伯御（无号）、息姑（隐公）、姬允（桓公）、姬开（湣公）共 6 代被杀，占该国在位君主的 17.6%

2 宋国君主

纪　　元	历　　代	平均享年	非正常死亡及比例
公元前 728 至公元前 286 年 共 442 年 被齐、魏、楚灭	微子启 至子偃 共历 19 代 平均为王 23.2 年	生卒不详	微子与夷、子捷、子杵臼、子熙、子游、子御、子偃、子剔成、兹甫 9 代王被杀，占该国在位君主的 47%

3 郑国君主

纪　　元	历　　代	平均享年	非正常死亡及比例
公元前 743 至公元前 377 年 共 366 年 亡于韩	姬寤生（庄公） 至姬乙（康公） 共历 21 代 平均为王 17 年	生卒不详	姬忽、姬子亹、姬易、姬婴、姬夷、姬德、姬恽、姬己、姬骀 10 代王被杀，占该国在位君主的 49%

4 吴国君主

纪　　元	历　　代	平均享年	非正常死亡及比例
公元前 585 至公元前 473 年 共 112 年 亡于越	吴寿梦 至吴夫差 共历 7 代 平均为王 16 年	生卒不详	吴余祭、吴僚被杀，吴夫差自杀，吴诸樊、吴光战死，共 5 代王，占该国在位王的 71%

5 越国君主

纪　　元	历　　代	平均享年	非正常死亡及比例
公元前 496 至公元前 333 年 共 163 年 亡于楚	姒勾践(吴王) 至姒无疆 共历 7 代 平均为王 23 年	生卒不详	姒不寿、姒翳、姒无疆 3 王被杀，占该国在位王的 42%

6 晋国君主

纪　　元	历　　代	平均享年	非正常死亡及比例
公元前723 至公元前369年 共354年 被赵、魏、韩瓜分	姬郄(哀侯) 至姬欣(桓孝公) 共24代 平均为王14.7年	生卒不详	姬光、姬小子、姬圉、姬伯、姬平、姬缗、姬悼子、姬夷皋、姬寿曼、姬柳被杀,共10君,占该国在位君主的41.7%

7 (姜)齐国君主

纪　　元	历　　代	平均享年	非正常死亡及比例
公元前730 至公元前379年 共351年 亡于秦	姜绿父(僖公) 至姜贷(康公) 共17代 平均为王20.6年	生卒不详	姜静、姜诸儿、公孙无知、姜无诡、姜舍、姜商人、姜光,姜荼、姜壬被杀,共9君,占该国在位君主的52.7%

8 (田)齐国君主

纪　　元	历　　代	平均享年	非正常死亡及比例
自公元前404 至公元前221年 共183年 亡于秦	田和(太公) 至田建(齐王) 共8代 平均为王22.8年	生卒不详	田地被杀,田建饿死,占该国在位王的25%

9 赵国君主

纪　　元	历　　代	平均享年	非正常死亡及比例
公元前408 至前222年 共186年 亡于秦	赵籍(烈侯) 至赵嘉(代王) 共11代 平均为君16.9年	生卒不详	赵雍(武灵王)饿死,占该国在位王的9%

10　魏(梁)君主

纪　　元	历　　代	平均享年	非正常死亡及比例
公元前 445 至公元前 225 年 共 220 年 亡于秦	魏斯(文侯) 至魏假(魏王) 共 8 代 平均为君 27.5 年	生卒不详	魏假被杀，占该国在位王的 12.5%

11　韩国君主

纪　　元	历　　代	平均享年	非正常死亡及比例
公元前 408 至公元前 330 年 共 78 年 亡于秦	韩虎(景侯) 至韩安(韩王) 共 11 代 平均为君 6.9 年	生卒不详	哀侯被杀，占该国在位王的 9%

12　燕国君主

纪　　元	历　　代	平均享年	非正常死亡及比例
公元前 864 至公元前 222 年 共 642 年 亡于秦	惠侯 至燕王 共 44 代 平均为君 14.5 年	生卒不详	姬款被逐，姬之被杀，占该国在位君主的 4.5%

13　楚国君主

纪　　元	历　　代	平均享年	非正常死亡及比例
公元前 740 至公元前 223 年 共 517 年 亡于秦	芈熊通(武王) 至芈负刍(楚王) 共 26 代 平均为君 19.8 年	生卒不详	芈熊艰、芈熊恽、芈员、芈围、芈比、芈当、芈槐、芈犹被绞、被杀、自杀，共 8 代君主，占该国在位君主的 30%

14　秦国君主

纪　　元	历　　代	平均享年	非正常死亡及比例
公元前 765 至公元前 247 年 共 518 年 下接秦朝	文公 至嬴子楚(庄襄王) 共 29 代 平均在位 17.8 年	生卒不详	出公被杀，怀公自杀，出子被杀，占在位君主的 10.3%

秦　　朝

纪　　元	历　　代	平均享年	非正常死亡及比例
公元前 246 至公元前 207 年 共 39 年 降刘邦	嬴政(始皇帝) 至嬴子婴 共 3 代 平均为帝 13 年	生卒不详	嬴胡亥被杀，嬴子婴被杀，占该朝在位帝的 67%

西　　汉

纪　　元	历　　代	平均享年	非正常死亡及比例
公元前 206 至公元 8 年 共 214 年	刘邦(高皇帝) 至刘婴(孺子) 共 12 代 平均为帝 17.8 年	32 岁	刘恭、刘弘、刘衎、刘婴 4 代在位帝被杀，占该朝在位帝的 30%

注：王莽建新朝，未计。

东　　汉

纪　　元	历　　代	平均享年	非正常死亡及比例
公元 25 至公元 220 年 共 195 年 禅位于曹丕	刘秀(光武) 至刘协 共 12 代 平均为帝 16.2 年	32 岁	刘缵、刘辩 2 代帝被杀，占该朝在位帝的 16.6%

匈　奴

纪　　元	历　　代	平均享年	非正常死亡及比例
公元前214 至公元216年 共430年	栾提头曼 至栾提呼厨泉 共43代 平均为王10年	41.4岁	栾提头曼、屠耆堂、薄胥堂、休利、车纽、呼征、羌渠等11代单于被杀或自杀，占该国在位单于的25.6%

三　国

1　曹魏皇帝

纪　　元	历　　代	平均享年	非正常死亡及比例
公元220 至公元265年 共45年 禅位于晋	曹丕(文皇帝) 至曹奂(元皇帝) 共5代 平均为帝8年	41.4岁	曹髦被杀，占该国在位帝的20%

2　蜀汉皇帝

纪　　元	历　　代	平均享年	非正常死亡及比例
公元221 至公元263年 共42年 降曹魏	刘备(昭烈帝) 至刘禅(后主) 共2代 平均为帝21年	64岁	

3　孙吴皇帝

纪　　元	历　　代	平均享年	非正常死亡及比例
公元222 至公元280年 共58年 降晋	孙权(大皇帝) 至孙皓(末帝) 共4代 平均为帝14.5年	39.7岁	

西　　晋

纪　　元	历　　代	平均享年	非正常死亡及比例
公元 265 至公元 317 年 共 52 年 司马邺被俘亡	司马炎(武皇帝) 至司马邺 共 5 代 平均为帝 10.4 年	37.7 岁	司马伦、司马衷被毒死，司马炽、司马邺被杀，占该国在位帝的 80%

东　　晋

纪　　元	历　　代	平均享年	非正常死亡及比例
公元 317 至公元 420 年 共 103 年 禅位于刘裕	司马睿 至司马德文 共 11 代 平均为帝 9.36 年	33.5 岁	司马曜、司马德宗、司马德文 3 帝被杀，占该国在位帝的 27%

两晋列国

1　成汉皇帝

纪　　元	历　　代	平均享年	非正常死亡及比例
公元 302 至公元 347 年 共 45 年 降东晋	李特(景皇帝) 至李势(后主) 共 7 代 平均为帝 6.4 年	33 岁 (中二帝生卒不详)	李特被杀，李期自缢，占该朝在位帝的 28.5%

2　汉(前赵)皇帝

纪　　元	历　　代	平均享年	非正常死亡及比例
公元 304 至公元 329 年 共 25 年 亡于后赵	刘渊 至刘曜 共 4 代 平均为帝 6.25 年	生卒不详	刘和、刘粲、刘曜 3 代帝被杀，占该国在位帝的 75%

3 后赵皇帝

纪　　元	历　　代	平均享年	非正常死亡及比例
公元 319 至公元 351 年 共 32 年 亡于前燕	石勒(明皇帝) 至石祗 共 7 代 平均为帝 4.6 年	生卒不详	石弘、石世、石遵、石鉴、石祗 5 帝被杀，占该国在位帝的 71%

4 前秦皇帝(氐)

纪　　元	历　　代	平均享年	非正常死亡及比例
公元 351 至公元 394 年 共 43 年 亡于后秦	苻洪 至苻崇 共 7 代 平均为帝 6.1 年	38 岁 (其中二帝生卒不详，未计)	苻生被杀，苻坚被缢死，苻丕、苻登、苻崇兵败被杀，占该代在位帝的 80%

5 后秦皇帝(羌)

纪　　元	历　　代	平均享年	非正常死亡及比例
公元 384 至公元 417 年 共 33 年 亡于东晋	姚苌(武昭皇帝) 至姚泓 共 3 代 平均为帝 11 年	48 岁	姚泓被杀，占该国在位帝的 33%

6 西秦王(鲜卑)

纪　　元	历　　代	平均享年	非正常死亡及比例
公元 385 至公元 431 年 共 46 年 亡于夏国	乞伏国仁 至乞伏暮末 共 4 代 平均为帝 11.5 年	生卒不详	乞伏乾归、乞伏暮末被杀，占该国在位王的 50%

7　夏国皇帝(匈奴)

纪　　元	历　　代	平均享年	非正常死亡及比例
公元407 至公元431年 共24年 亡于北魏	赫连勃勃 至赫连定 共3代 平均为帝8年	生卒不详	

8　前凉皇帝

纪　　元	历　　代	平均享年	非正常死亡及比例
公元324 至公元376年 共52年 降前秦	张轨 至张天锡 共5代 平均为帝10.4年	生卒不详	张曜灵、张玄靓、张寔、张祚4帝被杀，占该朝在位帝的44%

9　后凉皇帝(氐)

纪　　元	历　　代	平均享年	非正常死亡及比例
公元386 至公元403年 共17年 亡于后秦	吕光 至吕隆 共4代 平均为帝4.25年	生卒不详	吕绍、吕隆、吕纂被杀，占该朝在位帝的75%

10　南凉王(鲜卑)

纪　　元	历　　代	平均享年	非正常死亡及比例
公元397 至公元414年 共17年 亡于西秦	秃发乌孤 至秃发傉檀 共3代 平均为帝5.6年	生卒不详	秃发傉檀被毒死，占该国在位王的33%

11 西凉王

纪　　元	历　　代	平均享年	非正常死亡及比例
公元400 至公元421年 共21年 亡于北凉	李暠 至李恂 共3代 平均为帝7年	生卒不详	李歆被杀，李恂自杀，占该国在位王的67%

12 北凉王(匈、汉)

纪　　元	历　　代	平均享年	非正常死亡及比例
公元397 至公元460年 共63年 并于柔然	段业 至沮渠安周 共5代 平均为帝12.6	生卒不详	段业、沮渠牧犍2代王被杀，占该国在位王的40%

13 前燕皇帝(鲜卑)

纪　　元	历　　代	平均享年	非正常死亡及比例
公元352 至公元370年 共18年 亡于前秦	幕容廆(武宣帝) 至慕容暐(幽皇帝) 共4代 平均为帝4.5年	48.5岁	慕容暐被杀，占该朝在位帝的25%

14 后燕皇帝(鲜卑)

纪　　元	历　　代	平均享年	非正常死亡及比例
公元386 至公元407年 共21年 亡于北燕	慕容垂 至慕容熙 共4代 平均为帝5.2年	41.7岁	慕容宝、慕容盛、慕容熙被杀，占该朝在位帝的75%

15 西燕皇帝(鲜卑)

纪 元	历 代	平均享年	非正常死亡及比例
公元384 至公元394年 共10年 亡于后燕	幕容泓 至慕容永 共7代 平均为帝1.4年	生卒不详	慕容泓等7帝均被杀,占100%

16 南燕皇帝(鲜卑)

纪 元	历 代	平均享年	非正常死亡及比例
公元398 至公元410年 共12年 亡于东晋	慕容德 至慕容超 共2代 平均为帝6年	生卒不详	慕容超被杀,占该朝在位帝的50%

17 北燕西皇帝

纪 元	历 代	平均享年	非正常死亡及比例
公元407 至公元436年 共29年 亡于北魏	高云 至冯弘 共3代 平均为帝9.3年	生卒不详	高云、冯跋、冯弘3帝均被杀,占在位帝的100%

南北朝诸国

1 北魏皇帝(鲜卑)

纪 元	历 代	平均享年	非正常死亡及比例
公元386 至公元534年 共148年 分裂为东、西魏	拓跋珪 至元脩 共14代, 平均为帝10.6年	29.5岁	拓跋余、拓跋弘、元脩等12代帝被杀,占该朝在位帝的80%

2 东魏皇帝

纪　　元	历　　代	平均享年	非正常死亡及比例
公元 534 至公元 550 年 共 16 年 禅位于北齐	元善见 仅 1 代 为帝 16 年	28 岁	元善见被杀，占 100%

3 北齐皇帝

纪　　元	历　　代	平均享年	非正常死亡及比例
公元 550 至公元 577 年 共 27 年 亡于北周	高洋 至高恒 共 6 代 平均为帝 4.5 年	27 岁	高殷、高纬、高恒 3 代帝被杀，占在位帝的 42%

4 西魏皇帝(鲜卑)

纪　　元	历　　代	平均享年	非正常死亡及比例
公元 535 至 556 年 共 21 年 禅位于北周	元宝炬 至元廓 共 3 代 平均为帝 7 年	27 岁	元钦、元廓被杀，占在位帝的 67%

5 北周皇帝

纪　　元	历　　代	平均享年	非正常死亡及比例
公元 557 至公元 581 年 共 24 年 禅位于隋	宇文觉 至宇文阐 共 5 代 平均为帝 4.8 年	22 岁	宇文觉、宇文毓、宇文阐 3 代帝被杀，占该朝在位帝的 60%

6 （南朝）宋皇帝

纪　　元	历　　代	平均享年	非正常死亡及比例
公元 420 至公元 479 年 共 59 年 禅位于齐	刘裕 至刘准 共 9 代 为帝 6.6 年	22 岁	刘义符、刘义隆、刘子业、刘昱、刘劭、刘准等 6 帝被杀，占在位帝的 67%

7 （南朝）齐皇帝

纪　　元	历　　代	平均享年	非正常死亡及比例
公元 479 至公元 502 年 共 23 年 禅位于梁	萧道成 至萧宝融 共 7 代 平均为帝 3.2 年	34.5 岁	萧昭业、萧昭文、萧宝卷、萧宝融 4 帝被杀，占在位帝的 57%

8 （南朝）梁皇帝

纪　　元	历　　代	平均享年	非正常死亡及比例
公元 502 至公元 557 年 共 55 年 逊位于陈	萧衍 至萧方智 共 7 代 平均为帝 7.8 年	32.5 岁	萧衍、萧纲、萧栋、萧绎、萧方智 5 帝被杀或饿死，占在位帝的 71%

9 （南朝）后梁皇帝

纪　　元	历　　代	平均享年	非正常死亡及比例
公元 557 至公元 589 年 共 32 年 被隋文帝废	萧詧 至萧琮 共 3 代 平均为帝 11 年	生卒不详	

10 (南朝)陈皇帝

纪 元	历 代	平均享年	非正常死亡及比例
公元557 至公元589年 共32年 亡于隋	陈霸先 至陈叔宝 共5代 平均为帝6.4年	42.5岁	

11 吐谷浑王(鲜卑)慕容氏

纪 元	历 代	平均享年	非正常死亡及比例
公元285 至公元663年 共378年 封嗣绝	吐谷浑 至复(青海国王) 共27代 平均为帝14.3年	生卒不详	吐延、世伏、顺3代在位王被杀,占在位王的11%

12 柔然可汗

纪 元	历 代	平均享年	非正常死亡及比例
公元300 至公元555年 共256年 亡于突厥	车鹿会 至庵罗辰 共23代 平均在位11年	生卒不详	步鹿真、豆仑、伏图、阿那瓌、铁伐、登注俟利等7代可汗被杀,占在位可汗的30.4%

13 高昌国王

纪 元	历 代	平均享年	非正常死亡及比例
公元460 至公元640年 共180年 亡于唐	阚伯周 至麴智盛 共15代 平均为王12年	42.5岁	阚义成、阚首归、马儒等4代王被杀,占在位王的26.6%

隋　朝

纪　元	历　代	平均享年	非正常死亡及比例
公元 581 至公元 618 年 共 37 年 亡于唐	杨坚 至杨侗 共 5 代 平均为帝 18.5 年	57 岁	杨坚、杨广、杨侑等 3 帝被杀，占在位帝的 60%

唐　朝

纪　元	历　代	平均享年	非正常死亡及比例
公元 618 至公元 907 年 共 289 年 禅位于朱温	李渊 至李柷 共 24 代(含武后) 平均为帝 12 年	40.65 岁 (中二帝生卒不详，未计)	李显、李湛、李晔等 7 帝被杀，占该朝在位帝的 28%

隋唐边疆诸国

1　东突厥可汗(阿史那氏)

纪　元	历　代	平均享年	非正常死亡及比例
公元 552 至公元 745 年 共 193 年 被回纥国王杀	土门 至鹘陇匐白眉特勤 共 28 代 平均在位 6.89 年	生卒不详	处罗侯、雍虞闾、泥孰匐、伏念、默啜、匐俱、默棘连等 14 在位可汗被杀，占该国在位可汗的 50%

2　西突厥可汗(阿史那氏)

纪　元	历　代	平均享年	非正常死亡及比例
公元 603 至公元 742 年 共 139 年 被部下杀	大罗便 至昕 共 23 代 平均在位 6 年	生卒不详	莫贺咄、薄布、弥射、元庆等 10 代可汗被杀，占该国在位可汗的 43%

3 南诏国君主

纪　　元	历　　代	平均享年	非正常死亡及比例
公元713 至公元1254年 共541年 亡于元	皮罗阁 至段兴智 共39代 平均为帝13.8年	生卒不详	劝龙晟、隆舜、郑隆晟、郑连义、杨义贞5代君主被杀，占在位君主的12.8%

4 回纥可汗

纪　　元	历　　代	平均享年	非正常死亡及比例
公元741 至公元848年 共107年 逃亡	药罗葛骨力裴罗 至遏捻特勒 共15代 平均为帝7.1年	生卒不详	药罗葛移地健、药罗葛多逻斯、药罗葛乌希特勒等6代可汗被杀，占该国可汗的40%

五代十国

1 后梁皇帝

纪　　元	历　　代	平均享年	非正常死亡及比例
公元907 至公元923年 共16年 被杀	朱全忠 至朱友贞 共3代 平均为帝5.3年	42岁	朱全忠、朱友珪、朱友贞3帝均被杀，占该国在位帝的100%

2 后唐皇帝(沙陀族)

纪　　元	历　　代	平均享年	非正常死亡及比例
公元923 至公元936年 共13年 末帝自焚	李存勖 至李从珂 共4代 平均为帝3.2年	45.5岁	李存勖、李从厚、李从珂3帝被杀，占该国在位帝的75%

3 后晋皇帝

纪　　元	历　　代	平均享年	非正常死亡及比例
公元 936 至公元 947 年 共 11 年 亡于契丹	石敬瑭 至石重贵 共 2 代 平均为帝 5.5 年	51 岁	

4 后汉皇帝

纪　　元	历　　代	平均享年	非正常死亡及比例
公元 947 至公元 950 年 共 3 年 被杀	刘知远 至刘赟 共 3 代 平均为帝 1 年	生卒不详	刘承祐、刘赟 2 帝被杀，占该国在位帝的 67%

5 后周皇帝

纪　　元	历　　代	平均享年	非正常死亡及比例
公元 951 至公元 960 年 共 9 年 禅位于宋	郭威 至柴宗训 共 3 代 平均为帝 3 年	37 岁	

6 吴皇帝

纪　　元	历　　代	平均享年	非正常死亡及比例
公元 902 至公元 937 年 共 35 年 禅位于南唐	杨行密 至杨溥 共 4 代 平均为帝 8.7 年	37.7 岁	杨渥被杀，占该国在位帝的 25%

7 南唐皇帝

纪　元	历　代	平均享年	非正常死亡及比例
公元937 至公元975年 共38年 亡于宋	李升 至李煜 共3代 平均为帝12.6年	48岁	李煜被毒死，占在位帝的33%

8 吴越君主

纪　元	历　代	平均享年	非正常死亡及比例
公元907 至公元978年 共71年 降宋	钱镠 至钱弘俶 共5代 平均为君12.4年	51.2岁	

9 楚国君主

纪　元	历　代	平均享年	非正常死亡及比例
公元927 至公元951年 共24年 亡于南唐	马殷 至马希崇 共6代 平均为帝4年	50.5岁	马希范、马希广被杀，占该国在位君主的33%

10 南汉皇帝

纪　元	历　代	平均享年	非正常死亡及比例
公元917 至公元971年 共54年 亡于宋	刘陟 至刘继兴 共4代 平均为帝13.5年	41.5岁	刘弘度被杀，占该朝在位帝的25%

11　闽皇帝

纪　　元	历　　代	平均享年	非正常死亡及比例
公元909 至公元945年 共36年 亡于南唐	王审知 至王延政 共6代 平均为帝6年	生卒不详	王延翰、王延钧、王继鹏、王延曦被杀，占该朝在位帝的67%

12　荆南(南平)君主

纪　　元	历　　代	平均享年	非正常死亡及比例
公元924 至公元963年 共39年 降宋	高季兴 至高继冲 共5代 平均为君7.8年	21.8岁	

13　前蜀皇帝

纪　　元	历　　代	平均享年	非正常死亡及比例
公元907 至公元925年 共18年 降后唐	王建 至王衍 共2代 平均为帝9年	50岁	王衍被杀，占在位帝的50%

14　后蜀皇帝

纪　　元	历　　代	平均享年	非正常死亡及比例
公元934 至公元965年 共31年 亡于宋	孟知祥 至孟仁赞 共2代 平均为帝15.5年	54岁	

15　北汉皇帝

纪　　元	历　　代	平均享年	非正常死亡及比例
公元951 至公元979年 共28年 亡于宋	刘崇 至刘继元 共4代 平均为帝7年	45.6岁	刘继恩、刘承祐2帝被杀，占在位帝的50%

辽朝（契丹）

纪　　元	历　　代	平均享年	非正常死亡及比例
公元907 至公元1125年 共218年 末帝被金俘	耶律阿保机 至耶律延禧 共9代 平均为帝24.2年	48.2岁	耶律阮、耶律延禧等3帝被杀，占在位帝的33%

注：北辽、西辽略。

宋朝（北宋、南宋）

纪　　元	历　　代	平均享年	非正常死亡及比例
公元960 至公元1279年 共319年 亡于元	赵匡胤 至赵昺 共18代 平均为帝9.27年	47.5岁	2帝被金俘，1帝被元俘，1帝投海自杀，占在位帝的16%

金朝（女真）

纪　　元	历　　代	平均享年	非正常死亡及比例
公元1115 至公元1234年 共109年 亡于元	完颜阿骨打 至完颜承麟 共11代 平均为帝10年	55.6岁 （中一帝生卒不详，未计）	完颜亶、完颜永济等被杀，完颜守绪自缢，共5帝，占在位帝的45%

元朝(蒙)

纪　元	历　代	平均享年	非正常死亡及比例
公元 1206 至公元 1368 年 共 162 年 亡于明	铁木真(成吉思汗) 至妥懽帖睦尔 共 16 代 平均为帝 14.7 年	44.5 岁	硕德八剌等 3 代帝被杀,占在位帝的 13.7%

注:不含北元。

明朝(含南明)

纪　元	历　代	平均享年	非正常死亡及比例
公元 1368 年 至公元 1661 年 共 293 年 亡于清	朱元璋 至朱由榔(南明) 共 21 代 平均为帝 13.5 年	39 岁	朱由检自缢,南明朱由崧、朱由榔被绞杀,朱常洛暴崩,共 6 代帝,占在位帝的 23.6%

清　朝

纪　元	历　代	平均享年	非正常死亡及比例
公元 1636 年 至公元 1911 年 共 275 年 亡于民国	爱新觉罗·努尔哈赤 至溥仪 共 12 帝 平均为帝 22.9 年	53 岁	努尔哈赤战死,占在位帝的 8%

总　计

纪　元	历　代	平均享年	非正常死亡及比例
公元前 1046 至公元 1911 年 共 2957 年	西周至清朝 共 84 代王朝 共 882 代在位帝(含各小国王、君主、可汗)	41.7 岁(没有生卒资料者不计)	被杀、自杀、赐死等在位帝王、君主可汗等 288 人,占在位帝王的 32.6%

从上面的统计可以看出：

一、开国的、开明的、着力于治国的朝代帝王，延续的时间长，在位的时间长，互相残杀的少，平均享年也长。

二、特别荒淫无道、对人民的压迫特别残酷、着力于争权夺位的朝代帝王，都是短命的。

三、中原和文化发达、重视文化建设的朝代帝王，延续的时间长，反之则短。

四、在被杀帝王（君主、可汗）中，除特别荒淫的短命鬼外，根据史书记载，绝大部分是在争权夺位中死去的；被起义军杀死的很少，其比例少到可以忽略不计的程度。

五、在被杀的288个帝王中，未满18岁的少年帝王21人，占被杀帝王的7.4%；被杀而没有生年记载者未计，否则比例将更大；其中有43个帝王在位不到一年即被杀，占被杀帝王的17.6%。

六、在本表统计的84代王朝中，在位帝王被杀50%以上者，有27个王朝，占32%，有6代王朝的在位帝王100%被杀。

七、在位时间最长（30年以上）、享年最高（50岁以上）的20个帝王是：秦嬴政（始皇帝）、西汉刘彻（孝武皇帝）、东汉刘秀（光武皇帝）、吴孙权（大皇帝）、南梁萧衍（武皇帝）、唐李世民（太宗）、李治（高宗）、李隆基（玄宗）、辽耶律隆绪（圣宗）、北宋赵祯（仁宗）、南宋赵构（高宗）、金完颜雍（世宗）、元忽必烈（世祖）、妥懽帖睦尔（顺帝）、明朱元璋（太祖）、朱厚熜（世宗）、朱翊钧（神宗）、清玄烨（圣祖）、弘历（高宗）、旻宁（宣宗），占历朝、历代、各国882个在位帝王（君主、可汗）的0.024%。

韶华编制

享年50岁以上、在位30年以上的帝王

朝　代	帝(王)号	姓　名	享　年	在　位　年
西周	穆王	姬　满		55年
	宣王	姬　静		46年(前827—前782)
东周	平王	姬宜臼		51年(前770—前720)
	襄王	姬　郑		33年(前651—前619)
	敬王	姬　匄		44年(前519—前477)
	显王	姬　扁		48年(前368—前321)
	赧王	姬　延		59年(前314—前256)
春秋*				
战国**				
秦	始皇帝	嬴　政	50岁(前259—前210)	37年(前246—前210)
西汉	武帝	刘　彻	69岁(前156—前87)	54年(前149—前87)
东汉	光武帝	刘　秀	63岁(前6—57)	33年(25—57)
	献帝	刘　协	53岁(181—234)	31年(190—220)
三国　蜀	后主	刘　禅	64岁(207—271)	41年(223—263)
三国　吴	大帝	孙　权	70岁(182—252)	31年(222—252)
十六国北凉	太祖	沮渠蒙逊	不详	32年(401—432)
南朝　梁	武帝	萧　衍	85岁(464—549)	48年(502—549)
唐	高宗	李　治	55岁(628—683)	34年(649—683)
	玄宗	李隆基	77岁(685—762)	43年(712—755)
北宋	仁宗	赵　祯	53岁(1010—1063)	41年(1022—1063)
南宋	高宗	赵　构	60岁(1107—1167)	36年(1127—1162)
	宁宗	赵　扩	56岁(1168—1224)	30年(1195—1224)

（接上表）

辽	圣宗	耶律隆绪	60岁(971—1031)	49年(983—1031)
	道宗	耶律洪基	70岁(1031—1101)	47年(1055—1101)
元	世祖	忽必烈	79岁(1215—1294)	35年(1260—1294)
	顺帝	妥懽帖睦尔	50岁(1320—1370)	36年(1333—1370)
明	太祖	朱元璋	70岁(1328—1398)	31年(1368—1398)
	世宗	朱厚熜	59岁(1507—1566)	45年(1522—1566)
	神宗	朱翊钧	57岁(1563—1620)	48年(1573—1620)
清	圣祖	玄　烨	68岁(1654—1722)	61年(1661—1722)
	高宗	弘　历	88岁(1711—1799)	60年(1735—1796)
	宣宗	旻　宁	78岁(1782—1850)	30年(1821—1850)

＊据《史记·十二诸侯年表》，春秋时代，仅鲁、齐、晋、秦、楚、宋、卫、陈、蔡、曹、郑、燕、吴13国290年间，就有49位君主在位长达30年以上。在这兼并盛行的年代，国君们不得安宁，反而长寿的多。

＊＊据《史记·六国表》，战国时代秦、魏、韩、赵、楚、燕、齐7国224年间，共有18位君主在位30年以上。在这纷争的年代，长寿的也不算少。

孙宝镛编制

未满18岁被杀的帝王

朝　代	帝(王)号	姓　名	享　年	在　位　年	加　害　者
秦	秦王	子　婴	不详	46天(前207)	项羽
西汉	少帝	不　详	不详	3(前188—前191)	周勃
	平帝	刘　衎	14岁(前9—公元5)	5(1—5)	王莽
东汉	质帝	刘　缵	9岁(138—146)	2(145—146)	梁冀
	少帝	刘　辩	18岁(173—190)	5个月(189)	董卓
西晋	愍帝	司马邺	18岁(300—317)	4(313—317)	刘聪
南朝 宋	少帝	刘义符	18岁(406—424)	2(422—424)	徐羡之
	前废帝	刘子业	17岁(449—465)	1(465)	刘彧
	后废帝	刘　昱	15岁(463—477)	4(473—477)	萧道成
南朝 齐	东昏侯	萧宝卷	18岁(483—501)	3(499—501)	萧衍
北朝 北齐	废帝	高　殷	17岁(544—560)	1(560)	高演
	幼主	高　恒	9岁(570—578)	1(577)	宇文邕
北朝 北周	闵帝	宇文觉	16岁(542—557)	1(557)	宇文护
	静帝	宇文阐	9岁(573—581)	3(579—581)	杨坚
唐	殇帝	李重茂	16岁(695—710)	6天(710)	韦太后
	敬宗	李　湛	18岁(809—826)	3(824—826)	刘克明
	哀帝	李　柷	17岁(892—907)	4(904—907)	朱全忠
南宋	端宗	赵　昰	11岁(1268—1278)	1(1277—1278)	元军逼病死
	信王	赵　昺	9岁(1270—1279)	1(1278—1279)	元军逼投海
元	天顺帝	阿速吉八	不详	1个月(1328)	明宗、文宗

子婴是秦始皇嬴政之孙、扶苏之子，生年不详。嬴政生于公元前259年，子婴被杀于公元前207年，是嬴政生后第52年。假定嬴政、扶苏均18岁得子，则子婴被杀时是14岁左右。由此断定，子婴被杀时不足18岁。

汉高祖刘邦死后，太后吕氏专政，惠帝只是个傀儡。惠帝无子，吕太后令惠帝的张皇后取他人子养之，以为太子，而杀其母。惠帝只在位八年就死了，这位太子继位为帝，史称“少帝”。三年后，少帝渐渐懂事，说：“后安能杀吾母而名我？壮即为变。”吕太后得知，幽杀少帝。可叹这位年幼的少帝，在历史上连自己的名字都没有留下。

有些年幼的皇帝夭折，史书并未言明是被杀。但根据他死时的年纪和形势，显然很难说是正常死亡，如南朝宋顺帝刘准在位三年“逊位”于齐，后死去，年十三；齐废帝海陵王萧昭文在位四个月被废，不久死去，年十五；齐和帝萧宝融在位一年被废，旋即死去，年十五；梁敬帝萧方智在位三年“逊位”于后梁，不久死去，年十六；隋恭帝杨侑在位一年“逊位”于唐，第二年死去，年十五。

孙宝镛编制

（京）新登字 083 号

图书在版编目（CIP）数据

解读王朝. 帝王卷 /韶华，亚方，邓荫柯主编；阎德荣著. —北京：中国青年出版社，2011.1
ISBN 978-7-5006-9749-7

Ⅰ.①解… Ⅱ.①韶… ②亚… ③邓… ④阎… Ⅲ.①帝王-人物研究-中国-古代 Ⅳ.①K827=2

中国版本图书馆 CIP 数据核字（2010）第 244783 号

策　　划：庄志霞
责任编辑：杜海燕
出版发行：中国青年出版社
社　　址：北京东四 12 条 21 号
邮　　编：100708
网　　址：www. cyp. com. cn
编辑电话：010-57350503
门市电话：010-57350370
印　　刷：三河市君旺印装厂
经　　销：新华书店
开　　本：700 × 1000　1/16
印　　张：25
插　　页：4
字　　数：345 千字
版　　次：2011 年 1 月北京第 1 版
印　　次：2011 年 1 月河北第 1 次印刷
印　　数：1—6000 册
定　　价：36.00 元